Scott Kelbys Reisefoto-Rezepte

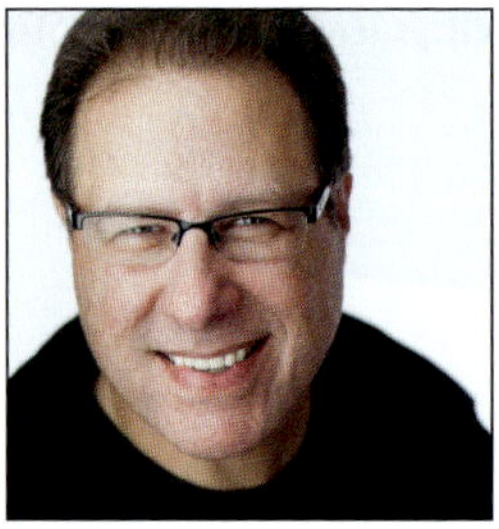

Scott Kelby ist Präsident und CEO von »KelbyOne«, der Online-Community für Lightroom, Photoshop und Fotografie.

Er ist Redakteur, Herausgeber und Mitbegründer des Magazins »Photoshop User«, Redakteur des »Lightroom Magazine«, Moderator des einflussreichen wöchentlichen Live-Fotografie-Podcasts »The Grid« sowie Begründer des jährlichen »Scott Kelby's Worldwide Photo Walk«®.

Scott Kelby arbeitet als Fotograf und Designer. Er ist der preisgekrönte Autor von mehr als 100 Büchern, darunter »Landschaftsfotografie für Einsteiger«, »Scott Kelbys Porträt-Rezepte mit natürlichem Licht« und »Scott Kelbys Blitz-Rezepte«. Der erste Band der »Foto-Rezepte« wurde zum meistverkauften Buch in der Geschichte der Digitalfotografie.

Seine Bücher wurden in zahlreiche Sprachen übersetzt, darunter Chinesisch, Russisch, Spanisch, Koreanisch, Polnisch, Taiwanisch, Französisch, Deutsch, Italienisch, Japanisch, Hebräisch, Holländisch, Dänisch, Schwedisch, Türkisch, Portugiesisch und viele andere.

Er erhielt den renommierten ASP International Award, der alljährlich von der American Society of Photographers für »besondere oder bedeutende Beiträge zur professionellen Fotografie als Kunst und Wissenschaft« verliehen wird, sowie den HIPA-Award, der ihm für seine Beiträge zur Schulung von Fotografinnen und Fotografen auf der ganzen Welt verliehen wurde.

Scott Kelby ist Conference Technical Chair der Photoshop World Conference & Expo. Er hält regelmäßig Vorträge auf Konferenzen und Veranstaltungen auf der ganzen Welt. Er ist Trainer in einer Serie Online-Kurse auf »KelbyOne« und bildet seit 1993 Fotografen und Adobe-Photoshop-Nutzer aus.

Mehr über Scott Kelby erfahren Sie hier:

Täglicher Lightroom-Blog: *lightroomkillertips.com*

Persönlicher Blog: *scottkelby.com*

Twitter: @scottkelby

Facebook: *facebook.com/skelby*

Instagram: @scottkelby

Scott Kelby

Scott Kelbys Reisefoto-Rezepte

180 Tipps & Tricks für die schönsten Urlaubsfotos

dpunkt.verlag

Scott Kelby
www.scottkelby.com

Lektorat: Boris Karnikowski
Lektoratsassistenz: Anja Weimer
Übersetzung: Isolde Kommer, Großerlach, und Christoph Kommer, Dresden
Copy-Editing: Kerstin Grebenstein, *www.buch-fuer-buch.de*
Satz: Isolde Kommer und Tilly Mersin, Großerlach, *www.mersinkommer.de*
Herstellung: Stefanie Weidner
Umschlaggestaltung: Helmut Kraus, *www.exclam.de*, unter Verwendung eines Fotos des Autors
Druck und Bindung: Schleunungdruck GmbH, Marktheidenfeld

Bibliografische Information der Deutschen Nationalbibliothek
Die Deutsche Nationalbibliothek verzeichnet diese Publikation in der Deutschen Nationalbibliografie; detaillierte bibliografische Daten sind im Internet über *http://dnb.d-nb.de* abrufbar.

ISBN:
Print 978-3-86490-925-2
PDF 978-3-96910-898-7
ePub 978-3-96910-899-4
mobi 978-3-96910-900-7

1. Auflage 2022

Hinweis:
Der Umwelt zuliebe verzichten wir auf die Einschweißfolie.

Schreiben Sie uns:
Falls Sie Anregungen, Wünsche und Kommentare haben, lassen Sie es uns wissen: *hallo@dpunkt.de*

5 4 3 2 1

Dieses Buch ist meinem Freund und unserem
geliebten Familienmitglied gewidmet,
Maxx Hammond.

Danke, dass du meinem Sohn ein so guter Freund
und ein so wichtiger Teil unseres Lebens bist.

Außerdem danke, dass du immer aufpasst,
wenn ich meine Ausrüstung zusammenpacke,
und dass du mich auf unseren Gassirunden
bei jedem Spiel zum Lachen bringst.
Du bist klasse!

Dank

Auch wenn nur ein Name auf dem Buchcover steht, ist ein solches Projekt nur mit einem Team engagierter und fähiger Leute zu stemmen. Es war mir eine Freude, mit euch zu arbeiten, und es ist mir eine Ehre, euch hier zu danken!

Meiner wunderbaren Ehefrau Kalebra: Dieses Jahr haben wir unseren 32. Hochzeitstag gefeiert, und immer wieder beweist du mir aufs Neue, was alle sagen: Ich bin der glücklichste Kerl auf der Welt.

Meinem Sohn Jordan: Ich kann einfach nicht glauben, dass mein »kleiner Junge« schon seinen College-Abschluss hat. Es ging alles so schnell, aber ich freue mich sehr für dich und dass du so viel vor dir hast: die vielen Abenteuer, den Spaß, die Liebe, das Lachen. Falls es einen Vater gibt, der noch stolzer auf seinen Sohn ist als ich, dann muss ich ihn unbedingt kennenlernen. #rolltide!

Meiner wunderschönen Tochter Kira: Du bist eine kleine Kopie deiner Mutter – und das ist das größte Kompliment, das ich dir überhaupt machen kann. Ich liebe deinen Sinn für Humor, dein ständiges Herumtanzen, die lustigen Gesichter, die du schneidest, und dein großes Herz. Ich liebe es zu sehen, wie du zu einer jungen Frau heranwächst – und besonders liebe ich es, wenn du und ich zusammen zu Mittag oder Abend essen. Diese Momente sind so kostbar für mich. Ich liebe dich über alles!

Meinem großen Bruder Jeff: Deine grenzenlose Großzügigkeit, Liebenswürdigkeit, positive Einstellung und Bescheidenheit waren mir mein ganzes Leben lang ein Vorbild. Es ist mir eine große Ehre, dein Bruder zu sein.

Meiner Lektorin Kim Doty: Auf einer Bestenliste der Buchlektorinnen und -lektoren solltest du unbedingt ganz oben stehen. Du bist so talentiert, gut organisiert und großartig und deine tolle Einstellung, deine Unterstützung und deine Anregungen bringen mich immer wieder in die Spur, wenn ich mich mal wieder total verfranzt habe. Ich bin unglaublich dankbar, dich in meinem Team zu haben. Du bist spitze!

Meiner Buchgestalterin Jessica Maldonado: Ich liebe deine Designs mit all ihren raffinierten Details. Du bist ein Riesengewinn für unser Buchteam!

Meiner lieben Freundin und Geschäftspartnerin Jean A. Kendra: Danke, dass du es all die Jahre mit mir ausgehalten und mich bei all meinen verrückten Ideen unterstützt hast. Das ist so viel wert.

Erik Kuna: Deine Anregungen, Ideen und gute Beratung haben dieses Buch und auch alle vorhergehenden so viel besser gemacht. Ich schätze deine Freundschaft sehr und empfinde es als Segen, dich in meinem Leben zu haben.

Cindy Snyder: Riesigen Dank dafür, dass du meine Bücher überarbeitest und tausend kleine Dinge findest, die andere übersehen hätten.

Ted Waitt, meinem fantastischen »Lektor fürs Leben« bei Rocky Nook: Danke, dass du so ein toller Freund bist und ein erstklassiger Resonanzkörper, und dass du mir hilfst, all meine Ideen Realität werden zu lassen.

Meinem Verleger Scott Cowlin: Ich bin so glücklich, immer noch mit dir zu arbeiten, und danke dir für deine Offenheit und deinen Weitblick.

Meinen Mentoren John Graden, Jack Lee, Dave Gales, Judy Farmer und Douglas Poole: Vielen Dank, dass ihr eure Erfahrung eingebracht und die Peitsche geschwungen habt – beides hat mir unbeschreiblich auf meinem Lebensweg geholfen, und ich werde für immer in eurer Schuld stehen und dankbar für eure Freundschaft und euren Rat sein.

Und vor allem möchte ich Gott und seinem Sohn Jesus Christus danken, die mich zur Frau meiner Träume geführt und uns mit wunderbaren Kindern gesegnet haben, die es mir ermöglicht haben, meinen Lebensunterhalt mit einer erfüllenden Arbeit zu bestreiten, die stets da sind, wenn ich sie brauche und die mich mit einem wundervollen und glücklichen Leben sowie einer liebevollen Familie gesegnet haben.

Inhalt

Kapitel 5

Menschen fotografieren 75

Kapitel 6

Bildkomposition 93

Kapitel 7

Noch mehr coole Fotomotive 113

Kapitel 8

Wann Sie besser mit dem Smartphone fotografieren 127

Kapitel 9

Was Sie fotografieren sollten 145

Sieben Dinge, die Sie lieber wissen sollten, ...

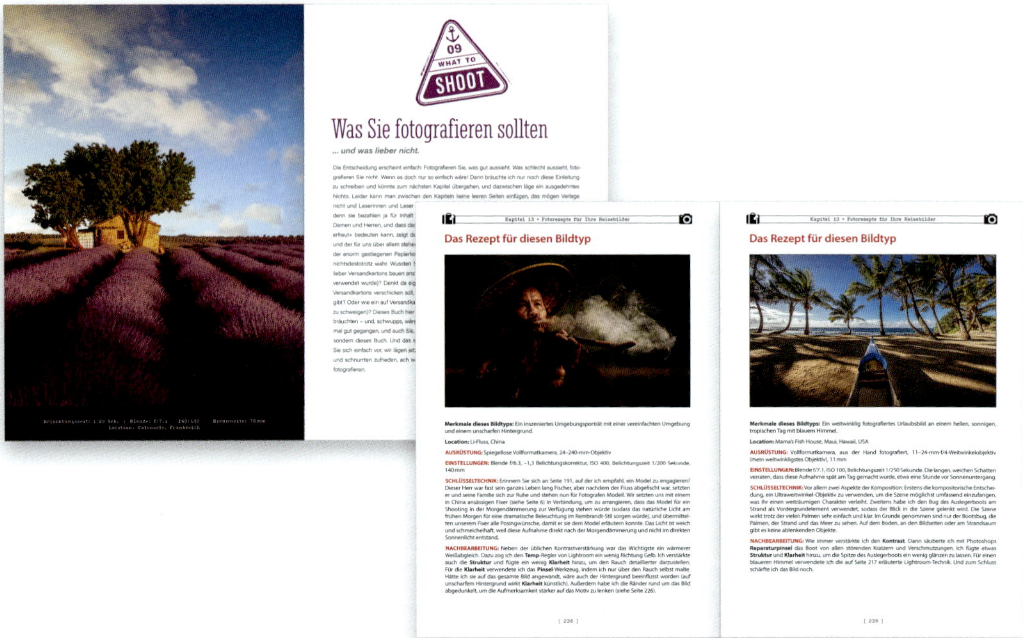

(1) Dieses Buch funktioniert folgendermaßen: Eigentlich schreibe ich so, als waren wir beide gemeinsam an einem fantastischen Ort (Paris? Santorini? Tokio?) und ich würde Ihnen all die Tipps, Ratschläge und Techniken verraten, die ich im Laufe der Jahre gelernt habe. Wenn ich nämlich mit einem Freund oder einer Freundin unterwegs bin, lasse ich den ganzen technischen Kram weg. Nehmen wir an, Sie sagen: »Hey Scott, ich hätte die Bierkrüge auf der Theke gerne scharf, die Theke und alles andere aber unscharf.« Dann würde ich Ihnen ja auch keinen Vortrag über die Schärfeebene und den Abstand zum Motiv im Zusammenspiel mit der Blende halten. Nein, ich würde einfach sagen: »Nehmen Sie die kleinstmögliche Blendenzahl und zoomen Sie den Bierkrug ganz nah ran.« Ich würde es kurz und bündig auf den Punkt bringen, und genauso mache ich es auch hier.

(2) Ich gebe alle Locations an: Wenn ich ein schönes Bild in einem Magazin sehe oder wenn eine Fotografin ein Reisebild online stellt, macht es mich wahnsinnig, wenn nicht dabeisteht, wo es fotografiert wurde. Deshalb schreibe ich bei jedem Bild die Location dazu.

(3) Warnung: Die Kapitelanfänge sind richtig schräg. In normalen Büchern erhalten Sie am Kapitelanfang einen wichtigen Einblick in das kommende Kapitel. Aber bei mir eher nicht. Die schrulligen, weitschweifigen Einleitungen haben nur wenig mit dem eigentlichen Kapitelinhalt zu tun. Sie sollen einfach eine »mentale Pause« zwischen den Kapiteln darstellen, und sie sind in meinen Büchern Tradition. Viele Leute lieben sie geradezu (so sehr, dass wir ein ganzes Buch ausschließlich mit Kapitelanfängen veröffentlicht haben – nein, das habe ich mir nicht ausgedacht), aber bestimmte, »seriöse« Leute hassen sie mit der Leidenschaft von tausend glühenden Sonnen. Ich warne Sie vor, nur für den Fall, dass Sie zu den Leuten gehören, die so etwas verabscheuen. In diesem Fall bitte ich Sie, die Kapiteleinleitungen einfach komplett zu überspringen, denn der Rest des Buchs ist dann wieder ganz »seriös«.

... bevor Sie mit diesem Buch anfangen!

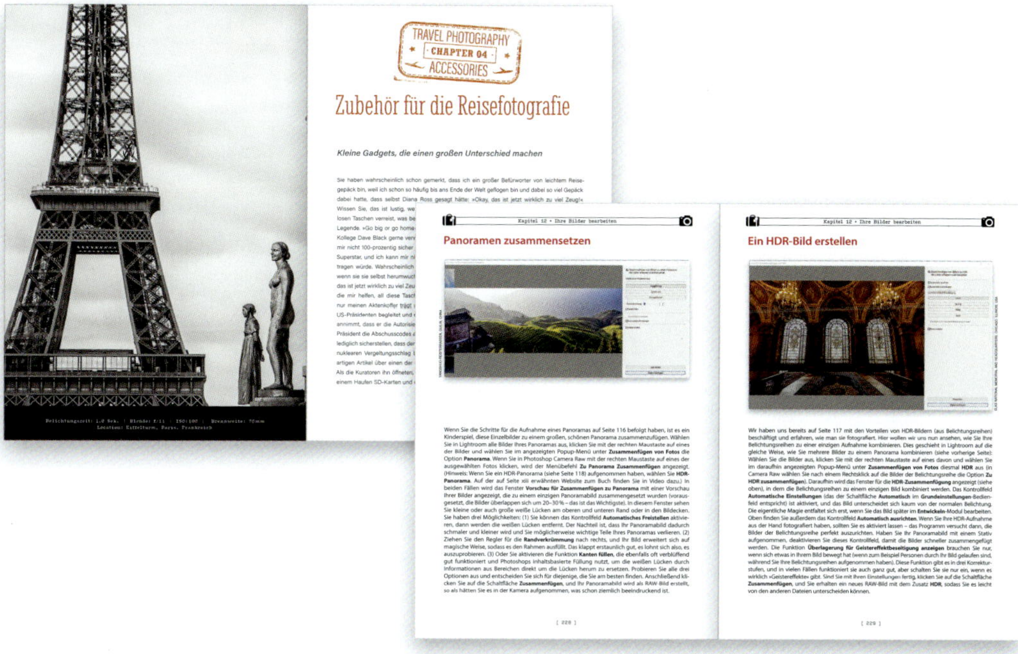

(4) Sie müssen dieses Buch nicht von vorne bis hinten durchlesen. Wenn Sie sich also zunächst über ein bestimmtes Gebiet der Reisefotografie informieren möchten, springen Sie einfach zu dem passenden Kapitel und steigen direkt ein. Wenn Sie gerade erst mit der Reisefotografie angefangen haben, wäre es wahrscheinlich trotzdem praktisch, ganz vorne anzufangen und sich durchzuarbeiten, denn die späteren Kapitel bauen auf den früheren auf.

(5) Manchmal muss man etwas kaufen. Ich will Ihnen in diesem Buch nichts verkaufen, aber wenn Sie Ergebnisse auf Profi-Niveau erzielen möchten, benötigen Sie manchmal Zubehör, das auch die Profis verwenden. Ich erhalte von keinem Unternehmen, dessen Produkte ich empfehle, eine Provision (oh, dieser Undank!).

(6) Ich habe ein paar Video-Tutorials zur Bildbearbeitung erstellt. Einige Handgriffe in Lightroom oder Camera Raw werden Ihnen leichter fallen, wenn Sie sich ein Video dazu anschauen. Deshalb habe ich ein paar kurze Videos für Sie aufgenommen (in englischer Sprache), die das Geschriebene veranschaulichen sollen, vielleicht finden Sie es dann leichter zu verstehen. Hier der Link: *kelbyone.com/books/travelbook.*

(7) Bedenken Sie dies: Dieses Buch basiert auf dem Prinzip »Zeig mir, wie man es macht«. Das bedeutet, dass es oft auch um das fotografische große Ganze geht, also um die kreativen und visionären Aspekte, auf die es wirklich ankommt. Aber manchmal zeige ich auch nur, welchen Knopf Sie drücken, welche Einstellung Sie ändern oder welches Objektiv Sie in einer bestimmten Situation verwenden sollten, ganz ohne hochtechnische Erklärungen. Wenn Sie erst einmal angefangen haben, tolle Reisefotos zu machen, möchten Sie vielleicht eines dieser Bücher kaufen, die richtig in die Tiefe gehen und Sie mit Konzepten wie Diffraktion, chromatischer Aberration und hyperfokaler Distanz vertraut machen. Aber jetzt packen wir unsere Ausrüstung zusammen, besorgen uns ein paar Snacks für unterwegs und machen uns auf den Weg zu unserem ersten Shooting!

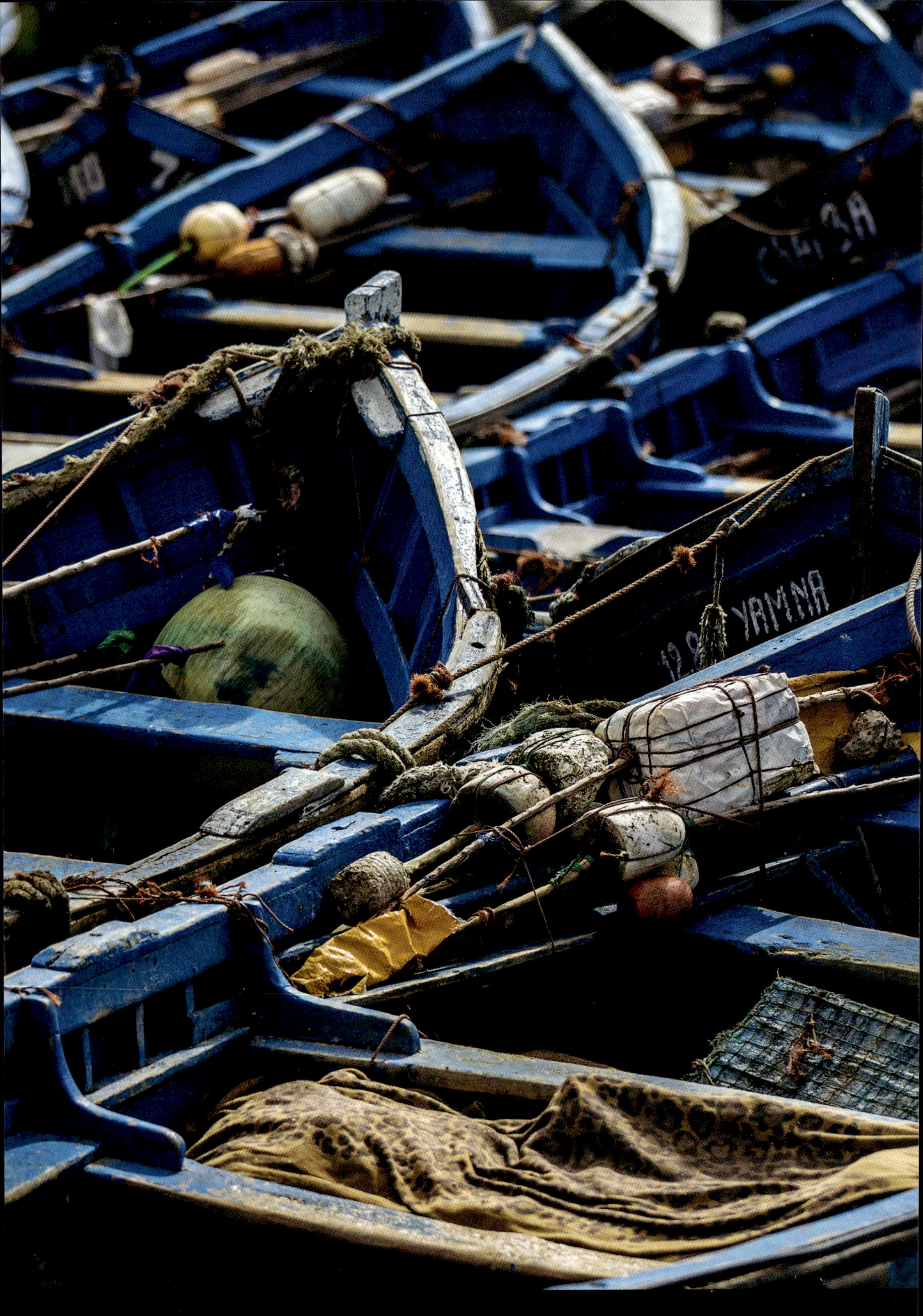

Belichtungszeit: 1/8000 Sek. | Blende: f/2.8 | ISO: 320 | Brennweite: 130 mm
Location: Essaouira, Marokko

KAPITEL 01

01 RECHERCHE

Recherchieren Sie vor Ihrer Reise

Mit etwas Vorarbeit bekommen Sie tolle Fotos!

Kürzlich musste ich beruflich nach Phoenix und beschloss, vorher in Sedona zu fotografieren. So machten mein Fotoassistent und ich uns nach der Landung auf eine zweistündige Fahrt. Irgendwann fragte mich mein Assistent: »Wo wollen wir fotografieren?«, und ich sagte: »Das überlegen wir uns, wenn wir dort sind.« Ein großer Fehler! Sie können sich vorstellen, wie schlecht es lief. Wir kurvten stundenlang herum und suchten ziellos nach einer passenden Location für die Sonnenuntergangsfotos – vergeblich. Wir hatten kaum Handyempfang und nur sehr sporadisch Internet, sodass wir uns für irgendeinen blödsinnigen Ort entschieden (weshalb wir dann auch ganz allein dort waren). Ich war richtig sauer auf mich selbst. Und als wir vor einem kleinen Canyon standen und auf die gigantische Belanglosigkeit unserer Sonnenuntergangs-Location starrten, tat es mir richtig gut, meinem Assistenten einen kleinen Schubs zu geben, sodass er den Berg hinabstürzte. Na ja, es war eher ein felsiger Hügel als ein Berg, aber trotzdem ein Riesenspaß. Als ich dabei zusah, wie er auf dem Weg in die steile Schlucht von einer Felswand abprallte, war meine schlechte Laune schnell verflogen. Jetzt drehen Sie bitte nicht gleich durch – er hat das gut überstanden, nach sechs Wochen konnte er schon wieder aufstehen und mit einer Beinschiene laufen, kein Problem. Er humpelt noch, aber wir lachen immer noch über dieses »Sedona-Sonnenuntergangsfoto-Desaster« und darüber, dass wir all das hätten vermeiden können, wenn wir vor unserem Abflug nur 20 Minuten in ein paar einfache Nachforschungen investiert hätten. Wie damals, als wir ein großes Modeshooting direkt an einer viel befahrenen Straße machen wollten, ich aber vergessen hatte, bei der Stadtverwaltung eine Fotogenehmigung einzuholen. Jedenfalls hatten wir ein ganzes Team und ein Model angeheuert, und dann das ganze Shooting vergeigt, und als mein Assistent und ich dort standen und auf die vorbeirauschenden Autos blickten, griff ich beiläufig hinüber und ...

Wo fange ich an? Bei 500px.com!

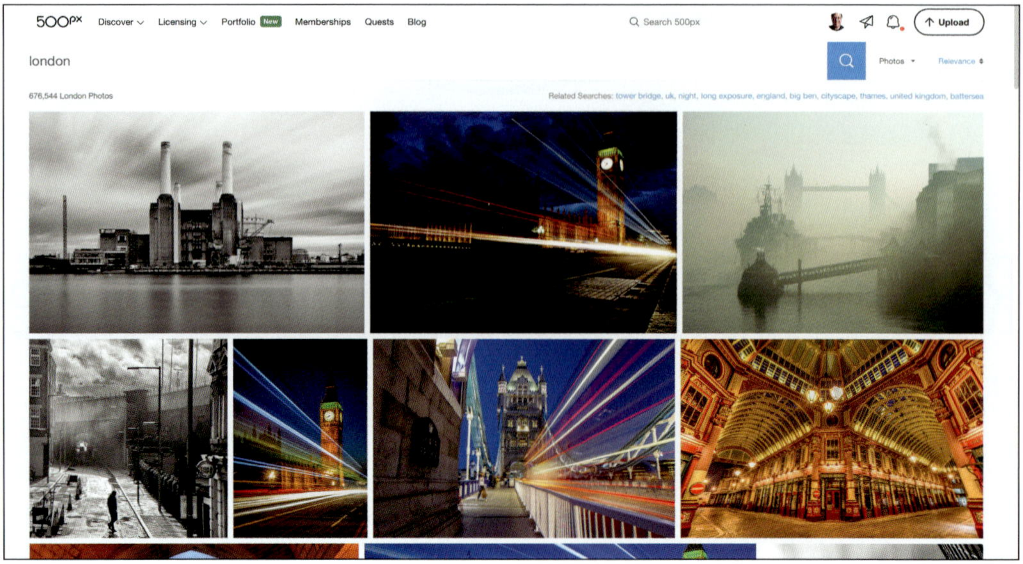

Bei der Recherche für eine Reise suchen wir nach großartigen Locations, Ideen für Orte, an denen wir fotografieren können, und nach Inspiration. Meine erste Anlaufstelle ist die Website *500px.com*, eine globale Community ernsthafter Fotografinnen und Fotografen. Man braucht nur eine Stadt oder einen Ort einzugeben, z. B. »Cairo«, »Egypt« oder »dalmatian coast« (mit englischen Suchbegriffen finden Sie mehr als mit deutschen), und schon füllt sich der Bildschirm mit vielen Hundert oder gar Tausend oft erstklassig fotografierten Bildern aus dieser Gegend. Ich habe 500px.com schon oft genutzt und dabei Locations entdeckt, die ich sicher übersehen hätte, Orte, von denen ich noch nie etwas gehört habe, und Aussichtspunkte, auf die ich sonst vielleicht nicht gekommen wäre. Noch besser: Wenn Sie sich für ein Bild interessieren, klicken Sie darauf und Sie erhalten dann weitere Informationen, oft mit der genauen Location (falls nicht in der Beschreibung, dann in den mit dem Bild abgelegten Suchbegriffen). Manchmal sind sogar die genauen GPS-Koordinaten dabei, wo die Aufnahme gemacht wurde. Lesen Sie unbedingt die Kommentare unter den Fotos, denn dort finden sich oft tolle Informationen, z. B. über andere Locations in der Nähe oder jemand fragt die Fotografin, wo sie das Bild gemacht hat, falls sie es nicht in der Beschreibung erwähnt hat. Hinweis: Es handelt sich um eine Community, aber um die Site zu durchsuchen, Bilder anzuschauen und zu recherchieren, müssen Sie kein Mitglied werden. Das ist nur dann erforderlich, wenn Sie selbst Bilder hochladen oder kommentieren möchten. Davon abgesehen bin ich seit Jahren Mitglied und es lohnt sich ganz bestimmt. Auf jeden Fall ist 500px.com immer meine erste Anlaufstelle, wenn ich eine Stadt oder ein Land besichtigen möchte.

Weiter zu Pinterest

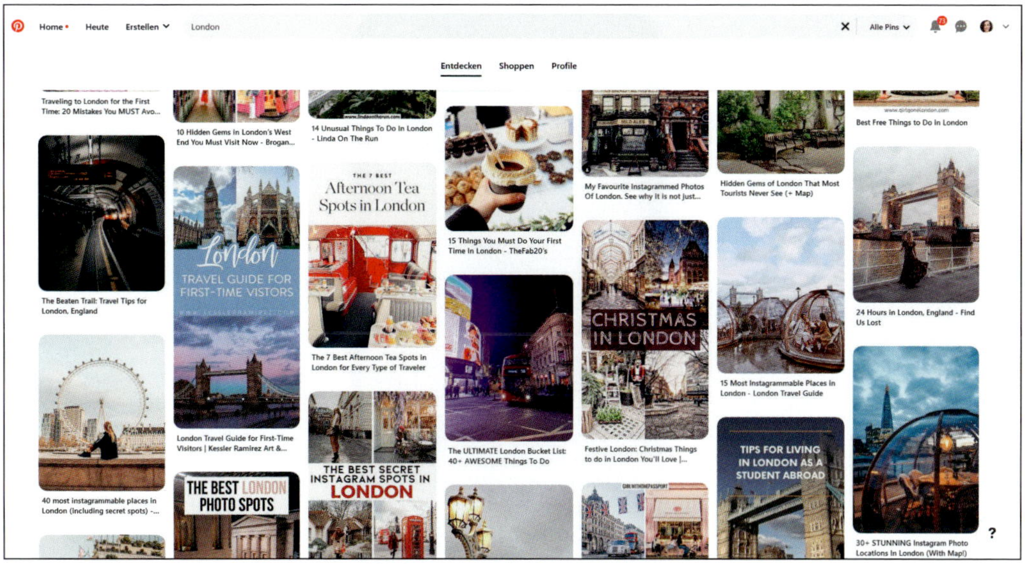

Meine nächste Station bei der Suche nach Reisezielen ist Pinterest.com, das ganz anders ist als 500px.com. Es ist keine ambitionierte Foto-Community, bietet aber besondere Vorteile. Während auf 500px.com Fotografinnen und Fotografen ihre eigenen Aufnahmen von einem bestimmten Ort zeigen, stellen sich auf Pinterest ganz normale Leute Sammlungen erstklassiger Bilder von einer Location zusammen, jedoch aus verschiedenen Quellen. Nutzen Sie Pinterest ganz ähnlich wie 500px.com: Geben Sie einfach Ihren Suchbegriff ein, und schon erhalten Sie zahlreiche Fotos. Okay, und der Nachteil? Na ja, viele Fotos, die auf Ihrem Bildschirm erscheinen, sind eigentlich Produktwerbung. Sie sollen nicht wie Werbung wirken, aber wenn Sie darauf klicken, gelangen Sie auf Seiten mit Angeboten zu Reisedienstleistungen, Gepäckservices, Versicherungen oder was auch immer. Sie sehen auch regelmäßig Anzeigen von allen bekannten Namen, von Autoherstellern bis hin zu großen Ladenketten, was ziemlich nervig ist (einfach, weil es so viele Anzeigen gibt), aber ein Besuch auf Pinterest lohnt sich trotzdem. Sie werden einige Locations oder Ideen entdecken, die Sie vielleicht nicht auf 500px.com finden. Deshalb ist es immer meine zweite Station auf der Recherche-Reise.

Eine Fotoliste erstellen

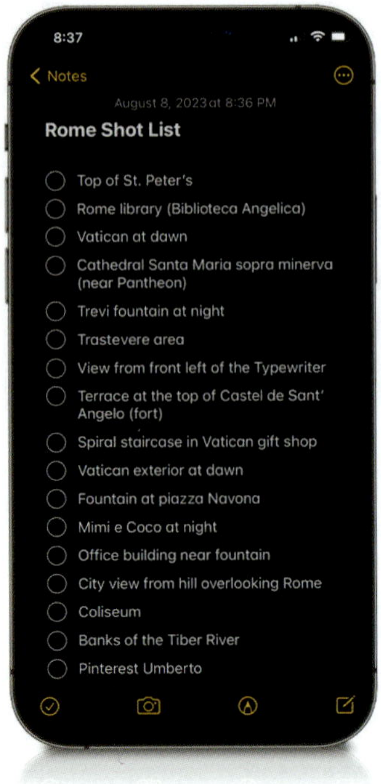

Lange bevor ich in einer Stadt ankomme, lege ich auf dem Smartphone zwei Listen an: (1) eine mit allen Orten und Locations, die ich in der Stadt fotografieren möchte, und (2) eine mit den Dingen, die ich fotografieren möchte. Auf der zweiten Liste könnte stehen: klassische Architektur, interessante U-Bahn-Haltestellen, Kirchtürme, Straßencafés, Kellner, Brunnen und so weiter. Mit solchen Listen bleiben Sie zum einen auf Kurs und kommen zum anderen mit mehr Fotos nach Hause als ohne Liste. Die Listen sind äußerst praktisch, wenn Sie auf dem Schlauch stehen und denken: »Ich weiß nicht, was ich fotografieren soll.« Das passiert häufiger, als man glaubt. Ich schaue mir die Listen gerne an, wenn ich eine Tasse Kaffee trinke, in einer Schlange stehe, auf einen Reisebus warte usw. Wenn Sie es einmal ausprobiert haben, werden Sie jedes Mal solche Listen erstellen, weil sie Ihnen helfen, das Beste aus einem Ort herauszuholen.

Legen Sie Ihre eigene Pinterest-Pinnwand an

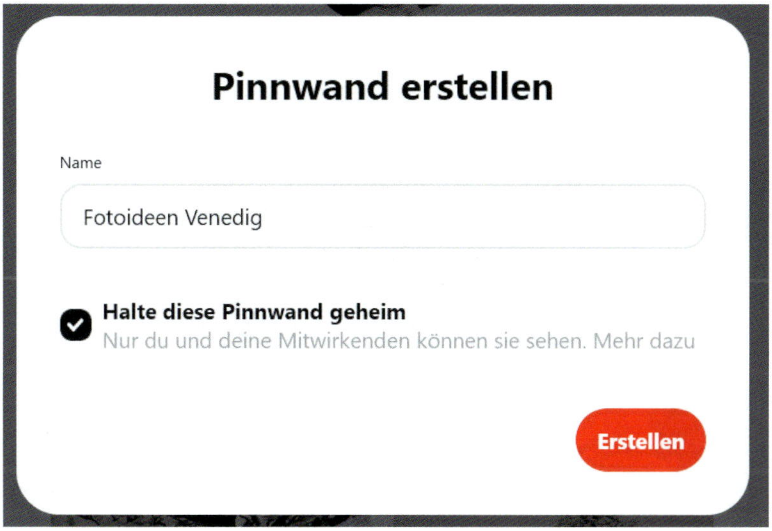

Bei meinen Recherchen auf Pinterest erstelle ich gerne eine benutzerdefinierte »Pinnwand« (eine Fotosammlung) mit meinen Lieblingsbildern anderer Leute von einem bestimmten Ort. Nehmen wir beispielsweise Venedig: Ich suche nach dem Thema »Venedig«, und wenn ich in den Ergebnissen ein Bild sehe, das mir besonders zusagt, lege ich eine Pinterest-Pinnwand an (wie oben zu sehen). Nun kann ich das Foto zu meiner Fotoideen-Venedig-Pinnwand hinzufügen. Wenn ich dann in Venedig bin und Inspirationen oder Ideen suche, kann ich direkt die Pinnwand öffnen. Ich weiß, dass sie a) nur Aufnahmen und Locations in Venedig enthält, die mir gefallen, und b) keine Werbung – schließlich ist es ja meine eigene Pinnwand. Das spart viel Zeit und bietet mir Inspiration. Außerdem können Sie die Pinnwand bei Bedarf privat halten (aktivieren Sie einfach das Kontrollfeld »Halte diese Pinnwand geheim«, wenn Sie Ihre neue Pinnwand erstellen – dann können nur Sie sie sehen). Sie können beliebig viele private oder benutzerdefinierte Pinnwände erstellen (wenn Sie sie nicht als privat kennzeichnen, kann jeder auf Pinterest Ihre Pinnwand und die darin enthaltenen Bilder sehen, was nicht unbedingt ein Nachteil ist, aber nur zur Information).

Einen Fixer finden

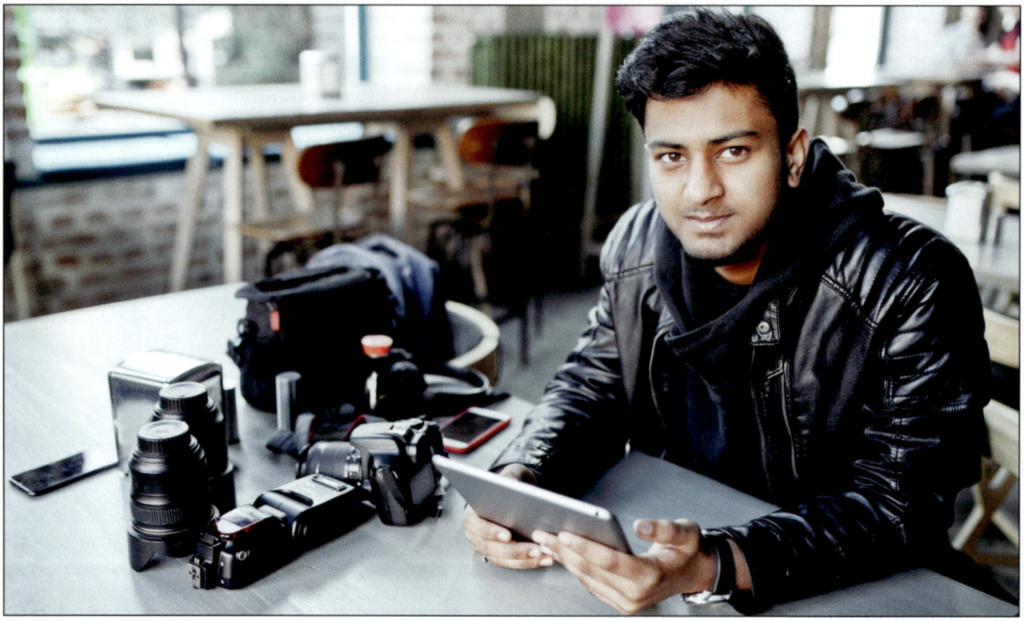

©ADOBE STOCK/AS PHOTO PROJECT

Es gibt einen Trick, den viele Top-Reisefotografinnen und -journalisten anwenden, um in einem fremden Land zu einzigartigen oder wirklich faszinierenden Bildern zu kommen: Sie engagieren einen »Fixer«. Fixer sind nicht einfach nur Foto-Guides für Touristen, sondern Menschen mit guten Beziehungen, die Ihnen den Weg zu Personen und Orten ebenen können, die Sie auf eigene Faust kaum erreichen würden. Sie kennen die Sprache (können also für Sie übersetzen) sowie die örtlichen Gepflogenheiten, sind gegebenenfalls bei der Beschaffung von Genehmigungen behilflich und kennen die örtlichen Gesetze, sodass sie Sie (und sich selbst) vor Schwierigkeiten bewahren können. Sie wissen, welche Wachleute sie bestechen müssen, damit Sie in der Morgendämmerung auf das Dach eines Gebäudes gelangen können, um die Skyline zu fotografieren. Sie kennen den Verwalter des örtlichen Marktes, der Ihnen ein Fenster im zweiten Stock mit unschlagbarem Ausblick zur Verfügung stellen kann. Sie verhelfen Ihnen zu einem Blick hinter die Kulissen des leeren Opernhauses und vielleicht auch hinter die Kulissen eines Restaurants oder einer alten Fabrik. Vielleicht öffnen sie Ihnen auch die Türen der Häuser Einheimischer, sodass Sie fantastische Porträts bei natürlichem Licht machen können, oder sie organisieren Ihnen ein professionelles Model in voller Tracht, das an der perfekten Stelle für Sie posiert. Sie können Ihnen Türen öffnen und Chancen verschaffen wie sonst niemand. In der Regel sind sie nicht allzu teuer, aber manchmal etwas schwer zu finden, weil sie kein Schild mit der Aufschrift »Fixer« um den Hals hängen haben. Am einfachsten bitten Sie auf Social Media andere Fotografinnen und Fotografen, die eine bestimmte Gegend bereist haben, um eine Empfehlung. Sie müssen ein bisschen suchen, ein bisschen nachforschen oder Fragen in Fotografieforen stellen, aber denken Sie daran, die Person, die Sie suchen, ist ein »Fixer«. Kein Guide. Egal, was Sie dafür ausgeben und wie lange Sie suchen müssen, ich verspreche Ihnen: Wenn Sie sich später Ihre Bilder ansehen, wissen Sie einfach, dass es das alles wert war.

Probieren Sie es mit Google Earth

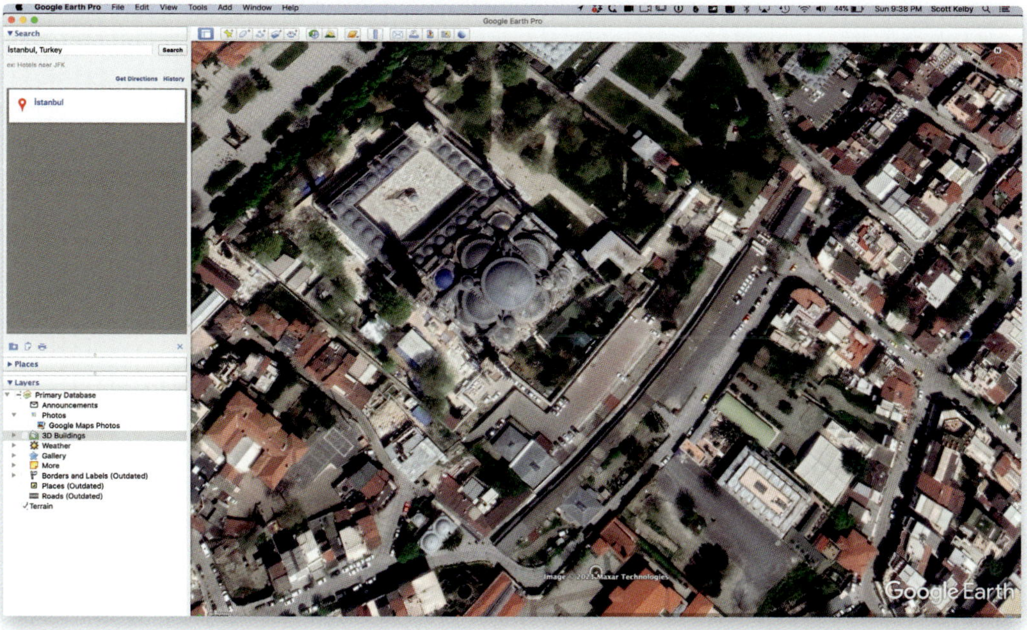

Ich nutze Google Earth (auch im Web, aber am liebsten mit der kostenlosen Google-Earth-App), wenn ich online ein Foto sehe und genau eingrenzen möchte, wo es aufgenommen wurde. Zum Beispiel fand ich eine bestimmte Ansicht der Sacré-Cœur-Basilika in Paris, die ich noch nie zuvor gesehen hatte, und wollte das Bild von genau dieser Stelle aus machen, nur mit meiner eigenen Sicht auf die Szene. Über Google Earth fand ich nicht nur heraus, wo das Bild entstanden war (ich fand den Namen der Straße und der Kreuzung), sondern auch, von welchen anderen Orten in der Nähe ich die Kathedrale ebenfalls sehen konnte. Sehr hilfreich war die Suche nach dem Namen eines Geschäfts, das auf dem Foto zu sehen war. So konnte ich den Standort schnell eingrenzen, und ehe ich mich versah, stand ich dank Google Earth an genau dieser Stelle (nun ja, digital), und als ich dann in Paris ankam, war ich direkt on Location. Google Earth ist auch sehr praktisch, wenn Sie herausfinden möchten, ob ein Ort leicht zu erreichen ist oder Sie das Auto parken und dann zu Fuß dorthin gelangen müssen. (Und wie wird diese Wanderung sein? Geht es ständig bergauf? Müssen Sie einen Wasserlauf durchqueren? Sieht es dort oben gefährlich aus?) Google Earth ist ein weiteres großartiges Rechercheinstrument und eine Ergänzung zu den anderen in diesem Kapitel bereits erläuterten Quellen.

Die unglaubliche Macht der Concierges

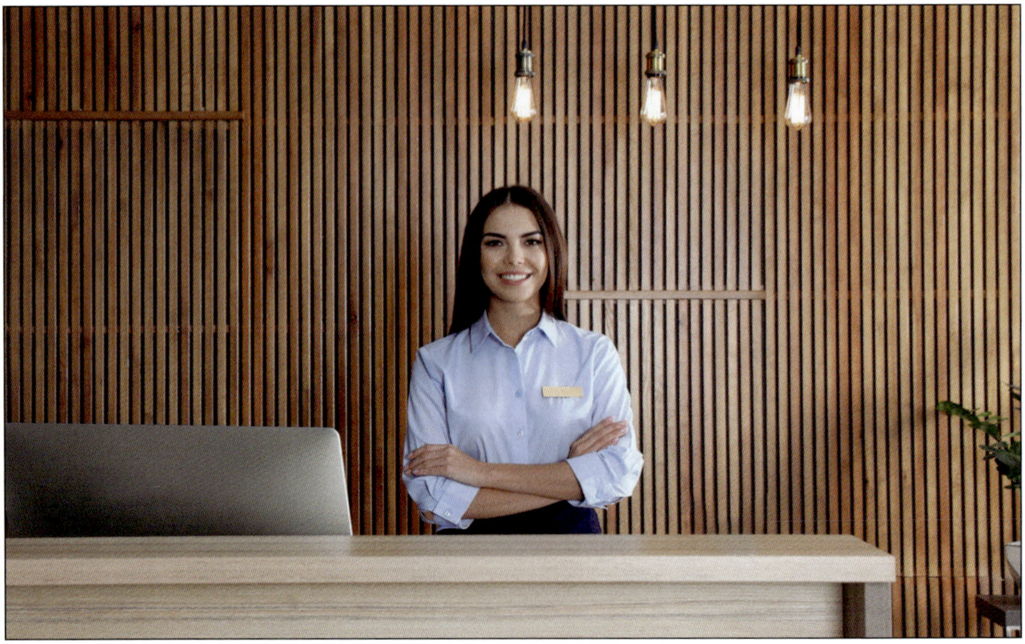

©ADOBE STOCK/NEW AFRICA

Der Aufenthalt in einem Hotel mit Concierge hat einen großen Vorteil. Nehmen wir zum Beispiel an, Sie möchten vom Dachrestaurant des Hotels aus ein Foto in der Morgendämmerung machen. Fragen Sie nicht – ich wiederhole – fragen Sie nicht den Hotelmanager. Es ist sehr unwahrscheinlich, dass er Sie dort hinauflässt, denn es ist nichts für ihn drin (nur Ärger). Wenden Sie sich stattdessen an die Concierge, denn die arbeitet für Trinkgeld und wird gerne Ihre Wünsche erfüllen, wenn Sie ihr dafür etwas zustecken. Das ist ihr Job. Sagen Sie ihr einfach, dass Sie Fotografin bzw. Fotograf sind und gerne eine Stadtaufnahme von der Rooftop-Bar aus machen würden, und zwar um 5:30 Uhr morgens. Sie wird sich mit den Wachleuten absprechen, die zu dieser Zeit Dienst haben (und denen Sie wahrscheinlich ebenfalls ein kleines Trinkgeld geben müssen), sodass die Tür für Sie aufgeschlossen wird. Ich habe schon erlebt, dass ein Concierge mir keinen Zutritt zur Dachterrasse verschaffen konnte und mich fragte, ob es auch in Ordnung wäre, wenn er mich auf den Balkon der Präsidentensuite im obersten Stockwerk bringen würde (die Gäste hatten ausgecheckt), damit ich von dort aus fotografieren könnte. Natürlich habe ich ihm ein nettes Trinkgeld gegeben. Concierges verfügen in ihrem Hotel (und manchmal auch bei den Concierges anderer Hotels oder Veranstaltungsorte) über unglaubliche Möglichkeiten und Beziehungen und sind sehr motiviert. Sie sind wie Fixer direkt in Ihrem Hotel, also vergessen Sie nicht, dass sie – im Rahmen ihrer Möglichkeiten – bei der Umsetzung Ihrer fotografischen Ambitionen sehr hilfreich sein können.

Einen Fotoguide engagieren

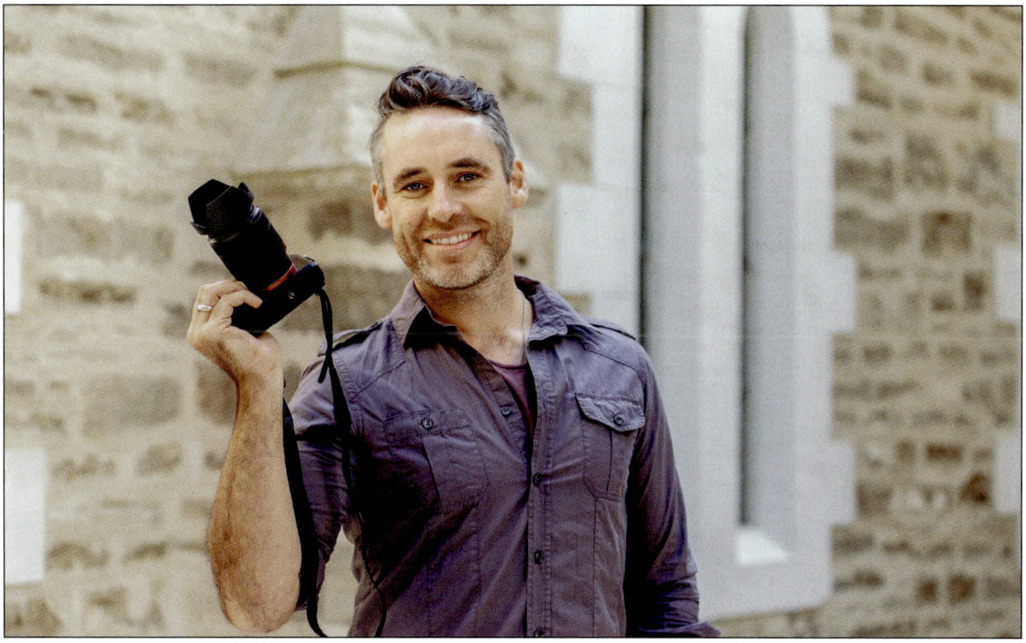

©ADOBE STOCK/SERGEY NIVENS

Wenn ich keine Zeit hatte, mein Reiseziel vorab richtig zu erkunden, engagiere ich einen Fotoguide. Vielleicht war es eine Last-Minute-Reise (was überraschend oft vorkommt) oder ich steckte kurz vor Reisebeginn einfach zu tief in der Arbeit. Wenn ich mich vor meiner Reise nicht gründlich informieren konnte, zahle ich den Preis, den der örtliche Guide verlangt. Ich habe das schon ein paar Mal gemacht, und meine Erfahrungen mit den Fotoguides waren sehr unterschiedlich. Manche waren sehr entgegenkommend und führten mich an Locations, die ich auf eigene Faust wahrscheinlich nie gefunden hätte, während andere mir bloß die ganz offensichtlichen Orte zeigten (z. B. das Kolosseum in Rom oder den Schiefen Turm von Pisa) – die hätte ich auch auf eigene Faust gefunden. Manche Guides hatten eindeutig Vereinbarungen mit lokalen Anbietern getroffen, von denen sie Vermittlungsgebühren oder Provisionen erhielten, und führten mich den ganzen Tag in Geschäfte und Restaurants, die ich eigentlich gar nicht besuchen wollte. Um einen guten Fotoguide zu finden, sehen Sie sich am besten seine persönlichen Fotos an: Suchen Sie seinen Instagram-Account und schauen Sie, was für Bilder er macht, wenn er nicht mit seinen Kundinnen und Kunden unterwegs ist. Sind die Fotos ziemlich durchschnittlich, können Sie davon ausgehen, dass er Sie an ziemlich durchschnittliche Orte führen wird (denn wenn er bessere Orte kennen würde, würde er eher dort fotografieren, oder?). Finden Sie hingegen wirklich schöne Fotos vor, steigen Ihre Chancen auf eine gelungene Exkursion (und darauf, dass Sie selbst tolle Fotos machen werden) erheblich. Und noch etwas: Die Wahrscheinlichkeit, dass Ihr Fotoguide so aussehen wird wie der ansehnliche Herr oben im Bild, tendiert gegen null (nur zur Information).

Auf Motivsuche

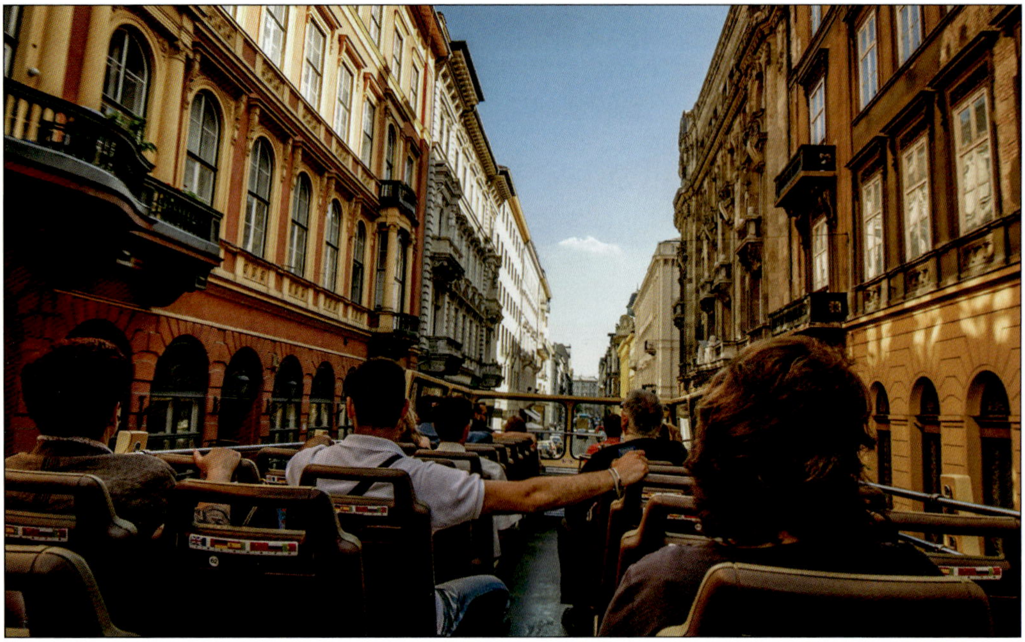

©ADOBE STOCK/ALEN AJAN

Jetzt kommt einer meiner besten und besonders bewährten Tipps, um in einer fremden Stadt tolle Fotos zu machen. Er mag sehr touristisch klingen und gefällt Ihnen möglicherweise erst mal nicht, aber ich verspreche Ihnen: Wenn Sie ihn ausprobieren, wird er sich auszahlen (zumindest in fotografischer Hinsicht). Und zwar: Wenn Sie zum ersten Mal in einer Stadt sind, buchen Sie eine zweistündige Bus-Stadttour und (jetzt wird es schwierig) nehmen Sie Ihre Kamera **nicht** mit. Genau, lassen Sie Ihre Kamera im Hotel und nehmen Sie nur das Smartphone mit, denn es geht lediglich um die Motivsuche. Wenn Sie Ihre normale Kamera mitnehmen, werden Sie die ganze Zeit fotografieren, statt tolle Locations zu finden, die Sie später mit Ihrer richtigen Ausrüstung aufsuchen können, um dort großartige Bilder zu fotografieren. Sie erhalten einen optimalen Überblick über die Stadt und erkennen, welche Orte auf Ihrer Liste ungeeignet sind. So ging es mir in Paris. Ich wollte in der Morgendämmerung aufstehen, um das Opernhaus von außen zu fotografieren, bis ich auf der Bustour feststellen musste, dass ein Großteil des Gebäudes eingerüstet war. Also habe ich in der Morgendämmerung anderswo fotografiert und hervorragende Bilder bekommen. Sie werden nicht nur Locations vorfinden, die gerade restauriert werden, geschlossen sind oder an denen Objekte im Weg stehen, die die Aufnahme ruinieren würden. Vielmehr entdecken Sie auch Locations, die Sie sonst nicht gefunden hätten, z.B. einen bezaubernden kleinen Brunnen in einer Seitenstraße oder einen Innenhof, der in keinem Reiseführer verzeichnet ist. Achten Sie darauf, dass bei den Fotos, die Sie mit Ihrem Smartphone machen, automatisch GPS-Daten eingebettet werden (wenn nicht, prüfen Sie die Einstellungen). Sie wissen dann genau, wohin Sie müssen (geben Sie die GPS-Daten in Google Maps ein oder öffnen Sie das Bild in Lightroom und klicken Sie im **Metadaten**-Bedienfeld neben **GPS** auf den Rechtspfeil, um eine Karte mit einem Satellitenbild Ihrer genauen Position anzuzeigen).

Lokale Kontakte in sozialen Netzwerken knüpfen

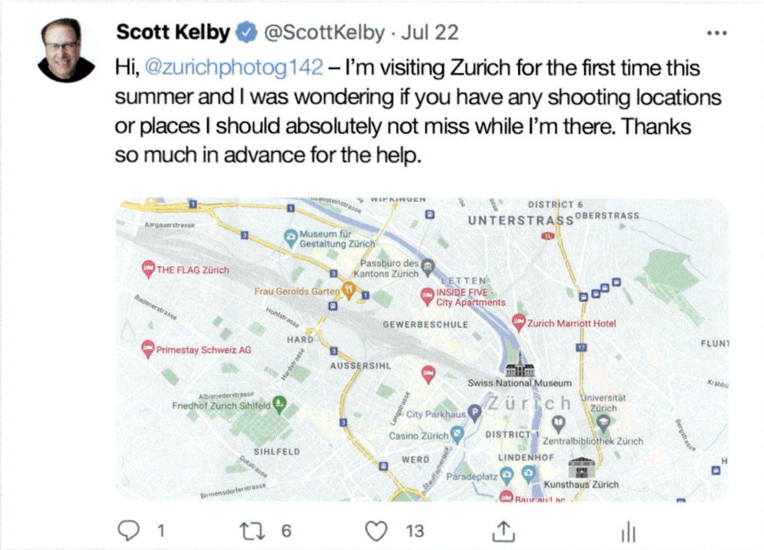

Wenn Sie verreisen, insbesondere in ein fremdes Land, sollten Sie vorher ein wenig in den sozialen Medien recherchieren und einige dort ansässige Fotografinnen und Fotografen kontaktieren. Nehmen wir an, Sie haben auf Facebook nach Fotografen in Zürich, Schweiz, gesucht und einige gefunden, die in Ihrer Muttersprache posten. Schreiben Sie ihnen einfach einen Kommentar zu einem aktuellen Beitrag und erwähnen Sie, dass Sie ebenfalls fotografieren und zum ersten Mal nach Zürich kommen. Fragen Sie sie, ob sie Aufnahmeorte kennen, die Sie auf Ihrer Reise auf keinen Fall verpassen sollten. Oft sind sie gerne bereit, Ihnen auf die Sprünge zu helfen, und vielleicht verraten sie Ihnen sogar ein paar ihrer eigenen Lieblings-Locations. Gerade habe ich auf Instagram den Begriff »French Photographers« eingegeben und eine ganze Menge Fotografen gefunden (auch viele gute!). Schreiben Sie ihnen einfach einen Kommentar – der Austausch mit einheimischen Fotografinnen und Fotografen ist eine großartige Möglichkeit, einzigartige Fotospots und -gelegenheiten zu finden. Versäumen Sie dies nicht, es kann wirklich ein entscheidender Faktor sein.

Folgen Sie lokalen Instagram-Konten

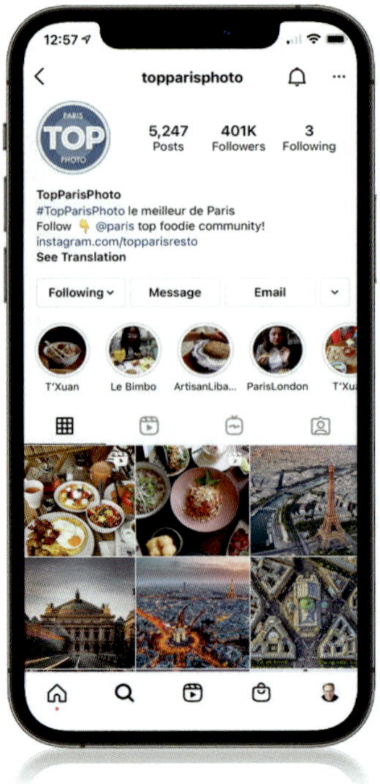

Der folgende Tipp ist ungemein praktisch: Folgen Sie auf Instagram den lokalen Fremdenverkehrsämtern, Reisebüros oder einfach besonders angesagten Accounts aus der Region, die Sie besuchen möchten. Ich folge zum Beispiel »TopParisPhoto« sowie »TopFrancePhoto« (es gibt zahlreiche Schwester-Accounts wie »TopLondonPhoto« und so weiter). Dort werden wunderbare Fotos von Paris und Frankreich gepostet. Sie finden viele tolle Ideen, tolle Orte, tolle Fotos und jede Menge Inspiration. Natürlich gibt es auf Instagram noch zahlreiche weitere Konten mit großartigen Fotos aus einer bestimmten Region – genau von Ihrem Reiseziel. Sie müssen nur ein wenig recherchieren und den Accounts folgen, die Sie inspirieren, und schon finden Sie eine Fülle von Kleinoden. Ich liebe den Instagram-Account des Namibia Tourism Board (auch wenn ich noch nie dort war, aber er macht mir Lust auf eine Reise). Sie können sich gar nicht vorstellen, wie praktisch ich das finde, wenn ich eine neue Gegend bereise (oder sogar eine, wo ich schon einmal war). Fangen Sie jetzt an, solchen Accounts zu folgen, und bei Ihrer Ankunft werden Sie viele tolle Ideen haben.

Kümmern Sie sich um Zutrittsmöglichkeiten

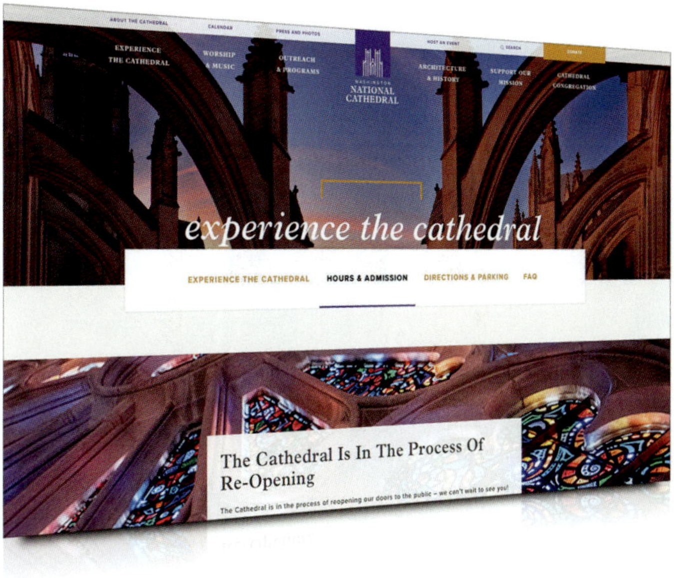

Okay, Sie haben einen tollen Ort gefunden, an dem Sie fotografieren wollen – sagen wir, eine berühmte Kathedrale. Sie kommen dort an und die Türen sind verschlossen. Das liegt daran, dass die Kathedrale sonntags immer geschlossen ist. (Ja, genau das ist mir passiert. Ich bin 30 Minuten gefahren, um eine berühmte Kathedrale zu besuchen, und habe herausgefunden, dass sie sonntags immer zu hat. Ich weiß. Ich war auch verblüfft.) Ein kurzer Blick auf die Website, bevor ich mich dorthin aufmachte (und nicht erst, als ich vor verschlossenen Türen stand), hätte mich vorgewarnt und mir eine einstündige Hin- und Rückfahrt erspart, die letztlich zu nichts führte. Ein anderes Beispiel ereignete sich bei meiner letzten Reise in dieselbe Stadt. Ich wollte die berühmte Wendeltreppe fotografieren, und da sie sich in einem Bürogebäude befindet, nahm ich an, ich könnte einfach in das Gebäude hineingehen und Bilder machen. Das Problem war, dass man den Bereich mit der Wendeltreppe nur betreten kann, wenn man entweder: (a) selbst Mieter im Gebäude ist, (b) der Kunde eines Mieters ist, oder (c) an einer historischen Führung teilnimmt, die nur morgens, zu einer bestimmten Zeit und an bestimmten Tagen stattfindet. Ich konnte also nicht fotografieren. Für all diese Locations gibt es eigene Websites (und eigene Regeln). Nehmen Sie sich also ein paar Minuten Zeit, um zu recherchieren, zu welchen Zeiten sie geöffnet sind und welche Eintrittspreise oder Gebühren anfallen (manchmal sind diese erschreckend hoch, manchmal kostet der Eintritt nichts, aber Sie müssen sich trotzdem im Voraus ein Ticket besorgen). Machen Sie den Besuch der Websites der Orte, an denen Sie fotografieren möchten, zum Pflicht-Bestandteil Ihrer Recherchen.

Lassen Sie sich von Stockfoto-Websites inspirieren

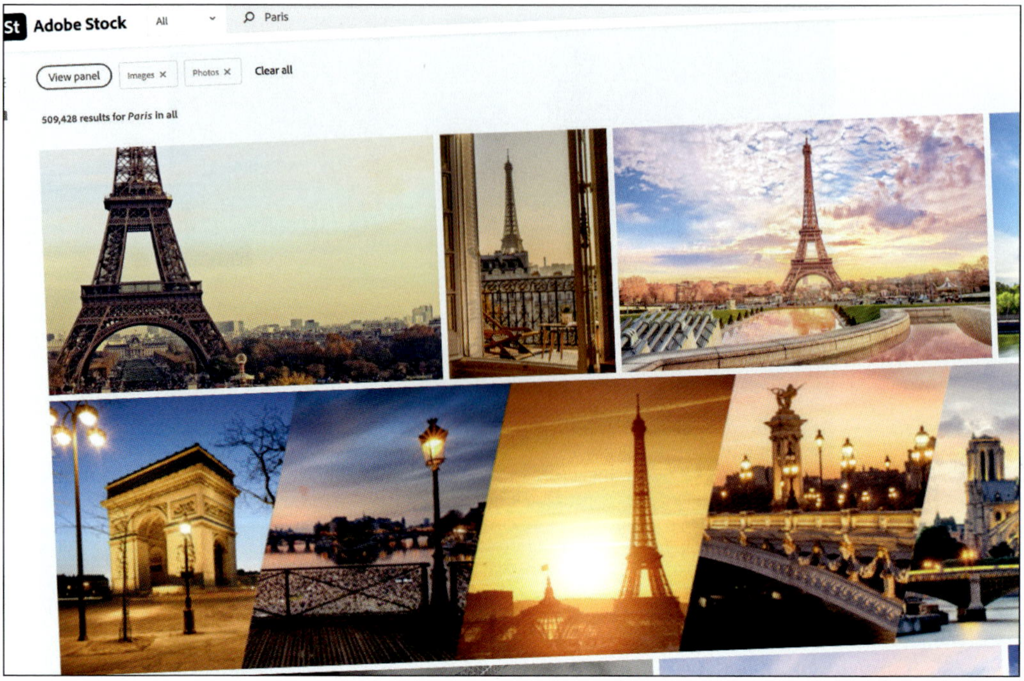

Eine weitere wertvolle Ressource für die Reisefotografie sind die großen Stockfoto-Websites (von Getty Images über Shutterstock bis hin zu Adobe Stock), auf denen Sie nach Bildern von Ihrem Reiseziel suchen können. Die Suche ist kostenlos, und auf manchen Websites können Sie festlegen, dass Sie nur die Premium-Bilder sehen möchten (die besten und teuersten Fotos). Denken Sie daran, dass Sie nichts kaufen wollen. Sie suchen lediglich nach Ideen, Locations und Inspirationen, und all das finden Sie auf diesen Stock-Sites.

Fotoführer im E-Book-Format kaufen

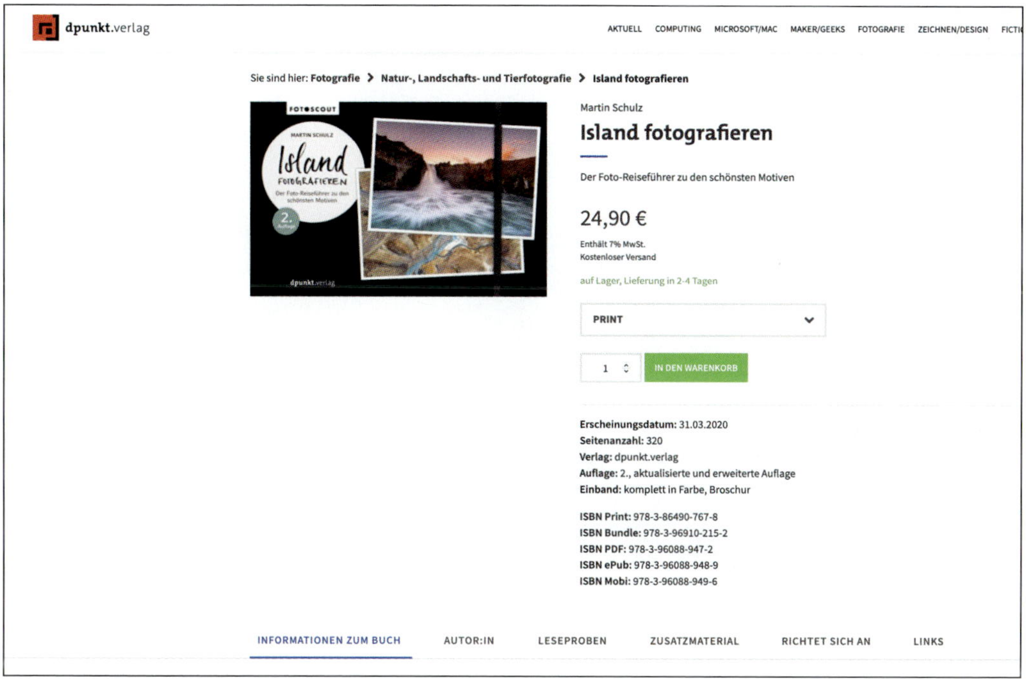

Wenn eine Gegend bei Fotografinnen und Fotografen beliebt ist, können Sie fast sicher sein, dass ein lokaler Fotograf einen Reiseführer mit den besten Foto-Locations in dieser Gegend verkauft. Ich habe gute Erfahrungen damit gemacht, denn in der Regel sind sie recht preiswert und in digitaler Form erhältlich, sodass Sie sie sofort herunterladen können (meist im PDF-Format). Manche sind sehr detailliert, gut recherchiert und den geringen Kaufpreis wert. Meist müssen Sie lediglich googeln, um einen Fotoführer für Ihr Reiseziel zu finden. Gehen wir es doch gleich mal an: Island ist ein sehr angesagtes Reiseziel für Fotografen (und zwar schon seit einigen Jahren), deshalb werden Sie an einer Foto-Location in Island nie alleine sein. Rechnen Sie damit, dass bereits mindestens 50 Leute vor Ort sind, wenn Sie mit Ihrem Mietwagen vorfahren. Eine kurze Suche nach »Island fotografieren« liefert einen Link (einen von vielen) auf die Website eines gewissen Heidelberger Verlags, zu einem Buch namens »Island fotografieren: Der Foto-Reiseführer zu den schönsten Motiven« von Martin Schulz. Genau das wollen Sie ja – und die E-Book-Version kostet nur 21,99 €! Es hat (würden Sie jetzt bei diesem großen Buchversender nachschauen) 32 Bewertungen und insgesamt 4,5 Sterne. Da es nicht leicht ist, eine so hohe Bewertung zu bekommen, ist es bestimmt seinen Preis wert. Natürlich gibt es auch noch andere (suchen Sie auf *dpunkt.de* mal nach dem Stichwort »Fotoscout«). Ich wollte Ihnen nur zeigen, wie einfach es ist, einen gedruckten oder digitalen Fotoführer für jedes populäre Reiseziel zu finden.

Informieren Sie sich über besondere Veranstaltungen

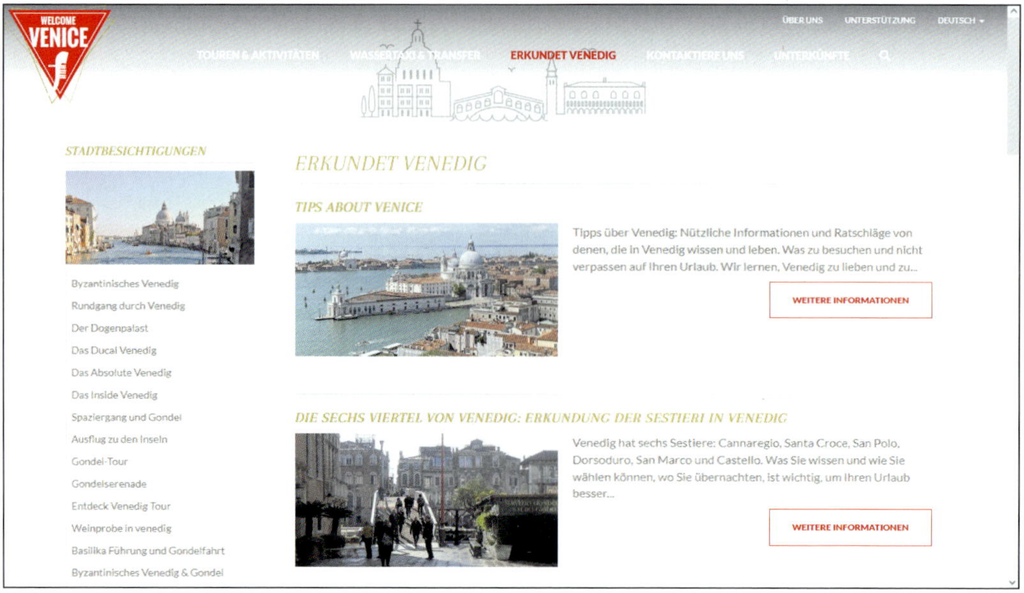

Bei besonderen Veranstaltungen an Ihrem Reiseziel – lokalen Festivals, Karnevalen, Paraden und Zeremonien – bieten sich oft besonders tolle Fotogelegenheiten. Um herauszufinden, wann und ob solche Ereignisse während Ihres Aufenthalts stattfinden, bietet sich die offizielle Website der Stadt an, die Sie besuchen möchten (ja, heutzutage haben fast alle Städte eine offizielle Website oder zumindest eine Website des Fremdenverkehrsamts). Dort finden Sie einen Veranstaltungskalender. Auch viele Reiseveranstalter bieten auf ihren Websites Informationen zu Veranstaltungen (z. B. *https://www.Venedigwelcome.com/de/*, siehe Abbildung oben). Eine kurze Suche nach »Events« führt Sie zu zahlreichen Veranstaltungskalendern und -plänen. Tipp: Wenn Sie eine Veranstaltung gefunden haben, führen Sie eine Google-Suche durch, um die Bilder anderer Fotografinnen und Fotografen von diesem Ereignis in den vergangenen Jahren zu sehen. So bekommen Sie eine Vorstellung davon, ob es sich aus fotografischer Sicht lohnt, daran teilzunehmen.

Filme ansehen, um Foto-Locations zu finden

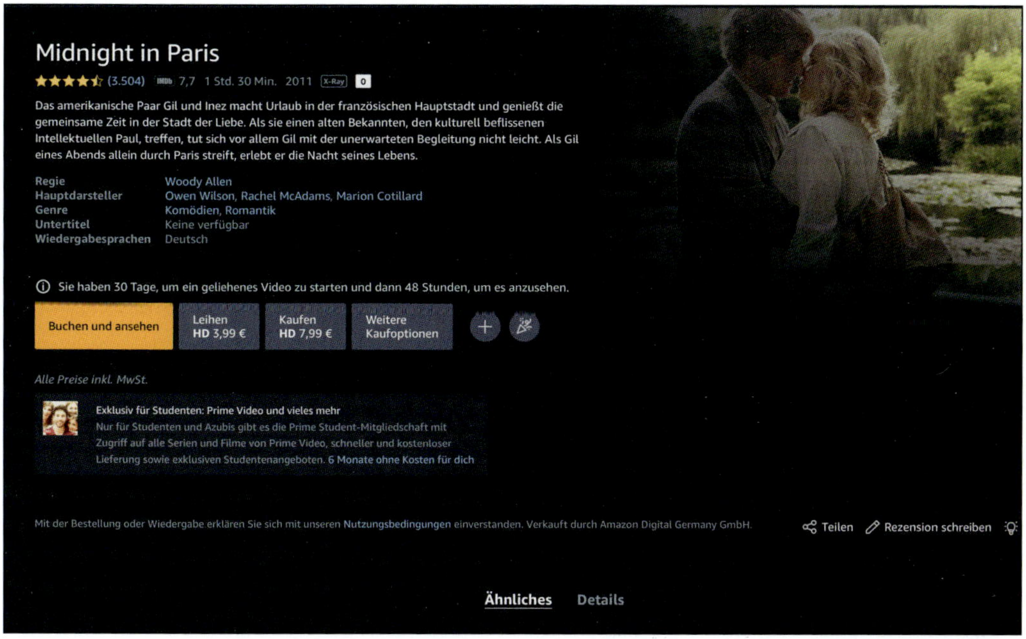

Das mache ich besonders gern, denn erstens ist es einfach total inspirierend, einen Film zu sehen, der an dem geplanten Reiseziel spielt. Man bekommt gleich noch mehr Lust, dorthin zu reisen. Zweitens haben die Regisseure und Kameraleute Locationscouts engagiert, die ihnen bei der Suche nach den Drehorten geholfen haben. Sie können wirklich so viel aus diesen Filmen lernen, ganz abgesehen von der tollen Hintergrundmusik, die Sie nach Ihrer Rückkehr für eine Diashow über Ihre Reise verwenden können. Ein Beispiel: Vor meinem Paris-Workshop habe ich alle Teilnehmenden gebeten, den wunderbaren Film »Midnight in Paris« zu sehen, und alle, die ihn bis dahin noch nicht kannten, haben ihn sich vor der Reise angeschaut. Im Film wird in einem charmanten Pariser Café zu Abend gegessen, und ich konnte nicht nur genau dieses Restaurant finden, sondern auch einen Tisch für 16 Personen für das Eröffnungsdinner meines Workshops reservieren. Das machte den Abend zu etwas ganz Besonderem (und das Essen war natürlich erstklassig!). Schauen Sie sich also vor Ihrer Reise ein paar der besten Filme an, die in dieser Region spielen. Man weiß nie, welche Ideen oder Inspirationen Sie aus dieser Erfahrung mitnehmen (und im schlimmsten Fall nehmen Sie gar nichts mit, haben aber einen tollen Film gesehen, der Ihnen noch mehr Lust auf Ihre Reise gemacht hat).

Der alte Postkartenständer-Trick

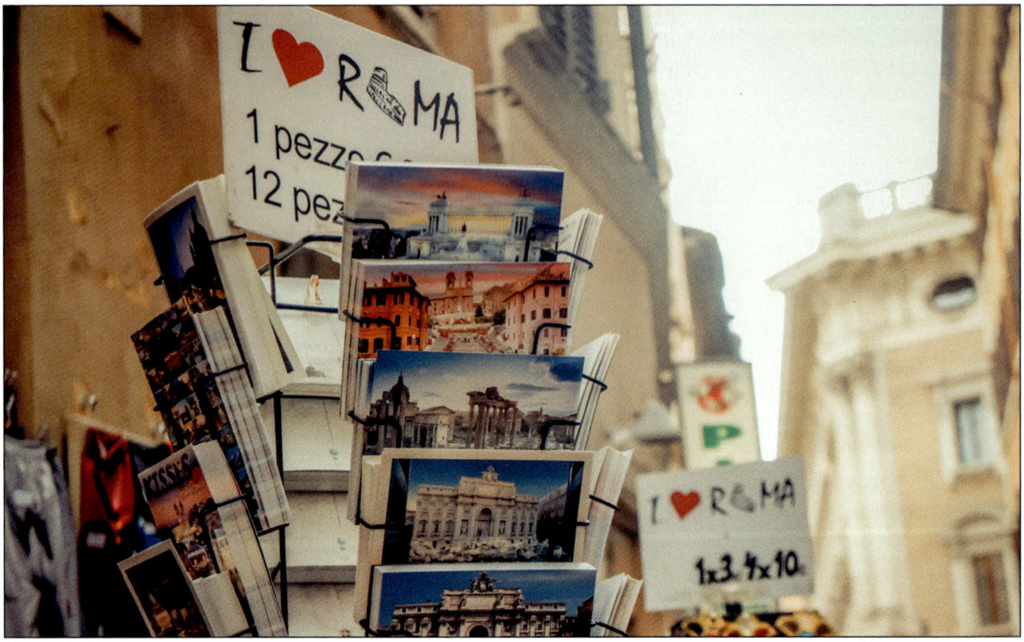

Klar, wir sind Fotografinnen und Fotografen und kaufen keine Postkarten, aber wenn wir an einem oder zwei Geschenkeläden vorbeikommen, werfen wir einen Blick auf die Postkartenständer. Manchmal entdeckt man eine Location in der Nähe, die man bei den Recherchen nicht gefunden hat (das ist mir auch schon passiert), und normalerweise muss man nur die Postkarte umdrehen und nachlesen, wo ihr Motiv fotografiert wurde. Nicht immer wird der Ort ganz exakt angegeben, und in dem Fall gehe ich zur Kasse, zeige der Verkäuferin die Postkarte und frage, ob sie weiß, wo das Foto aufgenommen wurde. Bis auf einmal erhielt ich eine exakte Auskunft (einmal war es ein Schloss in der Nähe, das ich bei meinen Recherchen aber übersehen hatte). Der alte Postkarten-Trick kann sich also auszahlen, und zumindest bekommt man ein paar schöne Bilder zu sehen, er kann also nicht schaden.

Buchen Sie für einen Tag einen Fahrer

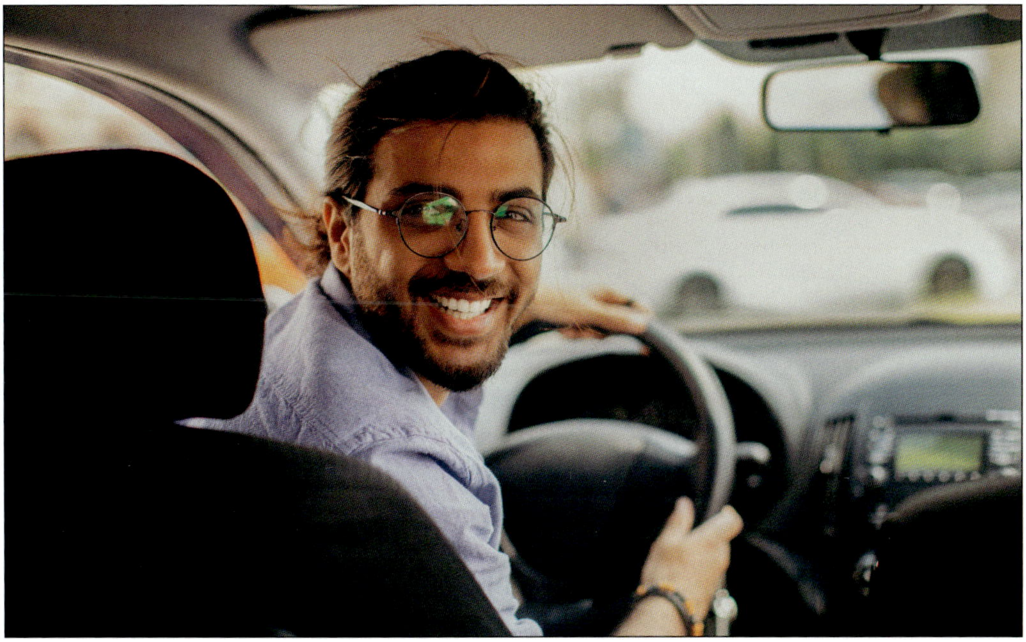

©ADOBE STOCK/PROSTOCK-STUDIO

Stellen Sie sich vor, wie viele Locations Sie in einer Stadt besuchen könnten, wenn Sie für einen Tag eine Chauffeurin anheuern würden. Ich weiß, das klingt teuer, aber in der Regel ist es überraschend günstig, solange Ihr Hotel es nicht für Sie arrangiert (denn dann wird eine hohe Provision fällig, sodass die Preise oft horrend sind – jedenfalls war das bei mir so). Wenn Sie sich mit der Fahrerin gut verstehen, erklären Sie ihr, dass Sie Fotograf sind, und fragen Sie, was es kosten würde, sie für den ganzen Tag zu engagieren. Ich habe schon oft einen Privatchauffeur für den ganzen Tag buchen können, und zwar für 60 bis 100 $ pro Tag. Das war zwar nicht billig, aber wenn man bedenkt, wie viel mehrere Taxi- oder U-Bahnfahrten (und ein eventuelles Trinkgeld) kosten, kommen Sie gar nicht so schlecht weg. Und außerdem können Sie jederzeit aussteigen, während Ihr Fahrer eine Runde um den Block dreht. Er muss keinen Parkplatz finden (was in vielen Großstädten bekanntermaßen schwierig ist), sodass Sie keine Zeit verlieren. Sie steigen aus, holen sich Ihre Fotos und steigen gleich wieder ein. Es ist erstaunlich, wie viel Sie auf diese Weise schaffen und wie viele Locations auf Ihrer Fotoliste Sie ansteuern können. Wenn es sich um ein kleineres Gebiet handelt, können Sie es auch mit einem Fahrradtaxi probieren, das Sie durch die Gegend kutschiert. Ich habe das schon oft gemacht, und da man einfach sagen kann: »Halten Sie genau hier an«, ergeben sich unterwegs jede Menge Fotogelegenheiten. Probieren Sie es aus, Sie werden es so oft wie möglich wiederholen wollen.

Sicherheit für Ihre Ausrüstung

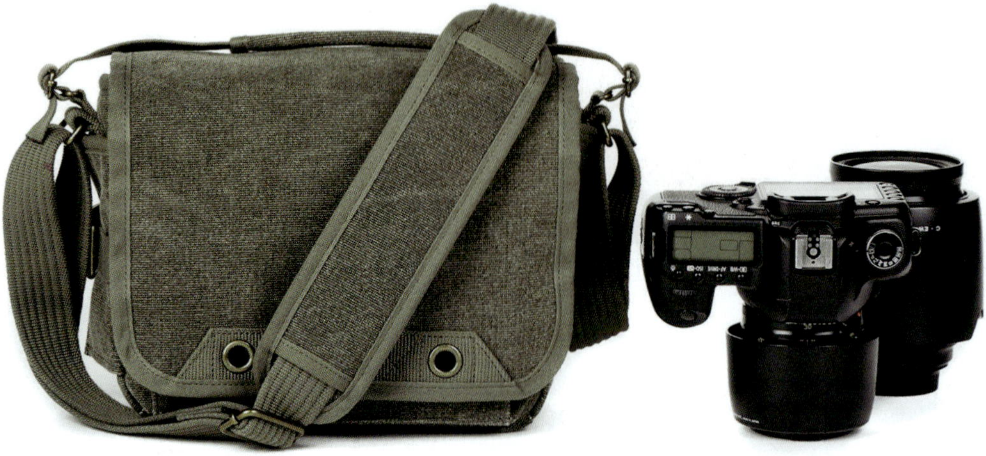

©THINK TANK PHOTO

In puncto Sicherheit müssen Sie schon vor Ihrer Reise planen. Zuerst sollten Sie überlegen, ob Sie Ihre Fotoausrüstung versichern möchten. Das ist billiger, als Sie vielleicht denken, aber prüfen Sie, ob Ihre Hausratversicherung bereits den Fall abdeckt, dass Ihre Ausrüstung im Urlaub verloren geht oder gestohlen wird. Es lohnt sich auf jeden Fall, über eine Versicherung nachzudenken (ich kenne Horrorgeschichten von Leuten, denen ihre gesamte Ausrüstung abhandenkam). Sie sollten eventuell auch eine Kameratasche anschaffen, die nicht wie eine solche aussieht und deshalb kein so offensichtliches Beuteobjekt ist. Think Tank Photo bietet Kamera-Umhängetaschen namens »Retrospective«, die innen ganz normale Kamerataschen sind, außen aber eher wie Kurier- oder Handtaschen aussehen. Wenn Sie Ihr Hotelzimmer verlassen, sollten Sie außerdem Ihre Ausrüstung nicht offen herumliegen lassen – zumindest sollten Sie sie außer Sichtweite verstauen. Idealerweise nehmen Sie das Gehäuse und die Objektive aus der Kameratasche und legen sie in den Zimmersafe (oder den Hotelsafe an der Rezeption). Einem Freund von mir wurde seine gesamte Ausrüstung gestohlen, weil er sie in seinem Zimmer liegen ließ. Es handelte sich um eine renommierte Hotelkette, aber anscheinend erzählte ein Zimmermädchen einem Freund von diesem Zimmer voller Kameraausrüstung, steckte ihm einen Nachschlüssel zu und ... ehe mein Freund sich's versah, war seine Ausrüstung im Wert von Tausenden von Dollar weg (sie nahmen auch noch seinen Laptop und sein Tablet mit). So etwas geschieht öfter, als man denkt, und zwar nicht nur im Hotel. Einem anderen Freund von mir passierte es in der U-Bahn. Er hatte die Tasche genau zwischen den Beinen, sodass man sie nicht leicht greifen konnte, aber kurz bevor der Zug an einer Station anfuhr, kam ein Mann heran, schnappte sich die Tasche und stieg aus, gerade als sich die Türen schlossen und der Zug wegfuhr. Es war perfekt getimt und geschah in einem Sekundenbruchteil. Die gesamte Ausrüstung war weg. Natürlich sah die Kameratasche wie eine Kameratasche aus – behalten Sie das im Hinterkopf.

Mit Equipment fliegen

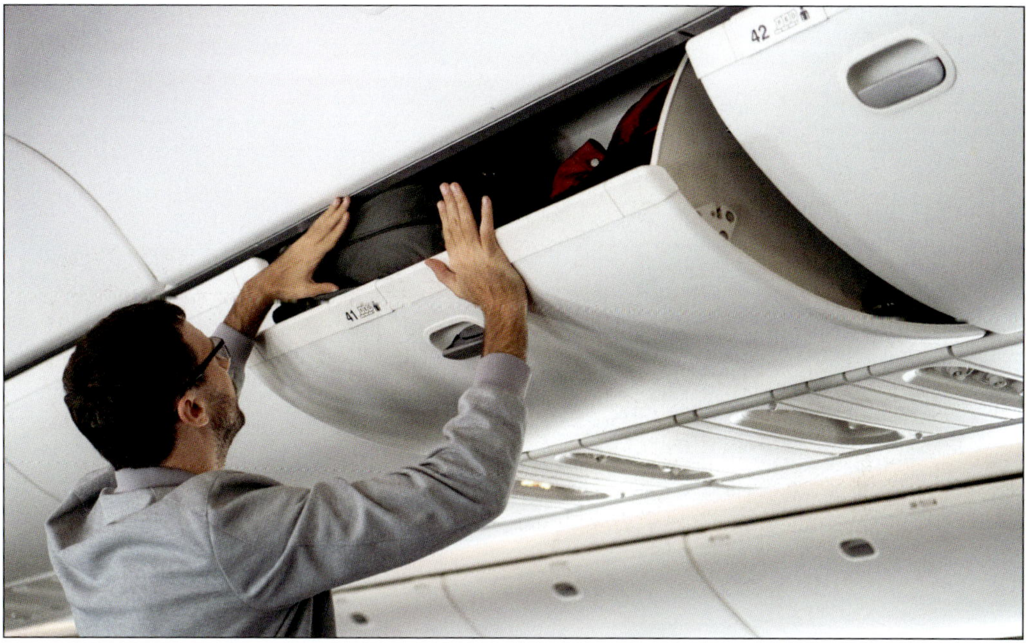

©ADOBE STOCK/SPACE_CAT

Bei diesem Thema wird mir immer etwas mulmig, denn ich möchte nie in die Situation kommen, dass ich meine Kameraausrüstung als Gepäckstück aufgeben muss. Wir alle wissen, wie Gepäck oft behandelt wird, und haben schon Geschichten von Leuten gehört, die nach der Landung ihre Taschen öffnen und feststellen, dass ihre Kameras und Objektive fehlen. Deshalb ist es sinnvoll, eine kleine Kameratasche mitzunehmen, die unter den Vordersitz passt, oder für den Fall, dass man wie ich auf einer Reise nach Norwegen in einem kleinen Propellerflugzeug für 12 Personen landet. Meine Tasche war so klein, dass ich sie mit an Bord nehmen durfte. Wenn Sie Ihre Kameratasche im Gepäckfach verstauen, stellen Sie sie in das Fach direkt gegenüber Ihrem Sitz, damit Sie sie im Auge behalten können. Ich kenne jemanden, dem sein Kameragehäuse nachts während des Flugs direkt aus der Tasche gestohlen wurde, weil er es in einem Fach hinter sich auf seiner Seite verstaut hatte. Da kann man wirklich nichts machen. Sie melden der Flugbegleiterin, dass Ihre Ausrüstung gestohlen wurde, und sie sagt, dass es ihr leidtut, sie aber keine Ermittlung in der Luft einleiten oder die Passagiere verhören wird. Wenn Sie davon ausgehen, dass Sie in einem kleinen Regionalflugzeug fliegen müssen, sollten Sie sich eine weiche Kameratasche zulegen, die Sie in die kleinsten Gepäckfächer stecken können, statt sie am Gate aufgeben zu müssen. Sie können auch einige größere Gegenstände in Ihren normalen Koffer packen, um die Größe der Kameratasche zu verringern. Ich packe das Reisestativ und/oder Platypod mitsamt Kugelkopf und sogar einen Blitz in den normalen Koffer. Wenn das Gepäck verloren geht oder Verspätung hat, wird das meine Reise nicht beeinträchtigen (wichtige Dinge packe ich nicht in den Koffer). Ein letzter Tipp: Bittet die Flugbegleitung Sie, Ihre Kameratasche aufzugeben, sollten Sie supernett, supergeduldig und superhöflich sein. Werden Sie nicht unfreundlich oder fordernd, denn dann landet Ihre Ausrüstung unweigerlich im Frachtraum, und dann ist es aus.

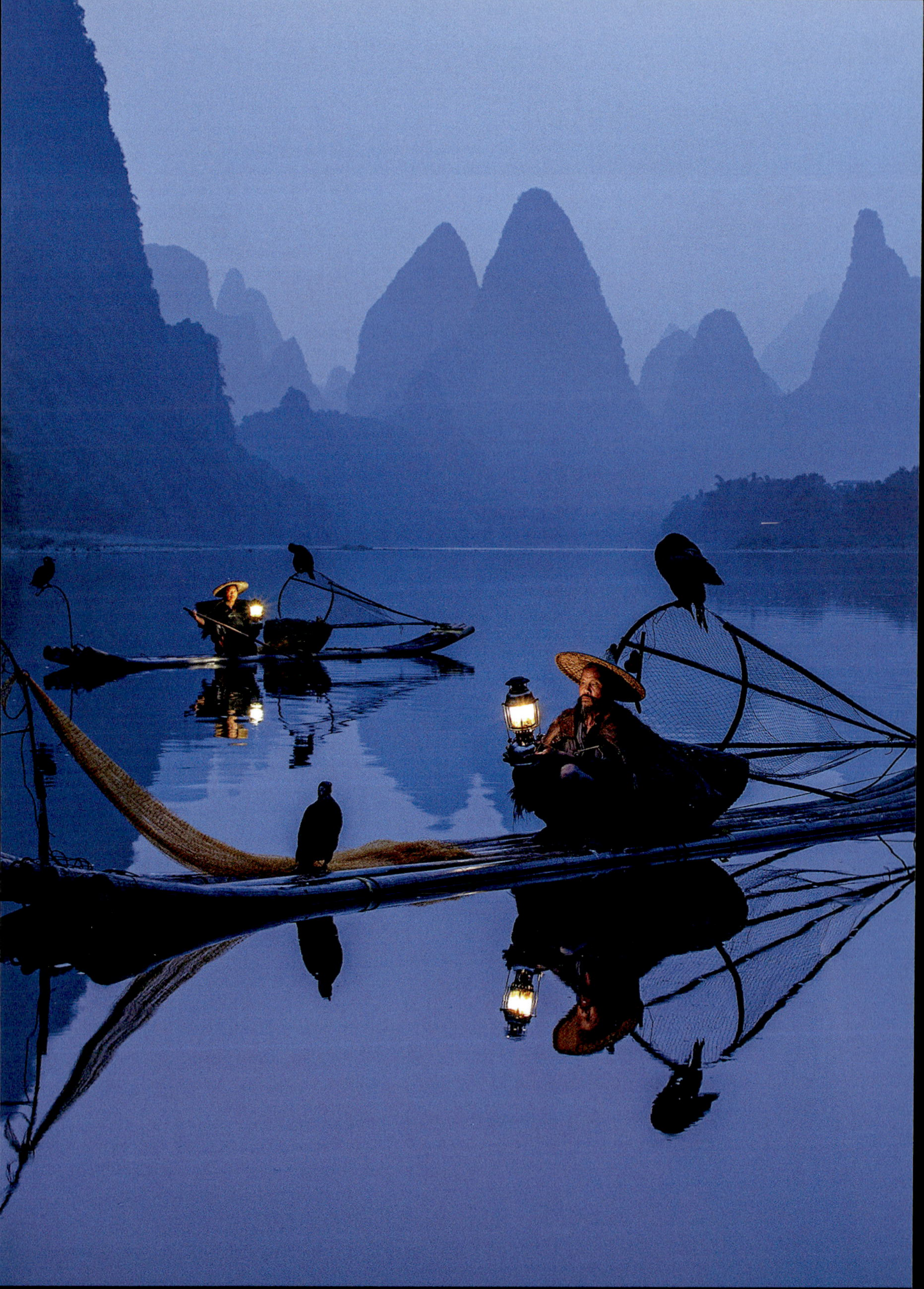

Belichtungszeit: 1/5Sek. | Blende: f/5.6 | ISO:800 | Brennweite: 35 mm
Location: Yangshuo-Reisterrassen, Guilin, China

KAPITEL 02

GROSSARTIGE REISEFOTOS

Was macht ein großartiges Reisefoto aus? Es ...

Tipps für die Erstellung wahrhaft fesselnder Reisebilder

Wenn ich es auf den Punkt bringen müsste, würde ich sagen: Ein gutes Reisefoto ist ein Bild, das mehr als nur die Location zeigt. Schließlich kann man bei Google eine Aufnahme von so ziemlich jedem Ort finden, aber viele davon sind sozusagen »Ich-war-da-Fotos«, die sagen: »Ich war in Cinque Terre.« Das Bild zeigt den Ort, aber nicht mehr. Dabei gibt es wunderschöne, bezaubernde, einfach fantastische Fotos der Cinque Terre, und wenn Sie die sehen, dann wissen Sie, was ein gutes Reisefoto ausmacht. Es zeigt einen tollen Ort von seiner besten Seite. Es fängt den Zauber, die Romantik, das schöne Licht, die Farben, die Kultur oder die Geschichte ein – oft mehrere dieser Aspekte in einem Bild und oft auch überspitzt. Wenn Ihnen so ein Foto gelungen ist, dann wissen Sie es einfach, und dementsprechend fallen auch die Reaktionen des Publikums aus. Warum gibt es trotzdem so viele »Ich-war-da«-Fotos? Aus zwei Gründen: (1) Alle anderen Fotografinnen und Fotografen da draußen (außer Ihnen und mir natürlich) taugen nichts! Sie und ich verfügen jedoch über die Zauberkraft des visuellen Storytellings, die uns zu magischen Einhörnern macht, während alle anderen Esel sind, und damit meine ich nicht den coolen Esel aus Shrek. Und (2) die anderen Fotografen besitzen nicht die ultimative Geheimwaffe für tolle Reisefotos (nämlich das vorliegende Buch), und das sage ich nicht nur, um Sie zum Kauf des Buchs zu bewegen, schließlich haben Sie es ja schon. Es sei denn, Sie haben es gestohlen, und ... Verdammt, Sie haben es gestohlen, stimmts? Ich muss sagen, ich bin schockiert (und mehr als nur ein bisschen enttäuscht), denn ich dachte, Sie und mich würde ein besonderes, ein heiliges Band verbinden, aber jetzt wird mir mein Irrtum klar, und hier bin ich nun allein mit meinem Einhorn und habe niemandem, mit dem ich fotografieren kann, außer Horden von Verlierern, die »Ich-war-da-Fotos« knipsen, und ich bin so wütend, dass ich diese Kapiteleinleitung hier beenden werde. So, ich habe aufgehört. Noch nicht ganz, aber jetzt. Ich höre auf. Ich meine es ernst. Ich mache keine Witze. Schluss!

... wird bei schönem Licht fotografiert

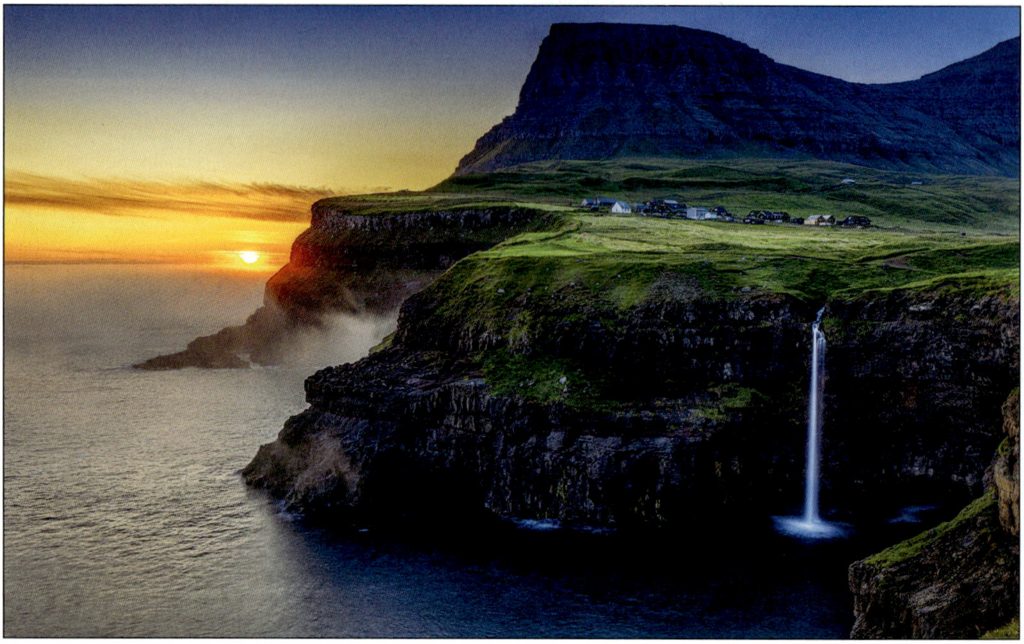

FÄRÖER-INSELN

Bei gutem Licht sieht alles besser aus. Produktbilder, Food-Fotos und Porträts wirken in weichem, schönem Licht am attraktivsten, und das gilt auch für Ihre Reisefotos. Mittagslicht mit harten Schatten und verwaschenen Farben sorgt nicht gerade für die besten Reisebilder. Wenn Sie also ganz früh am Tag fotografieren können, kurz bevor die Sonne aufgeht oder wenn sie tief am Himmel steht (Letzteres ist natürlich auch bei Sonnenuntergang der Fall), erhalten Sie wundervolles Licht, das fast jedem Motiv schmeichelt. Klar sieht das Taj Mahal in der grellen Mittagssonne großartig aus, aber stellen Sie sich vor, wie es später am Tag wirken würde, wenn die Sonne tiefer steht, vorteilhaftes Licht herrscht und Sie weiche Schatten erhalten. Das obige Bild wurde kurz vor Sonnenuntergang fotografiert, und alles ist in weiches, schönes Licht getaucht. Zudem sind die Farben auch viel lebhafter und satter als mitten am Tag. Wir sehen eine breite Palette von Farben am Himmel, er ist nicht einfach nur blau wie früher am Tag. Ich erinnere mich an ein Portfolio-Review, das ich auf einer Fotokonferenz durchführte. Ein Teilnehmer sagte: »Mr. Kelby, ich weiß, dass Sie sehr viel Wert darauf legen, in der Morgendämmerung oder bei Sonnenuntergang bei gutem Licht zu fotografieren, aber bitte sehen Sie sich dieses Bild an. Das habe ich um 14.00 Uhr bei direkter Sonneneinstrahlung fotografiert. Ich finde es ziemlich gut.« Er blätterte die Seite um, und tatsächlich, das Bild war ziemlich gut. Ich sagte: »Sie haben recht. Für eine Aufnahme am Tag ist es ziemlich gut, aber ich kann mir vorstellen, wie toll die gleiche Szene ausgesehen hätte, wenn Sie sie zur richtigen Zeit und bei schönem Licht fotografiert hätten.« Wenn Sie atemberaubende Reisebilder möchten, fotografieren Sie sie früh am Morgen oder kurz vor Sonnenuntergang bei schönem Licht, das der Szene schmeichelt. Das macht einen großen Unterschied (es ist nicht immer einfach, so früh aufzustehen oder den Tag so zu planen, dass man bei Sonnenuntergang an einem tollen Ort ist, aber es zahlt sich wirklich aus). Hinweis: Ich will damit nicht sagen, dass man nicht tagsüber fotografieren soll, aber wenn Sie tagsüber ein tolles Motiv finden, sollten Sie versuchen, es später bei gutem, magischem Licht noch einmal zu fotografieren.

... kann Charme und Romantik vermitteln

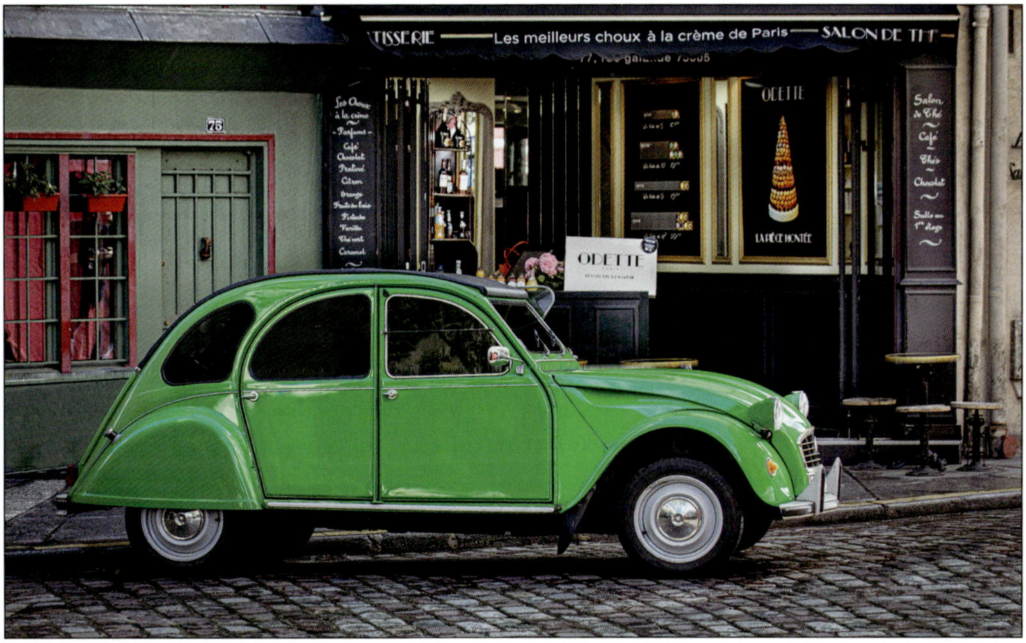

LA MAISON ODETTE, PARIS, FRANKREICH

Einmal ging ich mit meiner Frau an einem kleinen Hafen voller kleiner Boote spazieren. Statt zu fotografieren, ging ich immer weiter den Steg entlang, vorbei an Dutzenden von Booten. Meine Frau blieb stehen, zeigte auf ein Boot und fragte: »Warum nicht dieses Boot, es ist so niedlich?« Ich stimmte ihr zu, es war niedlich, aber ich sagte: »Siehst du den großen Mercury-Marine-Außenbordmotor, der hinten dranhängt? Der ruiniert den Charme und die Romantik der Szene. Ich suche ein malerisches, einfaches Ruderboot. Nur Ruder, kein großer Motor. Keine Flaschen im Boot, kein Radio, keine Plastiktüten. Nichts, was einen Anhaltspunkt für den Zeitpunkt der Aufnahme liefern könnte.« Sie verstand sofort und machte sich mit mir auf die Suche nach diesem bezaubernden Boot. Natürlich kann man auch tolle, absolut moderne Fotos machen, aber damit drückt man dem Bild quasi einen Zeitstempel auf. Wenn Sie Ihr Bild so gestalten, dass keine modernen Schilder oder Fahrzeuge usw. im Hintergrund zu sehen sind, können Sie die Betrachterinnen und Betrachter in eine andere Ära versetzen – voller Charme, Romantik und Interpretationsspielraum. Außerdem macht es einfach Spaß, sich auf die Suche danach zu machen. Natürlich gelingt dies nicht immer, aber wenn Sie eine perfekt zeitlose Szene fotografieren können, hat sich der Mehraufwand schon gelohnt.

... weist eine spannende Komposition auf

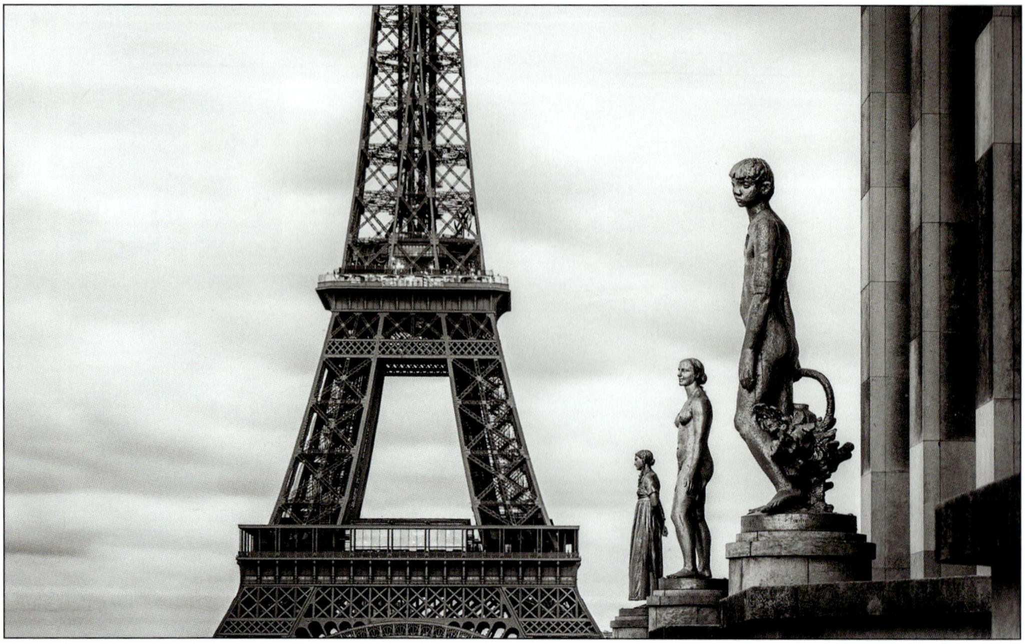

EIFFELTURM, PARIS, FRANKREICH

Nehmen wir an, ich fordere Sie auf: »Stellen Sie sich den Eiffelturm vor.« Bestimmt würden Sie nicht antworten: »Äh ... welchen Eiffelturm?« Nein, wir alle haben ihn schon hundert- oder tausendmal auf Bildern und in Filmen gesehen, und bestimmt sehen Sie den ganzen Turm von oben bis unten frontal vor sich, unter einem blauen Himmel. Stimmts? Genau das bekommen Sie wahrscheinlich zu sehen, wenn Sie den Eiffelturm auf Wikipedia nachschlagen. Warten Sie, ich mache es gleich selbst. Eine Sekunde. Ja, genau. Genau so sieht er dort aus (googeln Sie ruhig selbst, um sich zu überzeugen). Das würde ich als »Ich-war-da-Foto« bezeichnen, und wenn Sie dasselbe Bild machen, dokumentieren Sie eigentlich nur genau diese Tatsache, nämlich, dass Sie dort waren. Daran ist ja auch nichts auszusetzen. Aber da wir alle bereits wissen, wie der Eiffelturm aussieht – brauchen wir da noch ein weiteres Bild von ihm? Nein, wir brauchen eins, das anders ist. Wissen Sie, was mich statt eines weiteren »Ich-war-da-Fotos« wirklich interessieren würde? Wie »*Sie*« den Eiffelturm sehen. Vielleicht fallen Ihnen die Schmiedearbeiten am Sockel auf und Sie fotografieren deshalb nur einen der Standfüße, oder Sie fotografieren ein Kind, das die Treppe hinaufhüpft, oder die Touristen, die sich in einem der Aufzüge drängen. Vielleicht nehmen Sie den Turm nicht als Hauptmotiv, sondern als Hintergrundelement, oder Sie visualisieren seine gewaltigen Ausmaße, indem Sie zeigen, wie jemand an ihm hochschaut. Es gibt so viele unterschiedliche Möglichkeiten, das Bild zu gestalten (von oben, von unten, nur ein Teil, eine Detailaufnahme, von einem Dach oder vom anderen Flussufer aus), die sich alle völlig von dieser Wikipedia-Aufnahme unterscheiden. Meine Frau hat ein Bild gemacht, auf dem im Vordergrund Blumen zu sehen sind, und der Eiffelturm steht deutlich, aber etwas unscharf im Hintergrund. Das ist ihre Sichtweise des Eiffelturms, und als ich das Foto betrachtete, dachte ich: »Ja, so sieht sie ihn«, und das fand ich toll! Gestalten Sie das Bild auf Ihre Weise. Zeigen Sie uns ein Motiv, das wir schon kennen, aber auf neue und interessante Art – Sie werden uns begeistern.

... erzählt eine Geschichte

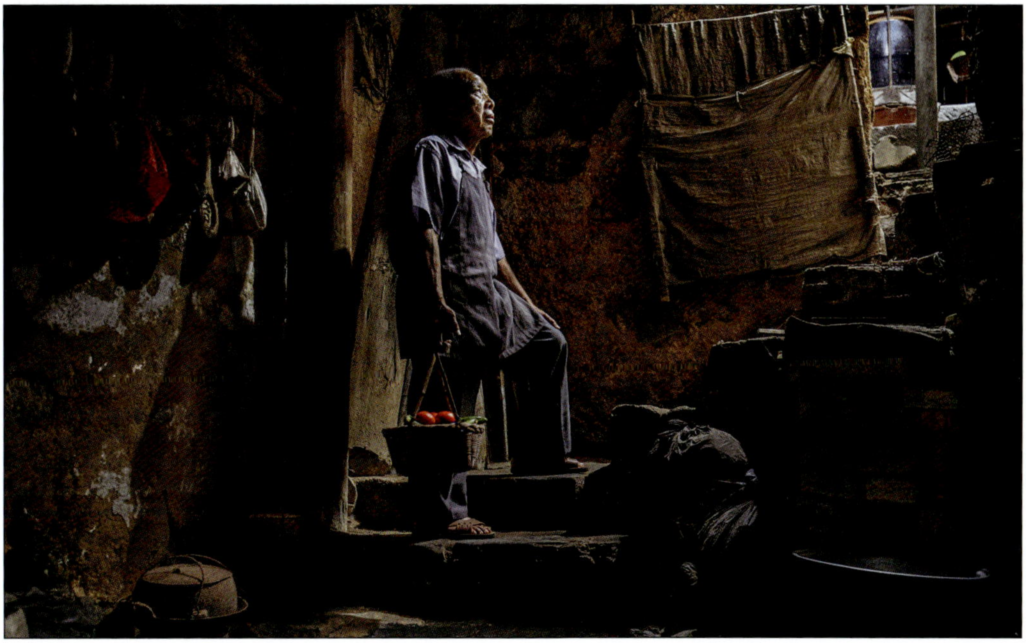

DAXU, GUILIN, CHINA

Wer ist dieser Mann? Wohin geht er? Was trägt er bei sich und hat er es von unten mitgebracht? Wohin schaut er? Woher kommt das Licht? Welche Geschichte erzählt das Bild? Wenn Ihr Foto eine Geschichte erzählt, zieht es die Betrachterinnen und Betrachter in das Bild hinein, während sie versuchen, unmittelbar herauszufinden, was sich dort abspielt. Wenn Ihr Bild den Wunsch weckt, mehr zu erfahren, dann ist Ihnen eine visuelle Geschichte gelungen – einer der heiligen Grale der Reisefotografie. Eine Geschichte zu erzählen, ist einer der stärksten Aspekte der Fotografie – Ihr Bild fesselt uns, zieht uns in seinen Bann und macht uns neugierig auf mehr.

... kann Farbe zum Hauptmotiv haben

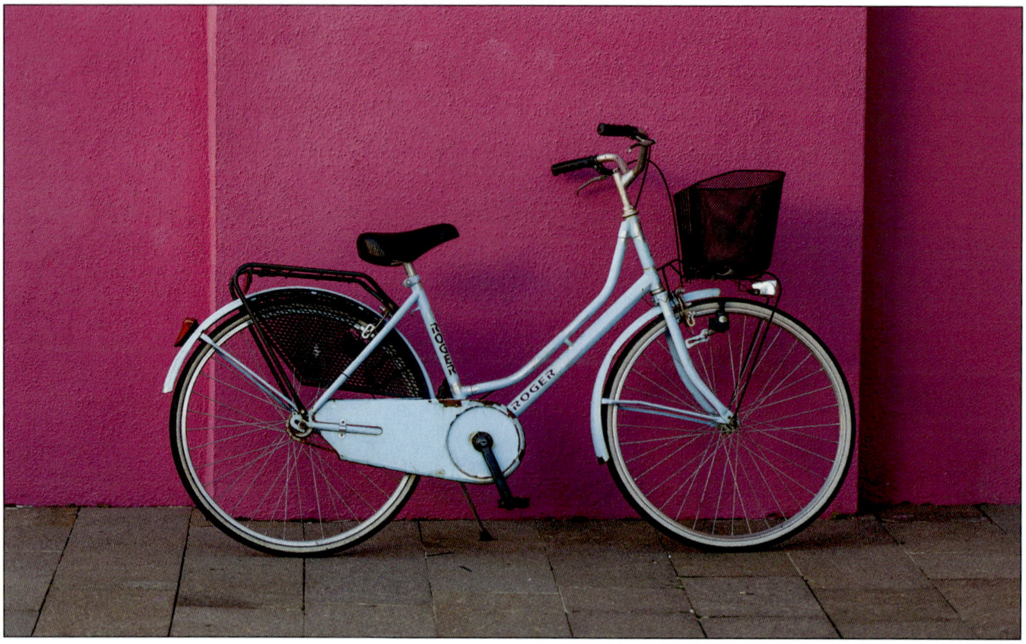

BURANO, ITALIEN

Ich liebe Fotos, bei denen es ganz um die Farben geht. Im Grunde zeigt diese Aufnahme nur ein altes Fahrrad, das an einer Wand lehnt. Wegen der leuchtenden, intensiven Farben und deren Kontrast konnte ich aber nicht daran vorbeigehen, ohne es zu fotografieren. Die Farben sind das Motiv! Halten auch Sie nach attraktiven Farben Ausschau. Sie glauben gar nicht, wie viele Bilder ich im Lauf der Jahre gesehen habe, die Fotowettbewerbe gewonnen hatten oder zumindest in die Endrunde gekommen waren und deren Motiv oder Hauptthema die Farben waren. Fangen Sie einmal an, nach Szenen mit starken Farbkontrasten Ausschau zu halten. Sie werden überrascht sein, wie viele großartige Gelegenheiten sich Ihnen bieten. Dieses Bild wurde übrigens auf der Insel Burano fotografiert, die nur eine kurze Fahrt mit dem Wassertaxi von Venedig entfernt ist. Die »offizielle« Geschichte besagt, dass jedes Gebäude in einer anderen leuchtenden Farbe gestrichen ist, damit die Fischer spätnachts im Nebel nach Hause finden. Ich habe aber gehört, dass die Bewohner sich überlegt hatten, alles in leuchtenden Farben zu streichen, damit die Touristen statt Venedig lieber Burano besuchen. Und ich muss sagen, das hat funktioniert! Deshalb bin auch ich nach Burano gefahren. Ich habe gehört, dass es der »farbenreichste Ort der Welt« sein soll, und das könnte stimmen. Der Traum aller Farbfotografen wird dort wahr. Egal, welche Geschichte stimmt (es gibt auch noch eine dritte Version) – ich finde es jedenfalls beeindruckend, dass der Ort immer wie gerade frisch gestrichen aussieht, ich liebe das! Wenn Sie Farben fotografieren wollen, finden Sie wohl keinen schöneren ersten Anlaufpunkt.

... kann sehr einfach sein

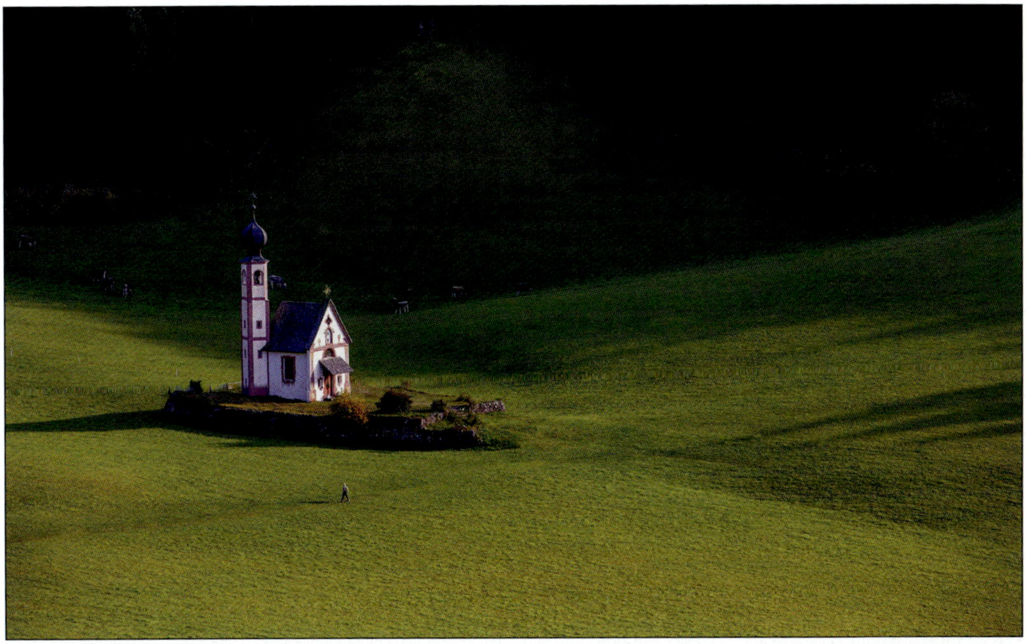

KIRCHE ST. JOHANN, DOLOMITEN, ITALIEN

Das Folgende ist einer der wichtigsten Ansätze in diesem Buch, es kann Ihre Fotografie für immer verändern und kostet Sie keinen Cent. Wenn Sie stärkere, eindrucksvollere Reisefotos wollen, vereinfachen Sie sie – ganz nach dem Prinzip »weniger ist mehr«. Ich komme mir ziemlich dumm vor, weil ich so viele Jahre beim Blick durch den Sucher dachte: »Das sieht nicht gerade spannend aus«, und daraufhin versuchte, noch weitere Elemente mit aufs Bild zu nehmen, damit es interessanter würde. Das hat nur selten funktioniert. Ich hätte nicht nach weiteren Bildelementen suchen, sondern mich stattdessen bemühen sollen, weniger Objekte zu zeigen. Welche unwichtigen Dinge könnte ich für ein aussagekräftigeres Bild weglassen? Das ist das Geheimnis. Mir wurde das erst richtig klar, als ein Freund und Mentor mir empfahl, die Bilder meiner Lieblingsfotografinnen und -fotografen anzuschauen und darüber nachzudenken, ob sie mit Elementen überladen oder vielmehr stark, einfach und klar waren. Donnerwetter, war ich platt! All die Jahre hatte ich es direkt vor Augen. Während ich annahm, das Erfolgsrezept liege in noch mehr Bildelementen, ging es die ganze Zeit nur um die Reduktion. Wenn Sie ausschließlich Objekte wählen, die das Bild stützen, wird Ihre Botschaft stärker, die Geschichte klarer, Sie reduzieren Störquellen, und dadurch erhält Ihr Bild Aussagekraft und Tiefe. Der berühmte Maler Henri Matisse sagte einmal: »Alles, was dem Bild nicht nützlich ist, ist allein schon dadurch schädlich.« Ganz offensichtlich ist er damit gut gefahren. Jedenfalls ist es ein sehr wichtiger Punkt, und wenn Sie sich das Prinzip der Einfachheit zu eigen machen, werden Ihre Bilder stärker und wirkungsvoller.

... zeigt etwas Einzigartiges

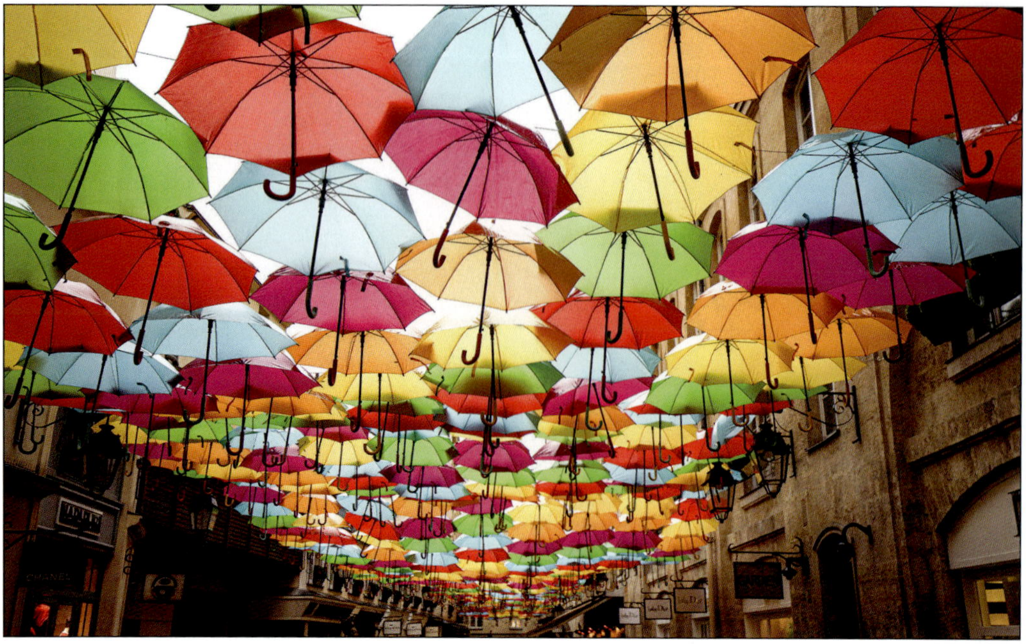

LE ROYAL, PARIS, FRANKREICH

Sobald Sie etwas Einzigartiges, nicht Alltägliches fotografieren können, wie z. B. diese mit bunten Regenschirmen geschmückte Straße, haben Sie gute Aussichten auf einen Volltreffer. Wir Menschen lieben es, Dinge und Orte zu betrachten, die wir noch nie zuvor gesehen haben, und wenn Sie so etwas zeigen können, verleihen Sie Ihrem Bild noch mehr Reiz. Die Szene muss nicht gleich spektakulär sein, nur anders oder ungewöhnlich, ein bisschen aus dem Rahmen fallend – und schon sind Sie auf dem richtigen Weg. Tappen Sie nicht in dieselbe Falle wie viele Fotografinnen und Fotografen, die glauben, dass eine Szene anders oder ungewöhnlich ist, nur weil sie sich in einem fremden Land befindet. Ja, eine kleine Kopfsteinpflastergasse in einem Dorf in der Bretagne sieht tatsächlich ganz anders als bei Ihnen zu Hause, aber das macht sie nicht einzigartig, denn es gibt überall in Europa so viele charmante Dorfstraßen. Suchen Sie nach dem wirklich Einzigartigen und Interessanten und nicht einfach nach einer Szene, die sich von unseren normalen Alltagseindrücken unterscheidet.

... kann sich durch interessantes oder dramatisches Licht auszeichnen

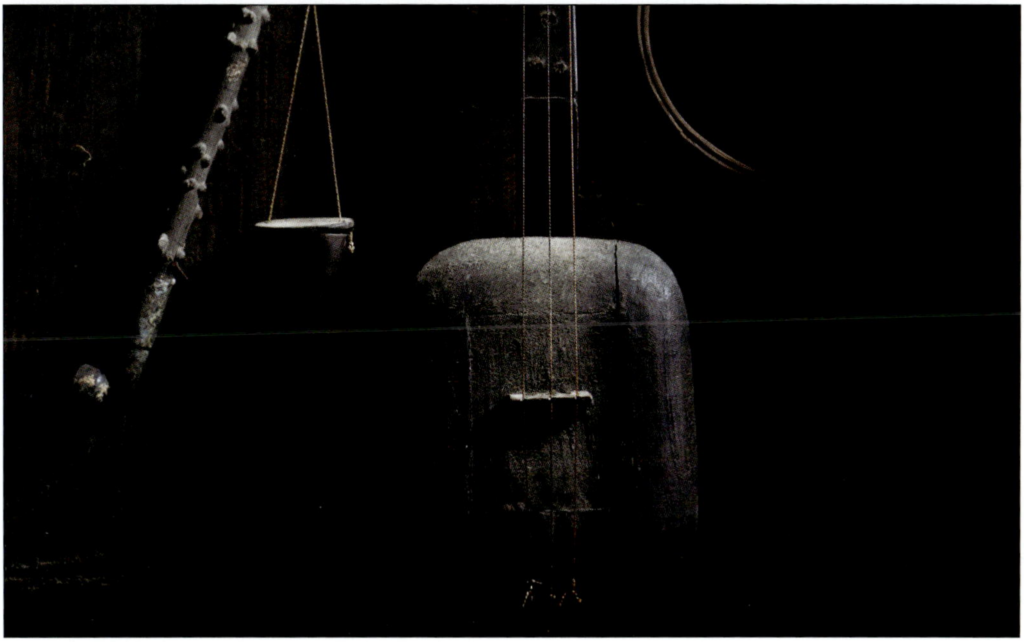

DAXU, GUILIN, CHINA

Licht ist so kraftvoll, dass manchmal nur ein Hauch davon ein spannungsvolles Bild entstehen lassen kann und etwas ganz Gewöhnliches geheimnisvoll oder exotisch wirken kann. Ein Beispiel sind dieses Musikinstrument und die Gerätschaften, die im Haus eines Mannes im ländlichen China an der Wand hängen. Es war das Licht, das meine Aufmerksamkeit erregte – nur ein Anflug sanften Lichts, das durch eine Lücke im Blechdach fiel. Aber gerade dieses kleine bisschen Licht sorgte für Dramatik und Atmosphäre. Wenn Sie durch eine Stadt spazieren, können Sie immer auf solche kleinen, dramatischen Lichtstimmungen achten, weil sie nicht so sehr von einem interessanten Motiv abhängen. Das Licht selbst ist das Motiv.

... hat von guter Nachbearbeitung profitiert

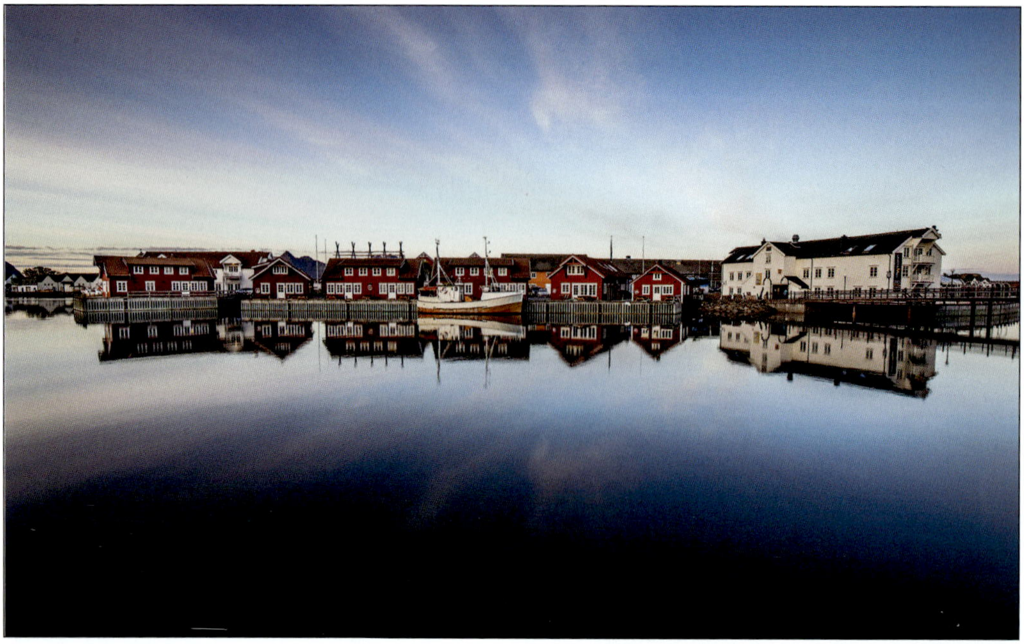

SVOLVÆR, LOFOTEN, NORWEGEN

Bilder wie das oben gezeigte kommen so nicht aus der Kamera. Frisch aus der Kamera sind Bilder nicht annähernd so scharf (selbst wenn Sie – wie ich – ein sehr scharfes Objektiv verwenden), nicht ganz so farbenfroh und weisen in den Tiefen nicht so viel Kontrast und so viele Details auf. Erstklassige Reisefotos werden in geeigneter Weise nachbearbeitet. Sie müssen es nicht übertreiben und für tolle Ergebnisse auch kein Photoshop-Guru sein, aber die Grundlagen der Nachbearbeitung sollten Sie schon kennen. Wenn Sie diese beherrschen, erwachen Ihre Bilder zum Leben. Sie gewinnen an Schärfe, Tiefe und Details und wirken trotz der eingeschränkten Möglichkeiten des Kamerasensors so wie die Szene, die Sie tatsächlich mit ihren eigenen Augen gesehen haben. Vielleicht schaffen Sie es sogar, dass Ihr Bild noch besser als die Wirklichkeit aussieht, und das darf ruhig so sein! Mit einer gelungenen Nachbearbeitung (die also nicht schreit: »Ich wurde nachbearbeitet!«) können Sie das Beste aus Ihrer Reisefotografie herausholen. Und: Alle Top-Profis bearbeiten ihre Bilder nach. Alle – das unterscheidet uns von den Tieren. Wie auch immer, in Kapitel 12 dreht sich alles um die Nachbearbeitung und ich werde versuchen, Ihnen in dieser Hinsicht ein wenig auf die Sprünge zu helfen. Auf jeden Fall sollten wir uns zum Ziel setzen, dass unsere Bilder mindestens so gut aussehen wie die reale Szene, die wir fotografiert haben (wenn nicht sogar besser), und uns trotzdem die Tür für künstlerische Interpretation und Experimente offenhalten, wenn uns danach zumute ist. Auch wenn dieser Satz sehr geschwollen klingt, wissen Sie schon, was ich meine. Übrigens, wenn Ihnen jemand selbstgefällig verkündet: »Ich halte nichts von der Nachbearbeitung meiner Bilder«, dann meint er oder sie in Wirklichkeit: »Ich bin nicht gut in Photoshop oder Lightroom.« Ich habe noch nie eine Person getroffen, die Nachbearbeitungen ablehnte, aber gut darin war.

... zeigt einen interessanten Ort

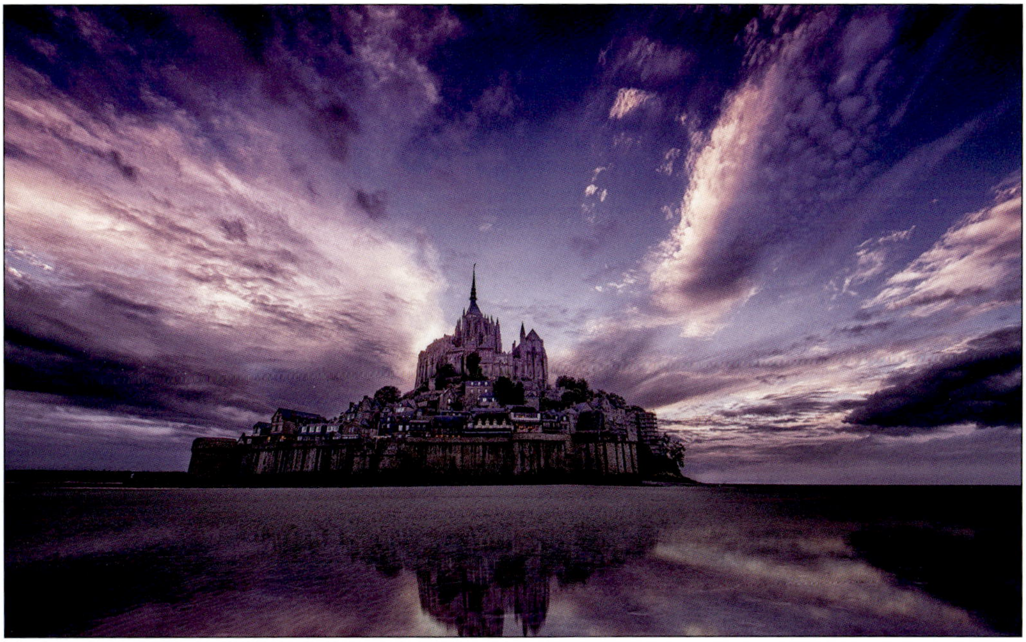

MONT-SAINT-MICHEL, NORMANDIE, FRANKREICH

Ich kann mich noch gut an einen Ausspruch des Fotografen Joe McNally erinnern. Wir unterrichteten auf einem Workshop, und Joe erzählte auf der Bühne eine Geschichte über seinen Fotoredakteur. Dieser sagte ungefähr: »Joe, wenn Sie spannendere Bilder machen wollen, dann müssen Sie spannendere Dinge vor die Linse bekommen.« Das bringt es auf den Punkt und ist mir all die Jahre im Gedächtnis geblieben. Jeder kennt das Empire State Building. Wir haben es schon bis zum Umfallen gesehen. Wenn Sie mir also noch eine Aufnahme vom Empire State Building zeigen, selbst wenn Sie das Bild bei tollem Licht und mit großartiger Komposition fotografiert haben, werden Sie wahrscheinlich kein »Wow!« von mir ernten. Aber zeigen Sie mir eine Aufnahme von einem Ort, an dem ich noch nie war, oder ein Motiv, das ich noch nie gesehen habe, dann bin ich fasziniert. Ich erinnere mich, wie ich zum ersten Mal ein Foto von der oben abgebildeten Insel sah – es ist der Mont-Saint-Michel in Frankreich – und völlig fasziniert war. Ich wollte dorthin reisen (Wieso hatte ich bloß noch nie davon gehört?), um sie selbst zu sehen und zu fotografieren. Erst Jahre später ergab sich die Gelegenheit, dorthin zu reisen, und ich war nur ein einziges Mal dort. Aber ich werde nie das Gefühl vergessen, so etwas Einmaliges auf diesem Planeten vor mir zu sehen. Disney scheint es für einen seiner Parks gebaut zu haben, aber es lag direkt vor mir, und ich hatte das Glück, dass sich auch noch ein fantastischer Himmel bot. Wenn Sie etwas Außergewöhnliches zeigen können oder zumindest etwas, das wir nicht schon tausendmal gesehen haben, dann haben Sie die Voraussetzungen für ein beeindruckendes Reisefoto. Zeigen Sie den Betrachterinnen und Betrachtern etwas Neues, etwas Interessantes, sodass sie sagen: »Das ist fantastisch! Wo ist das?« Und schon haben Sie Ihr Ziel erreicht.

... macht Lust, dorthin zu reisen

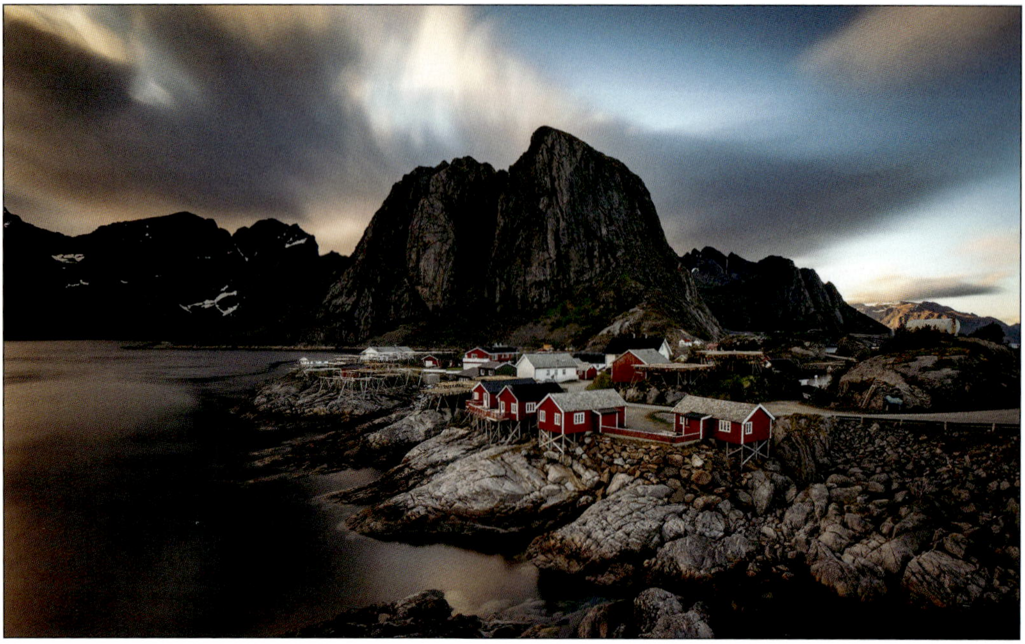

HAMNØY, LOFOTEN, NORWEGEN

Auf die Frage nach dem wichtigsten Erfolgsfaktor für ein gelungenes Reisefoto würde ich sagen: Wer ein großartiges Reisefoto betrachtet, möchte selbst dorthin reisen. Genau so ging es mir, als ich zum ersten Mal ein Bild von dem oben abgebildeten Ort sah (der, wie ich später erfuhr, auf den norwegischen Lofoten liegt, weit oben im Norden in einer der am dünnsten besiedelten Gegenden der Welt). Als ich diese Szene zum ersten Mal sah, wollte ich unbedingt dorthin. Ich dachte: »Wow – wo ist das?« Aber ich wollte nicht nur dorthin reisen, um das abgebildete Foto zu machen, ich wollte diesen unbeschreiblichen Ort sehen und erleben (und wir aßen schließlich in einem der kleinen roten Häuser zu Abend). Ich weiß noch, wie ich dachte: »Kaum zu glauben, dass es in der heutigen Zeit noch solche Orte gibt«, und das machte mir noch mehr Lust, dorthin zu fahren. Wir (meine Frau, meine Tochter und ich) planten einen Familienurlaub, um uns diese Inseln und das übrige Norwegen anzusehen (wir waren noch nie dort gewesen), und ich kann Ihnen sagen, dass die Anreise von unserem Zuhause in Florida sehr mühsam war. Sie erforderte fünf Flüge (darunter einen mit einer sehr alten und sehr kleinen Propellermaschine), eine Bus- und eine Autofahrt, aber schließlich kamen wir an, und alle Strapazen waren absolut wettgemacht. Ich würde das alles noch einmal auf mich nehmen, selbst ohne Kamera, nur um diesen Ort noch einmal mit eigenen Augen zu sehen. Das ist die Wirkung, die ein tolles Reisefoto haben kann. Wenn die Menschen Ihr Bild betrachten, es sie dazu inspiriert, genau dorthin zu reisen, und es ihre Fantasie anregt – dann haben Sie es geschafft.

... beinhaltet Bewegung oder Dynamik

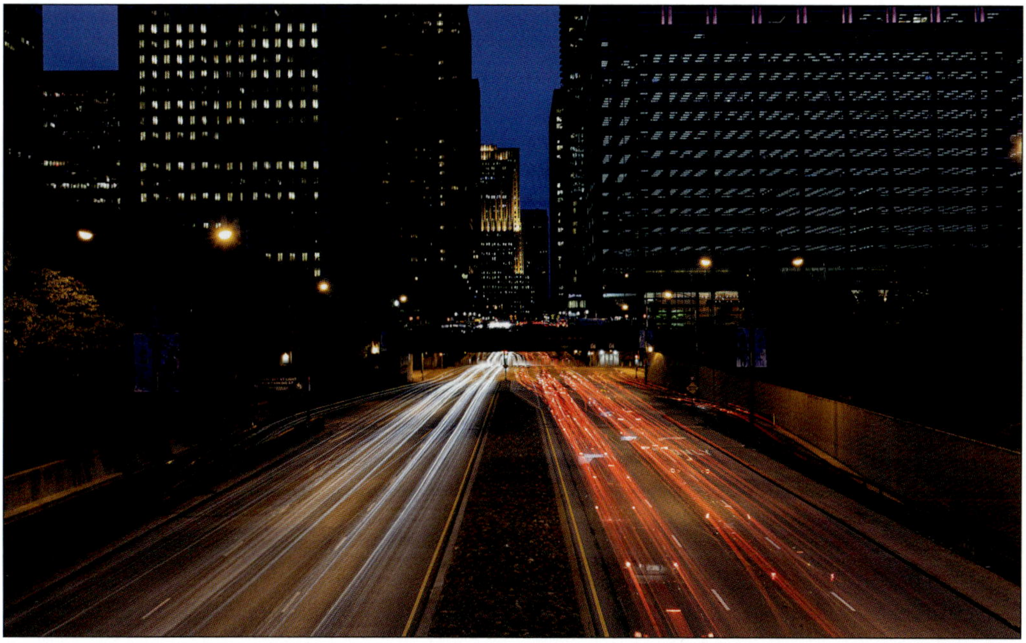

LINCOLN PARK, FUSSGÄNGERBRÜCKE, CHICAGO, ILLINOIS, USA

Durch Bewegung oder Dynamik gelingt es Ihnen leichter, die Aufmerksamkeit der Betrachterinnen und Betrachter zu gewinnen. Dieses Bild ist eine Langzeitbelichtung (die Blende blieb lange geöffnet) von über den Highway rasenden Autos. Genauso gut könnten Sie aber auch ein kleines Tuk-Tuk (also ein winziges, dreirädriges Taxi), ein Kajak auf einem Fluss, eine vorbeifahrende Pferdekutsche oder Kinder, die im Park Fußball spielen, einfangen. Ob Sie das Geschehen einfrieren oder die Bewegung darstellen – beides sind weitere Möglichkeiten, tolle Reisefotos zu machen.

... ist scharf

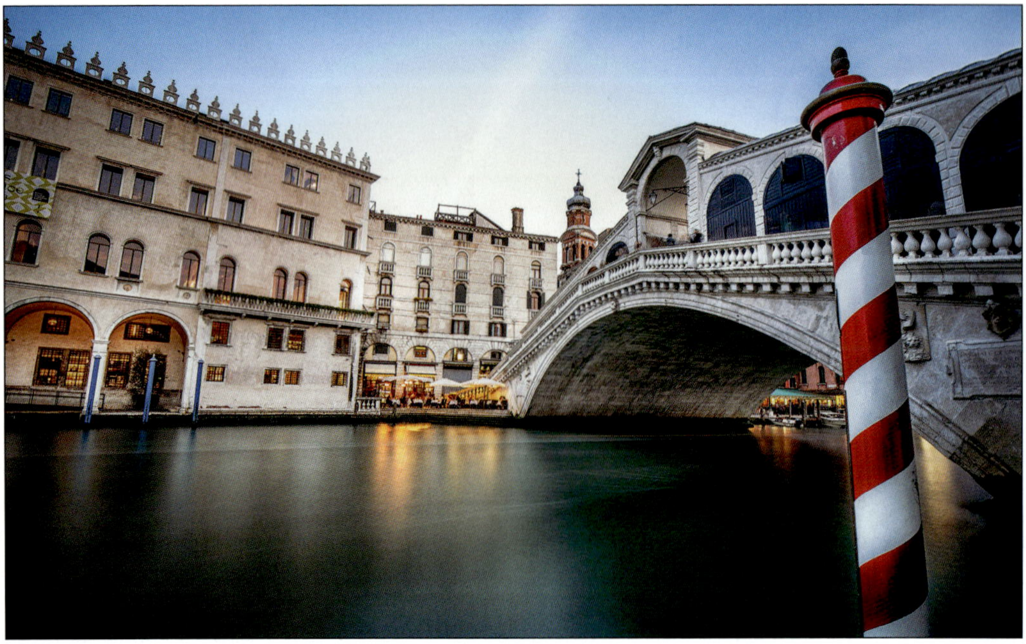

RIALTOBRÜCKE, VENEDIG, ITALIEN

Gute Reisefotos sind nicht verwackelt. Sie sind auch nicht »ein bisschen unscharf«. Wenn Sie sich die Frage stellen: »Ist das Bild scharf?«, dann wissen Sie, dass es unscharf ist. Tolle Reisefotos können zwar einen weichen Charakter haben, etwa eine neblige oder dunstige Morgenaufnahme, aber sie sind nicht unscharf. Schauen Sie sich auf Instagram die Bilder einiger erstklassiger Reisefotografinnen und -fotografen an. Haben Sie jemals gesagt: »Hey, diese Aufnahme sieht irgendwie unscharf aus«? Nö. Sie sind exakt fokussiert, denn (sprechen Sie mir nach): »Gute Reisefotos sind scharf.« Vielleicht müssen Sie für superscharfe Reisefotos ein leichtes Stativ oder ein Platypod mitnehmen, wenn das Licht schwächer und die Belichtungszeit dadurch länger wird (bei Außenaufnahmen an einem sonnigen Tag gibt es eigentlich kein Problem). Aber wenn Sie sehen, wie scharf und knackig Ihre Aufnahmen aus der Kamera kommen, wissen Sie, dass es sich gelohnt hat, das Zusatzequipment mitzunehmen. Sie können natürlich auch ein einigermaßen scharfes Foto durch Nachbearbeitung in Photoshop oder Lightroom absolut scharf bekommen – die Scharfzeichnungswerkzeuge sind beeindruckend (mehr dazu in Kapitel 12). Wenn Sie jedoch mit einem unscharfen Foto beginnen, können diese Programme die Unschärfe nur verringern, das Foto aber nicht raspelscharf machen. Das muss schon in Ihrer Kamera geschehen.

... enthält kaum Störquellen

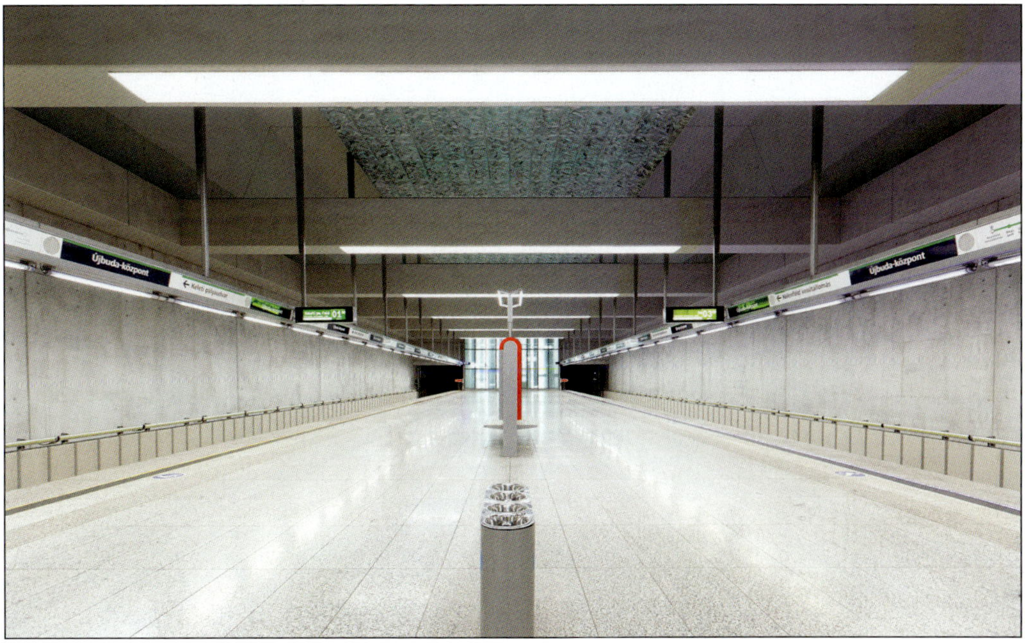

BUDAPEST, UNGARN

Gute Reisefotos sind sauber und ohne störende Objekte, die den Blick von dem eigentlichen Motiv ablenken. Keine Äste schleichen sich seitlich ins Bild, keine Bierdosen liegen auf dem Boden herum und es ist auch kein großer, hässlicher Mülleimer zu sehen. Dies ist eine U-Bahn-Station im ungarischen Budapest. Ich musste geduldig warten, bis sich gerade keine Touristen auf dem Bahnsteig tummelten, und wir mussten den Müll aufsammeln, den jemand auf dem Boden liegen gelassen hatte, und in Photoshop musste ich noch ein paar andere ablenkende Objekte entfernen. All das gehört zu der Aufgabe, ein sauberes Reisebild mit so wenig Ablenkungen wie möglich zu fotografieren. Teilweise gelingt dies durch die Wahl des Bildausschnitts (richten Sie die Kamera so aus, dass die störenden Teile der Szene nicht mit aufs Bild kommen), teilweise durch manuelles Eingreifen (indem Sie den Müll auf dem Boden aufheben), und teilweise durch Nachbearbeitung. Behalten Sie all dies im Hinterkopf und vermeiden Sie störende Elemente (oft im Hintergrund). Dadurch bekommen Sie viel bessere und aussagekräftigere Reisefotos.

... hat eine gerade Horizontlinie

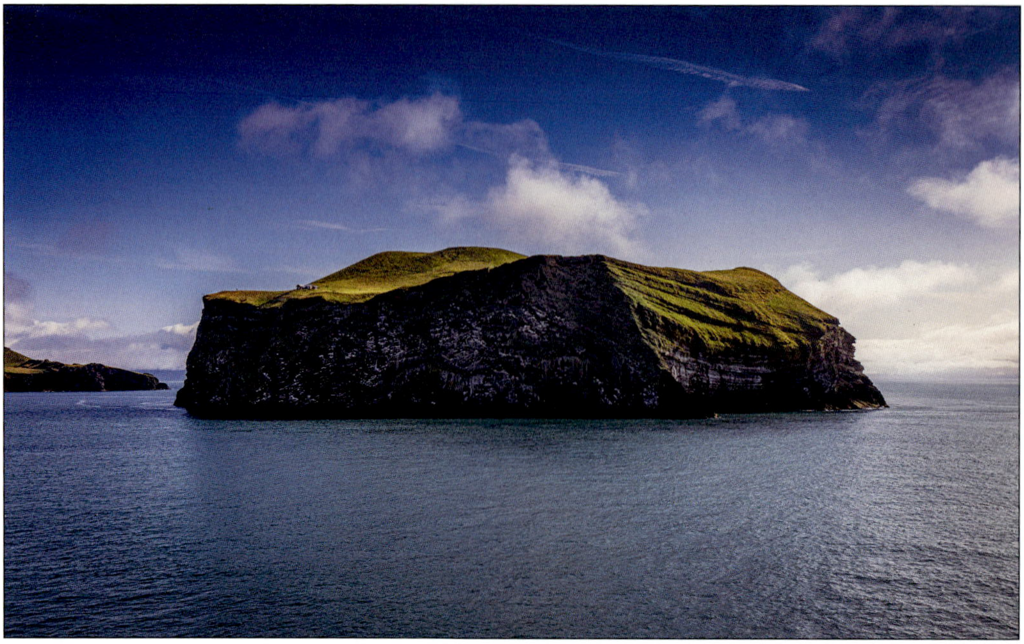

HEIMAEY, VESTMANNAEYJAR, ISLAND

Einer der häufigsten Fehler, die mir auf Reise- und Landschaftsfotos auffallen, ist eine schiefe Horizontlinie – und das, obwohl gerade dieser Fehler besonders einfach zu vermeiden ist. Eine schiefe Horizontlinie ist nicht gut, weil sie ablenkt. Waren Sie schon einmal bei jemandem zu Hause oder im Büro, wo ein gerahmtes Bild schief an der Wand hing? Sie können es nicht wirklich bewundern, weil Sie am liebsten aufspringen und das verdammte Bild geraderücken möchten (und Sie wissen, wie das bei Loriot endete). Nun, eine schiefe Horizontlinie ist das digitale Äquivalent und ruiniert viel zu viele Bilder. Manchmal ist es schwierig, die Kamera vollkommen gerade zu halten – vor allem, wenn Sie aus der Hand fotografieren. Aber da Lightroom und Photoshop Ihr Foto mit nur einem Klick begradigen können, gibt es heutzutage keinen Grund mehr für schiefe Fotos. Gelungene Reisefotos sind nicht schief, also begradigen Sie die Horizontlinie! (Bevor ich hinter Ihren Schreibtisch trete und das Bild an der Wand selbst zurechtrücke. Nun, ich würde wahrscheinlich warten, bis Sie kurz aus dem Zimmer sind – und wenn Sie zurückkommen, liegt alles in Schutt und Asche, nur das Bild hängt noch.)

... zeichnet sich durch korrekte Farben aus

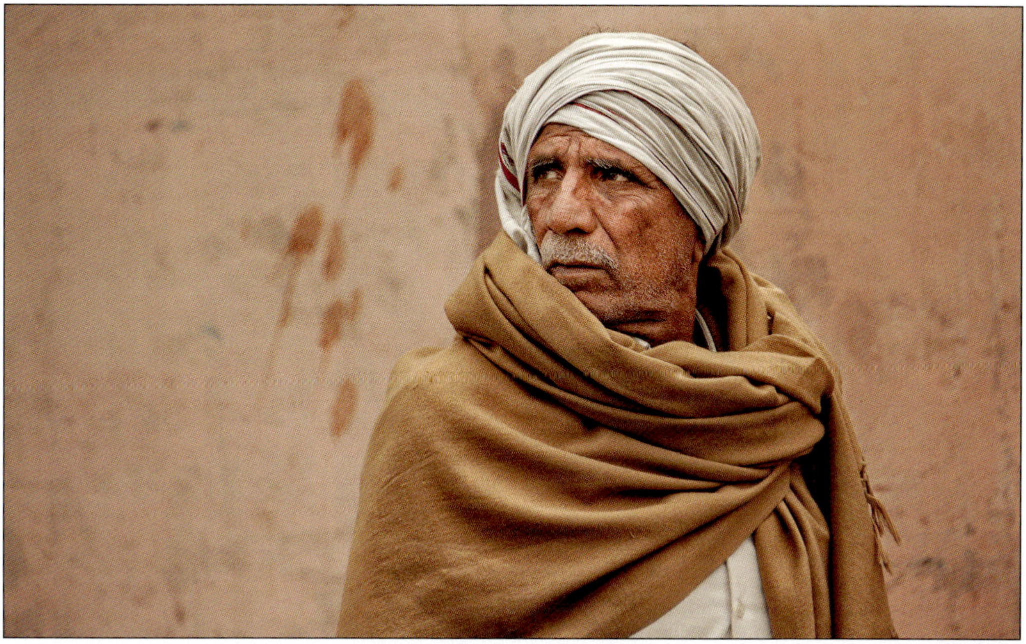

JAIPUR, INDIEN

Achten Sie darauf, dass die Menschen auf Ihren Fotos keinen blauen Hautton haben – bei Reisefotos sieht man das oft. Denn wenn der Weißabgleich Ihrer Kamera auf **Automatik** eingestellt ist (in den meisten Situationen funktioniert das gut) und das Motiv im Schatten liegt oder Sie an einem bewölkten Tag unterwegs sind, erhalten sowohl die Haut der fotografierten Person als auch die ganze Szene einen Blaustich – nicht gerade schmeichelhaft. Wenn jemand in einer Fernsehsendung oder einem Film tot aussehen soll, schminkt man ihn blau, als sei sein Leichnam bereits erkaltet. Das ist aber nicht Ihr Ziel, die fotografierten Menschen und Szenen sollen lebendig wirken. Achten Sie deshalb auf die Farben, und zwar nicht nur auf den Hautton, sondern auf die gesamte Farbwirkung. Auch Gras sollte keinen Blaustich haben, ebenso wenig sollte die Szene einen Grün- oder Rotstich aufweisen. Die Lösung ist ganz einfach: Wählen Sie beim Fotografieren den passenden Weißabgleich für die jeweilige Lichtsituation (siehe Seite 48), um optimale Farben zu erzielen. Gelungene Reisefotos brauchen korrekte Farben, denn wenn die Farben nicht stimmen ... sind sie falsch.

... zeigt auch Menschen

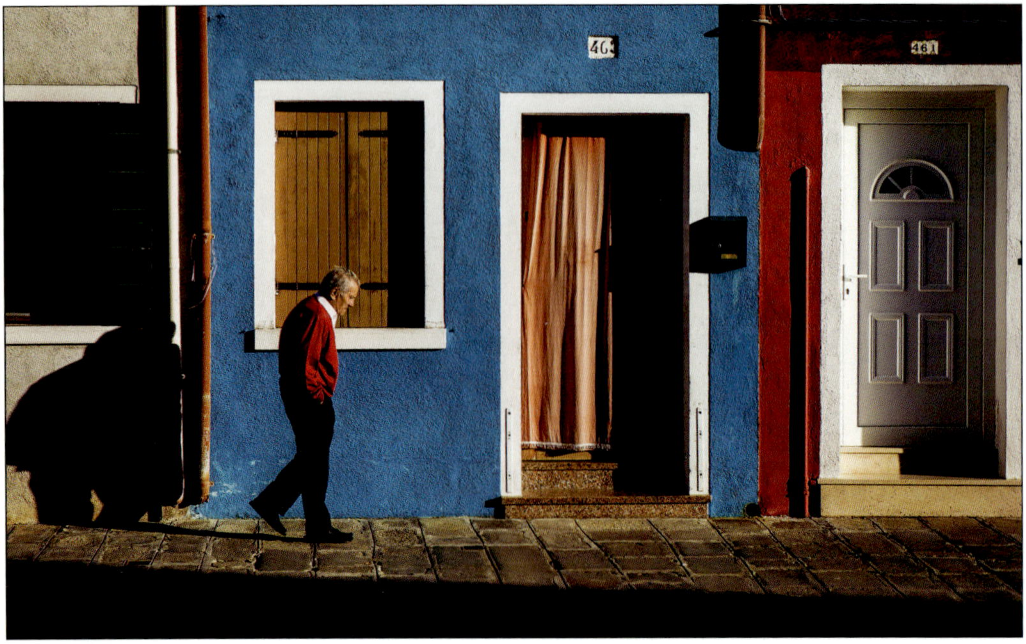

BURANO, ITALIEN

Sie sollten von Ihrer Reise nicht einfach nur mit einem Stapel Fotos von Gebäuden, Brunnen und Sehenswürdigkeiten zurückkehren. Zeigen Sie auf Ihren Bildern auch Menschen! Denn selbst wenn diese nicht das Hauptmotiv des Bilds sind, bereichern Sie doch Ihre Fotos und erzählen dem Betrachter mehr über Ihre Reise als nur statische Aufnahmen von Bauwerken. Wir verreisen unter anderem auch deshalb so gerne, weil wir etwas über die Menschen in anderen Regionen erfahren wollen – ihre Kultur, ihre Kunst, ihren Lebensstil und ihre Erfahrungen. Nur wenn auf unseren Bildern Menschen zu sehen sind (möglichst keine Touristen, sondern die Einheimischen), erfassen wir einen der wichtigsten Aspekte unseres Reiseziels und zeigen einen der Beweggründe für unsere Reise.

... kann mehr als eines dieser Kriterien in sich vereinigen

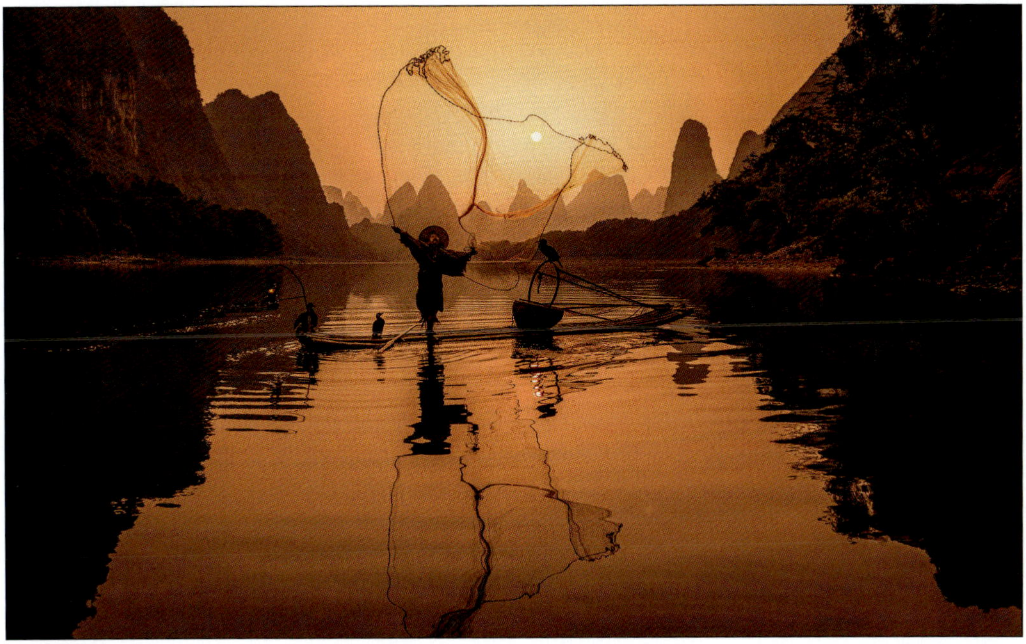

YANGSHUO-REISTERRASSEN, GUILIN, CHINA

Kann Farbe das Motiv eines großartigen Reisefotos sein? Absolut. Wie wäre es mit einem Foto in schönem Morgenlicht? Auf jeden Fall. Oder eine menschliche Gestalt? Klar. Wie Sie in diesem Kapitel gelernt haben, gibt es viele Faktoren, die ein gutes Reisefoto ausmachen. Aber wie wäre es, wenn Sie noch eins draufsetzen und mehrere davon in einem Bild vereinigen? Wie wäre es zum Beispiel mit einem Bild, das in schönem Licht und mit interessanten Farben fotografiert wurde und einen Einheimischen zeigt? So entstehen noch bessere Reisefotos. Wenn Sie das Gelernte kombinieren, können sich die Betrachterinnen und Betrachter in mehrere Aspekte des Bildes verlieben. Nehmen Sie das oben gezeigte Foto. Es vereint so vieles in einer Aufnahme: wunderbare, lebendige Farben; den richtigen Aufnahmezeitpunkt (es wurde kurz nach Sonnenaufgang fotografiert, sodass die Schatten noch weich sind); atmosphärische Effekte (der Dunst am Himmel); ein menschliches Element in Form eines einheimischen Fischers, der sein Netz auswirft (Dynamik), an einem wirklich bemerkenswerten Ort; gründliche Nachbearbeitung (ich habe den Weißabgleich optimiert, damit die Szene wärmer wirkt, den Kontrast erhöht und zum Abschluss alle störenden Objekte aus dem Bild entfernt). Wenn auch Sie es schaffen, all das zu kombinieren, erhalten Sie Bilder voller Intensität und Aussagekraft, die die Betrachterinnen und Betrachter in ihren Bann ziehen.

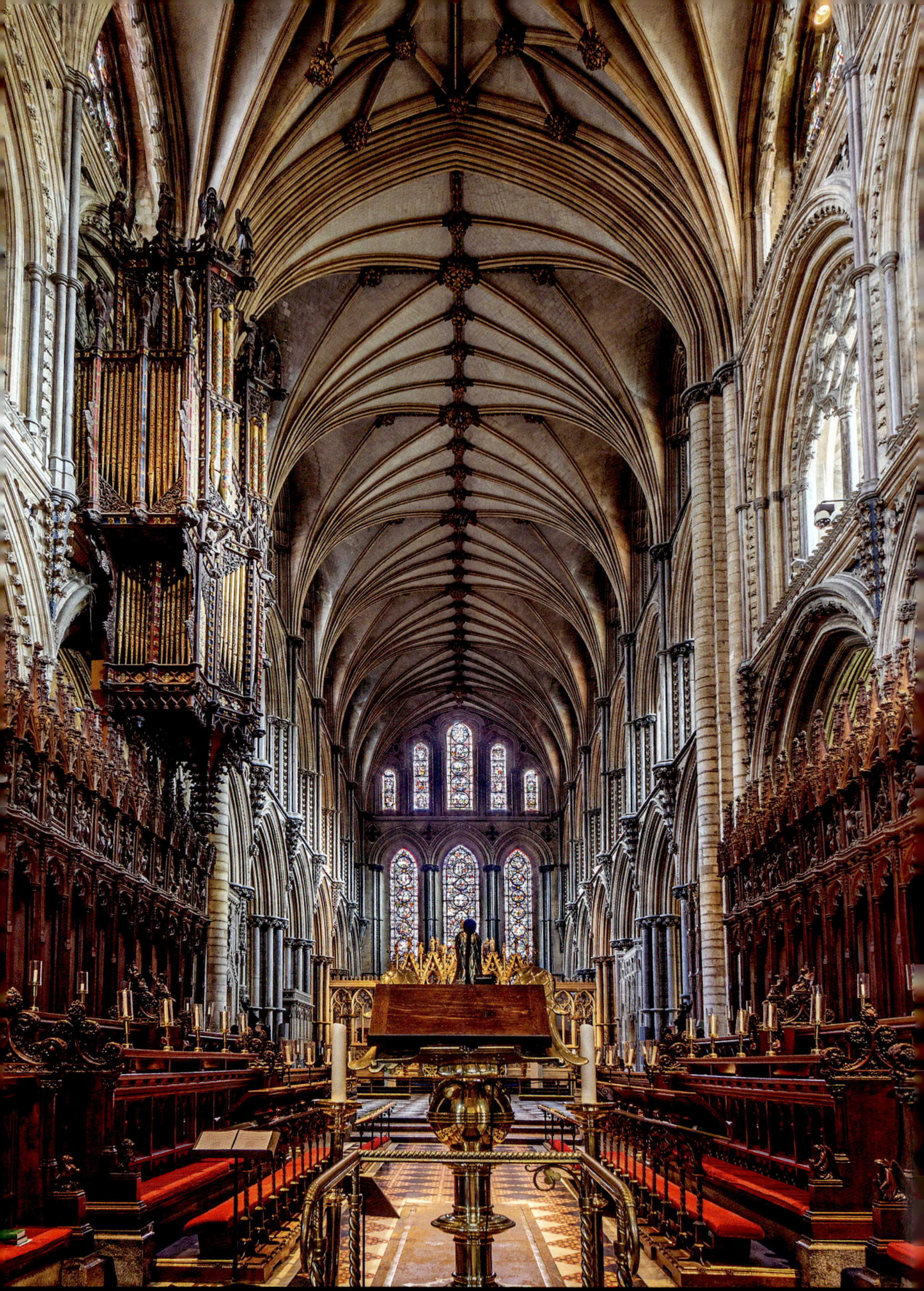

Belichtungszeit: 1.6 Sek. | Blende: f/11 | ISO:100 | Brennweite: 14 mm
Location: Ely Cathedral, Ely, Cambridgeshire, England

03 AUSRÜSTUNG & EINSTELLUNGEN

Ausrüstung & Einstellungen

Was Sie mitnehmen sollten (und was nicht) und auf welche Einstellungen es ankommt

Bei Ihrer Reiseplanung sind Sie vielleicht versucht, sich auf leichtes Gepäck zu beschränken – eine kleine Kameratasche und vielleicht ein bis zwei Objektive –, damit Sie großartige Fotos machen und Ihre Reise trotzdem genießen können. Vielleicht überlegen Sie sich, wie viel einfacher und bequemer es wäre, wenn Sie nicht einen Haufen Ausrüstung mit sich herumschleppen und sich Sorgen machen müssten, dass sie gestohlen wird, und wie viel einfacher so das Fahren mit öffentlichen Verkehrsmitteln wäre. Sie hätten einen entspannteren Urlaub und kämen trotzdem mit fantastischen Aufnahmen nach Hause! Aber was ist, wenn Sie auf Ihrer Reise – sagen wir mal – nach Wien fahren (probieren Sie unbedingt den McDonald's in der Singerstraße 4, deren Big Mac schmeckt genauso wie zu Hause; unglaublich, allein das ist die ganze Reise wert) und Fotos von der Hofburg machen und sich denken: »Jetzt wäre ein weitwinkligeres Objektiv toll«? Ja eben, was dann? Also nehmen Sie besser ein zusätzliches, noch weitwinkligeres Objektiv mit. Aber was ist, wenn Sie etwas in der Ferne erblicken, z. B. den Glockenturm am Stephansdom, was dann? Dann hätten Sie auch das Teleobjektiv mitnehmen sollen. Und selbst wenn Sie ein Ersatzgehäuse mitgenommen haben (für alle Fälle), was ist, wenn das Ersatzgehäuse kaputt geht? Was dann? Richtig, dann brauchen Sie ein drittes Kameragehäuse als zusätzliches Backup. Sie brauchen also einen dieser riesigen Kamerarucksäcke, den Sie mit all Ihren Objektiven, Gadgets und einer Menge Zubehör vollstopfen können. Und genau das empfehle ich. Beladen Sie ihn so, dass Sie sich kaum noch bewegen können, wenn Sie ihn sich auf die Schultern setzen. Außerdem passt er beim Fliegen nicht in das Kabinengepäckfach, also müssen Sie ihn noch am Gate einchecken, und dann wird Ihre Ausrüstung beschädigt oder geklaut, aber das macht nichts, weil Sie ja ein Backup haben, oder? Ja, das klingt nach einem echt guten Plan. So sollten wir es auf jeden Fall machen.

In welchem Kameramodus Sie fotografieren sollten

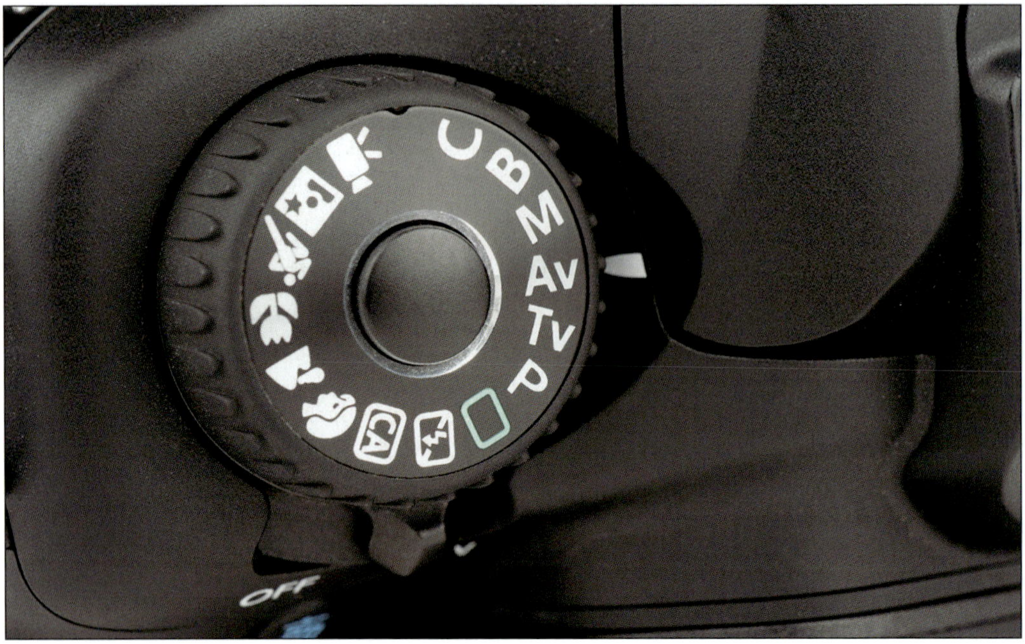

Es gibt keinen amtlich festgelegten »richtigen« Aufnahmemodus, aber auf Reisen fotografiere ich immer mit Blendenvorwahl (genau wie die meisten meiner professionellen Reisefotografen-Freunde). Bei den meisten Kameras mit einem Moduswahlrad an der Oberseite drehen Sie dieses auf »A« (nicht das grüne »A« oder »AUTO«, sondern das normale) bzw. »Av«, um in der Blendenvorwahl zu fotografieren. Nun wählen Sie die Blende, mit der Sie fotografieren möchten, und die Kamera kümmert sich um alles Weitere, was für eine korrekte Belichtung erforderlich ist (weshalb man diesen Modus auch »Zeitautomatik« nennt). Ich liebe diesen Modus, weil ich nur eine Sache einstellen muss (vor allem, wenn ich den Trick auf Seite 46 anwende). Ich wähle also eine bestimmte Blendenstufe, wenn ich Reiseporträts aufnehme, und eine andere, wenn ich ein Stadtbild oder eine Landschaft fotografieren möchte, und den Rest erledigt die Kamera. Das ist einfach, effizient und lässt mir kreative Freiheit, weil ich nicht so viel an den Einstellungen herumschrauben muss. Während der Reise steht die Kamera immer auf Blendenvorwahl. Ich stelle das vor der Abreise so ein und fasse das bis zum Heimkommen nicht mehr an. Ich ändere also nur die Blende – und fertig (mehr dazu erfahren Sie gleich).

Scharfe Bilder aus der Hand fotografieren

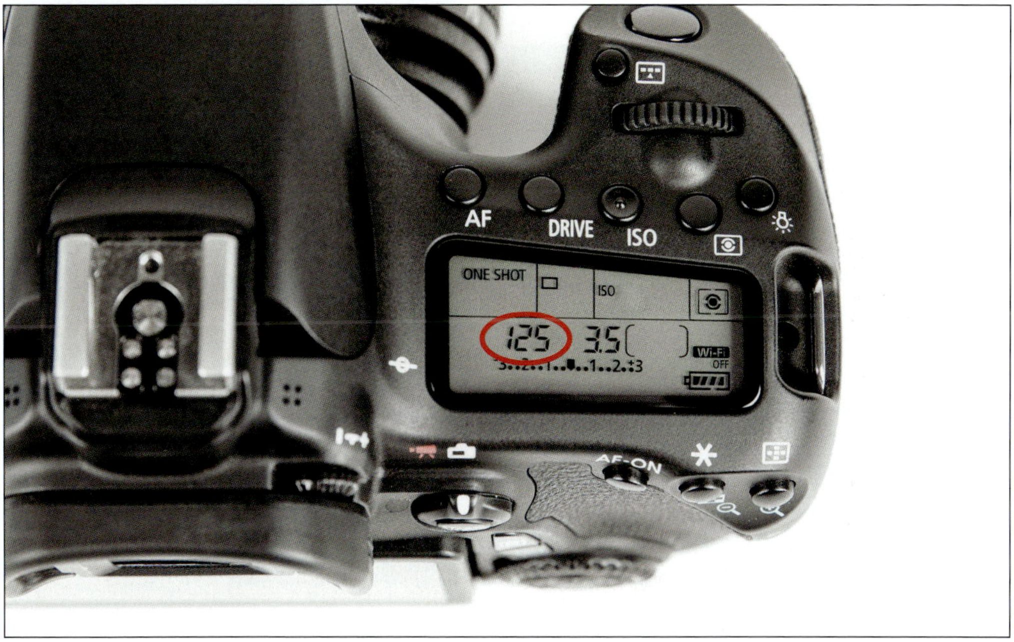

Auf einem Seminar zeigte mir eine Frau ihre Kamera. Sie war überzeugt davon, dass etwas mit ihr nicht stimmte, denn fast alle Aufnahmen von der »Reise ihres Lebens« waren entweder ein bisschen oder ziemlich unscharf. Ich sah mir die Fotos und erkannte sofort, woran es lag (und es tat mir in der Seele weh, es ihr zu sagen). Es lag nicht an der Kamera, sondern an den Einstellungen. Wenn sie im Freien bei direktem Sonnenlicht fotografierte, waren die Bilder scharf. Alle anderen Bilder (drinnen, bei bedecktem Himmel, in einer Kathedrale oder auf einem Bahnhof, im Schatten, in einer Gasse, auf einem Markt usw.) waren verwackelt. Kurz erklärt: Wenn die Sonne scheint, gibt es so viel Licht, dass die Kamera nur ganz kurze Belichtungszeiten benötigt, sodass alles eingefroren wird (selbst leichte Kamerabewegungen). Wenn Sie jedoch bei weniger Licht fotografieren, benötigt die Kamera längere Belichtungszeiten. Und dann bekommen Sie unscharfe, verwackelte Fotos, wenn Sie kein Stativ verwenden oder nicht einer dieser Straßenkünstler sind, die stundenlang bewegungslos herumstehen können. Wie bekommen wir also scharfe Aufnahmen bei wenig Licht? Wir nehmen ein Stativ (siehe Seite 65). Aber das ist nicht immer praktisch und in vielen Situationen auch gar nicht erlaubt, also erhöhen wir den ISO-Wert. Dadurch wird die Kamera lichtempfindlicher, und die Belichtungszeit verlängert sich. Wie hoch muss die Belichtungszeit sein, damit Sie noch aus der Hand fotografieren können, ohne unscharfe Bilder zu erhalten? Bei den meisten Menschen sind es etwa 1/125 Sekunde. Es gibt Leute, die mit 1/60 oder sogar 1/30 fotografieren können und immer noch scharfe Bilder erhalten, weil sie ihre Kamera unglaublich ruhig halten können, aber bei den meisten von uns liegt die Grenze bei 1/125. Erhöhen Sie den ISO-Wert zunächst auf 200 und sehen Sie sich die Belichtungszeit im Sucher an. Wenn Sie die 1/125 noch nicht erreicht haben, erhöhen Sie die ISO-Zahl auf 400, 800 usw., bis Sie bei 1/125 landen. Nun müssen Sie zwar immer noch eine relativ ruhige Hand haben, aber die Belichtungszeit reicht aus, um Ihre Motive scharf abzubilden.

Versicherung gegen verwackelte Aufnahmen

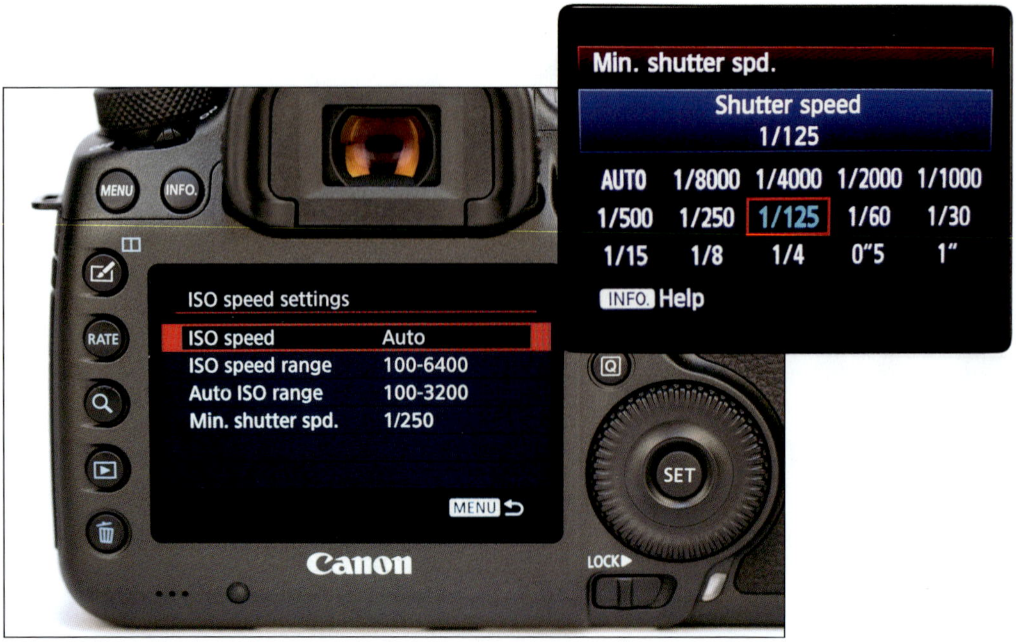

Soeben haben Sie erfahren, dass die meisten von uns für scharfe Aufnahmen aus der Hand eine Belichtungszeit von mindestens 1/125 Sekunde brauchen. Es kann aber auch vorkommen, dass uns etwas wirklich Interessantes oder Ungewöhnliches auffällt, während wir durch die Stadt spazieren. Wir machen schnell eine Aufnahme, ohne darauf zu achten, ob unsere Belichtungszeit lang genug ist, und ... sind völlig verzweifelt, wenn wir das Bild später auf dem Computer öffnen und es nicht ganz scharf ist. Mir ist das schon viel zu oft passiert. Zumindest bis ich die Auto-ISO-Funktion aktiviert habe, die dafür sorgt, dass ich nie eine Aufnahme mit weniger als 1/125 Sekunde mache, egal was passiert. Wenn die Belichtungszeit bei einer Aufnahme unter 1/125 fallen würde, erhöht die Kamera sofort den ISO-Wert, um wieder auf 1/125 Sekunde zu kommen. Diese geniale Funktion hat mir schon öfter den Kopf gerettet, als ich zählen kann, weil ich keine Reisefotos mit 1/60, 1/30, 1/15 oder darunter aus der Hand fotografiere, alle haben mindestens 1/125. Sie schalten diese Funktion mit zwei einfachen Schritten ein: (1) Gehen Sie ins ISO-Menü und wählen Sie **Auto**, dann (2) gehen Sie in das Menü **Längste Verschlusszeit** und wählen Sie 1/125 Sekunde. Der höhere ISO-Wert kann zu mehr Bildrauschen führen als üblich, aber wenn Sie die Wahl haben zwischen (a) einer scharfen Aufnahme mit ein wenig Rauschen und (b) einer unscharfen Aufnahme ohne Rauschen, werden Sie sich bestimmt immer für die scharfe Aufnahme entscheiden. Und noch eine gute Nachricht: Anders als beim ISO-Menü, in dem Sie nur 100, 200, 400, 800, 1600, 3200 usw. auswählen können, wird bei der ISO-Automatik exakt der Wert verwendet, der für eine 1/125-Sekunde erforderlich ist. Wenn Sie sich also nach der Aufnahme die Kameradaten ansehen, sehen Sie ungewöhnliche ISO-Werte wie etwa 140 oder 365. Diese stehen nicht im Menü zur Auswahl, aber die Kamera hat eben genau den Wert eingestellt, den sie für 1/125 Sekunde gebraucht hat. Wie cool ist das denn?!

Welche Blende sollten Sie verwenden?

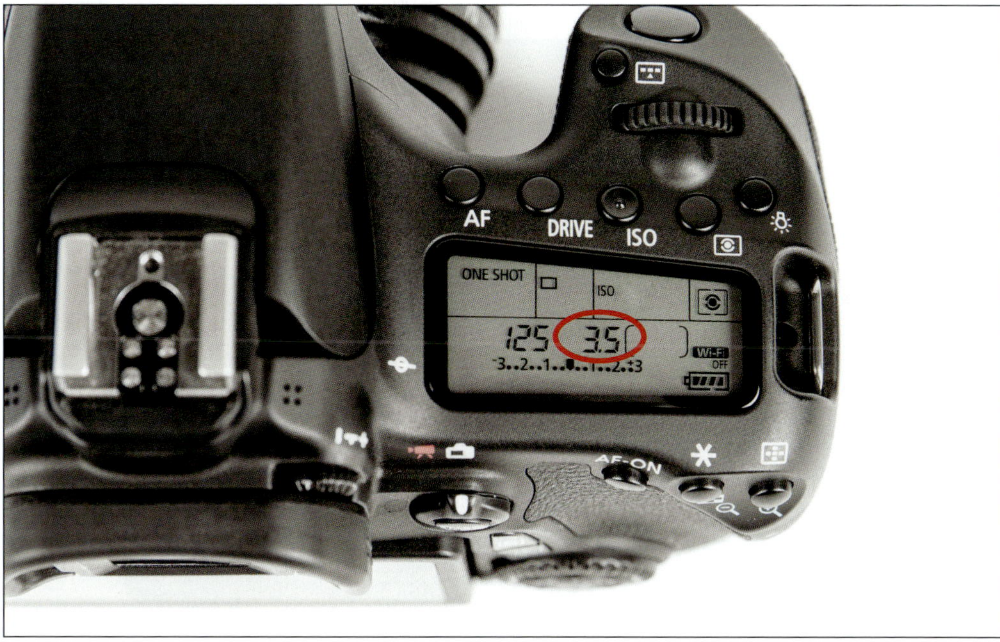

Dies gehört zu den Dingen, über die wir zu viel nachdenken. Dabei ist es eigentlich ganz einfach, denn es handelt sich um eine kreative Entscheidung, die wir treffen müssen. Nehmen wir an, Sie sind in einem Museum, sehen ein Podest mit einer schönen Vase darauf und möchten sie fotografieren. Die kreative Frage lautet: »Soll der Hintergrund unscharf und verschwommen sein, oder soll außer der Vase auch alles andere scharf sein?« Eine falsche Antwort gibt es nicht – es liegt ganz bei Ihnen. Nehmen wir an, Sie entscheiden sich für einen unscharfen Hintergrund. Das geht einfach: Wählen Sie die kleinste Blendenzahl, die Ihr Objektiv hergibt, z. B. f/2.8, f/3.5, f/4 oder f/5.6. Möchten Sie lieber alles scharf stellen, wählen Sie eine hohe Blendenzahl, z. B. f/11 oder f/16. Höhere Blendenwerte bilden also alles von vorne bis hinten scharf ab. Sollten Sie diese Blende also für Stadt- oder Landschaftsaufnahmen verwenden? Ja, genau. Ich verwende f/11 für sämtliche Aufnahmen, bei denen ich alles scharf haben möchte. Warum nehmen wir dann nicht noch höhere Werte wie f/22 oder f/32? Technisch gesehen sollten sie zwar eine noch größere Schärfentiefe bieten, aber bei solch richtig hohen Blendenzahlen werden die Bilder – durch einen, nennen wir ihn: »technischen Gegeneffekt« – etwas unschärfer. Meine bevorzugte Einstellung ist f/11, manche Leute bevorzugen hingegen f/16. Beide Werte sind ohne sichtbare Qualitätseinbußen durchaus brauchbar. Okay, und wenn Sie einfach durch die Stadt spazieren und Straßenszenen fotografieren? Dann würde ich den niedrigsten Blendenwert wählen und es dabei belassen. Wenn ich mit meinem Reiseobjektiv, z. B. 24 mm oder 35 mm, Weitwinkelaufnahmen mache, ist auch bei einer niedrigen Blendenzahl alles scharf. Sehe ich aber etwas Interessantes (z. B. eine Blume) und zoome ich ganz nah heran, wird der Hintergrund durch die niedrige Blendenzahl unscharf. So bekomme ich das Beste aus beiden Welten.

Die richtigen Farben treffen

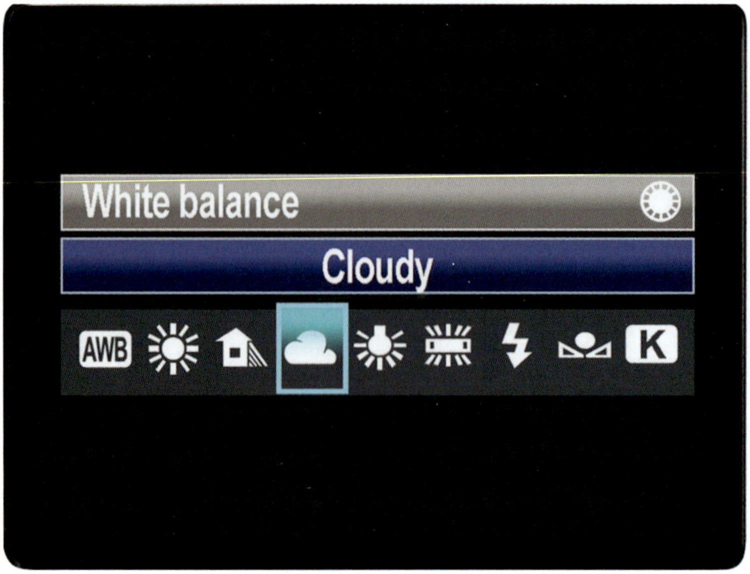

Stellen Sie sich vor, Sie kommen von Ihrer Reise zurück und müssen feststellen, dass auf vielen Bildern die Menschen irgendwie bläulich oder Innenräume gelb wirken! Sorgen Sie lieber gleich dafür, dass die Farben stimmen. In den meisten Fällen genügt es, den Weißabgleich Ihrer Kamera (der die Bildfarben abstimmt) auf »Auto« zu stellen. An bewölkten Tagen, im Schatten oder in Innenräumen wird der automatische Weißabgleich allerdings ausgetrickst und Sie erhalten im Schatten bläuliche Farbtöne und in Innenräumen einen Gelbstich – in einem Büro mit Leuchtstoffröhren vielleicht sogar einen Grünstich. Zum Glück lassen sich solche Farbprobleme ganz leicht während der Aufnahme vermeiden (und in vielen Fällen können Sie den Weißabgleich auch später noch in Lightroom oder Photoshop korrigieren – einfacher ist es jedoch, wenn Sie ihn gleich in der Kamera richtig einstellen). Wenn Sie merken, dass die Farben nicht stimmen, ändern Sie einfach die Weißabgleichseinstellung entsprechend den aktuellen Lichtverhältnissen. Das Geheimnis besteht darin, einfach nach oben zu schauen. Sehen Sie Äste oder stehen Sie unter einem Vordach oder Sonnensegel, wählen Sie »Schatten« (die Einstellungen für den Weißabgleich finden Sie im Kameramenü, aber sie werden so häufig benötigt, dass die meisten Kameras auf der Kamerarückseite eine Abkürzung in Form einer »WB«-Taste bieten). Verdecken Wolken die Sonne, ändern Sie den Weißabgleich auf »Bewölkt«. In Innenräumen, z. B. in einem Restaurant, stellen Sie den Weißabgleich auf Glühlampenlicht (»Tungsten«) um. In einer Fabrik oder einem Büro wählen Sie »Leuchtstofflampe«, um den von der Beleuchtung verursachten Farbstich zu neutralisieren. Mehr müssen Sie normalerweise nicht machen, um immer die korrekten Farben zu erhalten. Worauf müssen Sie besonders achten? Vergessen Sie nicht, den Weißabgleich auf »Auto« zurückzusetzen, wenn Sie wieder nach draußen gehen. Je älter wir werden, desto schwerer fällt uns das, ich weiß auch nicht warum. Ich meine: Mir natürlich nicht, weil ich noch jung und knackig bin, aber eben anderen Leuten. ;-)

So überprüfen Sie die Schärfe

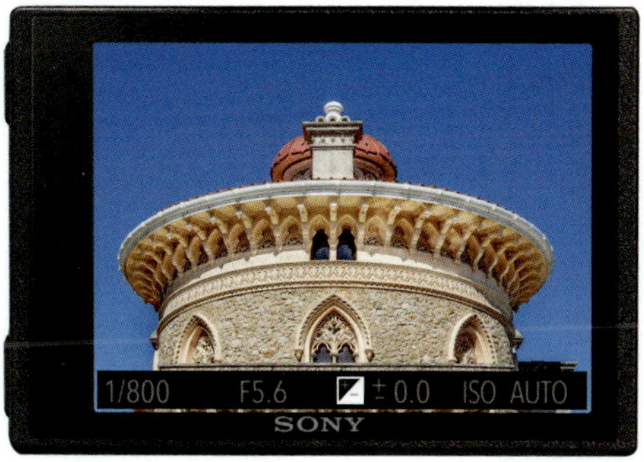

normale Darstellung

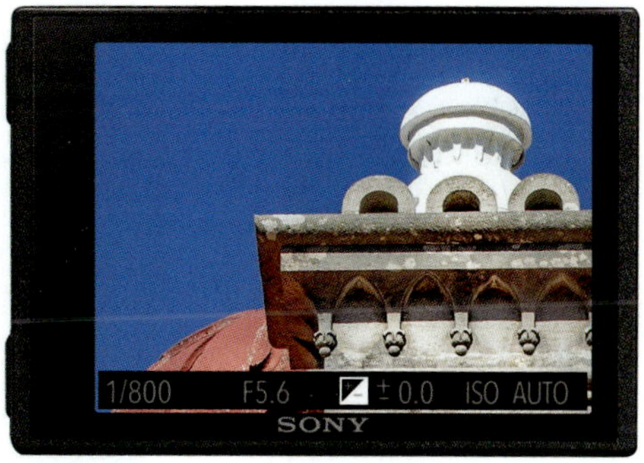

eingezoomt

Fast jede Aufnahme wirkt auf dem winzigen 3-Zoll-Bildschirm auf der Kamerarückseite scharf, aber wenn Sie sie später auf Ihrem Computer öffnen und größer betrachten, ist der Kummer groß – denn jetzt ist es zu spät: Sie sind nicht mehr an diesem fantastischen Ort mit diesem wundervollen Licht, während diese einzigartige Sache passiert. Sie blicken auf ein verwackeltes Bild und Ihren wird schwer ums Herz. Ich würde Ihnen gerne erzählen, dass mir das nur einmal passiert ist, aber leider, leider ist es mir schon sehr viele Male passiert. Das heißt, bis ich gelernt habe, die Schärfe genau dann zu überprüfen, wenn ich an diesem fantastischen Ort mit diesem wundervollen Licht bin, während dieses einzigartige Ereignis noch stattfindet. Drücken Sie die Lupentaste auf der Kamerarückseite, um das Bild zu vergrößern und nachzusehen, ob es tatsächlich scharf ist. Mit jedem Tastendruck wird die Bilddarstellung weiter eingezoomt, und dann können Sie mit dem Joystick oder Wippschalter (oder wie auch immer man dieses Bedienelement auf der Kamerarückseite nennt) die Bildansicht verschieben, wenn Sie ganz nah herangezoomt haben (bei Porträts sollten Sie unbedingt die Augen überprüfen – die müssen nämlich scharf sein!) Bei den meisten Kameras können Sie die mittlere Taste auf dem Einstellrad auf der Kamerarückseite so einstellen, dass Sie auf jede gewünschte Vergrößerung zoomen können. Das ist einfacher, als zum Heranzoomen immer wieder die Lupentaste zu drücken und dann zum Herauszoomen erneut. Einmal drücken genügt, und Sie zoomen ganz nah heran; ein weiteres Mal drücken, und Sie zoomen wieder aus. Ich habe meine Kamera auf 8-fache Vergrößerung eingestellt (lesen Sie in Ihrem Handbuch nach, wie Sie diese Mitteltaste mit einer bestimmten Zoomstufe belegen können). Dies ist ganz wichtig (und erspart Ihnen viel Herzeleid, zumindest in fotografischer Hinsicht).

Welches Objektiv sollten Sie verwenden?

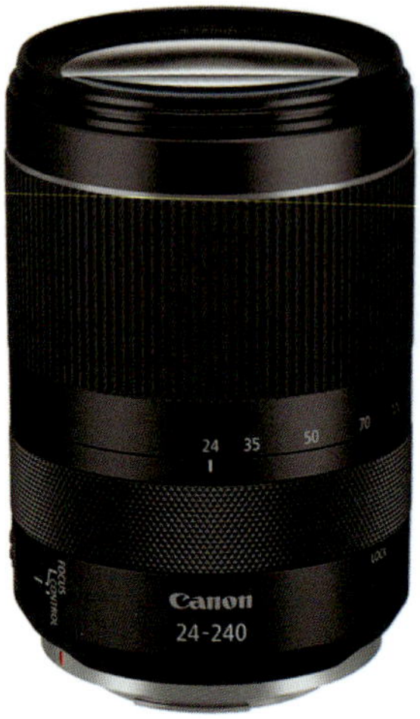

Canon

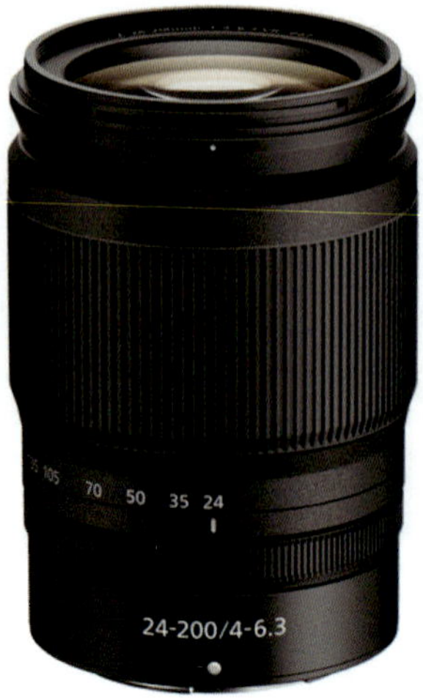

Nikon

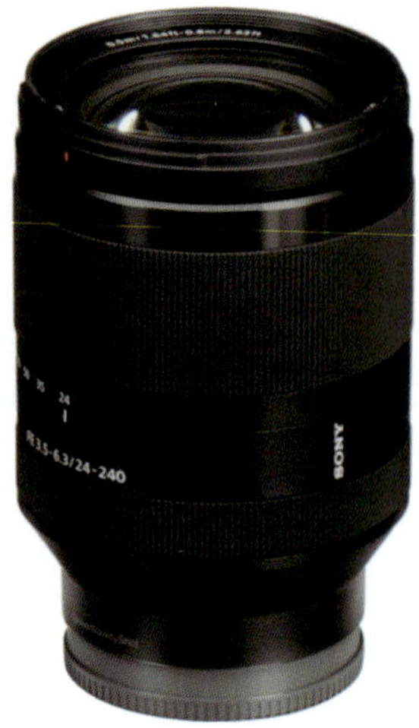

Sony

Nehmen wir an, wir sitzen an der Bar und Sie fragen mich, welche Objektive Sie auf die Reise mitnehmen sollen. Ich würde ohne zu zögern antworten: »Nur ein einziges!« Wenn Sie nämlich mehr als eins mitnehmen, werden Sie eine traurige, ernüchternde Erfahrung machen: Egal, welches Ihrer beiden Objektive Sie gerade aufgesetzt haben, es wird immer das falsche sein. Sie biegen um eine Ecke und denken: »Oh Mann, ich brauche das andere Objektiv!« Also wechseln Sie das Objektiv, um die Aufnahme zu machen, sehen aber bald darauf eine andere Szene, und – genau! – denken, dass die mit dem ersten Objektiv besser aussehen würde, und wechseln wieder das Objektiv. Sie biegen um die nächste Ecke und ... Sie ahnen, wohin das führt. Ich nenne dieses Dilemma den »Objektiv-Tango« (weil man dazu zwei Objektive braucht), und er ist ziemlich anstrengend. Wenn Sie jedoch ein Objektiv dabeihaben, das so ziemlich alles kann (von Weitwinkel über Porträt bis hin zu Tele), dann müssen Sie es nicht wechseln – niemals. Sie müssen nicht mal eine Kameratasche mit sich herumschleppen, weil Sie keine brauchen, um das zweite Objektiv zu transportieren. Sie können ein Reinigungstuch in Ihre Hosentasche oder Ihr Portemonnaie stecken, und wenn Sie einen Filter brauchen, passt der ebenfalls in Ihre Hosentasche. Welches Objektiv würde ich Ihnen also empfehlen? Entweder ein 24–240 mm oder ein 28–300 mm. Ich bevorzuge das 24–240 mm, weil es weitwinkliger ist (sowohl Canon als auch Sony bieten solche Objektive an). Man sollte meinen, dass die 4 mm mehr keinen großen Unterschied machen, aber das tun sie sehr wohl. Außerdem kann ich das mit 240 mm fotografierte Bild so zuschneiden, dass es aussieht, als hätte ich mit einer längeren Brennweite fotografiert. Für die spiegellosen Kameras bietet Nikon ein 24–200-mm-Objektiv an, das vielen Leuten gut gefällt (ich weiß nicht, warum Nikon nicht auf 240 mm gegangen ist), und für Nikon-DSLR-Kameras gibt es ein hervorragendes 28–300-mm-Objektiv (als ich noch mit Nikon fotografierte, hatte ich eins – es ist scharf, leicht und liegt im angemessenen Preisrahmen).

Wann ein Zweitobjektiv sinnvoll ist

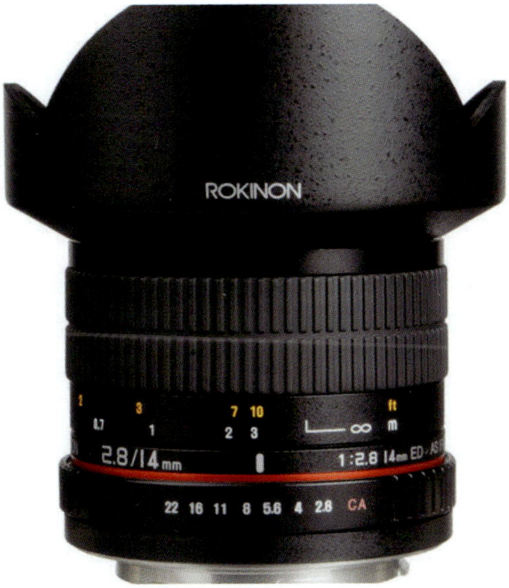

Okay, ich gebe es zu: Manchmal ist es durchaus sinnvoll, ein zweites Objektiv mit auf die Reise zu nehmen. Was für ein Szenario meine ich? Nehmen wir an, Sie reisen auf die Kanarischen Inseln nach La Palma, um die Milchstraße zu fotografieren (die Insel gilt als eines der besten Ziele für die Beobachtung der Milchstraße). In diesem Fall müssten Sie ein spezielles Objektiv mitnehmen (z.B. das Rokinon 14mm f/2.8 – bei Milchstraßenliebhabern eine populäre Option). Oder Sie möchten ein bestimmtes Interieur fotografieren, z. B. eine beeindruckende Kathedrale oder ein Opernhaus. Dann brauchen Sie vielleicht ein weitwinkligeres als das 24-mm-Objektiv (z.B. ein 12mm oder ein 14mm). In solchen Fällen ist es sinnvoll, ein Zweitobjektiv mitzunehmen, aber die Reise wird dadurch auch komplizierter, weil Sie jetzt eine Kameratasche (oder zumindest eine Objektivtasche) mit sich herumtragen und sich Sorgen machen müssen, dass sie Ihnen von der Schulter gerissen werden könnte (oh, ich könnte Ihnen Geschichten erzählen ...) oder dass Sie sie irgendwo liegen lassen oder dass sie oder das Objektiv herunterfällt (wie in Lissabon, wo mir mein 70–200mm f/2.8 beim Objektivwechsel aus der Hand fiel – das Objektiv war völlig hinüber und die Reparatur kostete etwa 800 $). Jedenfalls bräuchte ich einen triftigen Grund, um ein weiteres Objektiv und eine Tasche mit allem, was dazugehört, irgendwo hinzuschleppen. Wenn Sie wie mein Sohn 24 Jahre alt sind – der kann den ganzen Tag einen vollgepackten Rucksack tragen, ohne ins Schwitzen zu kommen –, kann ich nur sagen: Das wird sich mit der Zeit ändern. LOL!!! Aber wenn es um Objektive geht, gilt für den Rest von uns: Weniger ist mehr.

Den richtigen Fokusmodus wählen

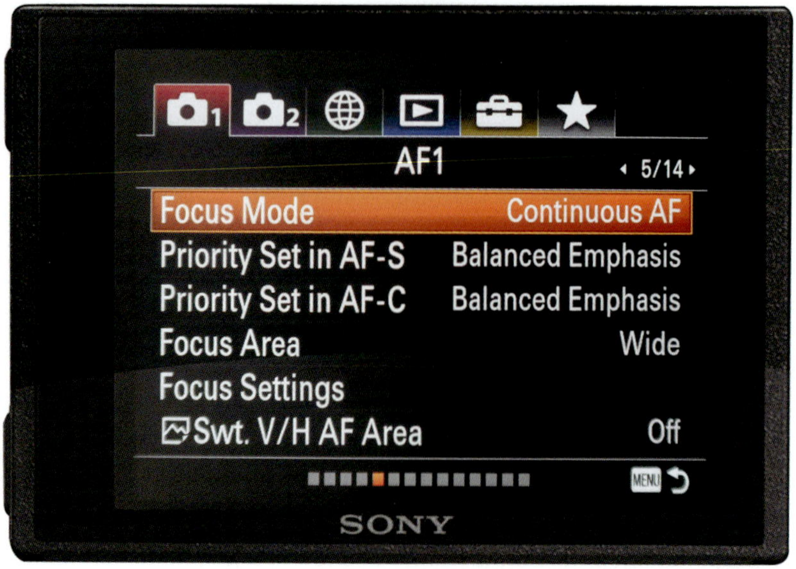

Ihre Kamera geht standardmäßig davon aus, dass Sie unbewegte Objekte fotografieren, z. B. ein Gebäude, Ihr Essen in einem Restaurant oder eine Person, die Ihnen gegenüber sitzt. Die dazu passende Einstellung des Autofokus wird als »Einzelfokusmodus« bezeichnet (oder so ähnlich, je nach Marke und Modell Ihrer Kamera – bei Canon heißt das »One Shot«, bei Nikon »Single AF« bzw. »AF-S«). Wenn Sie jedoch ein sich bewegendes Objekt aufnehmen möchten, z. B. ein Taxi oder Tuk-Tuk auf einer belebten Straße, Pferde, die den Strand entlanggaloppieren, oder einen vorbeifliegenden Vogel, müssen Sie den Fokusmodus Ihrer Kamera auf einen Modus umstellen, der speziell für Objekte in Bewegung gedacht ist. Dieser Modus heißt bei Canon »AI Servo«, bei Sony »Kontinuierlicher AF« und Nikon nennt ihn »Kontinuierlicher Autofokus« bzw. »AF-C«. Sie müssen ihn nur einschalten. Hinweis: Viele Kameras geben einen Piepton von sich, wenn sie einmal scharf gestellt haben, was im kontinuierlichen Fokusmodus sinnvollerweise nicht der Fall ist, denn hier wird ja kontinuierlich scharf gestellt. Prüfen Sie auch, ob Ihre Kamera eine automatische Motivverfolgung (»AF-Tracking«) hat, mit der sich der Autofokus sozusagen an Ihr Motiv heftet – sehr hilfreich bei sich schnell bewegenden Motiven. Aber ob mit oder ohne Motivverfolgung: Schalten Sie in diesen kontinuierlichen Modus um, wenn Sie ein Motiv in Bewegung fotografieren möchten. Danach wechseln Sie wieder in den Einzelfokusmodus. (Sie finden diese Modi entweder im Kameramenü oder es gibt eine Schnelltaste oder ein Einstellrad auf der Kamerarückseite. Die genaue Position finden Sie im PDF-Benutzerhandbuch Ihrer Kamera.)

Schalten Sie den Blitz aus!

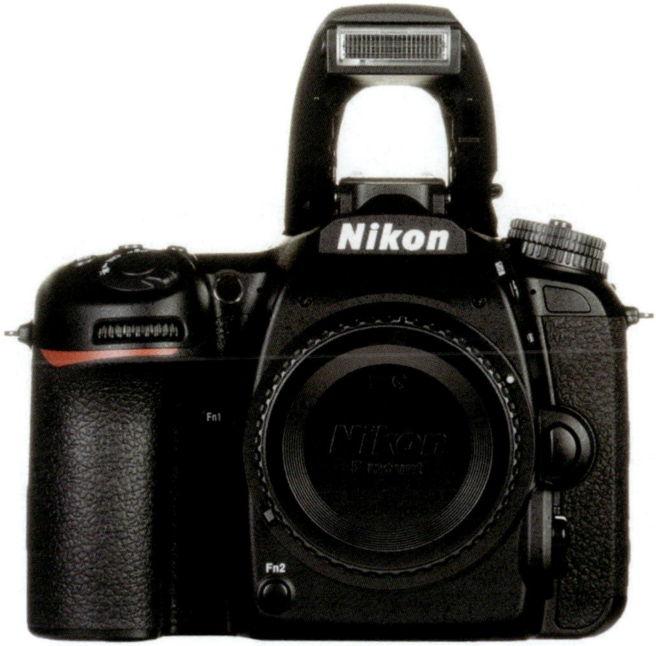

Sie kennen den Klappblitz oben auf Ihrer Kamera? Sie nehmen vielleicht an, dass er zur Benutzung gedacht ist. Ist er aber nicht. Er sollte nicht bei schwachem Licht verwendet werden. Auch im Notfall darf er nicht verwendet werden. Er darf in gar keiner Situation verwendet werden! Er ist Schrott. Das einzige Einsatzszenario könnte sein, wenn Sie ein möglichst schlechtes Bild fotografieren möchten, vielleicht als Gag. Etwa wie hier: Sie sehen eine andere Fotografin, die zum Tresen geht, um sich einen Kaffee zu holen, und ihre Kamera dabei auf dem Tisch liegen lässt. Klappen Sie den Blitz auf und fotografieren Sie schnell irgendetwas. Wenn sie dann die Bilder herunterlädt und Ihre Aufnahme sieht, wird sie sich fragen, ob es an der Zeit ist, die Kamera zur Reparatur einzuschicken. Ja, so schlimm ist es! Benutzen Sie den Klappblitz nicht, egal was passiert – und Sie bekommen bessere Fotos.

Eine einfache Möglichkeit, Ihr Foto aufzuhellen oder abzudunkeln

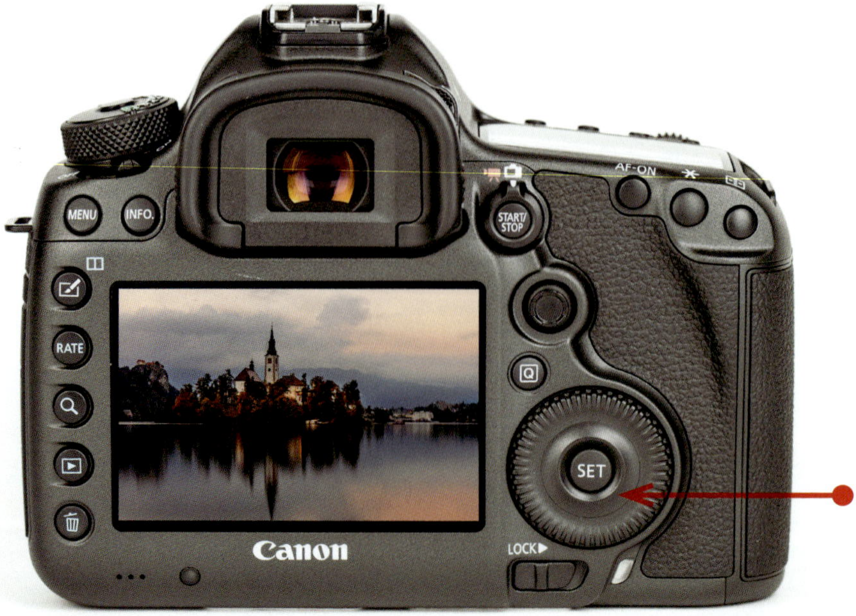

Erscheint Ihnen beim Fotografieren Ihr Bild zu dunkel (oder zu hell), können Sie das auf ganz einfache Weise ändern. Die Belichtungskorrektur stellen Sie in der Regel über ein Wahlrad auf der Kamerarückseite ein. Wenn Sie dieses in die eine Richtung drehen, wird die nächste Aufnahme dunkler, drehen Sie es in die andere Richtung, wird die nächste Aufnahme heller. Die Belichtungskorrektur funktioniert perfekt, wenn Sie (wie ich) in einem Modus wie der Blendenvorwahl fotografieren, bei der die Kamera die Belichtung für Sie vornimmt. Sehen Sie sich das Bild nach dem Fotografieren auf dem Kameradisplay an, und wenn Sie es zu dunkel oder zu hell finden, wissen Sie jetzt, was zu tun ist. Drehen Sie am Einstellrad, fotografieren Sie erneut und prüfen Sie, ob das Bild nun Ihren Vorstellungen entspricht. Wenn nicht, passen Sie die Belichtungskorrektur wieder an und probieren es noch einmal. Das ist ein gewisser Prozess, aber es geht schnell und einfach – und ist sehr wichtig (vor allem, wenn Sie eine Lichterwarnung erhalten, weil manche Bildbereiche so hell sind, dass dort keine Details mehr zu erkennen sind – in dem Fall können Sie das Bild abdunkeln und die Aufnahme wiederholen, um zu sehen, ob das Problem dadurch behoben wurde). Wenn ich auf Reisen fotografiere, verwende ich die Belichtungskorrektur ständig.

Sollten Sie in RAW oder JPEG fotografieren?

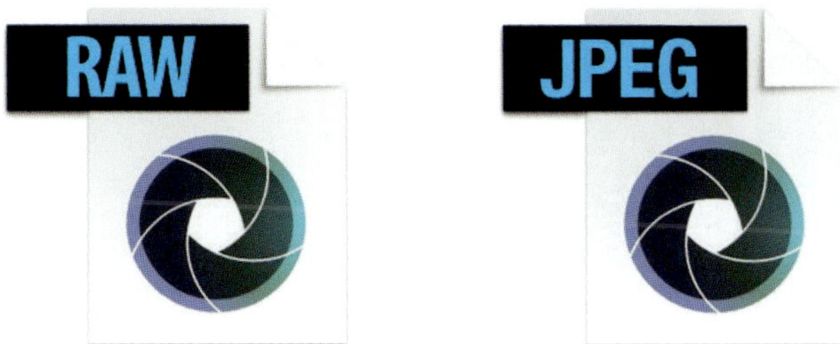

Die Fortgeschrittenen unter Ihnen denken jetzt: »Natürlich fotografiert man in RAW. Keine Frage!« Und der Grund ist, dass Ihre Kamera bei RAW-Aufnahmen einen größeren Tonwertbereich erfasst als im JPEG-Format. Der »Tonwertbereich« bezeichnet die Helligkeitsabstufungen zwischen reinem Schwarz und reinem Weiß – je mehr davon, desto besser. Ein RAW-Bild aus einer modernen Kamera hat mindestens 4.096 Tonwerte für jeden der drei Farbkanäle Rot, Grün und Blau – zusammen sind das über 68 Milliarden Farbwerte! Das RAW-Format bietet Ihnen daher mehr Spielraum in der Nachbearbeitung, etwa wenn Sie sich bei der Belichtung vertan haben. Auch den Weißabgleich können Sie nachträglich ändern. Das sind die wichtigsten Vorteile. Es ist nicht jedermanns Sache, im RAW-Format zu fotografieren, denn wenn die RAW-Bilder aus der Kamera kommen, sehen sie nicht annähernd so gut aus wie JPEGs. Denn bei JPEGs schärft die Kamera das Bild, erhöht Kontrast und Farbsättigung, reduziert das Rauschen etc. Fotografieren Sie hingegen im RAW-Format, liefert Ihnen die Kamera nur das flache RAW-Bild, und Sie müssen all diese Einstellungen selbst vornehmen (in Lightroom oder Photoshop). Das ist toll, wenn Sie diese Programme wirklich gut beherrschen, aber wenn nicht, sollten Sie vielleicht lieber im JPEG-Format fotografieren. JPEGs sehen vom Start weg besser aus (stellen Sie den Weißabgleich vorab richtig ein – siehe Seite 48) und Sie müssen viel weniger – oder gar nichts – nachbearbeiten. Außerdem sind JPEG-Dateien viel kleiner, sodass viel mehr Bilder auf eine Speicherkarte passen und weniger Platz auf dem Computer, dem iPad oder der externen Festplatte einnehmen. Kurz gesagt: Wenn Sie mit der Nachbearbeitung vertraut sind, sollten Sie in RAW fotografieren, um die Vorteile dieses Formats zu nutzen. Wenn nicht, fotografieren Sie einfach in JPEG und zerbrechen sich nicht weiter den Kopf. Erstklassige Bilder hängen nicht von einem bestimmten Dateiformat ab. Einige der besten Fotos überhaupt wurden in JPEG fotografiert, darunter auch welche, die es auf die Cover der größten und renommiertesten Magazine geschafft haben.

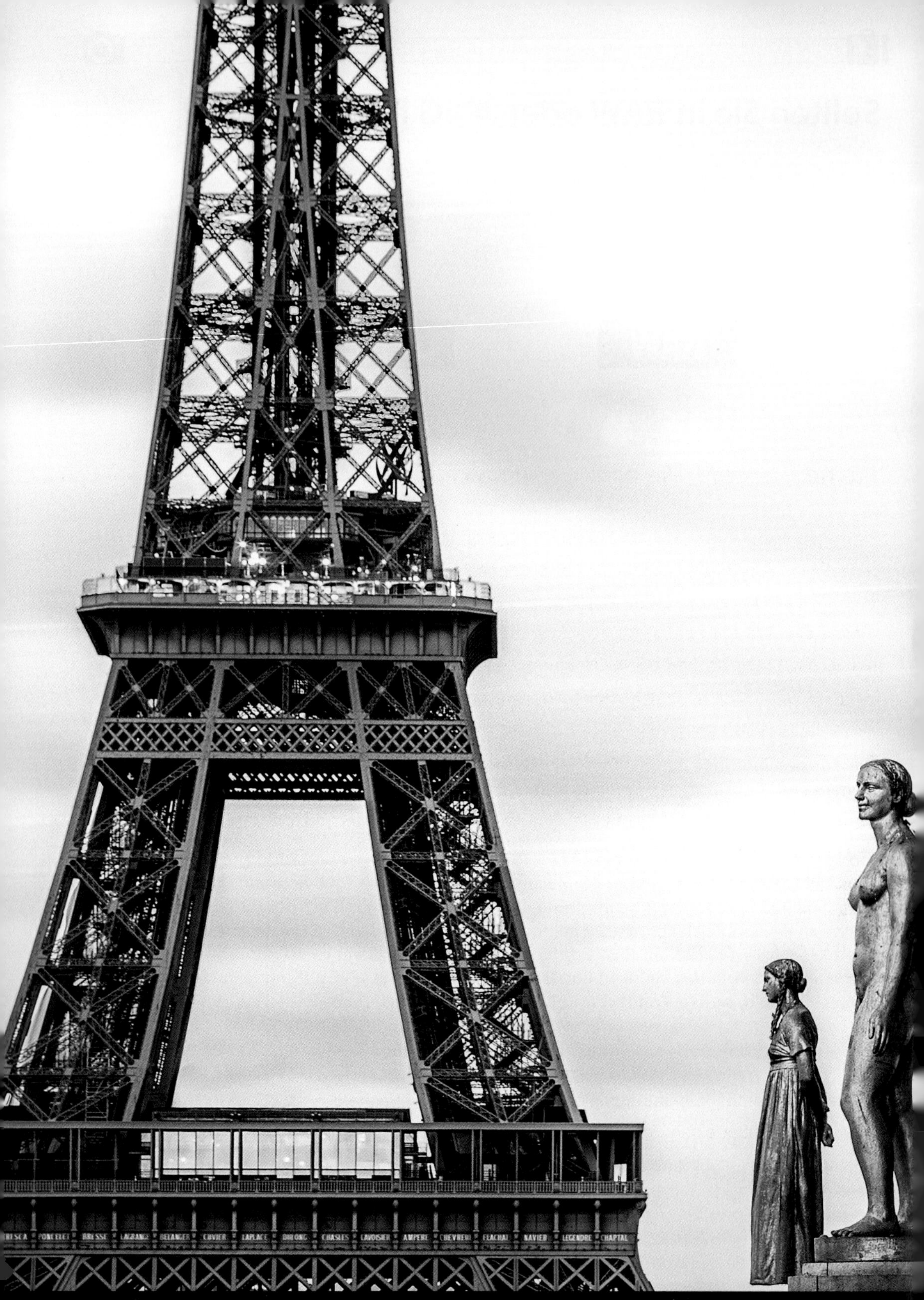

Belichtungszeit: 1.0Sek. | Blende: f/11 | ISO:100 | Brennweite: 70 mm

REISEFOTOGRAFIE

· KAPITEL 04 ·

ZUBEHÖR

Zubehör für die Reisefotografie

Kleine Gadgets, die einen großen Unterschied machen

Sie haben wahrscheinlich schon gemerkt, dass ich ein großer Befürworter von leichtem Reisegepäck bin, weil ich schon so häufig bis ans Ende der Welt geflogen bin und dabei so viel Gepäck dabei hatte, dass selbst Diana Ross gesagt hätte: »Okay, das ist jetzt wirklich zu viel Zeug!« Wissen Sie, das ist lustig, weil Diana Ross bekannterweise mit tonnenweise Outfits und zahllosen Taschen verreist, was bei ihr einigermaßen verständlich ist, schließlich ist sie eine lebende Legende. »Go big or go home« lautet ihre Devise (eine Redewendung, die mein Sportfotografen-Kollege Dave Black gerne verwendet), aber natürlich fällt es ihr leicht, das zu sagen (obwohl ich mir nicht 100-prozentig sicher bin, dass sie es jemals gesagt hat), denn sie ist ein internationaler Superstar, und ich kann mir nicht vorstellen, dass Diana Ross jemals selbst eine dieser Taschen tragen würde. Wahrscheinlich hat sie Angestellte, die die ganzen Taschen für sie tragen, denn wenn sie sie selbst herumwuchten müsste, würde sie wahrscheinlich so etwas sagen wie: »Okay, das ist jetzt wirklich zu viel Zeug!« Aber wenn ich Diana Ross wäre, hätte ich nicht nur Angestellte, die mir helfen, all diese Taschen zu tragen, sondern auch einen besonderen Assistenten, der nur meinen Aktenkoffer trägt und immer in meiner Nähe ist, ähnlich wie der Adjutant, der den US-Präsidenten begleitet und einen auch als »Football« bezeichneten Koffer trägt, von dem man annimmt, dass er die Autorisierungscodes für einen Atomschlag enthält. In Wirklichkeit trägt der Präsident die Abschusscodes auf einer laminierten Karte in seiner Brieftasche. Der »Football« soll lediglich sicherstellen, dass der Präsident auch wirklich der Präsident ist, für den Fall, dass er einen nuklearen Vergeltungsschlag befehlen muss. Bei meinen Recherchen stieß ich auf einen großartigen Artikel über einen der echten »Atomkoffer« im Smithsonian-Museum in Washington, DC. Als die Kuratoren ihn öffneten, war er voller ND-Filter mit 10 Blendenstufen, einem Kabelauslöser, einem Haufen SD-Karten und einem Objektivreinigungstuch. Ehrlich!

Wer mit leichtem Gepäck reist, hat gewonnen!

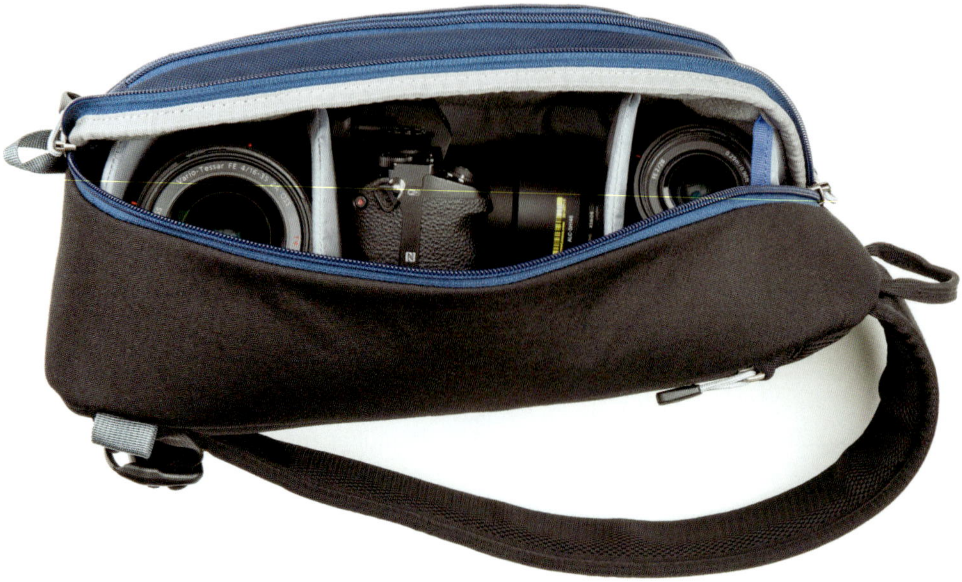

Früher schleppte ich mich auf Reisen mit großen Taschen voller Ausrüstung ab, bis ich merkte, dass meine Bilder dadurch nicht besser wurden, mein Urlaub dafür aber schlechter. Als ich anfing, mit leichtem Gepäck zu reisen, konnte ich nicht nur den Urlaub mehr genießen, sondern auch das Fotografieren, weil ich nicht mehr einen Haufen Kram überall hin schleppen (und mir Sorgen um seine Sicherheit machen) musste. Wenn ich ein zweites Objektiv benötige, nehme ich eine kleine Umhängetasche mit, etwa das oben abgebildete Think Tank Photo TurnStyle 10 Sling Camera Bag. Es ist eigens dafür konzipiert, den Objektivwechsel zu erleichtern: Man hält die Tasche vor sich, öffnet den Reißverschluss der Haupttasche und schon kann man die Objektive wechseln. Die Tasche bietet mehrere Fächer und viel mehr Platz, als man denkt. In meiner Tasche habe ich das Zweitobjektiv (maximal ein 70–200 mm f/2.8), ein Platypod Ultra und einen Kugelkopf, zwei ND-Filter, ein Reinigungstuch und vier Ersatzakkus. Mehr brauche ich nicht. Außerdem lässt sich der Tragegurt sicher quer über den Körper legen, statt einfach nur über die Schulter – ähnlich einem Autosicherheitsgurt. Deshalb ist diese Tasche sicherer als eine normale Schultertasche, die einem ein Dieb im Vorbeilaufen wegreißen kann (wobei er einem auch noch die Schulter auskugelt). Sie ist wirklich gut verarbeitet und rundum clever gestaltet. Ich liebe sie!

So sichern Sie Ihre Bilder auf Reisen

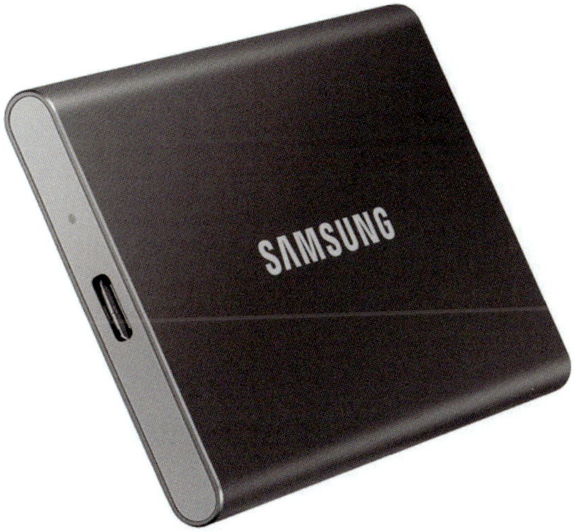

Können Sie sich vorstellen, wie schmerzhaft es wäre, die »Reise Ihres Lebens« zu unternehmen, viele tolle Fotos zu machen – und alle wären unwiderruflich weg, weil Ihre Kamera gestohlen bzw. schwer beschädigt oder die Technik versagen würde? Ich habe schon so viele traurige Geschichte über Leute gehört, die die meisten oder alle Fotos von einer Reise verloren haben – einfach herzzerreißend. Deshalb nehme ich meine Sicherungsroutine für die Reisefotografie sehr ernst. Ich mache es so: Egal wie müde ich bin, jeden Abend sichere ich die Bilder von der Kamera auf einer externen Festplatte, und zwar absolut konsequent. Ich lösche auch meine Speicherkarten nicht, denn sie dienen mir als zweites Backup (ich habe also einen Satz Bilder auf der externen Festplatte und einen zweiten auf den Karten). Ich nehme viele Karten auf die Reise mit – heute sind die Speicherkarten so günstig (ich habe gerade nachgesehen, 32-GB-SD-Speicherkarten gibt es schon für unter 10 €). Die gute Nachricht ist: Externe Festplatten sind mittlerweile winzig und ganz leicht (etwa so groß wie eine Packung Kaugummi). Die Samsung 500 GB T7 Portable SSD, die ich schon seit ein paar Jahren benutze, bekommen Sie schon ab 75 €. Sie lässt sich an den Laptop anschließen (ja, ich nehme meinen Laptop mit auf Reisen, aber er bleibt sicher in meinem Zimmersafe eingeschlossen) und ist sehr schnell. Möchten Sie keinen Laptop mitnehmen, können Sie eine Festplatte mit eingebautem SD-Slot kaufen, die die Bilder automatisch für Sie sichert (das habe ich schon mehrmals gemacht). Man steckt einfach die Karte hinein, und schon wird ihr Inhalt auf der Festplatte gesichert. Man kann sich die Bilder sogar mit einer drahtlosen App auf dem Handy ansehen (ziemlich cool, auch wenn die Bildanzeige etwas langsam ist). Für die mobile Speicherung verwende ich das externe WD 500 GB My Passport Wireless SSD-Laufwerk. Es ist nicht so schnell oder so günstig wie die erwähnte Samsung-SSD, aber wenigstens muss man sich nicht mit seinem Laptop abschleppen.

Wenn Sie unbedingt mehr »Kram« mitnehmen müssen

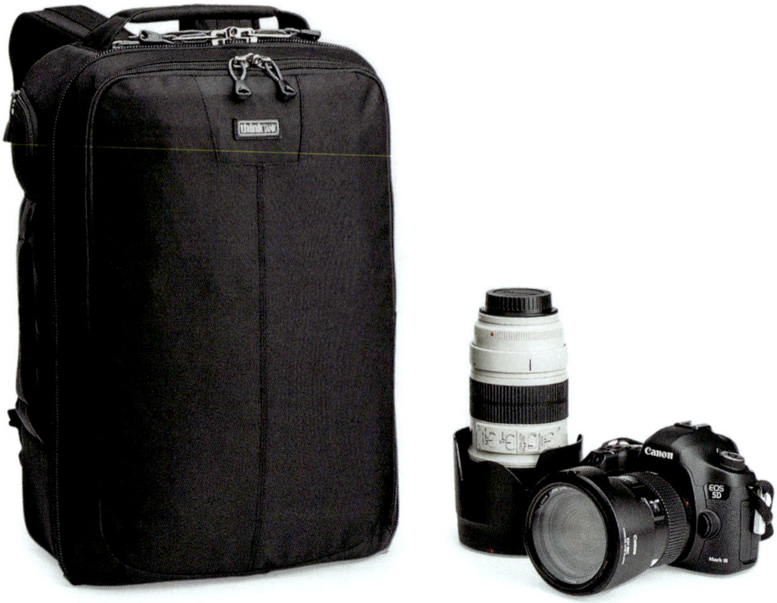

Wenn Sie das Gefühl haben, dass Ihnen eine winzige Umhängetasche für Ihre Reise nicht reicht, würde ich als Nächstes eine kleine Kameratasche (mit Betonung auf »kleine«) im Rucksackstil empfehlen. Ich habe den Think Tank Photo Airport Essentials Backpack, und er ist nicht annähernd so groß, wie er auf obigen Foto wirkt. Für einen Kamerarucksack ist er eigentlich ziemlich klein, und trotz seiner relativ geringen Größe geht eine ganze Menge rein. Er passt selbst in die Gepäckfächer kleiner Nahverkehrsflugzeuge, sodass man sich in den meisten Fällen keine Sorgen um die Gepäckaufgabe machen muss. Sie sollten nur beachten, dass ein Dieb hinter Ihnen herlaufen, den Rucksack öffnen und Ihre Sachen entwenden kann. Deshalb sollten Sie den Rucksack abschließen, wenn Sie sich in einer unübersichtlichen Gegend, in einem Touristengebiet oder in Barcelona aufhalten (tut mir leid, das sagen zu müssen). Abgesehen davon hat sie die richtige Größe, wenn Sie sich den Urlaub vermiesen möchte, indem Sie viel mehr Kameraausrüstung mit sich tragen, als Sie eigentlich brauchen (sorry, das musste ich auch sagen).

Wie wäre es mit einer Fotoweste?

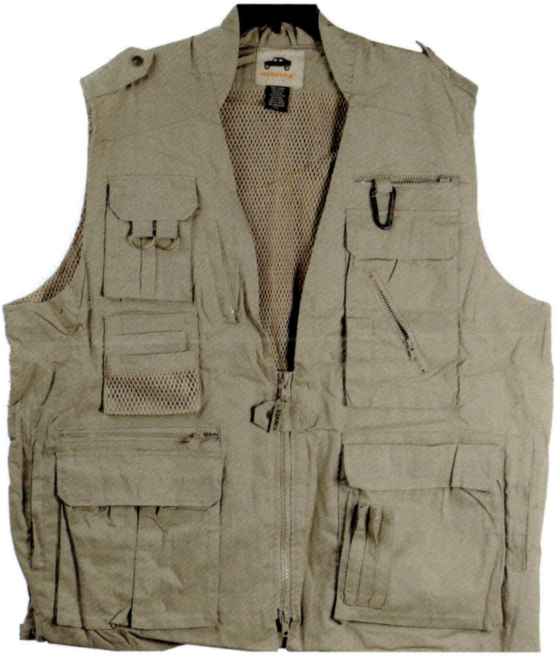

Wenn Sie keine Kameratasche mitnehmen möchten, aber beim Fotografieren Equipment wie Filter und Reinigungstücher, Akkus und Speicherkarten usw. benötigen, bietet sich eventuell eine Fotoweste an. Sie hat jede Menge Taschen mit so viel Stauraum, dass das größte Problem darin besteht, sich zu merken, in welche Tasche Sie was gesteckt haben. Sie ist ziemlich leicht und bequem, und es gibt sie in Khaki, Schwarz (meine ist schwarz) und Camouflage (kaufen Sie für die Reise keine Camouflage-Weste). Zu den beliebtesten Fotowesten gehören die aus der Humvee-Serie von Campco (sie kosten um die 65 €) – betrachten Sie sie als Kameratasche ohne Tasche.

Vergessen Sie die Ersatzakkus nicht

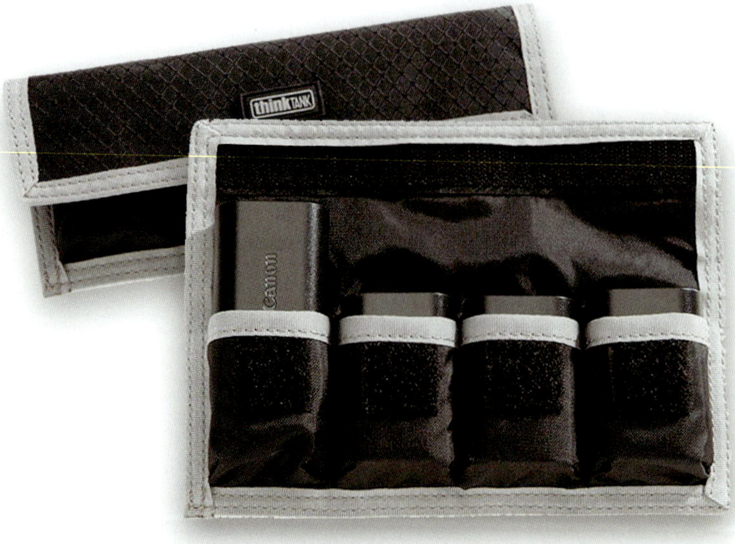

Wenn Sie in einem fremden Land unterwegs und Ihre Akkus leer sind, passieren wahrscheinlich zwei Dinge: (1) Sie verbringen den Rest des Tages mit der Suche nach einem Akku, der zu Ihrer Kamera passt, und (2) wenn Sie endlich einen finden, werden Sie angesichts des Preises für zwei bis drei Minuten ohnmächtig. Auch ich habe das schon erlebt, und glauben Sie mir, der pochende Schmerz in Ihrem Kopf an der Kasse wird Ihnen für immer im Gedächtnis bleiben. Nehmen Sie also mehr Akkus mit, als Ihrer Meinung nach nötig sind (Akkus sind mittlerweile ebenfalls billig!). Ich reise mit fünf Akkus: einem in der Kamera und vier in einer schicken kleinen Akkutasche, wie die oben abgebildete von Think Tank Photo (ich weiß, es klingt, als würde ich von ihnen gesponsert, aber das ist nicht der Fall – ich bin einfach ein großer Fan, benutze ihre Produkte seit vielen Jahren und schwöre darauf), die nur 25 € kostet. Online finden Sie jedoch auch ähnliche Akkutaschen für etwa 10 €. Das nur am Rande. Auf jeden Fall organisiere ich meine Akkus nach der Methode, die ich Ihnen gleich auf der nächsten Seite für die Organisation von Speicherkarten vorstellen werden. Das Wichtigste ist jedoch, dass Ihnen die Akkus nicht ausgehen (auch wenn das eine gewisse Investition bedeutet: Kaufen Sie die Originalakkus Ihres Kameraherstellers – dann können Sie sicher sein, dass Ihre Kamera so funktioniert, wie sie soll und keinen Schaden nimmt).

Speicherkarten (und wie man sie organisiert)

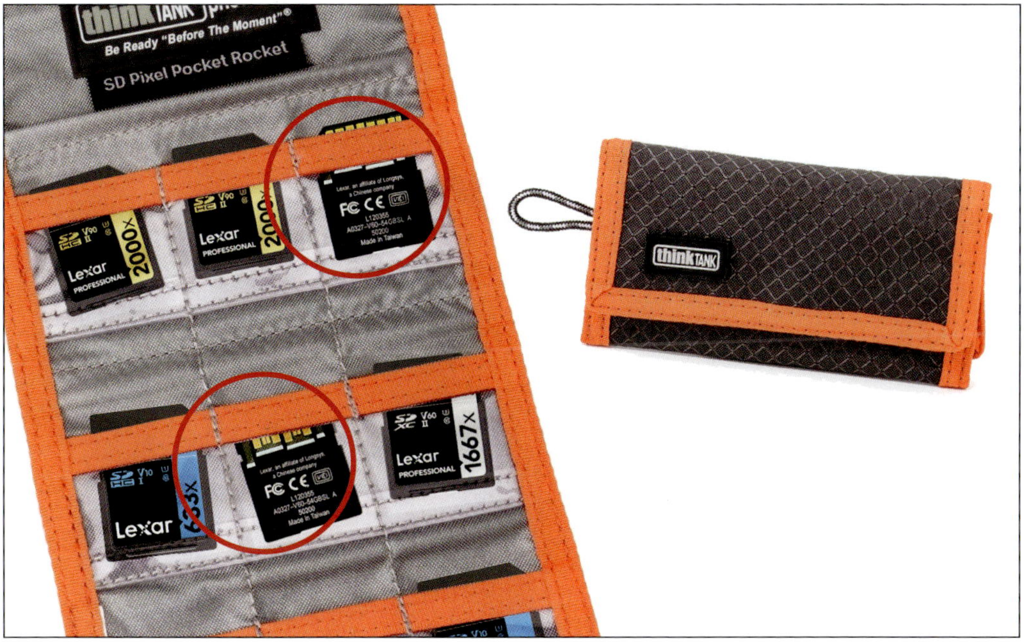

Wie viele Speicherkarten benötigen Sie wohl für eine Reise? Ich selbst rechne mit einer 16- bis 32-GB-Karte pro Tag. Es hängt davon ab, wie viel Sie an einem durchschnittlichen Tag fotografieren und ob Sie dabei RAW oder JPEG wählen. Eine JPEG-Datei ist je nach Einstellung ein paar MB groß, eine RAW-Datei kann je nach Kamera über 50 MB haben, sodass sich die Speicherkarten bei RAW-Aufnahmen schneller füllen. Wenn Sie also vorhaben, viel und im RAW-Format zu fotografieren (mehr als 1.000 Bilder pro Tag), sollten Sie eine 64-GB-Speicherkarte verwenden. Es ist genau wie mit den Akkus – vermeiden Sie, dass Sie zum ungünstigsten Zeitpunkt ohne Speicherkarte dastehen und den ganzen Tag nach teurem Ersatz suchen müssen. Speicherkarten sind heutzutage günstig, also kaufen Sie eine Menge davon, damit Sie jeden Tag eine neue verwenden können (und löschen Sie keine Karten, sondern nutzen Sie sie als Backup). Ich sortiere meine Speicherkarten mit einer einfachen Methode, sodass ich weiß, welche leer sind und auf welchen sich bereits Bilder befinden, die ich nicht versehentlich löschen möchte: Wenn ich eine Karte aus der Kamera nehme und in mein Kartenetui lege (ich verwende das oben abgebildete Think Tank Photo SD Pixel Pocket Rocket), drehe ich die Karte um, sodass das Etikett nicht sichtbar ist (wie oben eingekreist). Dann erkenne ich auf einen Blick, dass ich die Karte bereits benutzt habe und sie nicht weiter verwenden oder löschen sollte. Genauso mache ich es mit den Kameraakkus: Verbrauchte Akkus lege ich verkehrt herum in die Tasche, damit ich weiß, welche verbraucht sind und welche nicht. Beides ist enorm praktisch, wenn ich schnell die Akkus oder Speicherkarten wechseln muss, weil etwas wirklich Interessantes passiert. (Speicherkarten und Akkus machen übrigens immer dann schlapp, wenn man sie am meisten braucht. Ich glaube, sie spüren die Angst.) Auf jeden Fall ist so ein Kartenetui total praktisch (meins kostet knappe 20 €, aber auch hier können Sie online nach viel günstigeren Alternativen suchen, die fast genauso gut aussehen und funktionieren).

Mein bevorzugter Kameragurt für Reisen

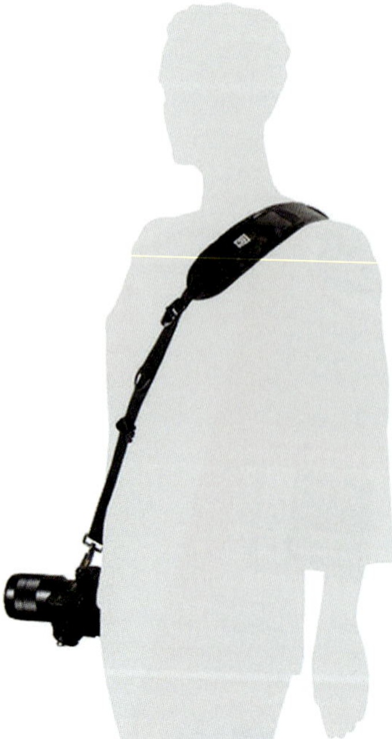

Ich benutze (und liebe) den Black Rapid 10-Year Anniversary Edition Classic Retro RS-4. Das ist mein Lieblingskameragurt (er kostet 64 €, ist aber sein Geld wert), und zwar weil er so sicher ist. Er läuft wie ein Auto-Sicherheitsgurt quer über den Körper, sodass niemand einfach vorbeilaufen und Ihnen die Kamera von der Schulter reißen kann (das passiert übrigens ziemlich oft), denn dann müsste er Sie gleich im Ganzen mitnehmen. Es gibt jedoch noch einen weiteren Grund, warum ich diese Art Kameragurt liebe: Die Kamera sitzt direkt an Ihrer Seite, und wenn Sie schnell etwas fotografieren möchten, greifen Sie einfach nach unten und halten sie direkt ans Auge. Sie müssen die Kamera nicht erst von der Schulter nehmen, bevor Sie fotografieren können – das ist großartig und Sie verpassen keine Fotogelegenheit. Außerdem gibt es eine kleine Reißverschlusstasche, in der Sie weitere Speicherkarten oder einen Akku verstauen können (ich selbst habe einen Akku darin). Ein weiterer Vorteil ist, dass dieser Gurt das Gewicht über den Körper verteilt, sodass Sie keine Schulterschmerzen bekommen. Ein toller Gurt – Sie werden ihn super finden!

Ein Reisestativ

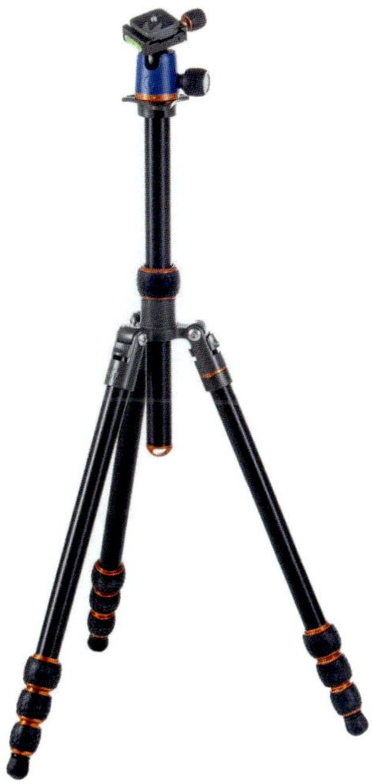

In fünf Situationen brauchen Sie wirklich ein Reisestativ: (1) Wenn Sie in der Morgen- oder Abenddämmerung fotografieren, also zur idealen Zeit für tolle Stadtaufnahmen – die ganze Stadt schläft und ist in wunderschönes Licht getaucht. Dieses Licht ist jedoch nicht gerade intensiv (gerade deshalb sieht die Stadt so schön aus), und aus diesem Grund brauchen Sie ein Stativ, um Ihre Kamera bei den schlechten Lichtverhältnissen ruhig zu halten. (2) Sie wollen ein HDR-Bild erstellen und nehmen dazu eine Belichtungsreihe auf (siehe Seite 117). Zwar können Sie eine HDR-Aufnahme in bestimmten, hellen Lichtsituationen aus der Hand fotografieren, aber mit einem Stativ gelingt es viel besser, die notwendigen Bilder völlig deckungsgleich zu fotografieren. (3) Sie nehmen eine Langzeitbelichtung auf und Ihre Kamera darf sich nicht bewegen (kein bisschen), während der Verschluss offen ist, sonst misslingt das Bild. (4) Bei fast jeder Innenaufnahme – und das ist ein wichtiger Punkt –, in einem Palast, einem Theater, einem Museum, einer Kathedrale, einer kleinen Kapelle, einem Opernhaus usw. Und (5) Gruppenaufnahmen, bei denen Sie mit aufs Bild wollen. Sie können so ziemlich jedes Stativ für die Reise verwenden, aber ich rate Ihnen zu einem superkleinen und leichten Reisestativ (sonst werden Sie es nach ungefähr einem Tag satt haben, es mit sich herumzuschleppen, und es im Zimmer lassen). Ich benutze das Travis von der britischen Firma 3-Legged Thing, ein leichtes Aluminiummodell. Es lässt sich ganz klein zusammenfalten und wird mit einem ziemlich guten Kugelkopf geliefert. Es gibt auch das noch kleinere Corey, das sich noch kompakter zusammenklappen lässt und weniger wiegt. Dafür lässt es sich nicht so weit ausfahren wie das Travis. Dieses können Sie bis zu 1,65 Meter ausziehen, und deshalb habe ich mich für dieses Modell entschieden. Diese Stative sind sehr beliebt, clever konstruiert und gut gebaut. Die Marke ist jedoch nicht so wichtig wie die Tatsache, dass man ein solches Stativ besitzt, dass es leicht ist und sich klein zusammenfalten lässt. MeFOTO stellt ebenfalls populäre Reisestative her; weitere Optionen sind das Oben AT-3586 mit BZ-226T-Kugelkopf und das Befree GT-Reisestativ von Manfrotto (schön, aber teuer).

Oder Sie nehmen kein Stativ, sondern ein Platypod

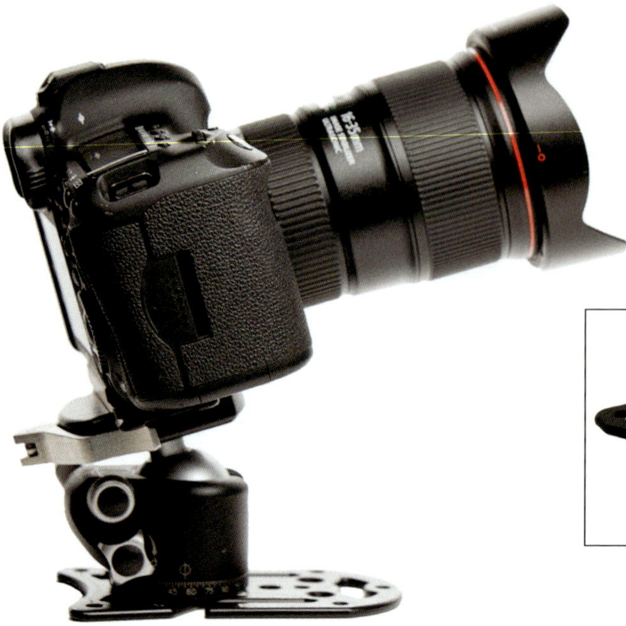

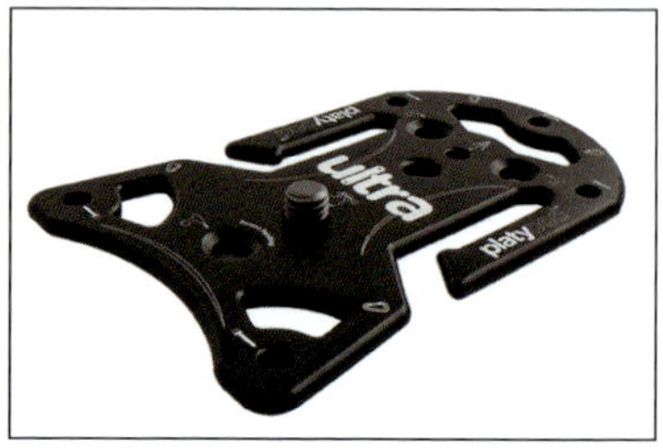

Ein großer Nachteil von Stativen ist, dass sie an immer mehr Locations nicht erlaubt sind (insbesondere in Innenräumen). In vielen Bauwerken und anderen Sehenswürdigkeiten stehen überall »Kein Stativ«-Schilder herum, und selbst wenn es keine Schilder gibt, kommt beim Aufstellen des Stativs oft jemand vom Sicherheitspersonal herbei und untersagt es. Aus diesem Grund ist meine Geheimwaffe in den letzten Jahren das Platypod Ultra geworden – eine Art Stativ ohne Beine. Es handelt sich um eine superstabile Grundplatte, die die Kamera etwa bei Langzeitbelichtungen und Aufnahmen in Innenräumen wirklich superruhig hält, wenn Stative nicht erlaubt sind. (In all den Jahren wurde ich nur ein einziges Mal an der Verwendung eines Platypod in einem Innenraum gehindert.) Es besteht aus Flugzeugaluminium, ist superleicht, aber extrem stabil (ich habe es mit meinem 70–200 mm f/2.8 viele Hundert Mal benutzt) und so klein, dass es tatsächlich in Ihre Hemd- oder Jackentasche passt. Zur Inbetriebnahme schrauben Sie einen Kugelkopf auf die Platte, setzen die Kamera auf den Kugelkopf, und schon können Sie Ihre Ausrüstung auf den Boden stellen (so mache ich es oft vor allem in Kathedralen oder Palästen mit dem Weitwinkelobjektiv, da ich auch die Decke zeigen möchte). Es wird mit spitzen Metallfüßen geliefert, falls man es auf Felsen oder anderen unebenen Flächen aufstellen möchte, und man kann es mit einem kleinen Gurt an einem Geländer oder einer Stange befestigen (so habe ich es in Hallstatt, Österreich, gemacht, und es hat wunderbar funktioniert). Sie können es nicht nur an Orten mit Stativverbot verwenden, sondern auch, wenn es einfach nicht möglich ist, ein Stativ aufzustellen. Ich möchte hinzufügen, dass Platypod ein Sponsor meines wöchentlichen Fotografie-Podcasts »The Grid« ist und ich mich mit seinem Erfinder, dem Kinderarzt und begeisterten Fotografen Larry, angefreundet habe. Ich bekomme keine Provision, wenn Sie ein Platypod kaufen, aber ich kann Ihnen sagen, dass Fotografinnen und Fotografen auf der ganzen Welt ihr Platypod genauso lieben wie ich, und zwar aus denselben Gründen. Auch Ihnen wird es so gehen.

Sie verwenden ein Stativ? Dann brauchen Sie einen Kugelkopf!

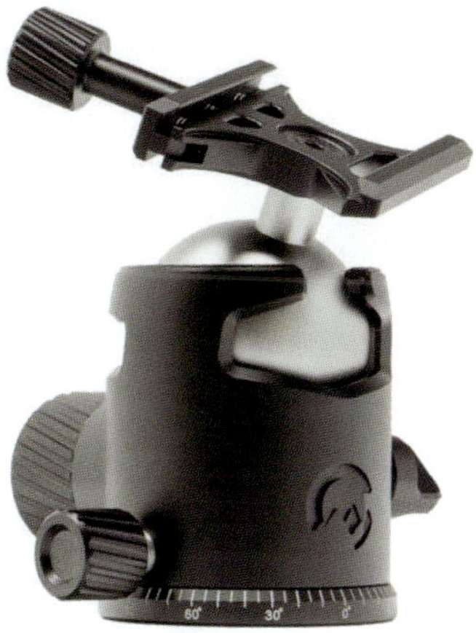

Den Kugelkopf setzen Sie oben auf Ihr Stativ, genauer gesagt, zwischen Stativ und Kamera. Dann schrauben Sie die Kamera auf den Kugelkopf, und jetzt können Sie die Kamera schwenken. Ohne Kugelkopf wäre die Kamera immer nach vorne gerichtet. Sie könnten sie nicht nach oben oder unten neigen, sondern würden sie auf das Stativ setzen, und das wäre es gewesen. Daher sind Kugelköpfe ein wichtiger Baustein, wenn es darum geht, die Kamera in jeder Position ruhig zu halten. Es gibt viele Reisestative, die bereits mit Kugelkopf geliefert werden (z. B. die von 3-Legged Thing), aber wenn nicht ... nun ja ... dann müssen Sie einen kaufen. Ich habe mehrere unterschiedliche Kugelköpfe, die ich im Lauf der Jahre erworben habe (etwa weil sie zum Stativ gehörten). Im Moment benutze ich den wirklich schönen Highline-Kugelkopf von der Colorado Tripod Company. Er macht sich einfach großartig auf meinem Stativ und dem Platypod Ultra, ist leicht und sehr gut verarbeitet (vor allem für den Preis – etwa 130 $ in der Aluminiumversion, was für einen guten, qualitativ hochwertigen Kugelkopf ziemlich angemessen ist). Leider ist dieser Kugelkopf nicht ohne Weiteres im deutschsprachigen Raum erhältlich, auch wenn der Hersteller nach Deutschland, Österreich oder in die Schweiz zu liefern scheint. Werfen Sie stattdessen doch mal einen Blick auf Sirui-Kugelköpfe. Achten Sie bei Ihrer Auswahl darauf, dass der Kugelkopf groß (= tragfähig) genug für Ihre Ausrüstung ist und diese auch im gekippten Zustand sicher und ohne Verrutschen hält.

Irgendein Kabelauslöser

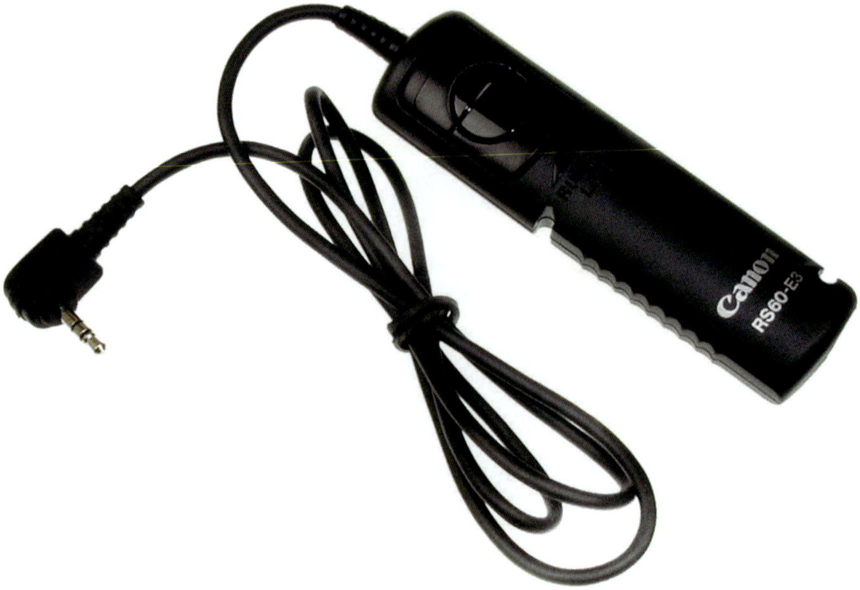

Der Aufgabe eines Stativs oder des Platypod Ultra besteht darin, Ihre Kamera absolut ruhig zu halten. Jede noch so kleine Bewegung, jedes noch so kleine Zittern während der Belichtung führt zu einem unscharfen oder verwackelten Foto. Und wissen Sie, was Ihre Kamera auf einem Stativ oder Platypod zum Wackeln bringt? Ihr Finger. Wenn Sie auf den Auslöser drücken, bewegt sich die Kamera minimal, aber das reicht für eine nicht mehr superscharfe Aufnahme. Wie können Sie das vermeiden? Berühren Sie die Kamera nicht. Verwenden Sie entweder einen Funk- oder einen kabelgebundenen Auslöser, den Sie an Ihre Kamera anschließen. Dann berühren Sie nicht das Kameragehäuse selbst, sondern den Auslöser am anderen Ende des Kabels, und dieser schießt das Bild für Sie. Ein Funk- oder Kabelauslöser ist einfach ein Muss, wenn Sie mit einem Stativ oder Platypod fotografieren. Markenauslöser, z. B. von Canon, Sony oder Nikon, sind teuer. Sie können es aber wie ich machen und sich einen einfachen Auslöser besorgen: Keine schicken LED-Anzeigen, keine umfangreiche Ausstattung, nur ein Kabel und ein Knopf. Außerdem ist ein solcher Auslöser klein und superleicht, was für mich ein wichtiger Pluspunkt ist. Oben sehen Sie den Canon-Kabelauslöser (etwa 20 €). Die meisten wichtigen Marken bieten eigene Auslöser, und wenn Ihnen danach ist, können Sie dafür mehr als 100 € hinblättern. Haben Sie jedoch keinen besonderen Bedarf an Zusatzfunktionen (wie beispielsweise für Zeitrafferaufnahmen, falls Ihre Kamera keine entsprechende Funktion bietet), reicht ein einfacher (und billiger) Kabelauslöser. Außerdem gibt es auch kleine und sehr leichte Funkauslöser. Vergewissern Sie sich jedoch, dass Sie einen kaufen, der mit Ihrem Kameramodell zusammenspielt.

Eine App statt des Kabelauslösers nutzen

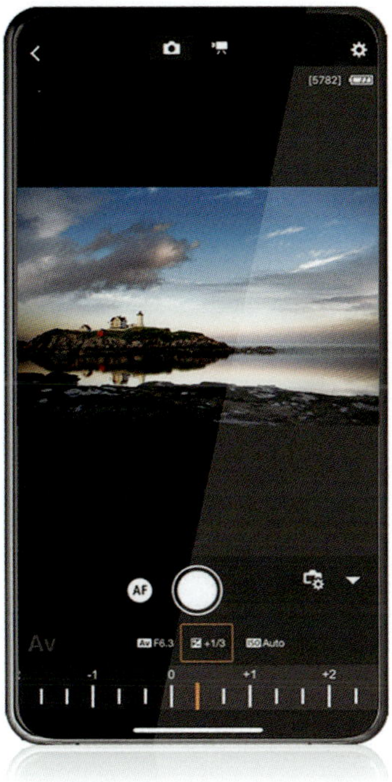

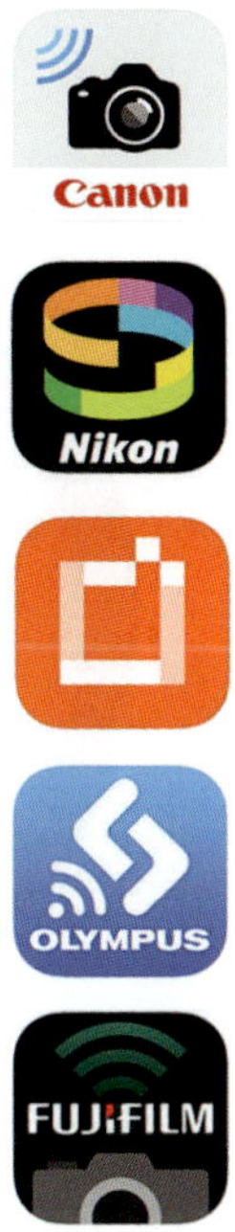

Verfügt Ihre Kamera über einen eingebauten Drahtlos- und Bluetooth-Auslöser (wie die meisten neueren Kameras), können Sie diesen eventuell anstelle eines Kabelauslösers verwenden, denn er hat gewisse Vorteile – zum Beispiel ist er gratis. Ja, genau – G R A T I S, gratis! Laden Sie einfach die kostenlose App Ihres Kameraherstellers auf Ihr Smartphone herunter (ein paar davon sehen Sie oben), steuern Sie Ihre Kamera an, und schon können Sie nicht nur den Auslöser betätigen, ohne die Kamera zu berühren, sondern sogar direkt in der App die Kameraeinstellungen ändern und eine Vorschau des Kamerabilds betrachten. Laden Sie sie dort herunter, wo gute Apps verkauft (oder wie in diesem Fall verschenkt) werden.

Warum Sie einen Polfilter brauchen könnten

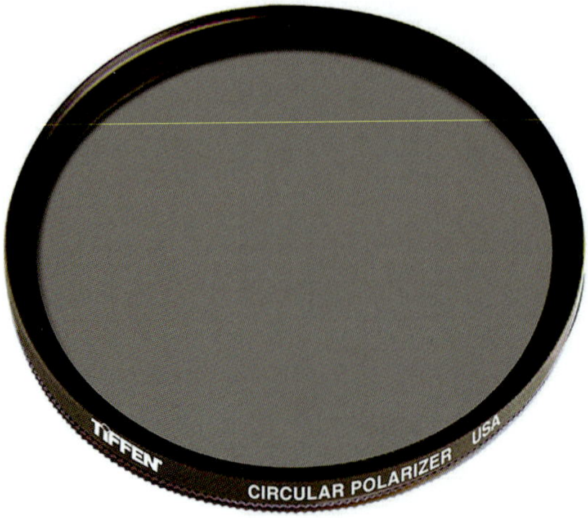

Sie fragen sich vielleicht, warum Sie einen Zirkularpolarisationsfilter auf Ihre Reise mitnehmen sollten, wenn Sie gar keine Landschaftsaufnahmen machen wollen. Nehmen wir an, Sie reisen nach Berlin, Prag oder Tokio und würden den Filter gerne zu Hause lassen, weil Sie nicht so viele Szenen mit großflächigem Himmel aufnehmen wollen, richtig? Nun, sicherlich werden Sie nicht viele Landschaftsaufnahmen machen (es sei denn, Sie fahren aufs Land), aber der Polarisationsfilter macht nicht nur den Himmel blauer, sondern macht sich auch bei der Reisefotografie nützlich: Er reduziert nämlich Reflexionen. Er ist wirklich genial. Er reduziert Spiegelungen in Fenstern (zum Beispiel in Laden-, Restaurant-, Auto- und Busfenstern), in Wasser und Metall, auf allen Materialien, die die Sonne reflektieren, und ist in vielen Situationen einfach praktisch. Der Filter ist klein, leicht, lässt sich direkt auf das Objektiv schrauben und muss auch nicht wahnsinnig teuer sein (es gibt ihn – abhängig vom Objektivdurchmesser – schon ab etwa 50 €). Packen Sie also einen in Ihre Tasche – man weiß ja nie, vielleicht stehen Sie ja doch einmal vor einem dieser epischen Landschaftsmotive, und dann haben Sie auf jeden Fall einen Polarisationsfilter dabei.

Ein ND-Filter für Langzeitbelichtungen

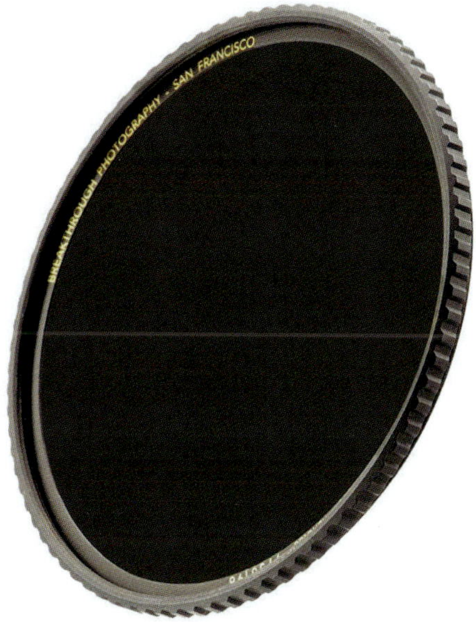

Ich habe mich in Langzeitbelichtungen bei der Reisefotografie verliebt. Früher dachte ich dabei nur an Wasserfälle und Bäche oder Autolichtspuren in Städten, aber man kann damit so viele wunderbare Dinge machen: Touristen beseitigen (siehe Seite 187), Wolken oder unruhiges Wasser in einem See oder Hafen glätten. Damit der Kameraverschluss für die Langzeitbelichtung lange genug offen bleibt, ohne dass wir eine überbelichtete Aufnahme erhalten, nutzen wir einen Neutraldichtefilter. (Ich habe den oben abgebildeten von Breakthrough Photography. Er ist qualitativ hervorragend!) Wir sprechen nicht von »Neutraldichtefilter«, weil wir für dieses Wort keine Zeit haben – wir sind zu sehr damit beschäftigt, Akkus zu laden und Bilder zu sichern. Wir sprechen von »ND-Filter« oder »Graufilter«. Ein ND-Filter ist superdunkel, wie die getönten Fenster einer Limousine, und mehr macht er auch gar nicht: Sie setzen ihn auf das Objektiv und alles wird richtig dunkel. Da Ihre Kamera die Szene nun als so dunkel wahrnimmt, können Sie den Verschluss lange offen lassen, bis die Belichtung stimmt (kurz gesagt, bis die Bilder hell genug sind). Graufilter gibt es in verschiedenen Schwärzungsgraden. Ein Filter mit drei Blendenstufen beispielsweise dunkelt alles ein wenig ab, sodass Sie mit ihm bei wolkigem oder bedecktem Himmel die Belichtungszeit verlängern können. Ich bevorzuge einen Filter mit zehn Blendenstufen, wenn ich tagsüber fotografiere. Dann kann der Verschluss auch bei hellem Sonnenlicht länger offen bleiben. Ich habe einen Filter mit drei und einen mit zehn Blendenstufen, damit ich je nach Umgebungshelligkeit den richtigen wählen kann. Man kann den 3-Stop-Filter auf den 10-Stop-Filter schrauben, um den Effekt noch zu verstärken. Dann können Sie die Belichtungszeit mitten am Tag auf 14 Minuten verlängern (verrückt, ich weiß). Ein ND-Filter ist auf Reisen ein Muss, und wenn Sie erst mal damit angefangen haben, tun sich ganz neue Welten auf (zumindest eine neue Welt des Wartens auf das Ende der Langzeitbelichtung).

Die PhotoPills-App

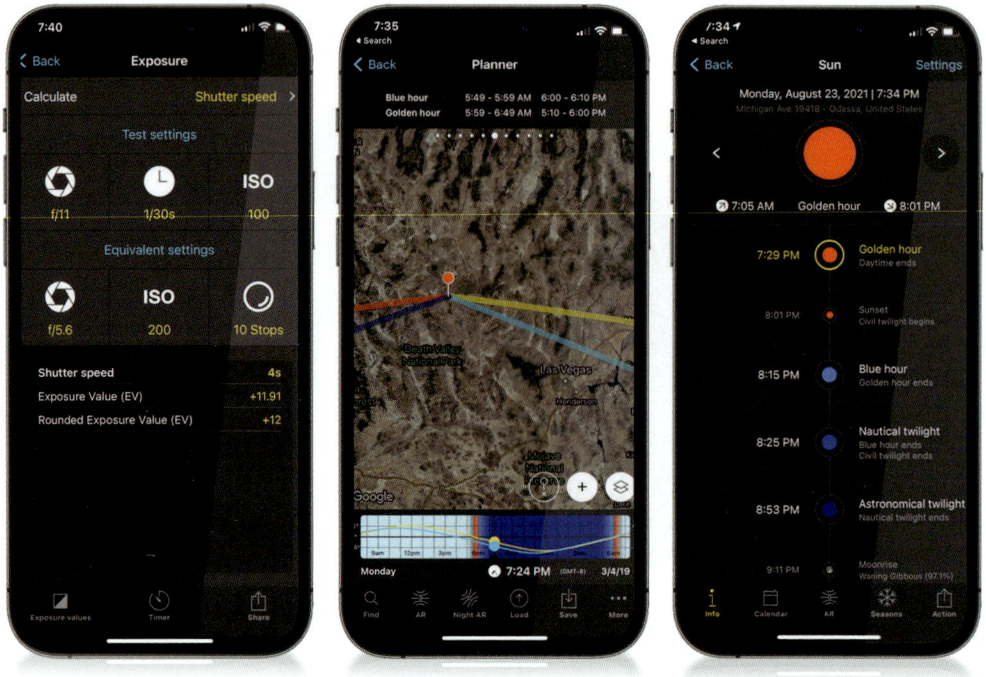

Wenn es eine App gibt, die jede Fotografin und jeder Fotograf auf diesem Planeten braucht, dann ist es die PhotoPills-App. Sie ist nicht zum Fotografieren mit dem Handy gedacht, sondern soll Ihnen helfen, bessere Bilder mit Ihrer DSLR- oder spiegellosen Kamera zu machen, und sie bietet wahnsinnig viele Informationen. Die Software zeigt Ihnen genau an, wo sich die Milchstraße in einer bestimmten Nacht (heute oder in der Zukunft) am Himmel befindet, sodass Sie Ihre Aufnahmen im Voraus planen können (zusammen mit einem Augmented-Reality-Overlay der Milchstraße auf Ihrem aktuellen Motiv – Wahnsinn!), sie bietet Timer für Langzeitbelichtungen, genaue Informationen zu Sonnenaufgang, Sonnenuntergang, Blauer Stunde und Dämmerung an jedem Tag und einen Rechner für die Zeitrafferfotografie. Und die App bietet noch viel mehr – man bekommt das Gefühl, einen wirklich intelligenten Fotoassistenten zur Seite zu haben (nur dass er nicht wie ein echter Assistent schwere Sachen tragen kann).

Sie brauchen ein Reinigungstuch

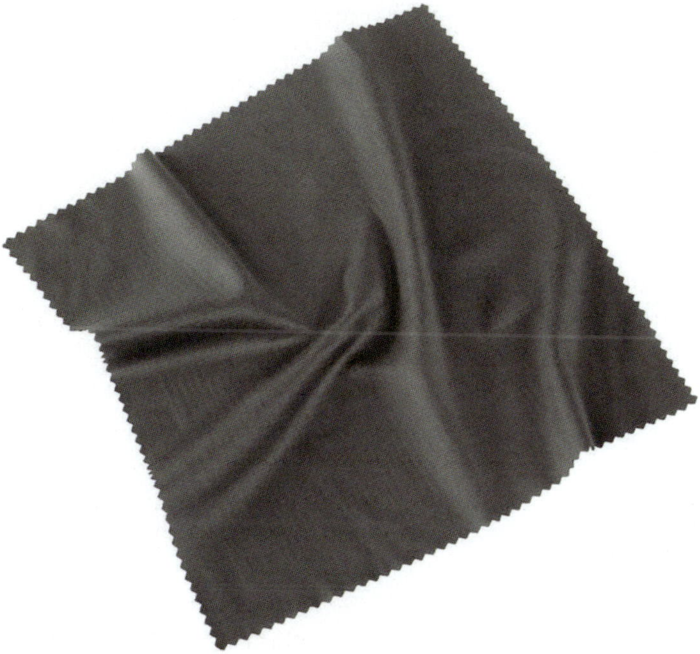

Das wird sehr oft vergessen, ist aber so wichtig. Immer wieder zeigen mir Fotografinnen und Fotografen Bilder, auf denen ich klar erkennen kann, dass sie ihr Objektiv schon lange nicht mehr gereinigt haben (vielleicht sogar noch nie). Das ganze Bild wirkt einfach leicht unscharf, und sie nehmen an, dass mit ihrem Objektiv etwas nicht stimmt. Und so ist es auch: Es ist schmutzig und muss gereinigt werden. Meistens betrifft das nur die Frontlinse des Objektivs, seltener die hintere, die zum Kameragehäuse zeigt, aber auch die muss ab und zu – vorsichtig! – gereinigt werden. Führen Sie ein Mikrofaser-Reinigungstuch in Ihrer Umhängetasche, Brieftasche oder Fotoweste mit sich – gut geschützt, damit es nicht selbst zum Staub- und Krümelfänger wird und Sie so Ihre Linsen verkratzen. Mikrofaser-Reinigungstücher sind nicht teuer – es gibt sie ab 5 €. Kaufen Sie zwei, denn Sie werden wahrscheinlich eins verlieren. So ging es mir jedenfalls.

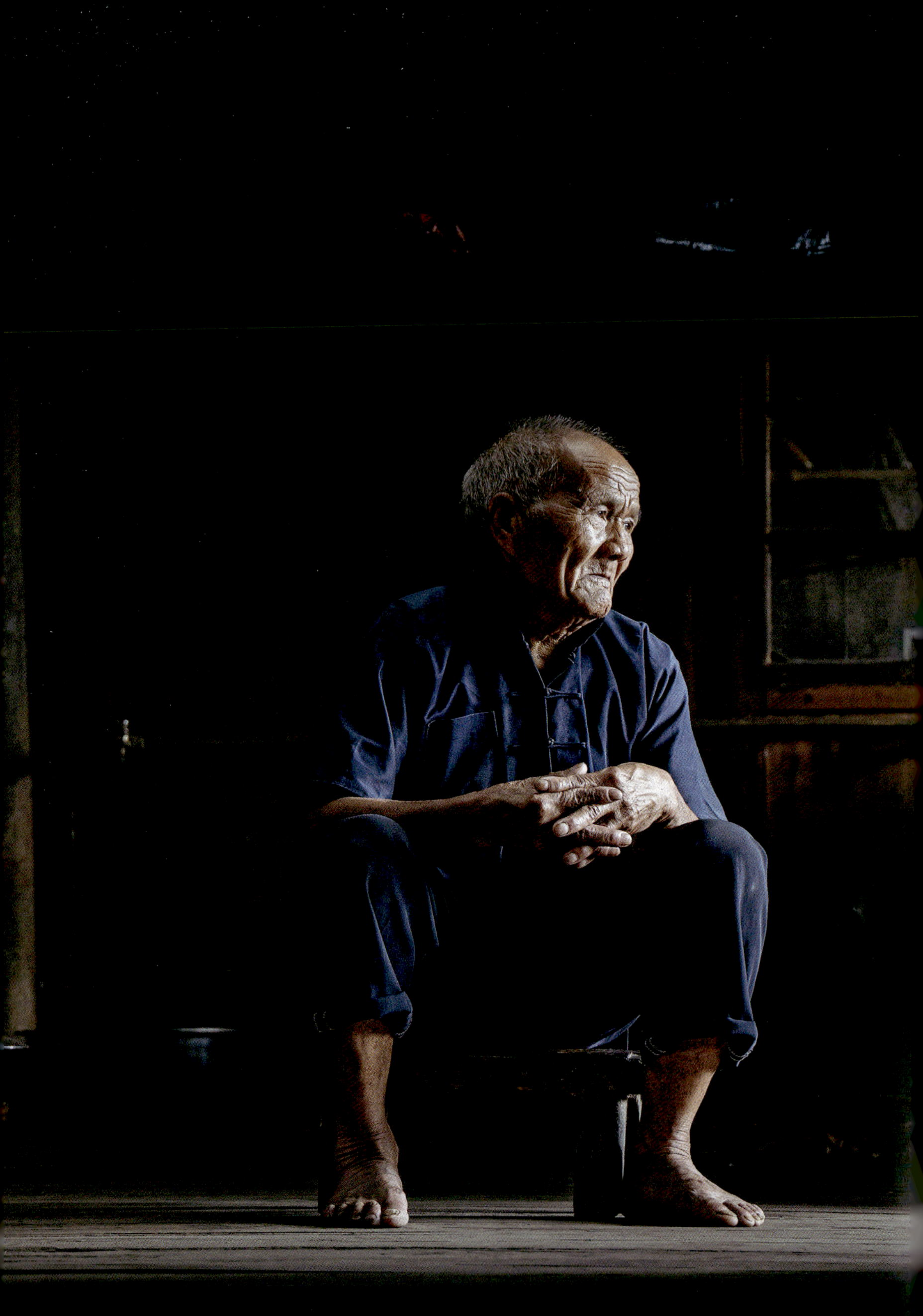

Belichtungszeit: 1/10 Sek. | Blende: f/6.3 | ISO:800 | Brennweite: 94 mm
Location: Dazhai, Shanxi, China

KAPITEL 05

MENSCHEN

FOTOGRAFIEREN

Menschen fotografieren

So bringen Sie nicht nur Bilder von Bauwerken und Monumenten nach Hause

Die Sprachbarriere ist eine Herausforderung, wenn es darum geht, Einheimische in einem fremden Land zum Posieren zu bewegen. Hier in Deutschland ist es natürlich einfach, Fremde auf der Straße anzusprechen und sie um eine Pose zu bitten. Sagen wir, Sie sehen auf den belebten Straßen von Düsseldorf oder vielleicht Köln jemanden, den Sie gerne fotografieren möchten. Sie gehen einfach auf die Person zu, halten sie auf und sagen: »Hallo. Sie kennen mich zwar nicht, aber ich würde gerne ein paar Fotos von Ihnen machen und ins Internet stellen.« Was ist wohl die wahrscheinlichste Antwort? Ist es: (a) »Oh, das passt gerade super. Wo soll ich mich hinstellen? Ist hier drüben okay, oder ist das Licht dort hinten besser?« Oder (b) zückt die Person ihr Handy und scheucht Sie unter lauten Belehrungen über Persönlichkeitsrechte durch die Fußgängerzone, während sie das Ganze auf Facebook streamt? Wenn Sie (b) geraten haben, liegen Sie richtig, erhalten zehn Punkte und eine Gratis-Spülbürste. Sie können davon ausgehen, dass es fast überall auf der Welt einfacher ist, jemanden auf der Straße für Sie posieren zu lassen, und ich kann Ihnen aus Erfahrung sagen, dass dem auch so ist. Darüber hinaus gibt es noch eine weitere bewährte Methode, wie Sie Menschen dazu bringen können, für Sie zu posieren, aber dazu brauchen Sie die Google-Translate-App auf Ihrem Handy. Tippen Sie etwas auf Deutsch oder Englisch ein, und die Übersetzung wird über den Lautsprecher Ihres Handys ausgegeben, sodass die Person sie hören und darauf reagieren kann. Ich schreibe meist: »Ich bin ein exzentrischer Milliardär aus Frankreich und würde gerne 1.000 € dafür bezahlen, dass ich mal eben ein Foto von Ihnen machen darf.« Sobald Sie das Foto gemacht haben, tippen Sie schnell: »Hey, ist das nicht Beyoncé?« in den Übersetzer, zeigen hinter die Person, und wenn sie sich umdreht, rennen Sie wie der Teufel in die andere Richtung. Das funktioniert immer!

Fremde dazu bringen, für Sie zu posieren

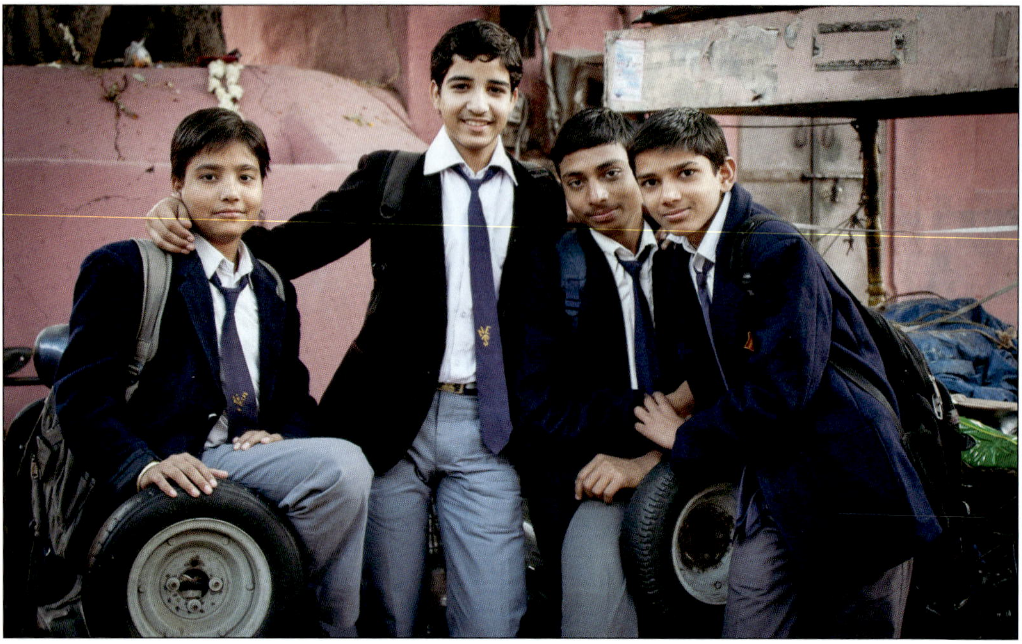

JAIPUR, INDIEN

Geht es Ihnen auch so? Mir persönlich ist es ein bisschen unangenehm, Fremde anzusprechen und sie zu bitten, für ein Porträt zu posieren. Es ist mir sogar mehr als nur ein bisschen unangenehm, und das ist wahrscheinlich der Grund, warum ich es so selten mache. Wie bringen Sie also Menschen dazu, für Sie zu posieren? Nun, ich werde Ihnen eine Technik verraten, die bei mir schon sehr oft funktioniert hat. Sie müssen zwar um Erlaubnis bitten, aber erst, nachdem Sie das Foto geschossen haben. Und so geht es: Sie sehen auf der Straße eine Person, die Sie fotografieren möchten, nehmen Augenkontakt auf und halten die Kamera hoch, als ob Sie sagen wollten: »Ich möchte Sie mit dieser Kamera fotografieren.« Dann lächeln Sie die Person an und fotografieren rasch. Normalerweise wird Ihr breites Lächeln in irgendeiner Form erwidert. Sobald Sie das Bild im Kasten haben, drehen Sie die Kamera um, sodass Ihr Gegenüber das Display sehen kann, und Sie zeigen das gerade geschossene Bild. Ich habe noch nie erlebt, dass jemand es nicht sehen wollte. Wenn Sie beide dieselbe Sprache sprechen, könnten Sie etwa sagen: »Sie haben ein tolles Gesicht. Darf ich noch ein paar Fotos machen? Wenn Sie das mit einem herzlichen Lächeln vorbringen, werden Sie mit großer Wahrscheinlichkeit Zustimmung ernten. Und schon haben Sie es geschafft, dass jemand für ein Porträt posiert. Wenn Sie beide nicht dieselbe Sprache sprechen, halten Sie einfach die Kamera hoch, lächeln und nicken Sie, als ob Sie sagen wollten: »Ist das okay?« (denken Sie an das herzliche Lächeln) und die Chancen stehen gut, dass Ihr Gegenüber nickt. Sehen Sie die Schuljungen auf dem Bild oben? Ich entdeckte, wie sie in Jaipur, Indien, auf einen Bus warteten. Ich spreche kein Hindi, also hielt ich meine Kamera hoch, nickte und fragte: »Ist das in Ordnung?«, woraufhin sie sich sofort in eine Gruppenpose warfen. Sobald sie den Auslöser klicken hörten, rannten sie zu mir hin, um die Aufnahme auf dem Display zu sehen. Sie lachten, liefen zurück und posierten erneut. Das wiederholte sich immer wieder, bis endlich der Bus kam – sonst würde ich wahrscheinlich immer noch dort stehen und fotografieren. Nicht vergessen: Lächeln. Fotografieren. Und herzeigen.

Bitten Sie den Guide, für Sie zu fragen

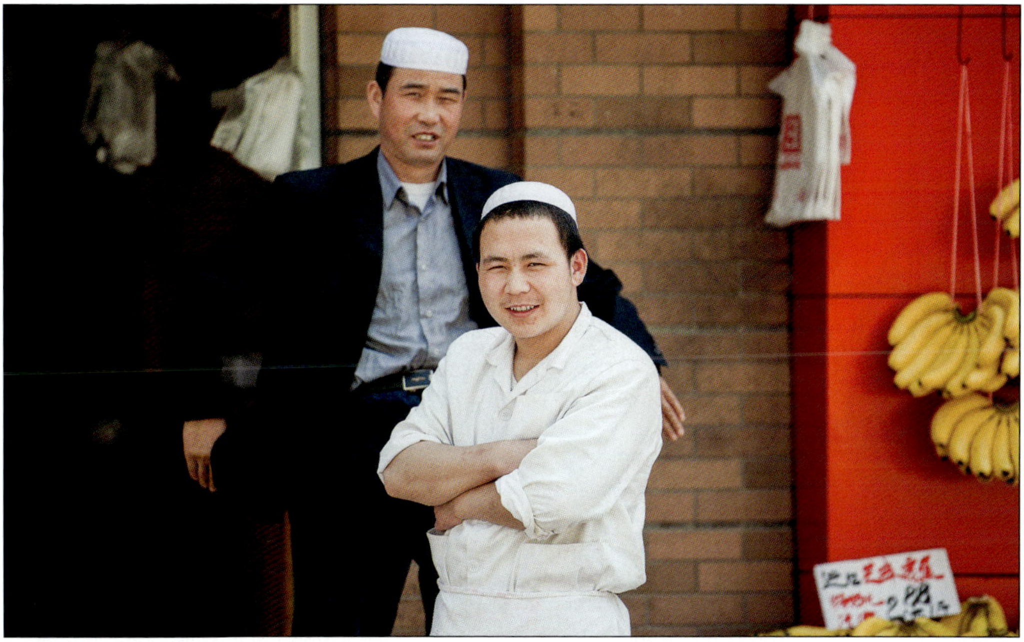

SHANGHAI, CHINA

Engagieren Sie einen Tour- oder Fotoguide, und sobald Sie jemanden fotografieren möchten, bitten Sie den Guide, diese Person um Erlaubnis zu fragen. Das funktioniert wunderbar, und ich kann mich an keinen einzigen Fehlschlag erinnern. Wahrscheinlich sagt der Guide: »Dieser Typ ist ein Tourist und nervt mich wahnsinnig. Darf er mal eben ein Foto von Ihnen machen, damit er endlich aufhört, mich zu belästigen?« Auf jeden Fall funktioniert es, und ich bin mit dieser Taktik schon zu ein paar schönen Porträtfotos gekommen, die ich sonst nicht hätte machen können. Die Aufgabe des Guides besteht also darin, die Leute zu fragen, und Ihre Aufgabe ist es, zu lächeln und so freundlich wie möglich dreinzuschauen, damit die Gefragten zustimmen.

Warum ein 50-mm-Objektiv nicht unbedingt die beste Wahl ist

Ich weiß, ich weiß ... Es ist klein, leicht, preiswert und kann bei f/1.8 fotografieren, sodass Sie einen schönen, verschwommenen Hintergrund erhalten und bei wenig Licht fotografieren können. Es gehört aber zu den am wenigsten vorteilhaften Objektiven für Personenfotos, weil die Gesichter verzerrt wirken, wenn Sie aus der Nähe aufnehmen. Für einen unscharfen Hintergrund müssen Sie verdammt nah dran sein, und das ist bei Reiseporträts richtig schwierig und in vielen Fällen unmöglich. Deshalb nehme ich mein 50-mm-Objektiv nicht mit auf Reisen. Es gibt Reisefotografen, die auf ihr 50-mm-Objektiv schwören. Sie haben die Tücken dieses Objektivs gemeistert, streben einen bestimmten Look an und haben gelernt, wie sie ihn erzielen können. Wenn Sie diese Technik noch nicht vollständig beherrschen, würde ich das 50-mm-Objektiv zu Hause lassen.

Die Kunst, ungestellte Porträts zu fotografieren

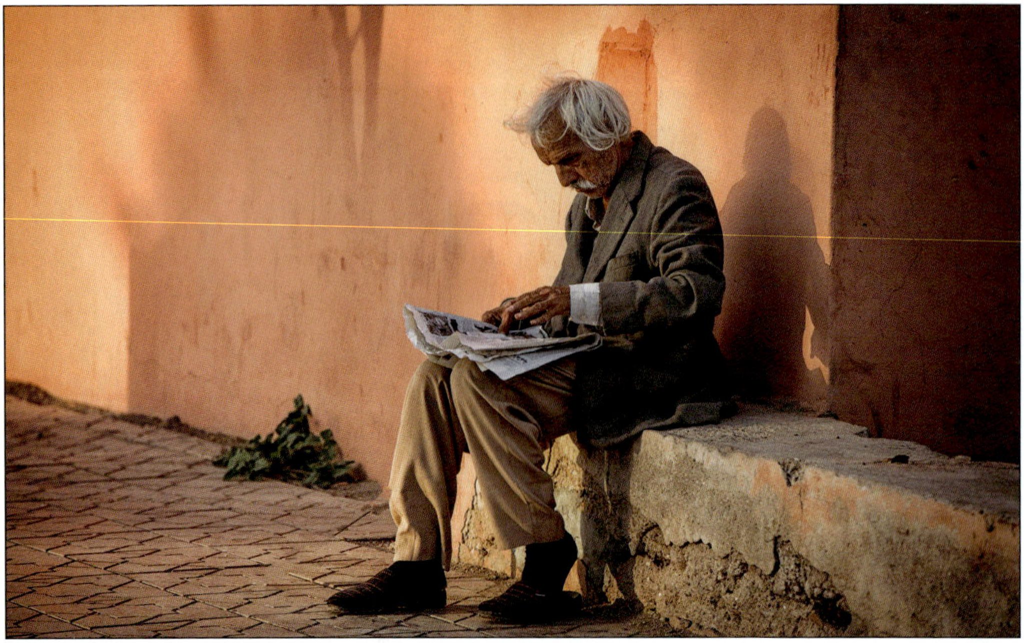

MARRAKESCH, MAROKKO

Die meisten von uns machen auf Reisen Bilder von Menschen, ohne dass diese mitbekommen, dass sie fotografiert werden, so wie bei der Abbildung oben. Das sind die einfachsten Personenfotos, da man sich kaum darum kümmern muss, ob die Abgelichteten etwas dagegen haben oder sich beschweren. Schließlich nehmen Sie sie gar nicht wahr. Solche unbemerkten Aufnahmen haben ihre Tücken, denn wenn man zu nahe herankommt oder sie zu lange im Fokus behält, fühlen sie sich fixiert und schauen einen plötzlich direkt an. Manchmal ergibt sich daraus eine gute Aufnahme, aber oft verrät ihre Miene, dass sie keine Lust haben, fotografiert zu werden. Unser Ziel ist es daher (meistens), so diskret zu fotografieren, dass unser Motiv nichts davon merkt. Hier ein paar Tipps, die Ihnen zu besseren ungestellten Bildern verhelfen können: Halten Sie sich weit entfernt von der Person auf und zoomen Sie mit dem Objektiv ganz nah heran. Ein 28–300-mm- oder 24–240-mm-Objektiv ist gut geeignet. Mit dem können Sie aus einer so großen Entfernung fotografieren, dass einerseits Ihre Chancen steigen, mehrere unbemerkte Aufnahmen zu machen, und außerdem der Hintergrund beim Heranzoomen auch ein wenig oder richtig unscharf wird. So hebt sich das Motiv besser von der Umgebung ab und der Tiefeneindruck wird verstärkt. Ein weiterer wichtiger Tipp: Suchen Sie sich einen Sitzplatz – vielleicht in einem Straßencafé oder auf einer Bank – und warten Sie einfach geduldig auf eine gute Gelegenheit. Das ist oft der beste Ansatz, wenn Sie ungestellte Personenfotos machen möchten, denn nach ein paar Minuten an diesem Ort verschmelzen Sie mit der Umgebung und fallen nicht mehr so sehr auf, als wenn Sie an einer Wand lehnen (»Hey, was macht eigentlich der Typ da drüben?«). Suchen Sie sich eine belebte Gegend, einen Sitzplatz als Beobachtungsposten, verwenden Sie ein Teleobjektiv, und Sie werden viele Chancen für tolle Schnappschüsse erhalten.

Halten Sie nach dramatischem Licht Ausschau

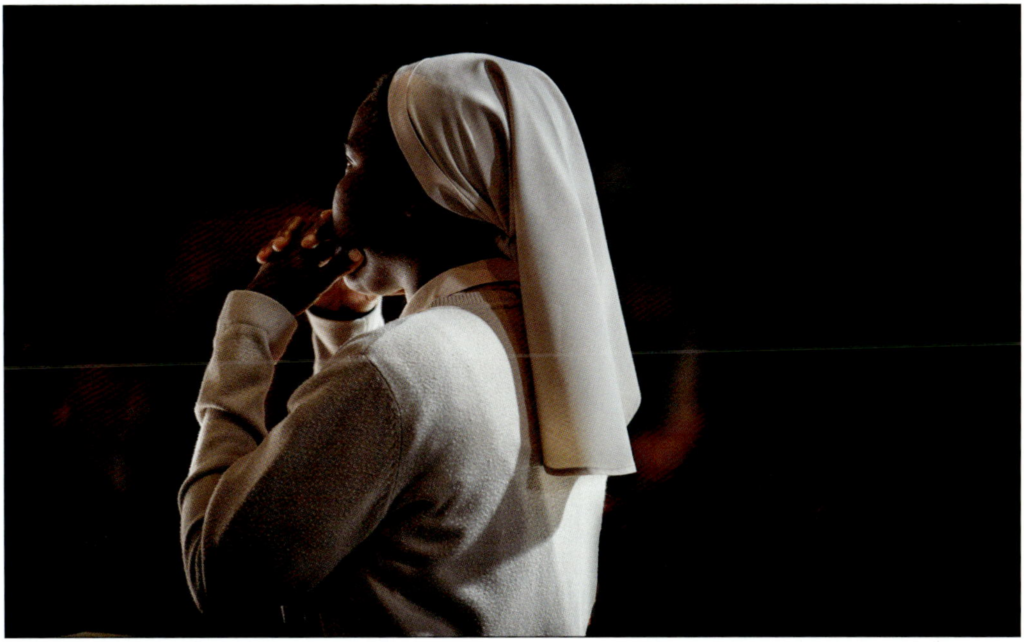

PETERSDOM, VATIKANSTADT, ROM

Auf Reisen halte ich stets nach dramatischem Licht Ausschau, und damit meine ich eine Szene, die nur von einem Hauch von Licht oder einem Lichtstrahl beleuchtet wird. Wenn solches Licht auf das Motiv fällt, bekomme ich normalerweise eine wirklich ansprechende Aufnahme. Ich werde nie vergessen, was der bekannte People-Fotograf Joe McNally sagte: »Wenn du etwas interessanter machen willst, beleuchte nur einen Teil davon.« Wirklich, er traf den Nagel auf den Kopf! Wenn ich deshalb einen Lichtstrahl sehe, der durch ein Fenster oder zwischen Gebäuden hindurchfällt, warte ich, bis jemand in dieses Licht läuft, und dann drücke ich den Auslöser. Es kann sein, dass der zuerst gewählte Aufnahmewinkel nicht passt, also stellen Sie sich darauf ein, dass Sie Ihre Position ein wenig verändern müssen, bis das Licht Ihr Motiv auf interessante Weise trifft. Aber wenn Sie dieses dramatische Licht und den richtigen Winkel finden und jemanden darin fotografieren können, hat sich das Warten gelohnt.

Eine großartige Möglichkeit, etwas zurückzugeben

Sie können sich selbst und der porträtierten Person (und der nächsten Fotografin bzw. dem nächsten Fotografen) keinen größeren Gefallen tun, als ihr Ihr bestes Foto von der Session zu schicken. Damit revanchieren Sie sich für ihre Freundlichkeit und ebnen den Weg für die nächsten Fotografen, die um ein Porträt bitten.

Noch ein Tipp für Porträtfotos

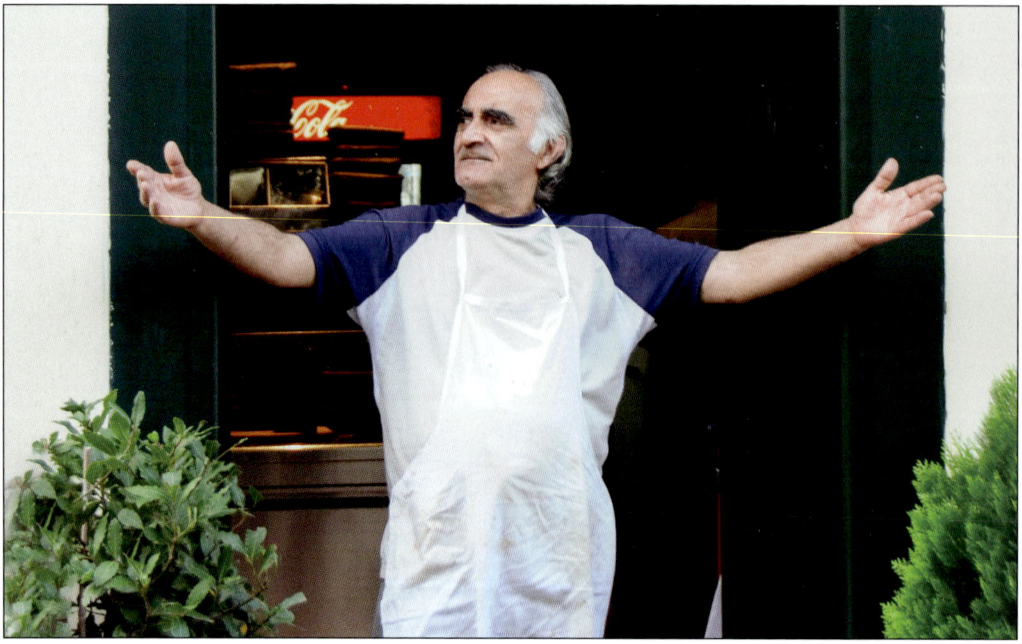

KRETA, GRIECHENLAND

Ist es Ihnen unangenehm, Menschen zum Posieren zu animieren, möchten Sie aber trotzdem mehr als nur ein Foto machen? Dann habe ich einen Tipp für Sie, der immer gut funktioniert: Kaufen Sie eine Kleinigkeit von einem Straßenverkäufer (vielleicht nur ein Stück Obst oder ein wertloses Schmuckstück o. Ä.), und fragen Sie, ob Sie ein Foto von ihm machen dürfen. Wenn Sie an einen Verkäufer herantreten, ohne etwas zu kaufen, sind Sie eine Fremde. Sie halten ihn von der Arbeit ab, mit der er seine Familie ernährt. Sobald Sie jedoch etwas kaufen – egal, wie wenig es ist –, sind Sie keine zufällige Fremde mehr, sondern eine Kundin. Wenn Sie dann fragen: »Darf ich schnell ein Foto machen?«, wird Ihr Gegenüber fast immer kurz innehalten, damit Sie Ihr Bild bekommen (solange Sie nicht gegen die Regel auf Seite 89 verstoßen, klappt dies hervorragend).

Wenn es schief geht ...

Wenn Sie einen Schnappschuss von einer Person machen und diese wütend wird, entschuldigen Sie sich sofort und bieten Sie ihr an, das Foto direkt in ihrem Beisein zu löschen. Diskutieren Sie nicht darüber, warum Sie das Foto nicht behalten dürfen. Es ist nur ein Foto und nicht wert, jemanden zu verletzen oder zu verärgern (außerdem machen Sie es der nächsten Fotografin schwer).

Mit Fensterlicht fotografieren

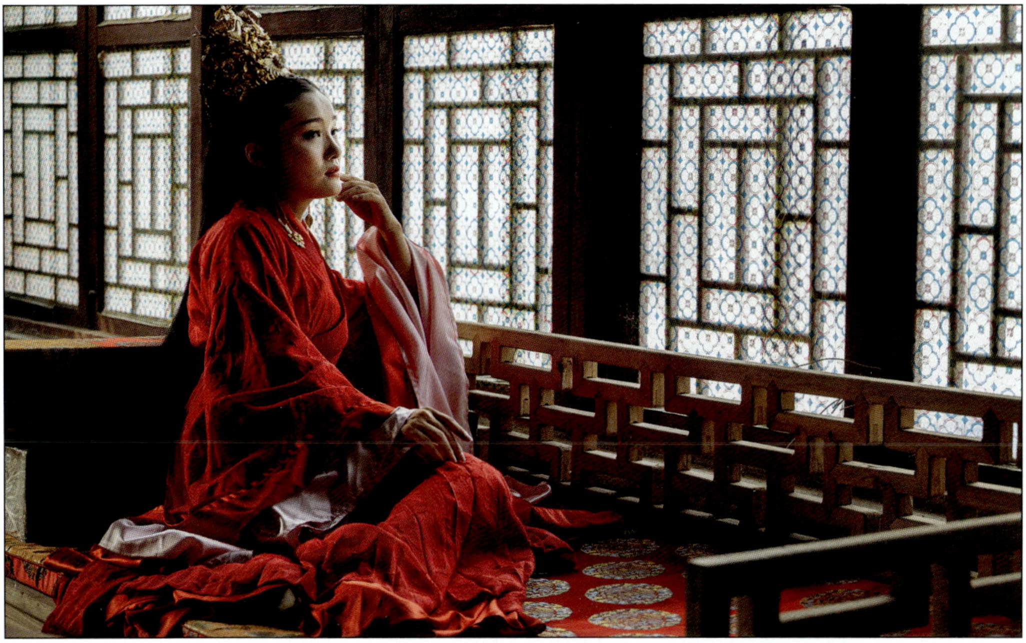

DAXU, GUILIN, CHINA

Möchten Sie jemanden in einem Innenraum fotografieren, ist ein Fenster eine der vorteilhaftesten Lichtquellen. Es gibt ein paar wichtige Tricks, mit denen Sie sicherstellen können, dass Sie bei Fensterlicht fantastische Bilder bekommen. Erstens: Fotografieren Sie parallel zum Fenster, sodass Sie und Ihr Motiv neben dem Fenster stehen. Würden Sie hingegen mit dem Rücken zum Fenster stehend fotografieren, erhielten Sie sehr flaches Licht. Auf die Gesichtshälfte, die am weitesten vom Fenster entfernt ist, sollten Schatten fallen. Dadurch verstärken Sie den Tiefeneindruck und die Ausstrahlung des Porträts. Fotografieren Sie also parallel zum Fenster. Außerdem sollte Ihr Motiv nicht direkt am Fenster stehen – dort ist das Licht am stärksten. Können Sie es ein paar Meter vom Fenster entfernt positionieren, erhalten Sie viel weicheres und vorteilhafteres Licht. (Je größer die Entfernung vom Fenster ist, desto weicher wird das Licht. Allerdings wird es dann auch dunkler, und deshalb sollte das Motiv wiederum nicht zu weit vom Fenster weg sein.) Es gibt auch eine Regel: Je schmutziger das Fenster, desto besser das Licht. Wenn Sie also ein Fenster sehen, das eine Reinigung nötig hat, eignet es sich wahrscheinlich hervorragend für Fensterlicht. Der Schmutz streut das Licht, wodurch es sehr schmeichelhaft wirkt. Bei diesem Bild befindet sich ein gemustertes Textilgewebe vor dem Fenster. Deshalb habe ich die Porträtierte gebeten, sich für die Aufnahme in die Nähe des Fensters zu setzen – der Stoff verhalf mir zu weicherem Licht. Und noch etwas: Wenn Sie zwischen mehreren Fenstern wählen können, entscheiden Sie sich für ein nach Norden ausgerichtetes, denn hier erhalten Sie das weichste und schönste Licht (ein nach Norden ausgerichtetes Fenster kriegt kein direktes Sonnenlicht ab und ist eine der schmeichelhaftesten Lichtquellen überhaupt). Weiches Licht sorgt für Glamour, direktes Licht ist wie ein Hammer. Ich habe mir das gerade ausgedacht, und zugegeben, es ist ein ziemlich schlechter Reim, aber Sie können sich mit dieser Eselsbrücke merken, wie wichtig gutes Licht für schmeichelhafte Porträts ist.

Hintergrundwahl für Porträts

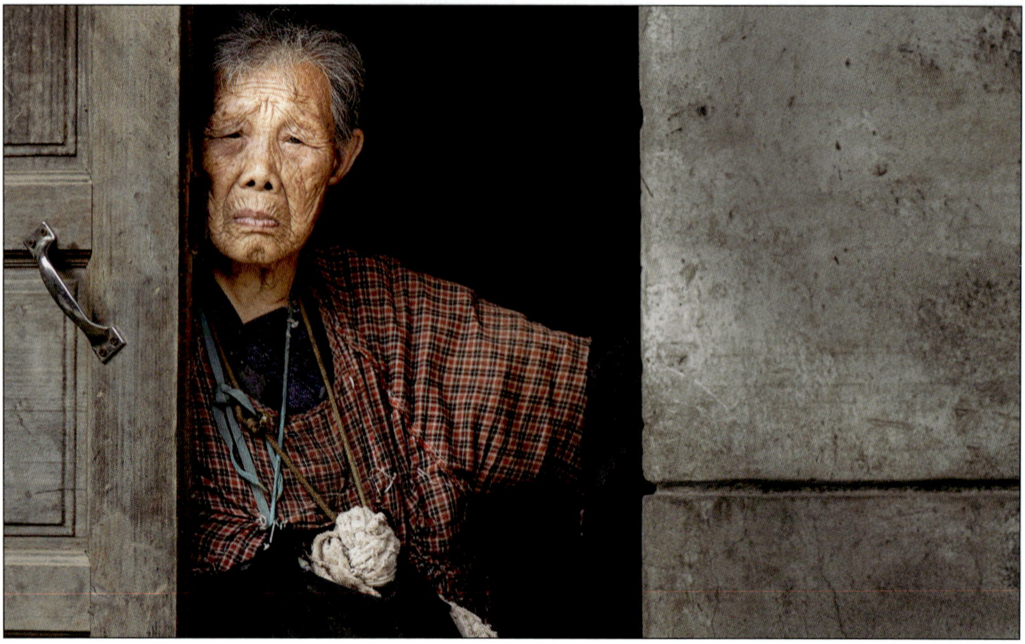

DAXU, GUILIN, CHINA

Wenn Sie ein Porträt vor unruhigem Hintergrund fotografieren, kann es leicht passieren, dass das Motiv im Bild »untergeht«. Deshalb bemühen wir uns bei Reiseporträts in der Regel um einen möglichst einfachen Hintergrund, mit möglichst wenigen Störelementen. Je schlichter der Hintergrund ist, desto besser kommt das Porträt zur Geltung. Und darum versuchen wir oft, die Umgebung unseres Motivs unscharf zu bekommen, damit es sich vom Hintergrund abhebt und weniger ablenkende Objekte zu sehen sind. Da wir uns nicht immer den Luxus leisten können, jemanden vor einem perfekten, einfachen Hintergrund zu fotografieren, müssen wir darauf achten, wie es hinter ihm aussieht, und den Aufnahmewinkel so verändern, dass möglichst wenig Hintergrund zu sehen ist. Wie bereits erwähnt, kann ein unscharfer Hintergrund zur Vereinfachung des Bildes beitragen (mehr dazu auf Seite 90). Es kommt aber auch darauf an, wo Sie stehen und welchen Bildausschnitt Sie wählen. Wenn Sie sich den Hintergrund aussuchen können, wählen Sie einen dunklen bzw. einen, der dunkler ist als die Kleidung Ihres Motivs, damit dieses sich davon abhebt. Ein heller Hintergrund lenkt den Blick von der fotografierten Person ab, denn unsere Augen werden unmittelbar von dem hellsten Objekt auf dem Bild angezogen. Sobald Sie anfangen, ernsthaft nach einfachen Hintergründen zu suchen oder Ihre Hintergründe so einfach wie möglich zu gestalten, werden Sie merken, wie sich die Qualität Ihrer Reiseporträts steigert!

Worauf Sie bei Personenaufnahmen fokussieren sollten

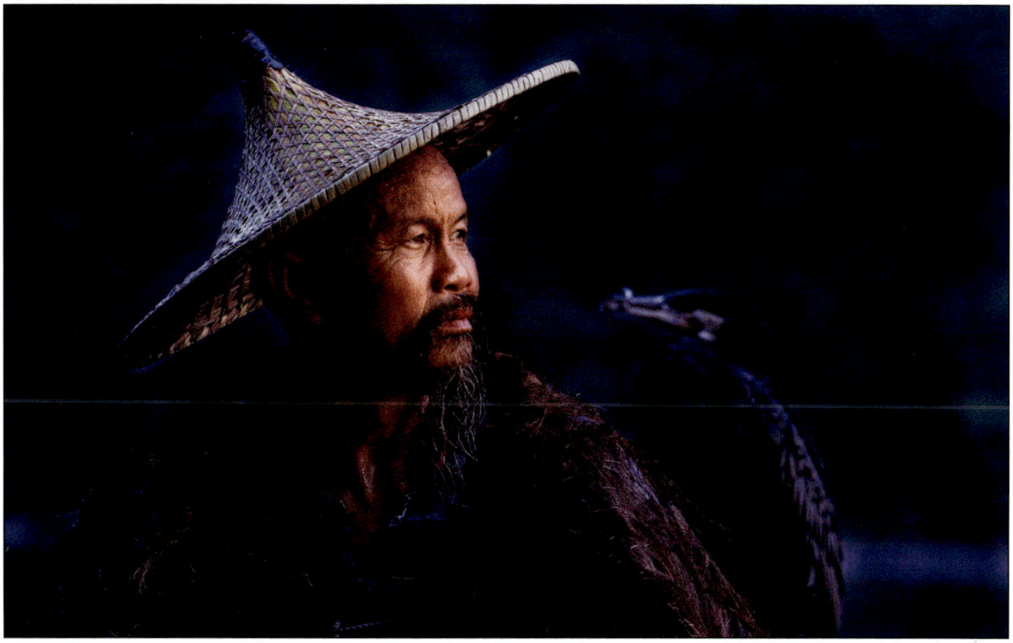

LONGJI-REISTERRASSEN, GUILIN, CHINA

Es ist ganz einfach: Wenn Sie Menschen fotografieren, müssen Sie auf die Augen fokussieren. Sobald diese im Fokus sind, wirkt das Bild scharf. Sind die Augen hingegen unscharf, ist die Aufnahme ein Fall für den Papierkorb. Der Fokus muss also stimmen. Bei Profilaufnahmen (wie oben), sollten Sie auf das Auge fokussieren, das der Kamera am nächsten ist. Die meisten aktuellen spiegellosen Kameras verfügen über eine beeindruckende Funktion, die dieses »Fokussieren auf die Augen« absolut mühelos macht: Sie finden die Augen Ihres Motivs mittels künstlicher Intelligenz und stellen automatisch darauf scharf. Die Funktion heißt meist »Augenerkennung« oder ähnlich und funktioniert erschreckend gut. Wenn die Funktion aktiv ist, Sie durch den Sucher schauen und den Autofokus aktivieren, rastet der Fokuspunkt sofort auf das Auge ein. Haben Sie keine dieser neueren Kameras, macht das auch nichts – dann fokussieren Sie einfach so (wie wir es schon immer gemacht haben). Sehen Sie den mittleren Punkt, wenn Sie durch den Sucher schauen (oder auf dem Display, wenn Sie lieber mit diesem fotografieren)? Positionieren Sie diesen Punkt genau auf dem Auge Ihres Motivs und halten Sie dann den Auslöser halb gedrückt, um den Fokus auf dem Auge zu sperren. Halten Sie den Auslöser weiter halb gedrückt, aber jetzt können Sie die Kamera bewegen, um den gewünschten Bildausschnitt einzurichten. Der Fokus bleibt dabei auf dem Auge des Motivs. Sobald der Gesichtsausdruck passt, drücken Sie den Auslöser ganz durch, um das Bild zu schießen, und die Augen sind scharf. Mehr müssen Sie nicht machen.

Einheimische für das Posieren bezahlen

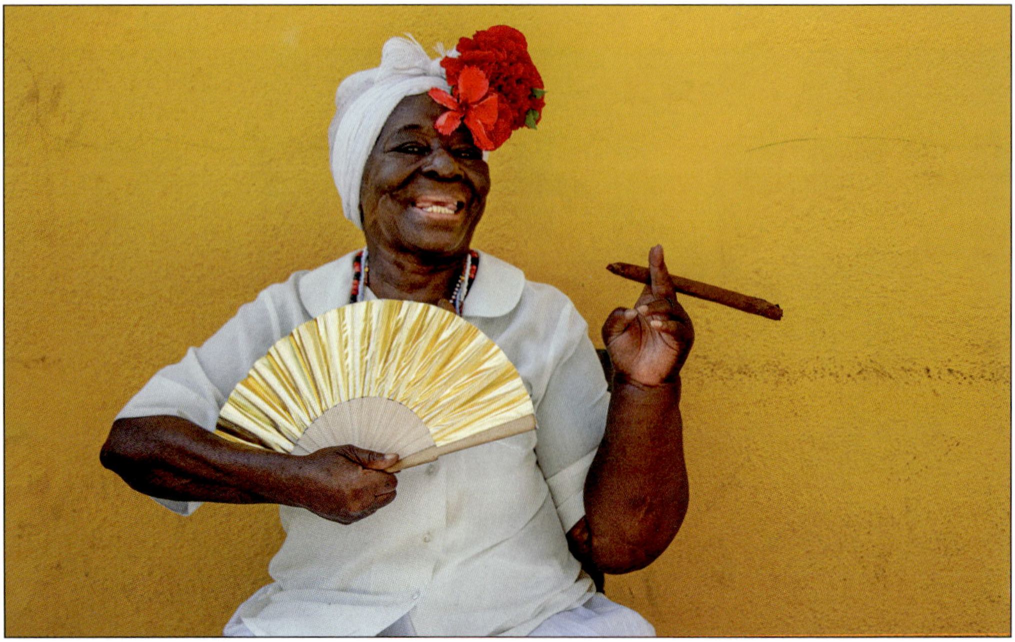

HAVANNA, KUBA

Genauso wie es Straßenmusiker und -künstlerinnen gibt, die gegen eine Spende auftreten, gibt es an immer mehr Reisezielen Menschen, die sich in farbenfrohen Trachten und gegen eine Gebühr von Touristen fotografieren lassen. Keine Sorge, Sie müssen sie nicht fragen, ob sie bereit sind, sich für Geld porträtieren zu lassen – wenn Sie mit Ihrer schönen Kamera vorbeigehen, werden sie Ihnen selbst anbieten, für ein Porträt zu posieren! In der Regel ist der Preis für ein Foto erstaunlich niedrig (oft nur 1 $). Meiner Erfahrung nach wollen die meisten lieber ein Foto mit den Einheimischen machen als nur ein Foto von den Einheimischen (im Grunde also ein Selfie mit einer einheimischen Person). Sie und ich ziehen es hingegen vor, nur die Person zu fotografieren. Normalerweise steht sie vor einem Hintergrund, der zu ihrer Kleidung passt, aber sobald ich sie »angeheuert« habe, bitte ich sie, etwa 25 Meter in die eine oder andere Richtung zu gehen, damit ich sie vor dem gewünschten Hintergrund fotografieren kann (und in diesem Fall erhöhe ich immer das Honorar). Ich habe die Erfahrung gemacht, dass diese Leute sehr freundlich, zuvorkommend und geduldig sind (obwohl ich sie nicht zu lange aufhalte, weil es sich um ein Massengeschäft handelt und ich nicht zu viel von ihrer Zeit in Anspruch nehmen möchte). Also stelle ich die Kamera richtig ein und bin bereit zu fotografieren, bevor ich frage: »Wie viel?«). Manchmal entbrennen in Internetforen Streitigkeiten darüber, ob man Einheimische fürs Posieren bezahlen sollte (Fotografinnen und Fotografen lieben es, sich in Foren zu streiten), aber einige der berühmtesten Reisefotos in bekannten Magazinen und auf deren Covern zeigen Einheimische, die fürs Posieren bezahlt wurden. Wenn Sie mal eine »lebhafte« Diskussion über dieses Thema führen wollen, gehen Sie in ein Forum und stellen Sie genau diese Frage. Dann lehnen Sie sich mit einer Tüte Popcorn zurück und genießen das Feuerwerk.

In direktem Sonnenlicht fotografieren

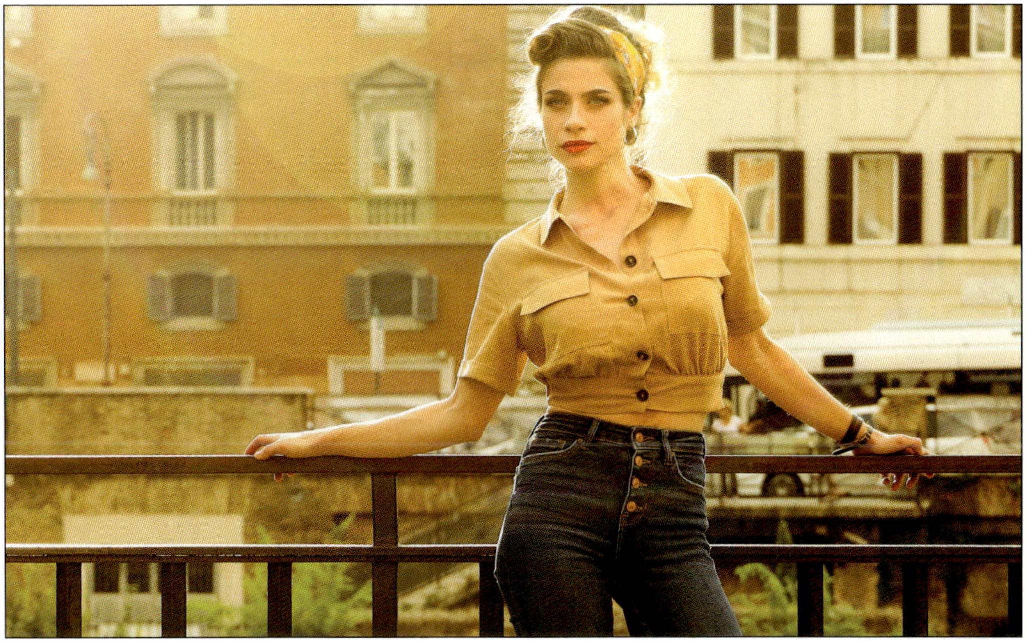

ROM, ITALIEN

Wenn Sie Porträts im direkten Sonnenlicht aufnehmen, kann eine Technik Wunder wirken, mit der Sie das Motiv vor hartem, direktem Licht schützen und es stattdessen in ein schönes, weiches Licht tauchen. Zunächst positionieren Sie die Person mit dem Rücken zur Sonne. Dadurch fungiert diese als zweite Lichtquelle und beleuchtet die Haare mit einem attraktiven Randlicht (wie oben zu sehen). Sie erhalten in der Regel eine Silhouette, bei der sich das Motiv sehr dunkel von dem hellen Hintergrund abhebt. Der zweite Teil dieser Technik besteht also darin, die Szene aufzuhellen, damit das Motiv nicht mehr im Schatten liegt. Genau – wir sorgen absichtlich für eine Überbelichtung. Dadurch wird nicht nur der Hintergrund aufgehellt, sondern gleichzeitig auch das Motiv. Da ich alle Reisefotos mit Blendenvorwahl fotografiere (siehe Seite 44), muss ich das Bild nur mit der Belichtungskorrektur aufhellen (die gibt es bei jeder besseren Kamera), sodass es heller wird, als es die Kamera für richtig hält. Normalerweise muss ich um etwa 1 bis 1 1/2 Blendenstufen hochgehen, aber ich halte mich nicht wirklich an die Zahl – ich helle die Szene auf, bis das Motiv korrekt belichtet scheint. Das Ergebnis wirkt deshalb so gut, weil das Gesicht und der Körper im Schatten liegen (von der Sonne abgewandt sind), sodass kein Blinzeln, keine harten Schatten oder andere Störfaktoren auftreten, die für Aufnahmen mit direktem Licht so typisch sind. Wird der Hintergrund zu hell, positionieren Sie die Person so um, dass sie vor einem dunkleren Hintergrund steht. Hellen Sie dann das ganze Foto auf, fällt es nicht so stark auf (bei mir ist das nur selten nötig). Kurz gesagt: Positionieren Sie Ihr Motiv mit dem Rücken zur Sonne, hellen Sie die Szene auf, bis sie die Belichtung stimmt – schon fertig.

Schmeichelhafte Porträts

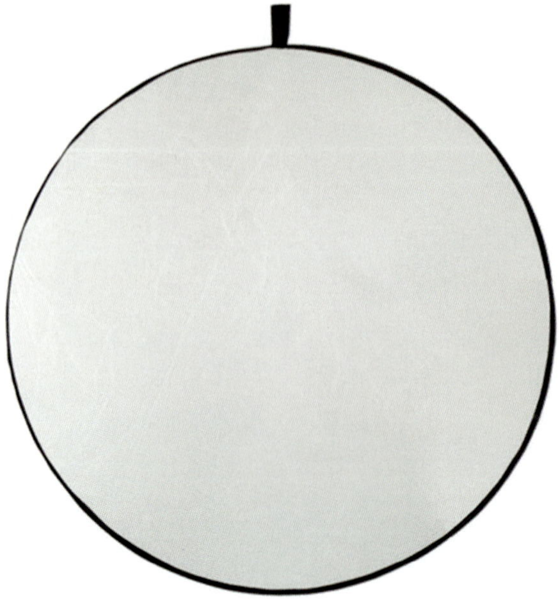

Wenn Sie sich auf Porträts von Einheimischen konzentrieren wollen, sollten Sie sich ein Zubehörteil zulegen, mit dem Sie bessere Außenaufnahmen erhalten. Es ist klein, leicht, preiswert (ich habe es online für 15 € gesehen) und wirkt Wunder. Er heißt »1-Stop-Diffusor« und wird von Fotografieprofis schon seit Jahren für schöne Porträts genutzt. Man platziert diesen Diffusor einfach zwischen Sonne und Motiv (indem man ihn über den Kopf hält), und schon verwandelt sich das harte, unangenehme, direkte Licht in weiches, schönes, unglaublich schmeichelhaftes Licht, in dem die Menschen großartig wirken (für 15 € ist das eine ganze Menge Magie). Außerdem lässt er sich zu einem kleinen Kreis zusammenfalten, sodass er in Ihre Kameratasche passt, und wenn Sie ihn dann herausnehmen, können Sie ihn zu einem großen Kreis aufklappen, der sofort einsatzbereit ist. Ein Diffusor passt nicht zu jeder Situation (z. B. wenn Sie unbemerkt fotografieren wollen), aber wenn er zum Einsatz kommt, werden Sie von den Ergebnissen, die Sie selbst in der prallen Sonne erzielen können, begeistert sein.

Grundlagen der Porträtkomposition

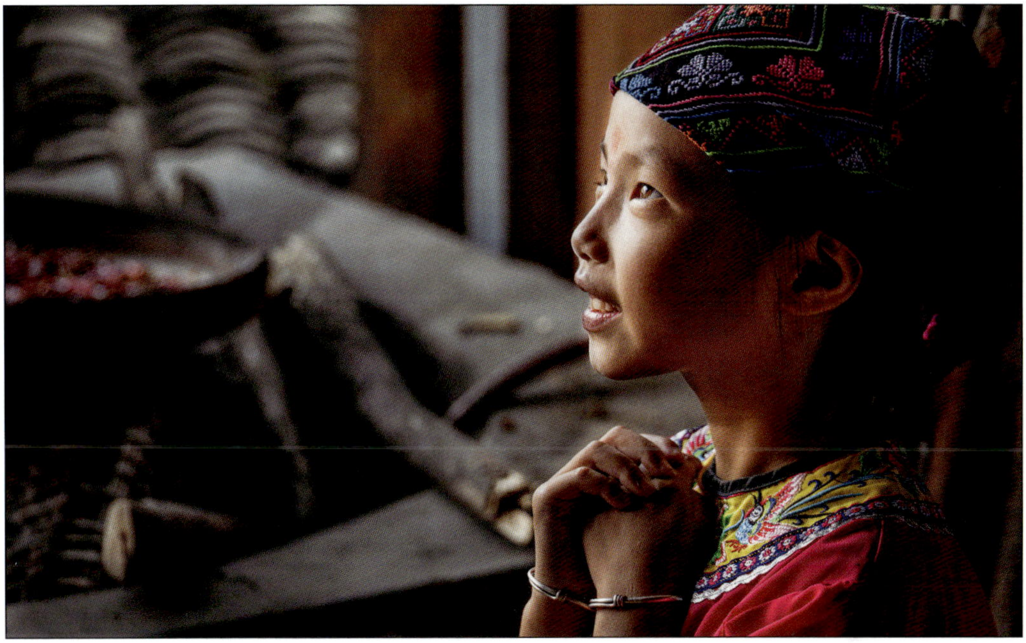

DAZHAI, CHINA

Es gibt ein paar einfache Regeln für die Bildkomposition, die Sie beim Fotografieren von Reiseporträts beachten sollten. Dann erhalten Sie Bilder, die aussehen wie die der Profis. Die erste betrifft die Positionierung der Augen Ihres Motivs. In der Regel sollten sich die Augen im oberen Bilddrittel befinden. Möchten Sie ein intimeres Porträt, gehen Sie so nah heran, dass Sie den Kopf der Person anschneiden. Schneiden Sie in diesem Fall mindestens ein Drittel des Kopfes weg, damit es nicht wie ein Versehen wirkt – man soll sehen, dass Sie das Bild absichtlich so gestaltet haben. Für einen vorteilhafteren Gesamteindruck drehen Sie die Schultern der Person so, dass sie nicht voll der Kamera zugewandt sind; sie wirken dann weniger breit. Fotografieren Sie außerdem aus einem etwas höheren Winkel und zielen Sie leicht nach unten auf Ihr Motiv, erhalten Sie ein vorteilhafteres Porträt (deshalb halten »Selfie-Profis« ihre Kameras immer hoch – die Kieferpartie wirkt ausdrucksvoller, die Haut straffer und das ganze Porträt besser). Natürlich kann es je nach Situation vorkommen, dass Sie Ihr Motiv nicht so in Pose setzen können, wie Sie es sich für ein perfektes Porträt wünschen würden. Versuchen Sie aber, so viele dieser Kompositionstipps wie möglich umzusetzen (insbesondere die Positionierung der Augen im Bild).

Es muss nicht immer ein Lächeln sein

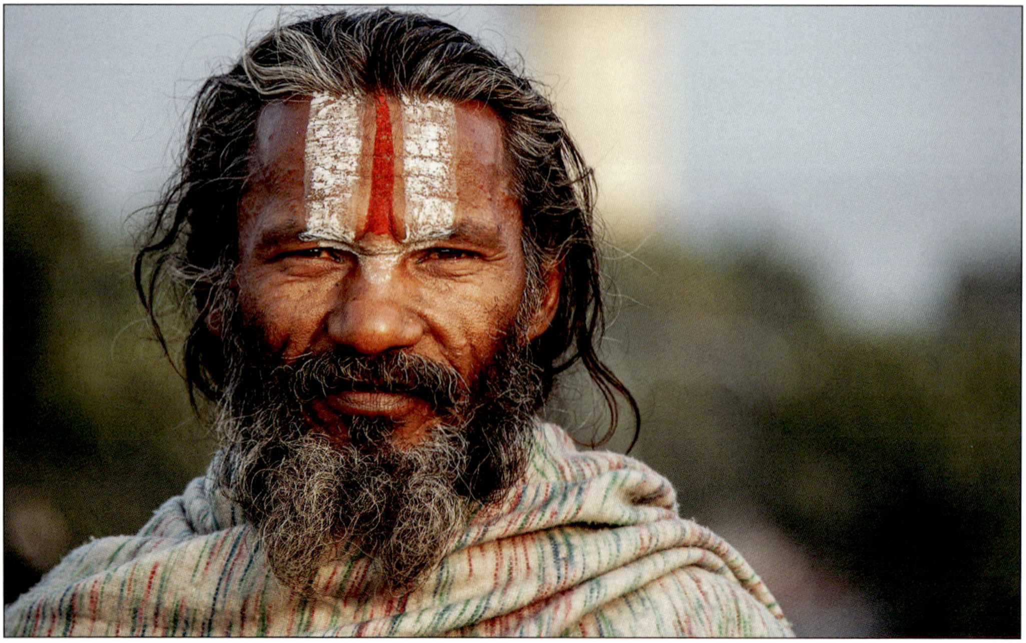

JAIPUR, INDIEN

Wenn Sie eine Passantin, einen Verkäufer oder auch Ihren Guide bitten, für Sie zu posieren, erhalten Sie eindrucksvollere und emotionalere Aufnahmen, wenn Ihr Motiv nicht auf jedem Foto lächelt. Sonst erinnern Ihre Bilder an eine Werbung für das örtliche Fremdenverkehrsamt. Also ermutige ich mein Gegenüber, mit einem Lächeln zu beginnen und sich dann einfach zu entspannen. Ich kann Ihnen sagen: Das ist schwieriger, als es klingt, denn die meisten Menschen haben die natürliche Tendenz zu lächeln, wenn sie fotografiert werden. Sobald ich also das erste Lächeln im Kasten habe, versuche ich einfach, mit meinem Gegenüber zu reden und ihm Fragen zu stellen. Wenn ich seine Sprache nicht spreche, bitte ich den Guide oder Fixer, der mich begleitet, Fragen zu stellen. Ein weiterer Tipp: Bedanken Sie sich dafür, dass Sie fotografieren (und viele lächelnde Porträts machen) durften, und fragen Sie dann, ob Sie eventuell noch ein paar Bilder machen dürfen, während sich Ihr Gegenüber wieder seiner eigentlichen Beschäftigung zuwendet. Ganz gleich, ob er oder sie in einer Werkstatt, einem Geschäft oder an einem Händlerstand arbeitet – Sie erhalten auf diese Weise ganz natürliche Fotos.

Fotografieren Sie – und gehen Sie weiter

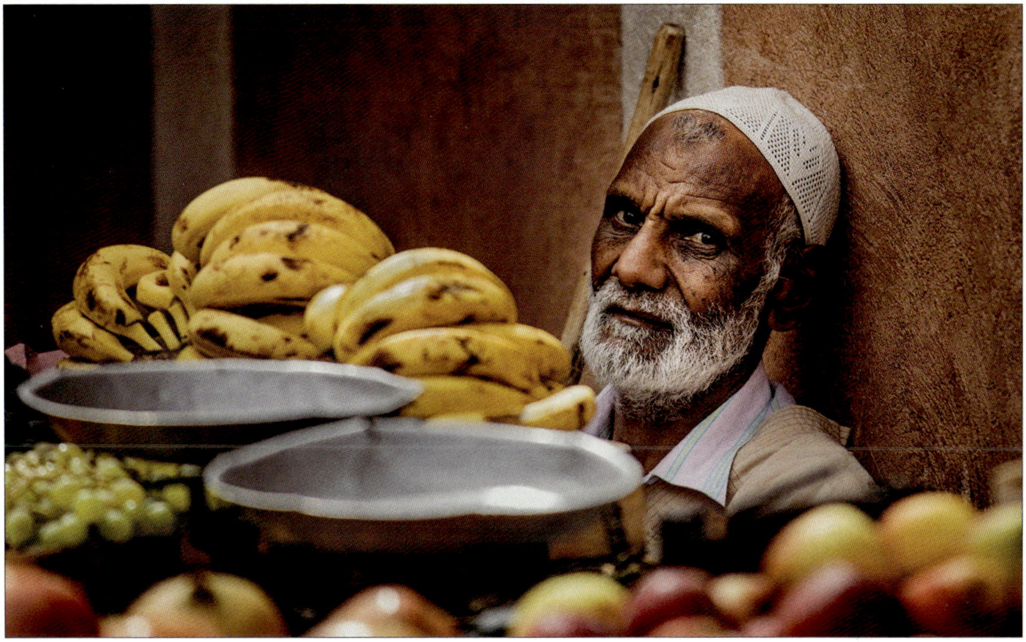

MARRAKESCH, MAROKKO

Wenn Sie jemanden bitten, für Sie zu posieren, müssen Sie dies schnell hinter sich bringen und dann weitergehen. Wenn er bereit ist, für Sie zu posieren, dann für höchstens 30 oder 60 Sekunden. Danach können Sie beobachten, wie die fröhliche oder interessierte Miene langsam einem genervten Gesichtsausdruck weicht. Stellen Sie sich hin, machen Sie Ihre Aufnahmen und verschwinden Sie wieder. Es kann vorkommen, dass Sie mit jemandem ins Gespräch kommen und dann noch länger fotografieren dürfen. Achten Sie aber auf den Gesichtsausdruck und die Körpersprache Ihres Gegenübers, damit Sie wissen, wie lange Sie fotografieren können, ohne seine Freundlichkeit auszunutzen.

Kameraeinstellungen für Porträts im Freien

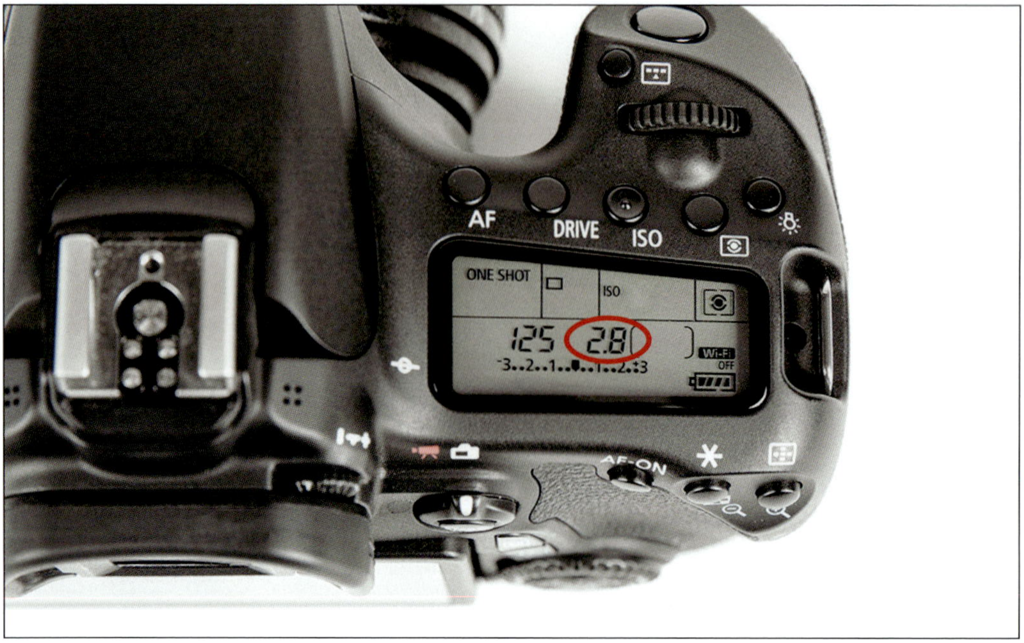

Für Porträtaufnahmen im Freien verwende ich bestimmte, dafür besonders gut geeignete Kameraeinstellungen. Diese helfen im Zusammenspiel mit der richtigen Objektiveinstellung, Ihr Motiv vom Hintergrund zu isolieren (auf Seite 82 habe ich erwähnt, wie wichtig das ist) und störende Elemente zu minimieren. Damit das funktioniert, brauchen Sie ein Zoomobjektiv (mindestens bis 100 mm oder idealerweise länger), denn Sie müssen für einen unscharfen Hintergrund auf jeden Fall an das Motiv heranzoomen. Als Erstes treten Sie also zurück und zoomen ganz nahe heran. Je stärker der Zoom, desto unschärfer wird der Hintergrund. Bei einer Ganzkörperaufnahme ist es viel schwieriger als bei einer Kopfaufnahme, einen unscharfen Hintergrund zu bekommen, weil Sie sehr weit zurücktreten müssten, um den ganzen Körper aufs Bild zu bekommen, während Sie stark einzoomen. Es ist zwar möglich, aber vor allem in Innenräumen können Sie nicht so weit zurücktreten. Also planen Sie Aufnahmen von der Hüfte aufwärts oder Kopf-Schulter-Porträts. Okay, zuerst treten Sie also zurück und zoomen ganz nahe heran. Weiterhin verwenden Sie eine Blende, die den Hintergrund unscharf abbildet, und das ist die niedrigste Blendenzahl, die Ihr Objektiv zulässt – f/2,8 oder f/4 oder sogar f/5,6 oder f/6,3. Das passt, denn der Hintergrund ist immer noch unscharf, wenn Sie stark herangezoomt haben. Es gibt noch einen dritten Aspekt: Wenn die fotografierte Person direkt vor dem Hintergrund steht (beispielsweise 20 cm vor einer Wand), kann dieser nicht wirklich unscharf werden. Je größer der Abstand zwischen dem Motiv und dem Hintergrund, desto unschärfer wird der Hintergrund (vorausgesetzt natürlich, Sie haben eingezoomt und eine niedrige Blendenzahl gewählt). Zusammengefasst mein Tipp für Reiseporträts im Freien: stark heranzoomen, eine niedrige Blendenzahl verwenden und für ausreichend Abstand zwischen Motiv und Hintergrund sorgen.

Kameraeinstellungen für Porträts in Innenräumen

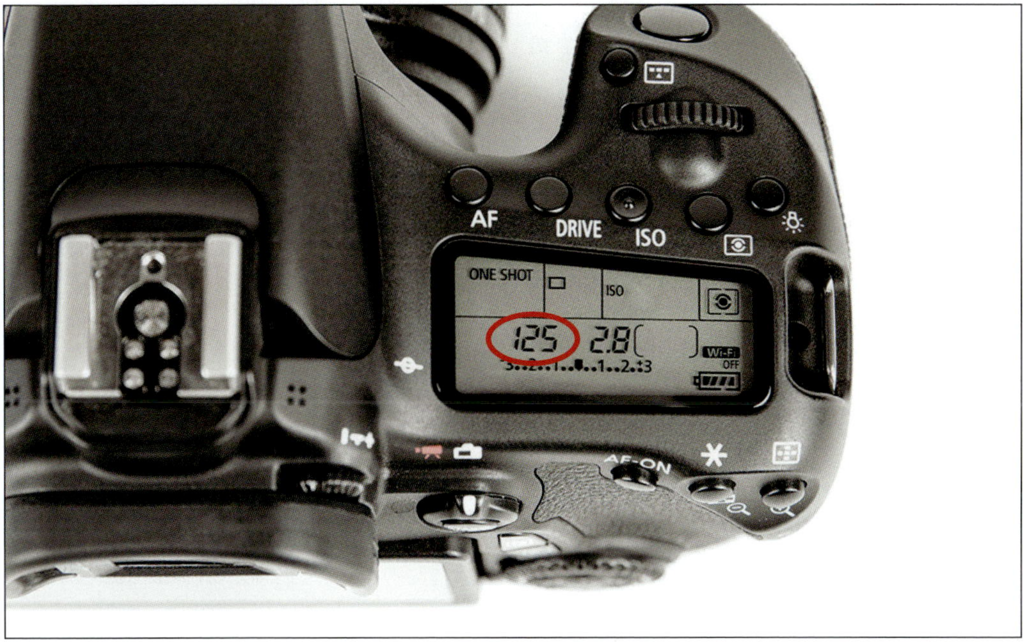

Die Frage beim Fotografieren in Innenräumen lautet vor allem: Gibt es genug Licht, dass Ihre Kamera ausreichend lange für ein scharfes Bild belichten kann? Wenn es dort sehr hell ist – kein Problem. Gibt es hingegen relativ wenig Licht, wird es problematisch. Widerstehen Sie der Versuchung, den Klappblitz auf Ihrer Kamera zu verwenden. Sie sollten ihn für gar nichts verwenden. Er ist der »Hässlichmacher«. Tun Sie einfach so, als gäbe es ihn nicht – dann werden Sie bessere Bilder bekommen. Wie gehen Sie also in solchen Situationen mit wenig Licht vor? Nun, Sie können ein kleines Stativ verwenden (siehe Seite 65), eventuell auch ein Tischstativ, um die Kamera während der Aufnahme ruhig zu halten. Haben Sie kein Stativ zur Hand und müssen Sie aus der Hand fotografieren, erhöhen Sie die Belichtungszeit für ein scharfes Bild auf etwa 1/125 Sekunde (auf Seite 46 erkläre ich eine Einstellung, die dafür sehr gut geeignet ist). Selbst wenn Sie den ISO-Wert so weit erhöhen, dass die magische 1/125 Sekunde erreicht wird, müssen Sie die Kamera möglichst ruhig halten, denn sonst bekommen Sie leicht verschwommene oder unscharfe Fotos. Um eine kürzere Belichtungszeit zu erzielen, können Sie die niedrigste Blendenzahl an Ihrer Kamera einstellen. Je niedriger die Zahl, desto mehr Licht gelangt auf den Sensor. Und Sie brauchen für eine kürzere Belichtungszeit viel Licht (je mehr Licht, desto kürzer die Belichtung, und kurze Belichtungszeiten frieren jede Bewegung ein, daher lieben wir sie). Zusammengefasst mein Tipp für Porträts in Innenräumen bei schlechten Lichtverhältnissen: Halten Sie entweder (a) die Kamera superstabil (kleines Stativ; die Kamera abstützen usw.) oder (b) erhöhen Sie den ISO-Wert so weit, dass die Belichtungszeit ausreichend verkürzt wird (1/125 Sekunde oder weniger) und Sie noch eine scharfe Aufnahme aus der Hand bekommen.

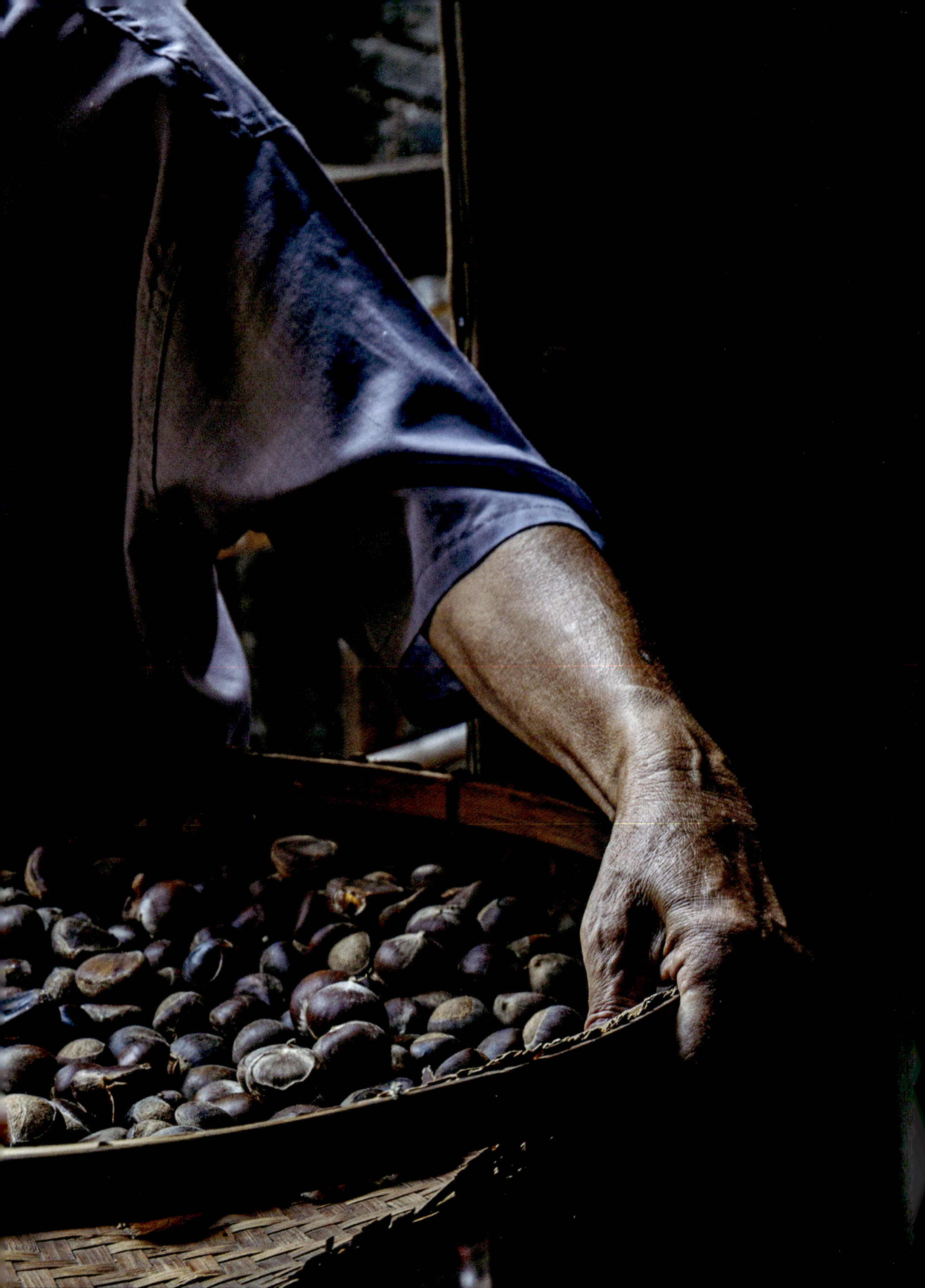

Belichtungszeit: 1/13 Sek. | Blende: f/5.6 | ISO: 800 | Brennweite: 35 mm
Location: Daxu, Guangxi, China

KOMPOSITION

KAPITEL 06

Bildkomposition

Wie Sie richtig gute Fotos gestalten

Es wird so viel über die Bedeutung der Bildkomposition beim Fotografieren gesprochen, aber natürlich können wir unsere Aufnahmen mit unseren heutigen Kameras mit zig Megapixeln auch nachträglich in Photoshop oder Lightroom oder womit auch immer neu komponieren. Und daher sollten wir uns auch mit dem Gegenteil von Bildgestaltung beschäftigen, und das wäre Bilddekomposition, also gewissermaßen Bilddekonstruktion. Und damit nimmt dieser Kapitelanfang eine unerwartete Wendung, nämlich mitten hinein in die Postmoderne (Sie wissen schon, die Epoche, der wir diese lustige Architektur mit Kugeln, Dreiecken und Pastellfarben zu verdanken haben, dank derer Teile unserer Innenstädte heute noch aussehen wie ein Modern Talking-Plattencover aus den 80ern). Dekonstruieren wir also unsere Bilder, zerlegen wir sie in ihre Einzelteile, werden wir uns der Ideologien hinter Goldenem Schnitt und Drittelregel bewusst und lehnen wir sie gemeinsam ab. Sprechen Sie mir nach: Fort mit dem Diktat der Drittelregel! Das Motiv gehört in die Bildmitte! Und Schärfe? Ist ein burgeoises Konzept (wie der berühmte Fotograf Cartier-Bresson schon sagte). Also fort mit Schärfe! Deaktivieren Sie den Autofokus, stellen Sie am besten gar nicht mehr scharf. Und weil die postmoderne Philosophie ein großes Faible für das Ungesagte und Ungezeigte hat: Machen Sie am besten gar keine Fotos mehr. Also, von dem, was Sie eigentlich zeigen wolllen, denn das Eigentliche entsteht in den Räumen zwischen Ihren Bildern, Sie müssen also schon weiter fotografieren, aber eben die unwichtigen Dinge (und zwar wohlkomponiert und scharf). Zumindest ist das die Ausrede, die Sie beim Präsentieren Ihrer Bilder anderen gegenüber auftischen können: »Die besten Bilder habe ich gar nicht gemacht.« Und von diesen nicht gemachten Bildern haben wir Fotografen viel zu viele. Wir sehen sie deutlich, wenn wir nachts schlaflos durch Lightroom scrollen, zwischen unseren anderen, belanglosen, wohlkomponierten und scharfen Bildern. Und dann lächeln wir wissend in uns hinein.

Vergessen Sie nicht, die Details zu fotografieren

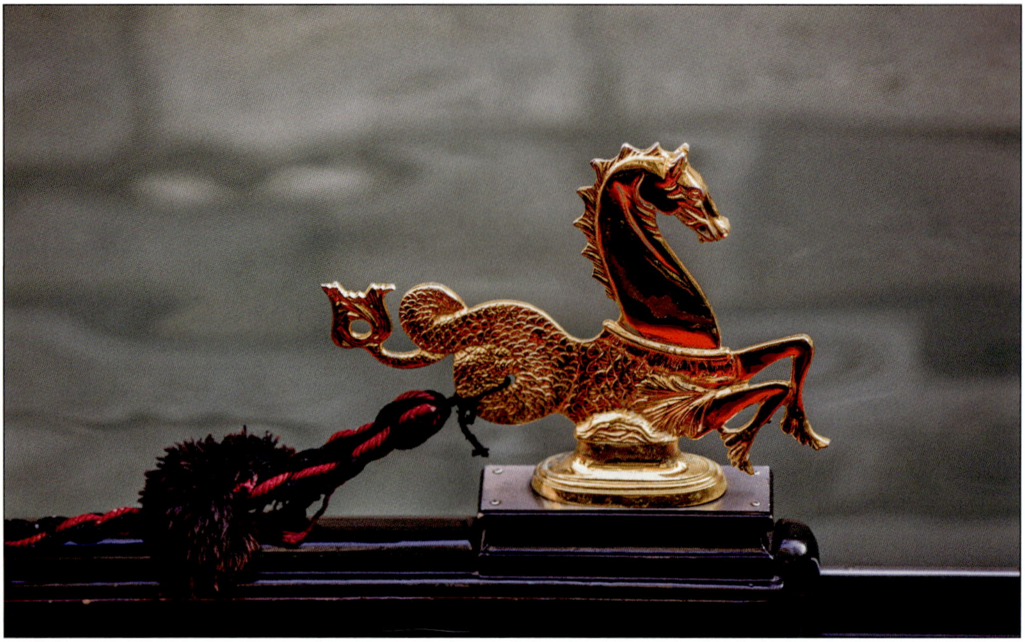

VENEDIG, ITALIEN

Wenn Sie vor einem schönen Opernhaus, einem Palast oder einer Kathedrale stehen, wollen Sie wahrscheinlich zunächst ein Foto vom gesamten Gebäude machen. Je nach der Umgebung des Gebäudes kann dies sehr schwierig sein, denn oft gibt es störende Objekte wie Firmenschilder, Reklametafeln oder Plakate, vielleicht auch noch Stromleitungen, Verkaufsstände oder Wegweiser – etwa ein riesiges Schild, das zu dem Ticketschalter führt. Deshalb halte ich es für wichtig, Detailaufnahmen zu machen, die nicht das ganze Gebäude zeigen, sondern einen Eindruck von der Schönheit der Architektur vermitteln. Vielleicht ist es ein kunstvolles Deckendekor, eine Skulptur am Dachfirst oder irgendeine andere bauliche Besonderheit, die man in einer Weitwinkelaufnahme nicht wahrnimmt, aber dank einer herangezoomten Detailaufnahme richtig in sich aufnehmen kann. Das gilt natürlich nicht nur für Architektur. Ich fotografiere grundsätzlich Details, egal, wo ich hingehe, und sei es nur ein Zierelement auf einer Gondel in Venedig (wie oben zu sehen) oder ein interessanter Türgriff am Eingang eines alten Bauwerks. Solche Detailaufnahmen sind wunderbar geeignet, um Ihre Geschichte zu erzählen und den Betrachterinnen und Betrachtern einen anderen Blick auf einen Ort zu ermöglichen, den sie vielleicht selbst schon einmal gesehen oder gar besucht haben. Ergänzen Sie Ihre Reisefotos durch Detailaufnahmen, und Sie werden begeistert sein, welche neuen Perspektiven sich dadurch ergeben.

Holen Sie das Beste aus Ihrem Weitwinkelobjektiv heraus

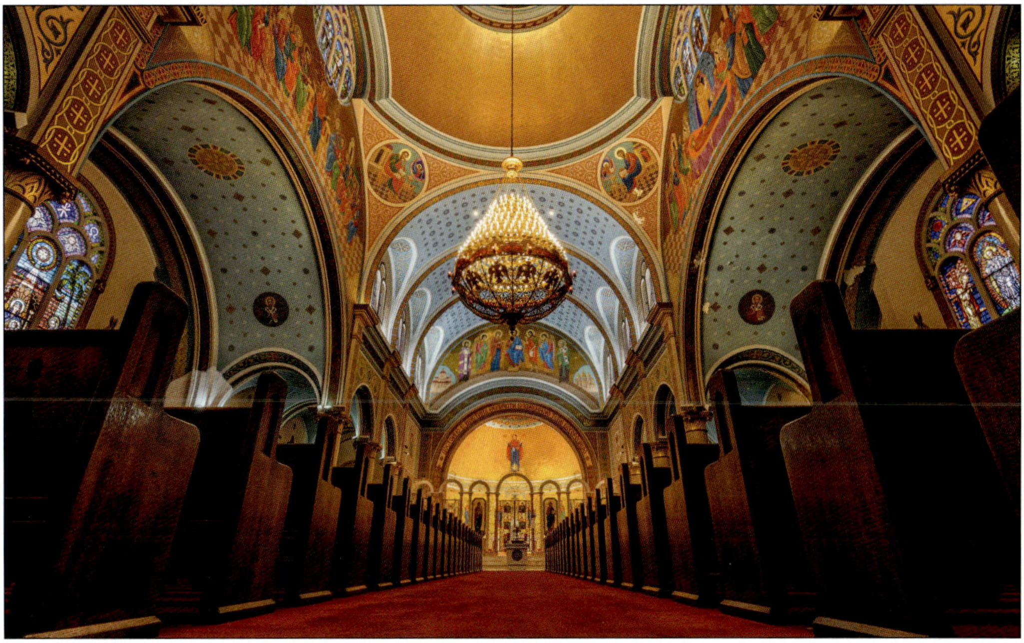

ST. NICHOLAS CATHEDRAL, CHICAGO, ILLINOIS, USA

Wenn Sie oft mit dem Weitwinkelobjektiv fotografieren – insbesondere in Palästen oder Bibliotheken, alten Hotels, Kathedralen usw. –, habe ich einen Trick für Sie. Damit können Sie Ihren Bildern einen deutlicheren Tiefeneindruck und eine stärkere Wirkung verleihen. Beachten Sie bei der Verwendung eines Weitwinkelobjektivs (in meinem Fall entweder der 24-mm-Bereich meines 24–240-mm-Objektivs oder, wenn ich ein zweites Objektiv dabei habe, mein 14-mm-Objektiv), dass sich im Bildvordergrund ein Objekt in Ihrer Nähe befinden sollte. Der Tiefeneindruck wird durch die Unterteilung in Vordergrund, Mittelgrund und Hintergrund verstärkt (auf den Bildern der meisten Fotografieneulinge sieht man lediglich einen Mittelgrund und einen Hintergrund, sodass der Tiefeneindruck ihrer Aufnahmen nicht annähernd so stark ist). Eine weitere Methode besteht darin, mit dem Weitwinkelobjektiv weit runter zu gehen und aus einer ganz niedrigen Perspektive zu fotografieren (auf Seite 188 zeige ich eine tolle Technik, wie Sie das erreichen können). Kombinieren Sie den niedrigen Aufnahmewinkel des Weitwinkelobjektivs mit einem interessanten Objekt im Vordergrund, und Sie erhalten eine Aufnahme mit viel Tiefe und einem epischen Eindruck.

Bildkomposition oder den Moment einfangen?

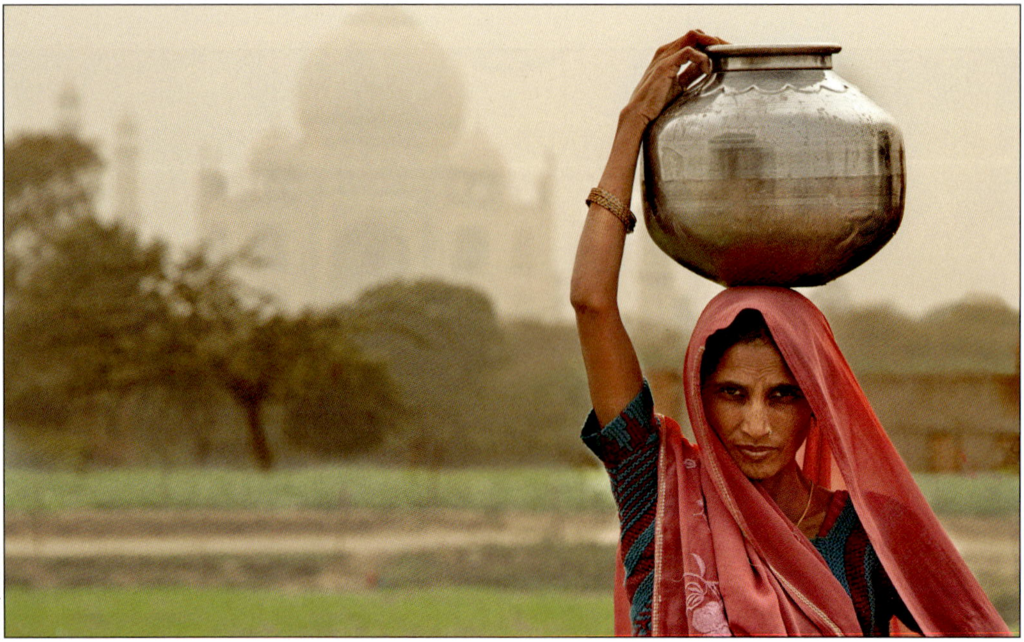

AGRA, INDIEN

Natürlich bemühen wir uns beim Fotografieren um eine perfekte Komposition, aber in bestimmten Situationen müssen Sie sich keine Gedanken über die Komposition machen – nämlich dann, wenn etwas Interessantes, Faszinierendes, Lustiges oder Außergewöhnliches passiert. Dann ist die Komposition nicht mehr so wichtig, das Wichtigste ist, diesen Augenblick einzufangen (und natürlich so, dass das Bild schön scharf ist). Wir können das Foto später in Lightroom oder Photoshop oder wo auch immer auf die gewünschte Komposition zuschneiden, aber es gibt keinen Filter und keine Funktion, um einen besonderen Moment zurückzuholen. Halten Sie den Augenblick fest – darum geht es – und kümmern Sie sich später um die Komposition.

Wolkenkratzer fotografieren

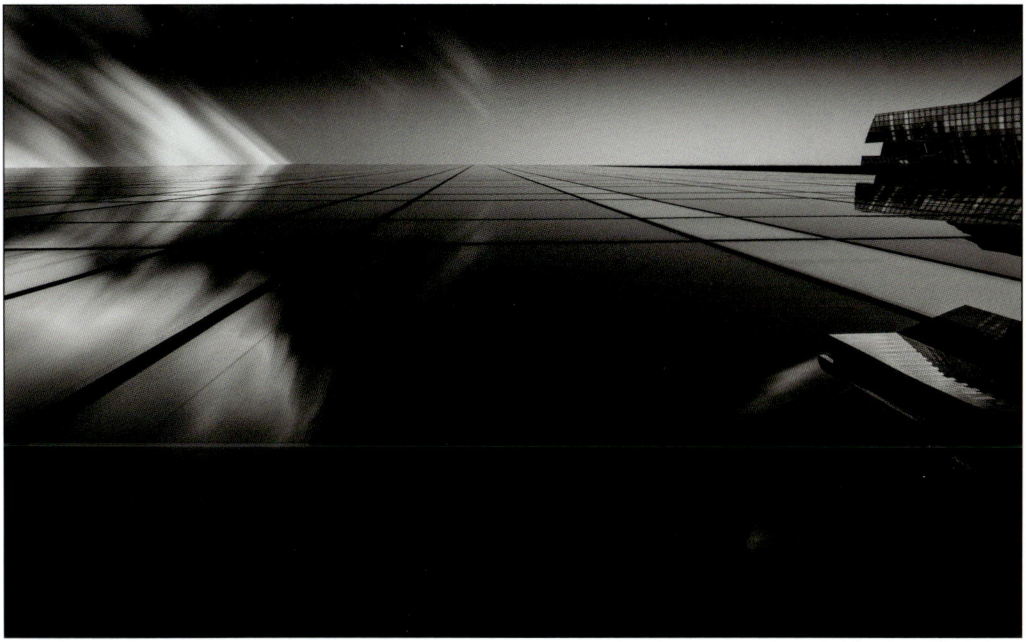

LA DÉFENSE, PARIS, FRANKREICH

Es ist gar nicht so einfach, Wolkenkratzer oder eine hoch aufragende Stadtlandschaft überzeugend zu fotografieren. Einer der wichtigsten Gründe ist wohl, dass die meisten Bilder von Wolkenkratzern exakt so aufgenommen werden, wie wir diese immer sehen: von der Straße aus mit Blick nach oben. Man zeigt dem Betrachter nichts Neues, sondern sagt nur: »Ja, so sieht es aus.« Deshalb erhalten Sie viel spannendere Fotos von hohen Gebäuden, wenn Sie von einem anderen hohen Gebäude aus fotografieren. Aus diesem Grund ist der Top of the Rock (der Aussichtspunkt auf dem 30 Rockefeller Plaza in New York City) als fotografische Location so angesagt. Von dort aus kann man einige der berühmtesten Gebäude der Welt fotografieren, z. B. das Empire State und das Chrysler Building, aber auch viele sehr moderne Bauwerke, und das alles aus einem anderen Blickwinkel als der normalen Straßenperspektive. Wenn Sie keine Möglichkeit haben, von einem hohen Gebäude aus zu fotografieren, bietet sich eine andere Technik an: Gehen Sie ganz nah an das Gebäude heran, vorzugsweise an einer Ecke, und fotografieren Sie direkt am Gebäude entlang nach oben. So vermitteln Sie einen Eindruck von dem hochragenden Bauwerk und da die meisten Menschen sich an die Kreuzung oder auf die andere Straßenseite stellen, um den Wolkenkratzer zu fotografieren, bieten Sie eine ganz andere und viel spannendere Sichtweise. Wenn außerdem am Himmel Wolken schnell dahinziehen, können Sie mit einer Langzeitbelichtung (mit einem ND-Filter; siehe Seite 115) noch eins draufsetzen, weil dann die Wolken wunderbar streifig werden. Für optimale Ergebnisse stellen Sie sich so auf, dass die Wolken entweder auf Sie zu oder von Ihnen wegziehen. Und natürlich ist ein Stativ bei einer solchen Langzeitbelichtung unverzichtbar. Ein letzter Tipp: Konvertieren Sie Ihr Bild in der Nachbearbeitung einmal in Schwarz-Weiß. Architekturfotos erlangen dadurch eine ganz neue Wirkung, es lohnt sich also, einen Versuch zu wagen. Sie können es ja jederzeit wieder rückgängig machen.

Wo soll die Horizontlinie verlaufen?

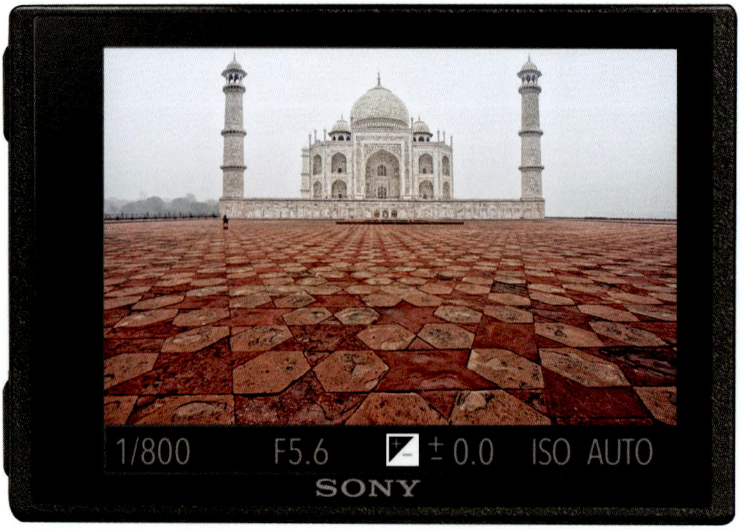

TAJ MAHAL, AGRA, INDIEN

Wenn Sie eine Szene mit sichtbarer Horizontlinie fotografieren, wenden Sie eine einfache, aber wirkungsvolle Kompositionsregel an, um zu bestimmen, wo die Horizontlinie in Ihrem Bild verlaufen soll (Spoiler-Alarm: Sie verläuft nie in der Mitte. Langweilig. Vorhersehbar. Bäh!). Sie lautet: Wenn der Himmel wirklich interessant ist (mit tollen Wolken), geben Sie ihm mehr Raum, indem Sie die Horizontlinie in das untere Bilddrittel setzen und einen kleineren Vordergrundbereich fotografieren. Ist der Himmel hingegen langweilig und wolkenlos (wie in der obigen Aufnahme), dann verkleinern Sie den langweiligen Bereich (den Himmel), indem Sie die Horizontlinie ungefähr in das obere Bilddrittel setzen. Je nach Szene kann der Himmel sogar nur 1/4 der Bildfläche ausmachen, indem Sie die Horizontlinie noch weiter nach oben verschieben. Zusammengefasst: Reduzieren Sie den langweiligen Bereich auf ein Drittel und zeigen Sie vom interessanteren Bereich zwei Drittel. Von einem optimalen Himmel zeigen wir zwei Drittel (wir setzen die Horizontlinie tiefer an). Bei langweiligem Himmel (wie oben), zeigen wir zwei Drittel vom Vordergrund, indem wir die Horizontlinie höher ansetzen. So einfach ist das.

Halten Sie die Kamera waagerecht

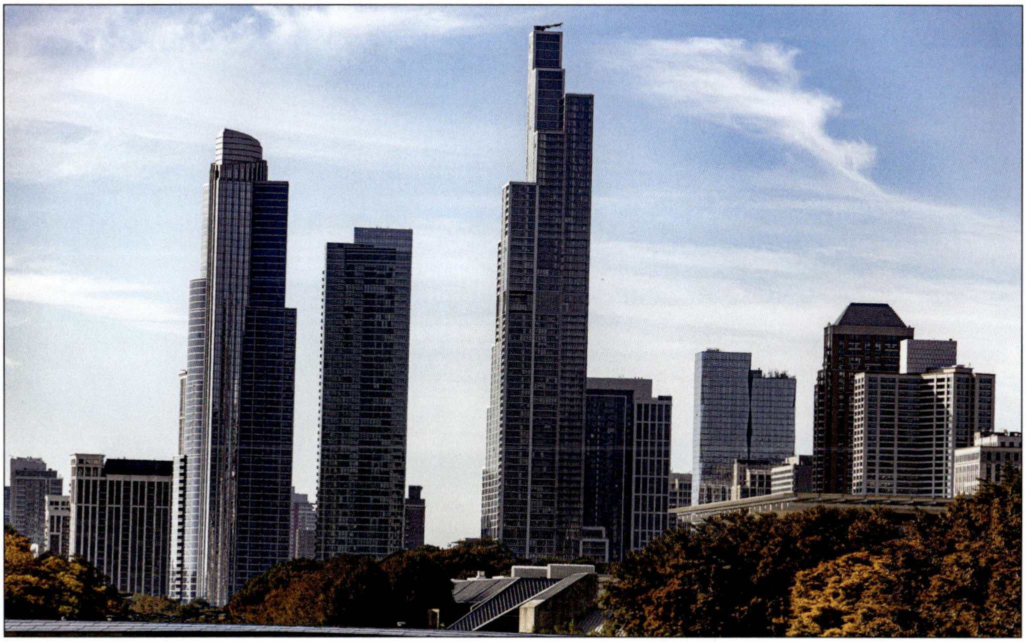

CHICAGO, ILLINOIS, USA

Wenn auf Ihrem Bild die Horizontlinie schief ist, die Gebäude nach links oder rechts geneigt sind (wie im Bild oben) oder der Tisch im Restaurant aussieht, als würden die Teller gleich auf den Boden rutschen, können Sie Ihr Bild später in Lightroom, Photoshop oder anderen Programmen problemlos begradigen. Allerdings müssen Sie dann das Bild zuschneiden, da beim Drehen weiße Lücken in den Bildecken oder an den Bildrändern entstehen – und das kostet Sie unweigerlich Teile Ihres Bildes. Vielleicht haben Sie ja Glück, die wichtigen Sachen sind noch alle drauf und die Bildkomposition stimmt noch, dann geht das in Ordnung. Aber Sie müssen sich diese lästigen Arbeitsschritte nicht antun, wenn Sie die Kamera von vornherein waagerecht halten. Das ist heute gar nicht mehr so schwer, denn fast alle aktuellen Kameras haben eine eingebaute Nivellierfunktion, die Ihnen anzeigt, ob Sie waagerecht fotografieren. Außerdem gibt es inzwischen viele Kugelköpfe und/oder Stative mit eingebauter Wasserwaage. (Allerdings sind die an den Stativen etwas weniger praktisch, weil das Stativ zwar völlig waagerecht, der Kugelkopf aber trotzdem geneigt sein kann – auch dann bekommen Sie schiefe Fotos. Daher arbeite ich normalerweise nicht mit der Stativ-Wasserwaage.) Für die Reisefotografie habe ich die sehr praktische Walimex-Wasserwaage. Sie ist klein, superleicht und preiswert, und man steckt sie einfach auf den Blitzschuh der Kamera. Ziemlich genial. Es spielt keine Rolle, welche Methode Sie verwenden, aber ich kann Ihnen sagen, dass dies zu den Dingen gehört, auf die Sie besser schon während der Aufnahme achten sollten.

Sie müssen die Szene nicht so darstellen, wie sie ist

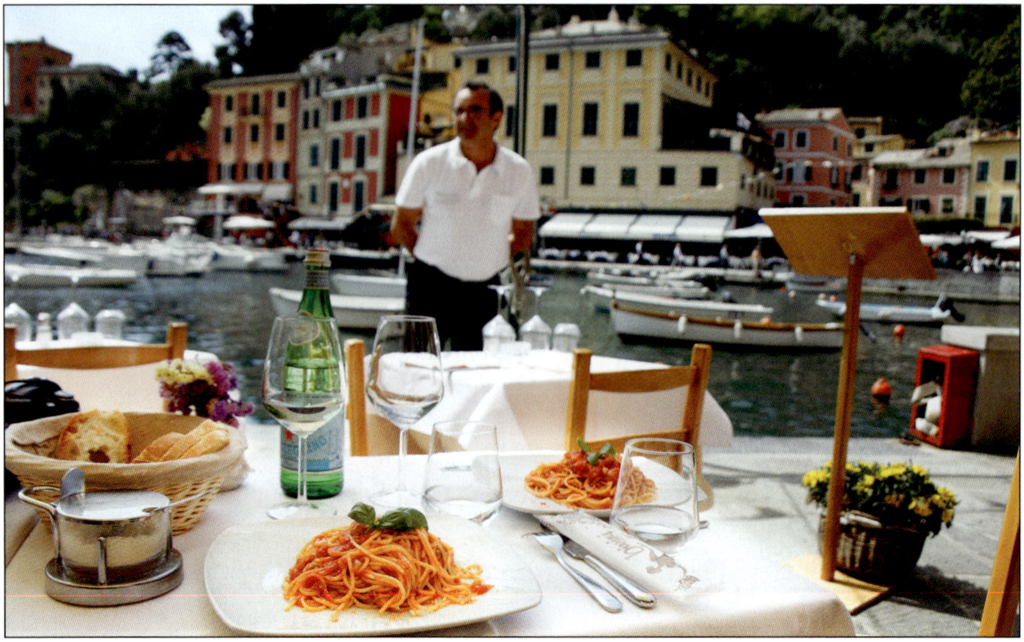

PORTOFINO, ITALIEN

Eine unserer wichtigsten Aufgaben bei der Reisefotografie (oder bei der Fotografie allgemein) besteht darin, zu entscheiden, welche Geschichte wir mit unserem Bild erzählen wollen. Und das bedeutet vor allem, dass wir festlegen, was in unser Bild gehört und was nicht. Das ist eine sehr bewusste – eine kreative – Entscheidung, und Ihre Geschichte wird genau von den Elementen erzählt, die Sie im Bild zeigen oder eben nicht zeigen. Bedenken Sie immer: Sie müssen die Szene nicht so darstellen, wie sie ist. Außer wenn Sie für eine Nachrichtenagentur arbeiten, können Sie mit Ihrer Kamera auswählen, was Sie zeigen und was Sie nicht zeigen. Nehmen wir zum Beispiel an, Sie sitzen mit Ihrem Partner oder Ihrer Partnerin bei einem romantischen Abendessen in einem malerischen Restaurant. Das würde ein schönes Bild abgeben, aber außer Ihnen sind lediglich zwei weitere Paare im Restaurant. Wenn Sie entscheiden, das fast leere Restaurant im Bild festzuhalten, erzählen Sie nicht die gewünschte Geschichte (vielleicht haben Sie sich das falsche Lokal ausgesucht?). Oder Sie wählen einen Bildausschnitt, der die anderen Paare so inszeniert, dass das Restaurant gut besucht wirkt. Damit erzählen Sie eine positive Geschichte von einem angesagten Restaurant voller Leben. Vielleicht zeigen Sie aber auch nur sich und den Kellner und die Betrachterinnen und Betrachter gehen einfach davon aus, dass es ein gut besuchtes Lokal ist. Wichtig ist, dass Sie selbst entscheiden, was auf dem Bild zu sehen ist. Nutzen Sie diese Freiheit, um die gewünschte Geschichte zu erzählen. Sie müssen nicht die Realität mit all ihren Schrammen und blauen Flecken (oder leeren Tischen) zeigen. Sie sind eine Künstlerin bzw. ein Künstler, also seien Sie kreativ!

Arbeiten Sie mit Führungslinien

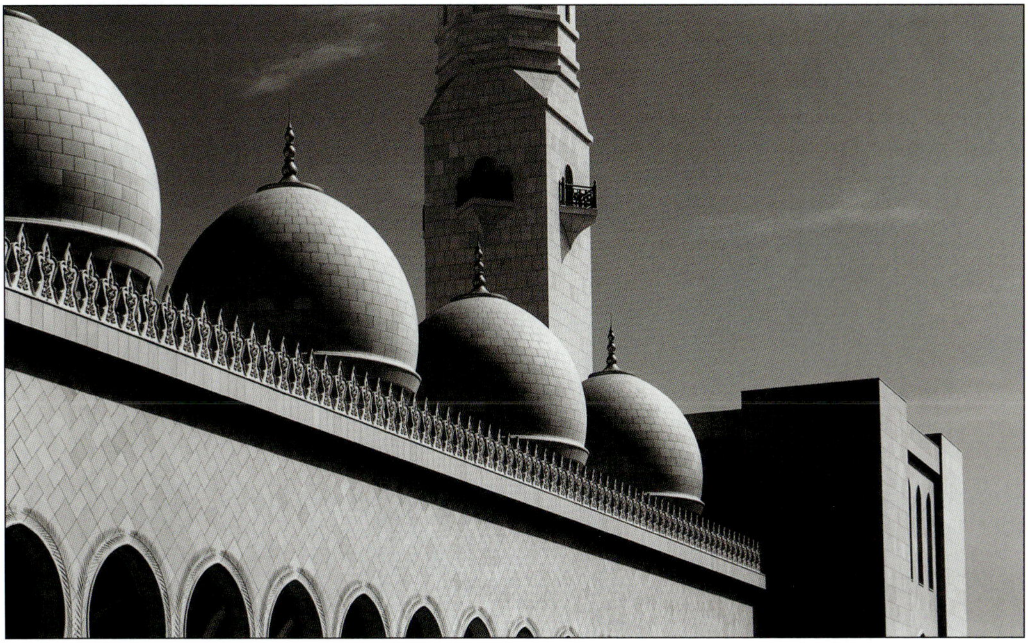

SCHEICH-ZAYID-MOSCHEE, ABU DHABI, VEREINIGTE ARABISCHE EMIRATE

Durch unsere Bildkomposition möchten wir in der Regel den Blick in unser Bild hineinziehen und an die gewünschte Stelle führen. Aus diesem Grund sind Führungslinien als Kompositionstechnik sehr beliebt: Sie lenken die Aufmerksamkeit direkt auf die gewünschten Bereiche in Ihrem Bild. Alles, was den Blick lenkt, kann eine Führungslinie sein: ein Zaun, eine Straße, die sich um einen Hügel schlängelt, eine Reihe von Schafen oder eine Eisenbahnstrecke, die den Blick zum Horizont leitet. Wenn Sie bei der Bildkomposition Objekte sehen, die sich als Führungslinien eignen, z. B. in einer Reihe angeordnete Straßenlaternen oder Bäume, stellen Sie sich so auf, dass diese Elemente den Blick in die Szene führen (es macht mehr Spaß, als man zunächst vermuten könnte, eine Führungslinie zu finden und einzusetzen). Das oben gezeigte Bild habe ich in der Großen Moschee von Scheich Zayed in Abu Dhabi fotografiert. Dabei führt die Dachlinie den Blick vom linken Bildrand direkt in die rechte untere Ecke. Nun wird nicht jedes Bild eine Führungslinie enthalten, aber wenn Sie eine sehen, sollten Sie Ihre Komposition mit ihrer Hilfe noch ausdrucksvoller machen.

Ändern Sie Ihren Blickwinkel

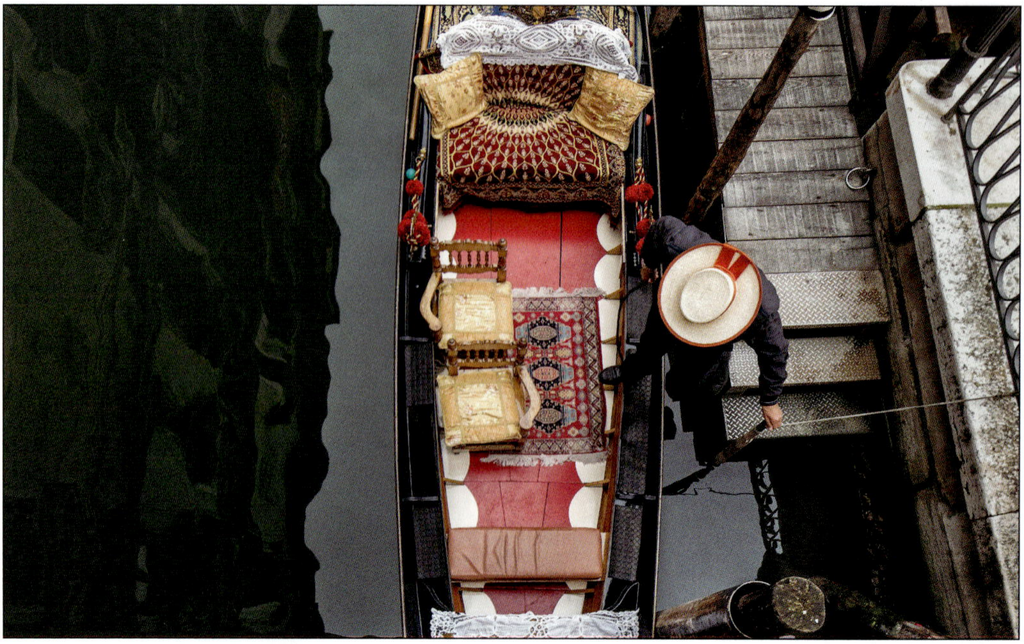

VENEDIG, ITALIEN

Denken Sie kurz darüber nach, wie Amateurfotografinnen und -fotografen vorgehen: Sie gehen auf das Objekt zu, das sie fotografieren möchten, und drücken auf den Auslöser. Wahrscheinlich sind fast alle ihre Aufnahmen auf Augenhöhe fotografiert. Natürlich ist gegen auf Augenhöhe fotografierte Aufnahmen nichts einzuwenden; so fotografieren wir doch alle, oder? Aber sie sind auch nicht besonders aufregend oder faszinierend. Die meisten Bilder auf der Welt werden aus dieser Perspektive aufgenommen, es ist also eine sehr alltägliche Darstellung. Möchten Sie Ihre Fotos ganz schnell aufwerten, ohne viel Geld zu investieren? Ändern Sie die Perspektive, und plötzlich wirken selbst gewöhnliche Dinge viel spannender, weil die Betrachterinnen und Betrachter Ihres Bilds die Objekte aus einem anderen Blickwinkel, einer anderen Perspektive sehen. Das kann bedeuten, dass Sie tief oder sogar ganz tief runtergehen, oder es kann bedeuten, dass Sie von oben (oder von sehr hoch oben) fotografieren, um den Blick auf eine Szene unter Ihnen zu zeigen. Denken Sie an die Food-Fotografie – hier ist es momentan sehr angesagt, die Speisen direkt von oben zu fotografieren, weil diese Perspektive sich von unserer alltäglichen Sichtweise unterscheidet. Es sind dieselben Gerichte wie immer, aber durch den veränderten Blickwinkel wirken sie einzigartig. Wenn Sie von einer Treppe oder einem Balkon aus auf eine Szene hinunter fotografieren oder Ihre Kamera an einem ungewöhnlichen Ort aufstellen und mit dem Selbstauslöser fotografieren, zeigen Sie eine ungewohnte Ansicht und werden Bewunderung ernten.

Erarbeiten Sie sich die Szene

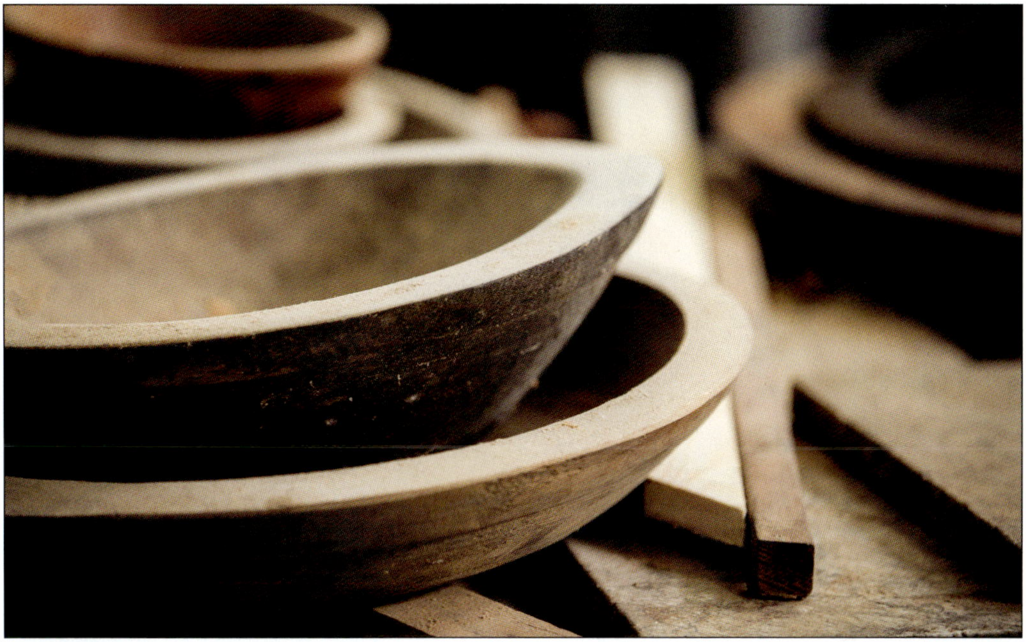

ESSAOUIRA, MAROKKO

Ich wette, Sie haben schon dutzendmal diese Erfahrung gemacht: Sie spazieren durch eine Stadt und halten inne, um ein paar Fotos zu machen. Sie sehen sich die Bilder auf dem Kameradisplay an und finden sie ziemlich langweilig, also machen Sie noch ein oder zwei Aufnahmen und gehen dann weiter. Aber Sie übersehen etwas: Sie sind stehengeblieben, also ist Ihnen etwas aufgefallen. Eine Fotochance hat sich geboten, Sie sind nur nicht lange genug geblieben, um sie wahrzunehmen und herauszufinden, was genau das gewisse Etwas war, das Sie angesprochen hat. Und deshalb konnten Sie es nicht festhalten. Wenn Sie durch den Sucher blicken, schwenkt die Kamera nicht automatisch auf das Motiv, das Sie zum Anhalten veranlasst hat. Sie müssen es selbst finden. Es ist entscheidend, sich die Szene zu erarbeiten, weil es einen bestimmten Winkel, eine bestimmte Ansicht, eine bestimmte Komposition gibt, bei der alles zusammenpasst – das Licht, der Winkel, die Struktur – und die ein großartiges Bild ergibt. Das Geheimnis liegt darin, dranzubleiben, sich die Szene zu »erarbeiten«. Testen Sie verschiedene Winkel und Perspektiven, gehen Sie dicht ran, zoomen Sie weit aus, fotografieren Sie aus verschiedenen Blickwinkeln, bis Sie das Bild entdecken, das Ihr künstlerisches Unterbewusstsein angesprochen hat. Es kann 10 Minuten dauern, es kann 30 Minuten dauern, oder Sie haben Glück und brauchen nur 2 Minuten – und trotzdem gehen Sie manchmal mit leeren Händen nach Hause. Aber das bedeutet nicht, dass Sie Ihre Zeit verschwendet haben oder dass Sie es nicht hätten versuchen sollen. Das Bild oben habe ich in der Werkstatt eines Geschenkeladens in Marokko fotografiert. Das Licht war wirklich schön, aber es gab nur ein großes Durcheinander von Werkzeugen und Holz und ... nun, irgendetwas an diesem Durcheinander zog mich an, also blieb ich etwa 15 Minuten lang dran. Ich habe eine Menge wirklich schlechter Fotos von diesem kleinen Laden, aber dieses einfache Foto finde ich richtig gut mit seinen Formen und dem weichen Licht. Das Erarbeiten der Szene ist eine Schlüsseltechnik, und je öfter Sie sie anwenden, desto eher entdecken Sie ein verstecktes Juwel in einem Meer von scheinbarem Nichts.

Vermeiden Sie störende Elemente an den Bildrändern

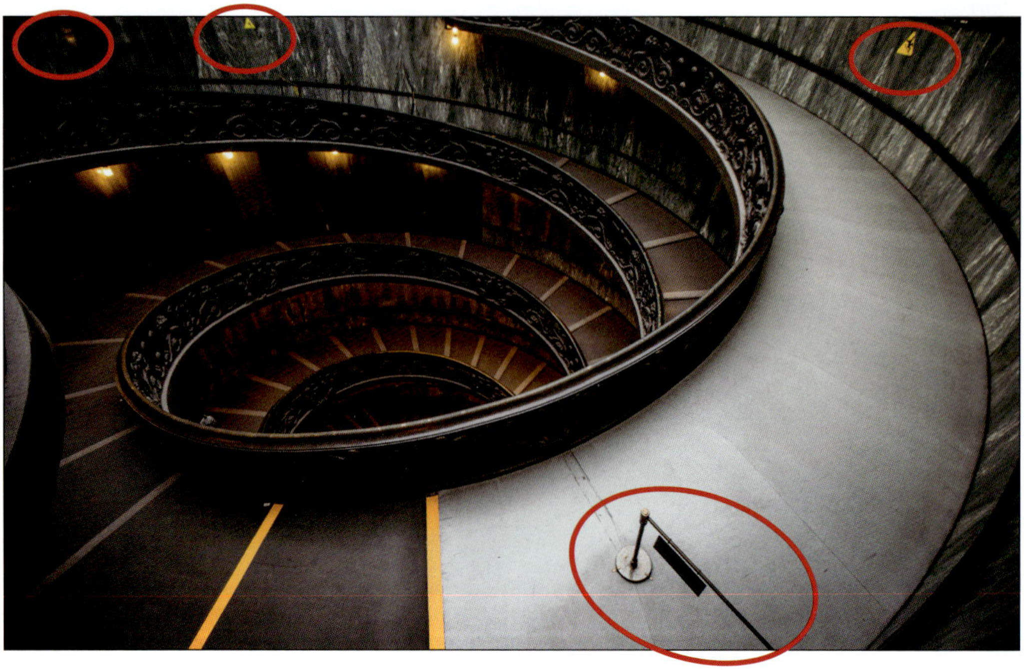

VATIKANSTADT, ROM, ITALIEN

Einer der häufigsten Kompositionsfehler lässt sich besonders leicht vermeiden: Sie müssen nur bewusst verhindern, dass sich unerwünschte Objekte seitlich in Ihr Bild schleichen. Ein Ast, ein Schild, Unkraut, hässliches Gestrüpp, ein Telefonmast – es gibt so viele Objekte, die sich als Störfaktor in Ihr Bild stehlen, wenn Sie nicht aufpassen. Eine Ursache für diesen Fehler ist unsere vollständige Konzentration auf das Motiv. Nehmen wir an, wir möchten einen Bach fotografieren und verwenden einen ND-Filter, um schönes, seidenglattes Wasser zu erzielen. Dabei achten wir nicht auf die Dinge, die seitlich ins Bild ragen und es ruinieren. Behalten Sie die Bildränder im Auge, damit Sie Ihre Aufnahmeposition ändern können. Manchmal reichen schon drei oder vier Zentimeter, um zu verhindern, dass sich Objekte ins Bild stehlen und es ruinieren (oder dass Sie zumindest viel Zeit damit verbringen müssen, sie in Photoshop zu entfernen). Sie sollten in Photoshop kreativ sein und Spaß haben, und sich nicht mit der Korrektur von Fehlern aufhalten, die Sie beim Fotografieren hätten vermeiden können. Haben Sie einfach ein Auge auf die Bildränder, es wird sich auszahlen.

Vereinfachen Sie die Szene

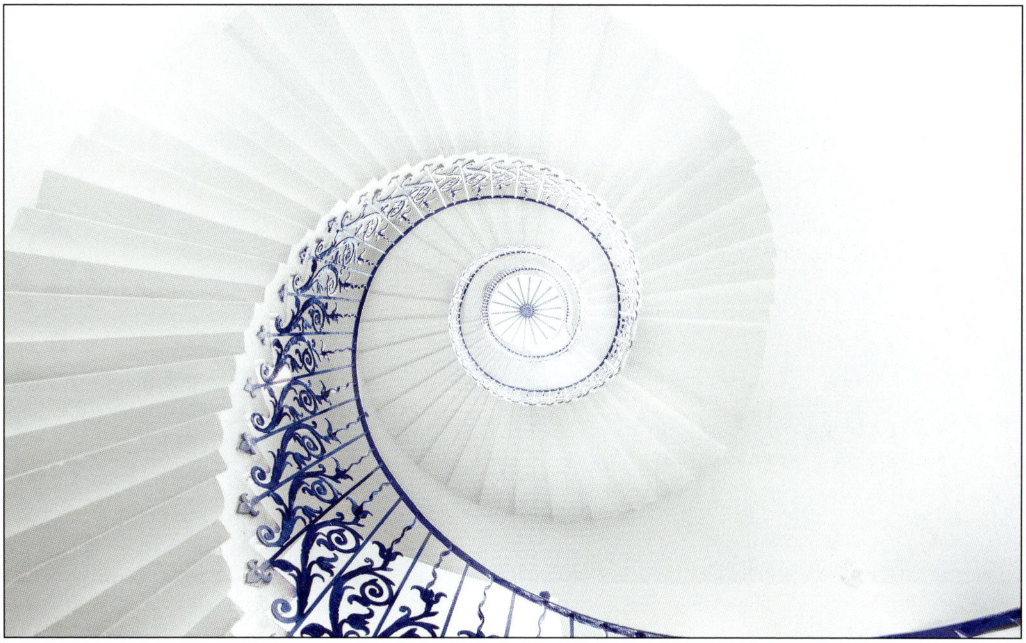

TULIP STAIRS, LONDON, ENGLAND

Müsste ich von allen in diesem Kapitel vorgestellten Kompositionstechniken die wichtigste auswählen, dann würde ich sagen: Bemühen Sie sich, die Szene zu vereinfachen. Verkleinern Sie gegebenenfalls den Bildausschnitt, um Ihre Botschaft, Ihre Geschichte stark und klar zu vermitteln. Machen Sie nicht denselben Fehler wie ich: Ich schaute durch den Sucher, mir gefiel nicht, was ich sah, und ich dachte, ich müsste meinem Bild nur weitere Elemente hinzufügen, mehr von der Szene zeigen, um ein interessanteres Bild zu erhalten – genau das Gegenteil hätte ich tun sollen! Ich hätte mich beim Blick durch den Sucher fragen sollen, ob jedes einzelne Bildelement das Bild stärkt oder ob es nicht eher ablenkend wirkt. Als ich lernte, auf Einfachheit und Klarheit zu achten und keine unübersichtlichen Szenen zu fotografieren, in denen so viel los ist, dass man gar nicht weiß, wohin man zuerst schauen soll, war das ein Wendepunkt für meine Fotografie. Wenn ich heute eine Aufnahme komponiere, versuche ich herauszufinden, was ich weglassen kann. Kann ich das Bild vergrößern/verkleinern, nach links/rechts verschieben, nach oben/unten kippen, um es zu vereinfachen und die Botschaft meines Bilds aussagekräftiger zu vermitteln? Hier gilt definitiv: Weniger ist mehr. Probieren Sie es mal aus. Ich bin sicher, Sie werden es mögen.

Ungerade Zahlen sind am besten

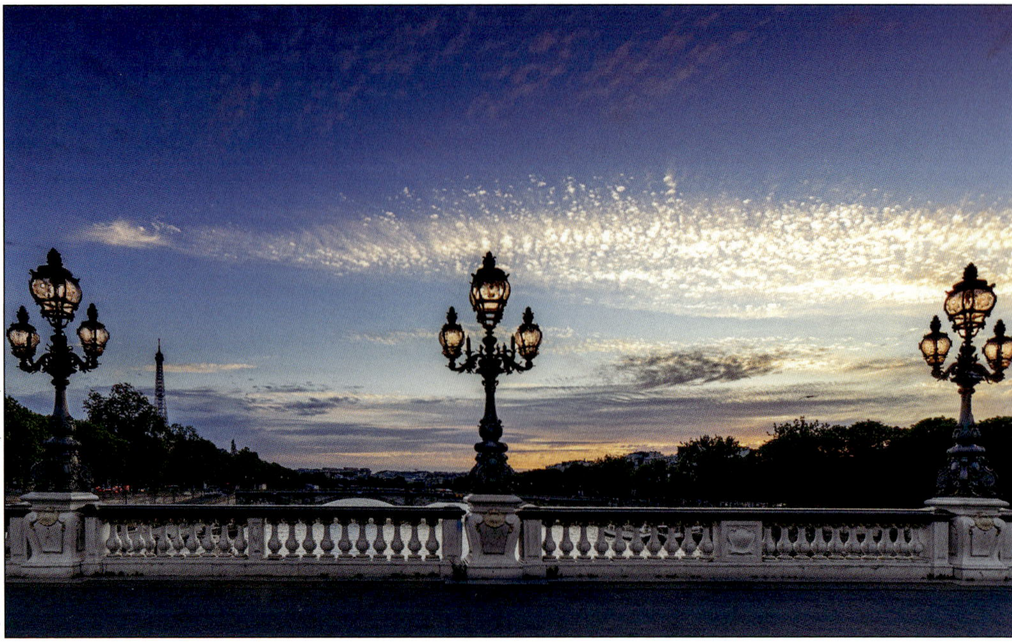

PONT ALEXANDRE III-BRÜCKE, PARIS, FRANKREICH

Dieses bewährte Prinzip beruht auf der psychologischen Erkenntnis, dass uns Objekte in ungeraden Zahlen stärker ansprechen. (Menschen sind seltsam. Ich weiß. Ich bin einer von ihnen. Schon seit einer ganzen Weile.) Wenn Sie zum Beispiel auf einer Brücke fotografieren und dort entweder drei oder vier Laternenpfähle fotografieren können, entscheiden Sie sich immer für drei. Wenn in einem Restaurant Lampen hängen, fotografieren Sie drei oder fünf, aber nicht vier. Übrigens, ich weiß, dass ich gerade zwei Beispiele mit Lampen verwendet habe, aber es hat wirklich nichts mit Lampen zu tun, also lassen Sie sich davon nicht verwirren. Es geht um jedes beliebige Objekt auf Ihrem Bild. Auf dem Tresen steht eine Reihe von Schnapsgläsern? Zeigen Sie eines oder drei oder fünf oder sieben, aber nicht zwei oder sechs. So ... jetzt habe ich den Lampenfluch gebrochen. ;-)

Die Macht des negativen Raums

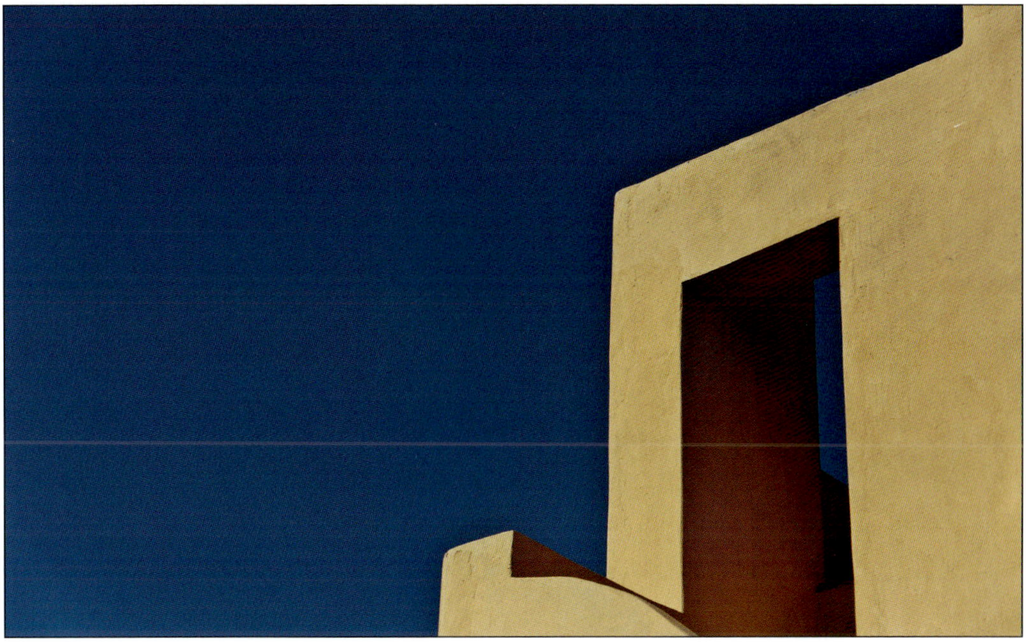

SAMRAT YANTRA, OBSERVATORIUM, JAIPUR, INDIEN

Eine meiner Lieblings-Kompositionstechniken ist der »Negativraum«, und das heißt ganz einfach, dass man einen großen Bildbereich leer lässt (oder dort nichts Wichtiges zeigt), sodass der Blick sofort auf das Motiv gelenkt wird. Es kann sich um eine einfarbige Fläche handeln (z. B. eine Wand) oder einen wolkenlosen Himmel (wie hier) oder irgendeinen Bereich, der nichts enthält (also eine Art Leere). Das verleiht dem Motiv Kraft und Energie. Diese Kompositionstechnik ist einfach umzusetzen: Sie müssen nur nach negativem Raum Ausschau halten – also nach Szenen, in denen Ihr Motiv buchstäblich alleine dasteht – und die Aufnahme so komponieren, dass es von Leere umgeben ist. Diese Technik ist unglaublich wirkungsvoll. Probieren Sie sie einmal aus.

Muster fotografieren

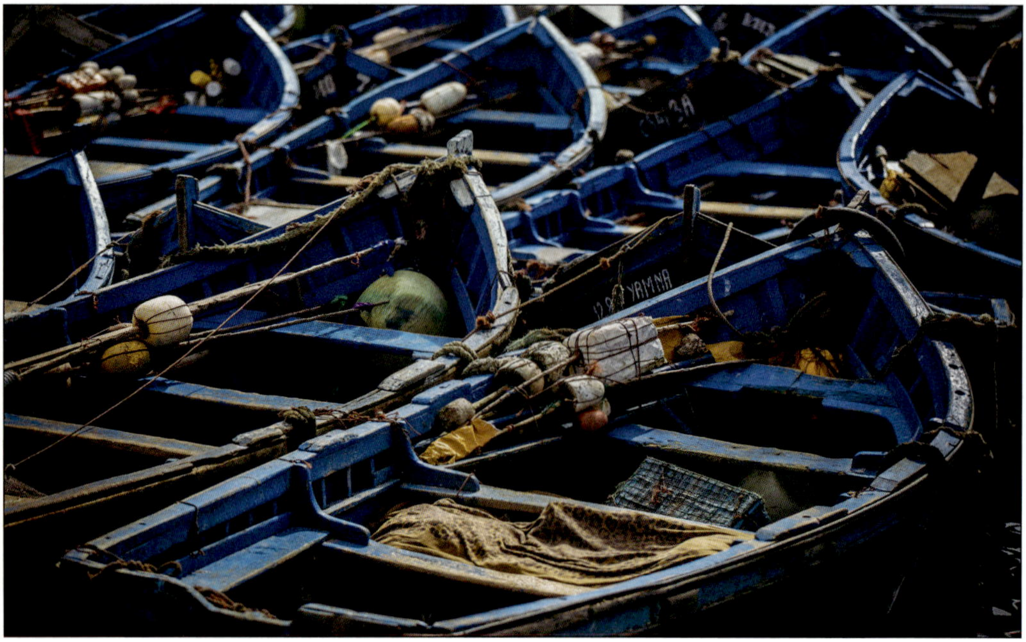

ESSAOUIRA, MAROKKO

Menschen lieben Muster. Ich habe keine Ahnung, wie es Außerirdischen geht, aber als Mensch (und inoffizieller Botschafter dieses Planeten) kann ich Ihnen sagen, dass wir Muster lieben. Sie sind in unserem Leben allgegenwärtig, von Fliesenmustern in unseren Küchen und Bädern über die Musterrapporte der Teppiche unter unseren Füßen bis hin zu den sich wiederholenden Mustern architektonischer Strukturen usw. Wie wäre es also, wenn Sie den Menschen in Ihren Fotos etwas zeigen, was ihnen sowieso gefällt – Muster? Das ist etwas schwieriger, als man annehmen könnte, denn ein Bild kann ziemlich langweilig wirken, wenn es nur ein Muster zu sehen gibt. Um die Sache aufzupeppen, folgen wir dem legendären Fotografen Jay Maisel, der sinngemäß sagte: Muster sind spannend, aber ein unterbrochenes Muster ist noch spannender. Er hatte so recht! Eine Reihe gelber Sonnenschirme an einem Sandstrand kann interessant wirken. Aber wenn einer dieser Schirme eine andere Farbe hat – vielleicht blau oder rot –, unterbricht er das Muster und Ihr Bild bekommt eine ganz neue Dimension. Halten Sie auf Reisen Ausschau nach Mustern, fotografieren Sie sie immer wieder und finden Sie interessante Möglichkeiten, sie zu präsentieren. Vielleicht haben Sie sogar Glück und Sie finden ein unterbrochenes Muster – und wenn nicht, gibt es immer noch Photoshop, mit dem sie die Farbe eines Sonnenschirms in zwei Sekunden ändern können.

Rahmen Sie Ihre Komposition ein

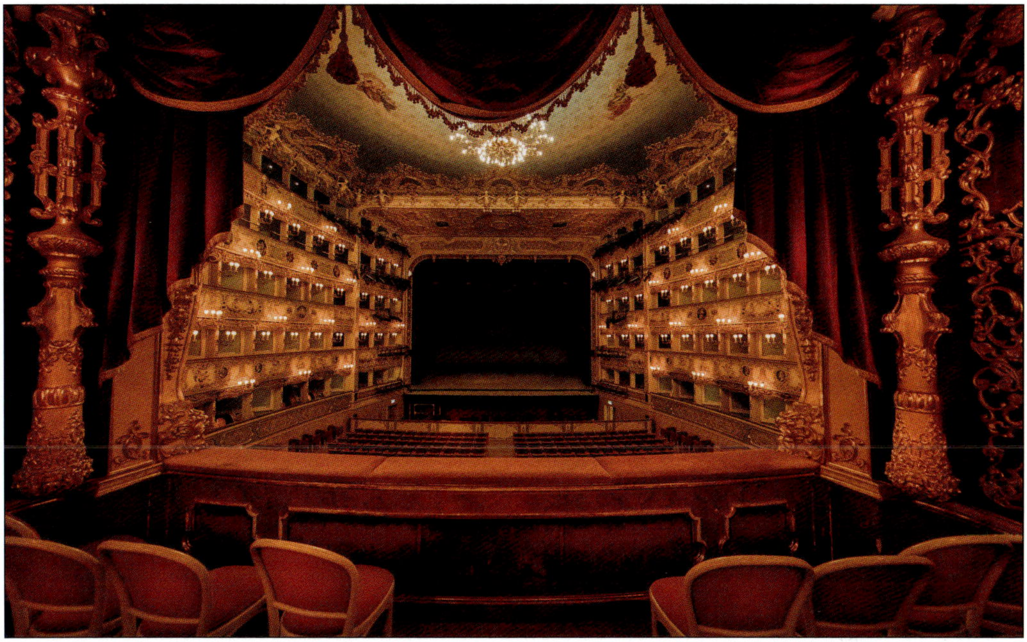

LA FENICE OPERNHAUS, VENEDIG, ITALIEN

Was machen wir, wenn uns ein Bild so richtig gut gefällt? Wir rahmen es ein und stellen es uns auf den Schreibtisch oder hängen es an die Wand. Wir lieben es, Dinge einzurahmen. Wahrscheinlich kommen deshalb »eingerahmte« Kompositionen, also Aufnahmen, die durch eine Tür, ein Fenster, einen Bogen oder (in diesem Fall) durch eine Reihe von Vorhängen fotografiert wurden und diese Elemente am Bildrand zeigen, so gut an. Ich war kein großer Fan dieser Technik, bis ich sie ein paar Mal ausprobiert hatte und die Reaktionen der Leute sah, die diese eingerahmten Kompositionen betrachteten. Sie waren fasziniert. Möchten Sie also Ihr Publikum begeistern, sollten Sie diese Technik in Ihre Trickkiste aufnehmen.

Warum wir Symmetrie lieben

EMBARCADERO, SAN FRANCISCO, KALIFORNIEN, USA

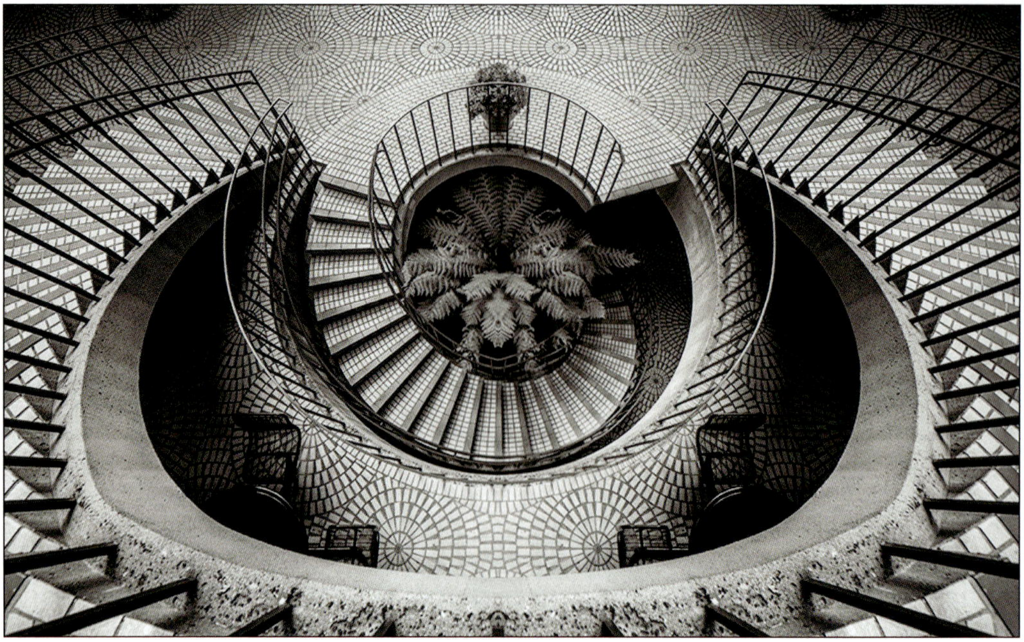

Auch symmetrische Fotos kommen besonders gut an. Wir lieben Symmetrie im wirklichen Leben (es gibt sogar Studien, die zeigen, dass sich Babys zu Erwachsenen und Jugendlichen hingezogen fühlen, deren Gesichtszüge besonders symmetrisch sind – perfekt ausgerichtete Augen, ein Lächeln, das auf beiden Seiten genau gleich breit ist, Ohren, die perfekt zueinander passen usw.). Achten Sie auf Symmetrie, wenn Sie eine Stadt durchstreifen. In manchen Fällen können Sie die Symmetrie in Photoshop aber auch künstlich herstellen, indem Sie die Hälfte Ihres Bildes auswählen, mit **Strg/Befehl + J** auf eine eigene Ebene über dem Originalbild kopieren, dann mit der Funktion **Frei transformieren** die kopierte Bildhälfte horizontal spiegeln, und zack ... schon haben Sie ein symmetrisches Bild (ich weiß nicht genau, warum ich »zack« gesagt habe, aber ich kann es nicht löschen, ich werde nach Wörtern bezahlt). Auf jeden Fall sollten Sie auf Symmetrie achten. Aber ich habe noch einen weiteren Tipp: Wenn Sie vor einer perfekt symmetrischen Szene stehen, etwa dem Taj Mahal, dem Eiffelturm oder einer Gebäudegruppe in der City, nehmen Sie sich etwas Zeit, um sicherzustellen, dass Sie sich exakt vor der Objektmitte befinden, wenn Sie den Auslöser drücken. Weichen Sie nur weniger als einen Meter in die eine oder andere Richtung ab, wirkt das Ergebnis schon nicht mehr ganz so gut.

Die Drittelregel

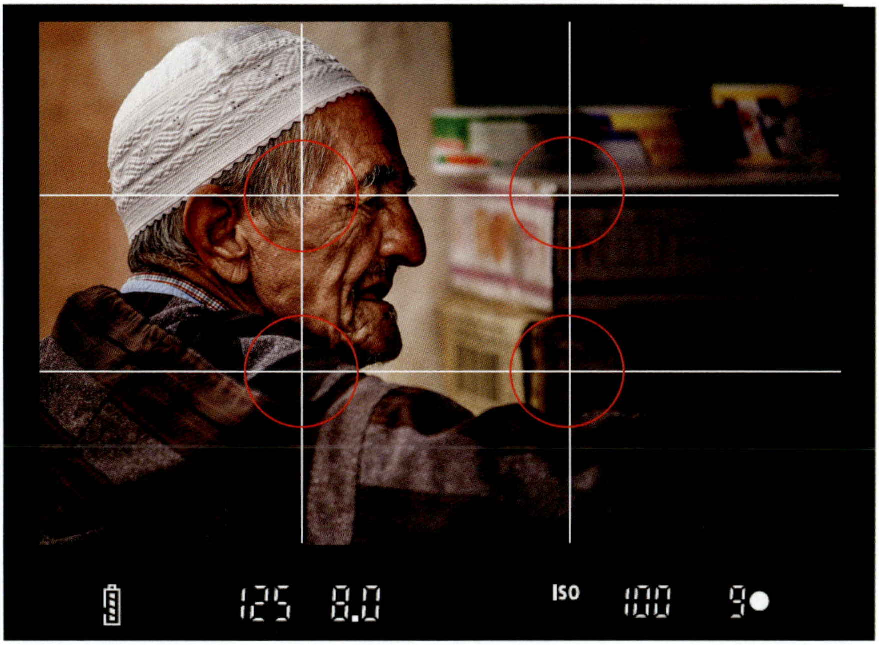

MARRAKESCH, MAROKKO

Dies ist wahrscheinlich die beliebteste aller Kompositionstechniken. Sie stammt aus dem Jahr 1797 und wird bis heute verwendet. Sie ist so angesagt, dass die meisten Kameras (auch die in Ihrem Smartphone) eine Drittelregel-Anzeige enthalten. Die Grundlage ist die Erkenntnis, dass ein Bild langweilig wirkt, wenn das Motiv in der Bildmitte sitzt, und dass es durch die Anwendung der Drittelregel an Kraft und Tiefe gewinnt. (»Regel« ist eigentlich keine passende Bezeichnung, denn es ist keine Regel bzw. kein Gesetz. Man sollte besser von der »Drittel-Methode« sprechen. Sie ist ein Hilfsmittel, nichts in Stein Gemeißeltes.) Um die »Regel« anzuwenden, teilen Sie die Szene im Sucher gedanklich in Drittel auf (wie ich bereits erwähnt habe, können Sie im Sucher der meisten Kameras – wie oben gezeigt – ein sichtbares Drittelraster über die Szene legen). Sobald Sie das Raster vor sich haben (entweder auf dem Bildschirm oder in Ihrem Kopf), positionieren Sie Ihr Hauptmotiv idealerweise an den Kreuzungspunkten der horizontalen und vertikalen Linien. Jeder der vier Schnittpunkte verstärkt die Aussagekraft Ihres Motivs gegenüber der mittigen Platzierung. (Wie gesagt, es ist kein Gesetz, denn manchmal liegt der richtige Platz für Ihr Motiv tatsächlich genau in der Mitte. Es hängt einfach vom Bild ab, stimmt's?) Es gibt auch eine Drittelregel für Horizontlinien (ich erläutere sie auf Seite 98), aber das ist auch schon alles, was es dazu zu sagen gibt. Wenn Sie wichtige Elemente an den Kreuzungspunkten der Linien platzieren, erhalten Sie stärkere und aussagekräftigere Bilder.

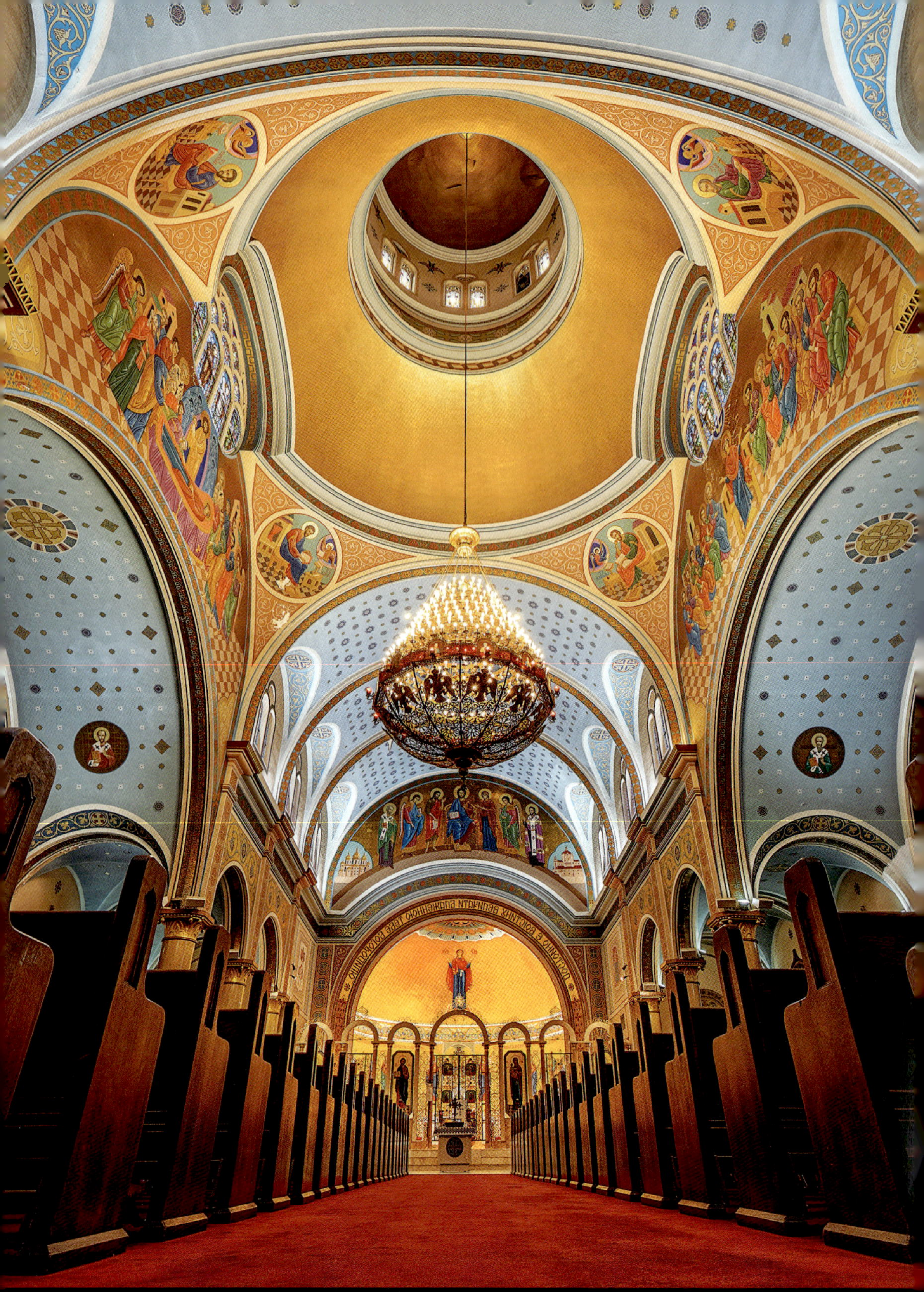

Belichtungszeit: 0.4Sek. | Blende: f/11 | ISO:100 | Brennweite: 11 mm
Location: St. Nicholas Ukrainian Catholic Cathedral, Chicago, Illinois, USA

KAPITEL 07

COOLE FOTOMOTIVE

Noch mehr coole Fotomotive

(Irgendwie steht alles Wichtige schon in der Überschrift – sei's drum.)

Auf Ihrer Reise werden Sie die naheliegenden Motive (Monumente, Touristenattraktionen, Paläste usw.) auf jeden Fall fotografieren (dazu brauchen Sie kein Buch), aber es gibt auch weniger offensichtliche Dinge, an die Sie vielleicht nicht denken, und Kamerafunktionen, die Ihnen Dinge ermöglichen – gerade auf Reisen – die Sie vielleicht noch nicht ausprobiert haben. Immer mehr spiegellose Kameras bieten eine Funktion namens MMM, ein Akronym für »Mach mal magisch«, die im Wesentlichen eine Art »Feenstaub«-Effekt über Ihr Foto legt. Im ersten Moment denken Sie vielleicht: »So ein Quatsch« und »Wann sollte ich so etwas nutzen?« Aber denken Sie einmal darüber nach: Als die gute Fee in Disneys »Dornröschen« ihren Zauberstab spitzte und das Schloss der Prinzessin mit einer Portion Feenstaub überzog, haben Sie da gedacht: »Wow, was für ein Kitsch!«? Ganz sicher nicht, und der Hauptgrund dafür ist: »Feenstaub macht alles besser«. Wahrscheinlich genau deshalb hat Sony diese Funktion erstmals 2014 in seiner spiegellosen A7 II-Vollformatkamera eingeführt. Natürlich dauerte es nicht lange, bis Canon mit der EOS 5D Mark II und der Funktion »Einhorn-Glitzer« nachzog, gefolgt von Nikon, die ihre Version »Sensorstaub« nannten – was sich aber nicht so durchsetzte, wie sie es sich vorgestellt hatten. Das ist schade, denn sie hatten die beste Implementierung eines Feenstaub-Overlays, die ich je gesehen habe. Nun, mit Ausnahme von Fuji vielleicht, die eine Version namens »Reibekäse« herausbrachten. In der Pressekonferenz zur Markteinführung hieß es, man habe den Namen gewählt, weil »dadurch wie bei echtem geriebenem Käse alles besser wird, worauf man es streut«. Die Funktion wurde mit Einführung der X-A2 aus den Fuji-Kameras entfernt, und der Verantwortliche im Unternehmen, der sich den Namen ausgedacht hatte, wurde gefeuert und betreibt jetzt mit seiner Tochter eine Herrenboutique in Wuppertal.

Zeitraffer fotografieren

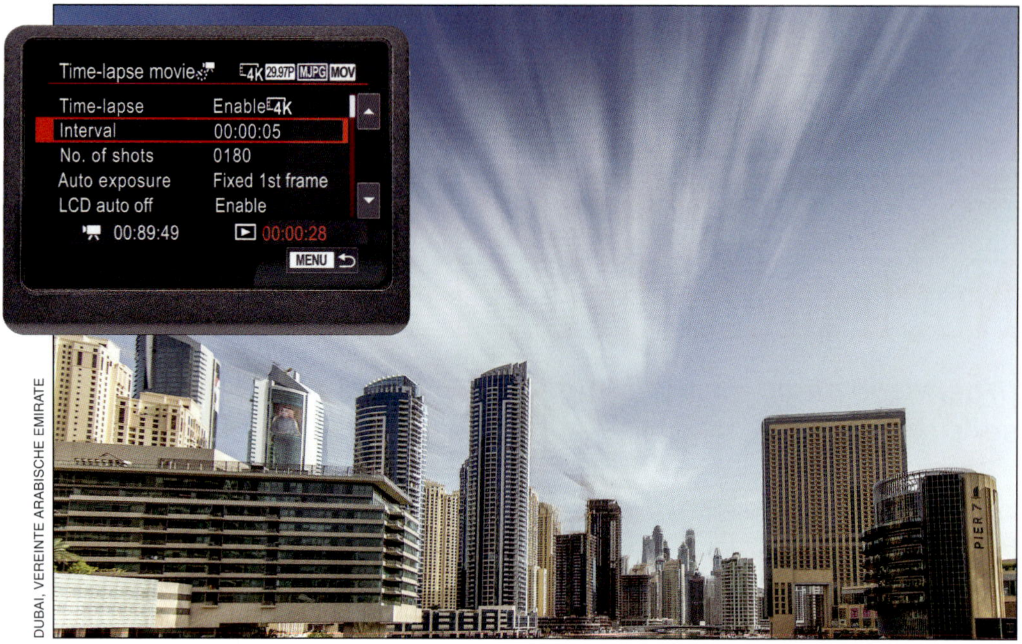

DUBAI, VEREINTE ARABISCHE EMIRATE

Zeitraffer eignen sich hervorragend, um Bewegung im Verlauf der Zeit darzustellen. So könnten Sie beispielsweise die Kamera auf dem Balkon Ihres Hotelzimmers aufstellen und eine Zeitrafferaufnahme von Sonnenuntergang bis Sonnenaufgang machen. Ihre Kamera nimmt in bestimmten Abständen ein Bild auf, und zwar unbeaufsichtigt. Sie starten also den Zeitraffermodus und die Kamera fotografiert so lange, wie Sie wollen (z. B. eine Aufnahme alle 10 Minuten oder eine Aufnahme pro Minute usw.). Danach werden die Zeitraffer-Bilder zusammengesetzt, in rascher Abfolge nacheinander angezeigt (normalerweise nicht länger als 30 Sekunden), und dann als Video gespeichert (Sie können dies direkt in Lightroom oder auf Ihrem Smartphone erledigen; dort werden die Bilder automatisch zu einem Video zusammengesetzt – siehe Seite 128). Damit erhalten Sie eine beeindruckende Animation, die ein echtes dokumentarisches Gefühl vermittelt. Das Ergebnis ist fantastisch, und einige der besten Zeitrafferaufnahmen, die ich gesehen habe, wurden auf Reisen fotografiert. Viele Kameras verfügen heutzutage über eine eingebaute Zeitrafferfunktion (in den Menüs wird sie manchmal als »Intervall« bezeichnet). Sie wählen einfach aus, wie viele Aufnahmen Sie insgesamt und in welchem Zeitraum machen möchten, setzen die Kamera dann auf ein Stativ oder eine andere stabile Oberfläche und überlassen ihr den Rest. Haben Sie keine Kamera mit Zeitrafferfunktion, können Sie sich einen Kabelauslöser mit einer eingebauten Intervallometer(Zeitraffer)-Funktion besorgen (der kostet etwa 20 €, bietet neben der Zeitrafferfunktion aber auch einen normalen Kabelauslöser, sodass der Preis etwas leichter zu verschmerzen ist).

Langzeitbelichtungen aufnehmen

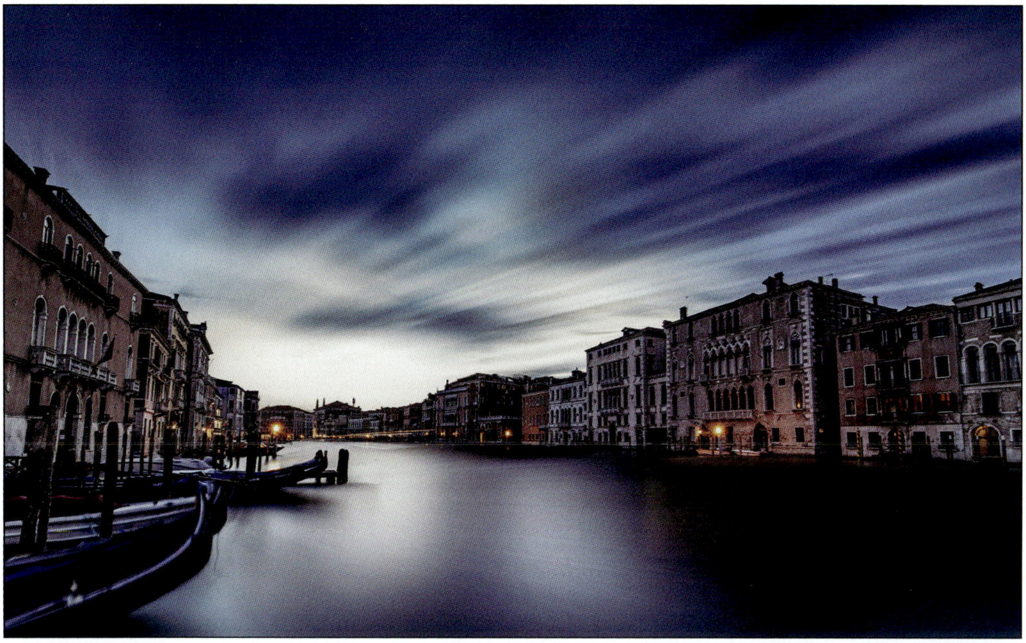

CANAL GRANDE, VENEDIG, ITALIEN

Eine Langzeitbelichtung mit einem Neutraldichtefilter (ND-Filter) ist ein hervorragendes Mittel, um über lange Zeiträume hinweg Bewegung zu zeigen. Natürlich fällt mir als Erstes ein, wie toll er bei Wasser wirkt – Brunnen und Wasserfälle sehen glatt und seidig statt eingefroren aus, Seen sanft und neblig statt unruhig – oder bei Wolken. Ich verwende ihn auch, um Touristen loszuwerden (siehe Seite 187). Es gibt so viele großartige Einsatzmöglichkeiten, dass ich auf Reisen normalerweise keine anderen Filter verwende. Mit einer hohen Blendenzahl, z. B. f/22, können Sie zwar die Belichtungszeit verlängern, aber wenn Sie nicht gerade an einem bewölkten oder bedeckten Tag oder fast bei Sonnenuntergang fotografieren, reicht das allein nicht aus. Sie brauchen einen ND-Filter (siehe Seite 71) vor dem Objektiv, um die Szene abzudunkeln und die Belichtungszeit zu verlängern (einige Sekunden oder sogar 10 oder 15 Minuten), sodass Sie richtig seidiges Wasser oder Wolkenstreifen bekommen. Mit einer spiegellosen Kamera lässt sich ein ND-Filter leichter verwenden: Setzen Sie ihn einfach aufs Objektiv, und wenn Sie glauben, dass die Belichtung länger als 30 Sekunden dauern wird, schalten Sie in den Bulb-Modus. Dadurch bleibt der Verschluss so lange offen, wie Sie den Auslöser gedrückt halten. Drücken Sie dann den Auslöser mit einem Kabel- oder Funkauslöser (siehe Seite 68) so lange, wie es für eine gute Belichtung notwendig ist. Wie lange muss der Verschluss offen bleiben? Es gibt Apps, die das für Sie berechnen können. Ich verwende den NDTimer für iOS (oder den ND-Filter-Timer für Android). Auch PhotoPills ist geeignet (siehe Seite 72). Diese Apps sind toll – Sie müssen nur angeben, wie lang die Belichtung ohne Filter wäre und wie dunkel der Filter ist. Die Apps verraten Ihnen dann exakt, wie viele Minuten und/oder Sekunden der Verschluss offen bleiben muss. Wenn Sie mit einer DSLR fotografieren, brauchen Sie zusätzlich zwei Dinge: (1) Fokussieren Sie, bevor Sie den Filter aufsetzen, und schalten Sie die Autofokus-Taste am Objektiv aus, damit nicht neu fokussiert wird. Und (2) decken Sie den Sucher mit einem Stück schwarzem Klebeband ab, damit kein Licht eindringt und Ihr Foto ruiniert.

Panoramen fotografieren

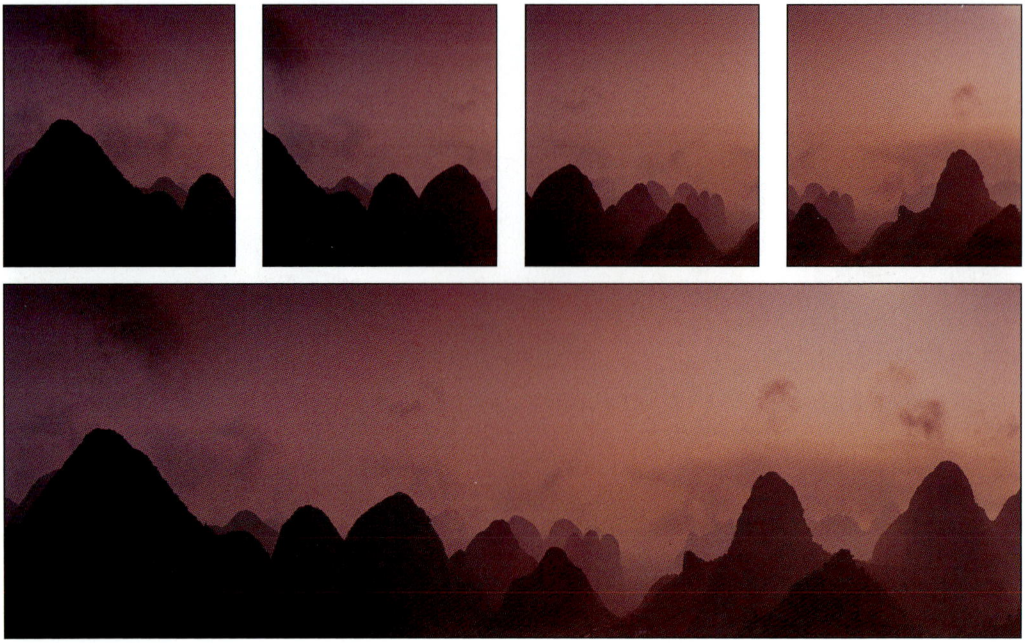

GUILIN, CHINA

Auf Reisen fotografiere ich oft Panoramen aus der Hand. Das geht ganz leicht und Lightroom oder Photoshop setzen das Panorama auch automatisch für Sie zusammen. Einfacher könnte es wirklich nicht sein. Zuerst zur Einstellung der Kamera. Sie müssen dabei nur zwei Dinge beachten: (1) Stellen Sie das Motiv scharf, und schalten Sie die Autofokus-Taste aus (Sie finden sie seitlich am Objektiv). (2) Stellen Sie Blende f/11 ein, damit alles scharf ist, und lassen Sie die Kamera die Belichtungszeit wählen. Blicken Sie nun durch den Sucher und notieren Sie sich die Belichtungszeit, die die Kamera ausgewählt hat. Schalten Sie jetzt in den manuellen Modus um wählen Sie Blende f/11 sowie die Belichtungszeit, die soeben im Sucher angezeigt wurde. Auf diese Weise stellen Sie sicher, dass sich während der Panoramaaufnahme weder Schärfe noch Belichtung ändern. (Hinweis: All das ist nicht immer notwendig. Ich habe wirklich mehr als 100 Panoramabilder aufgenommen, bei denen ich keine der genannten Einstellungen verändert habe, und alle sind gut geworden. Aber wenn Sie sich wirklich ernsthaft mit Panoramen beschäftigen wollen, sollten Sie für perfekte Ergebnisse diese Schritte durchführen). Nachdem Sie die gewünschten Einstellungen vorgenommen haben, müssen Sie nur noch dafür sorgen, dass sich die einzelnen Bilder um etwa 30 % mit dem vorherigen Bild überlappen. Das wars schon. Mehr brauchen Lightroom oder Photoshop nicht, um den Zauber zu vollbringen (auf Seite 228 gehe ich genau darauf ein, was Sie in Lightroom oder Photoshop tun müssen, um die Aufnahmen zu einem einzigen Panoramabild zu kombinieren).

Bilder mit hohem Dynamikumfang (HDR) fotografieren

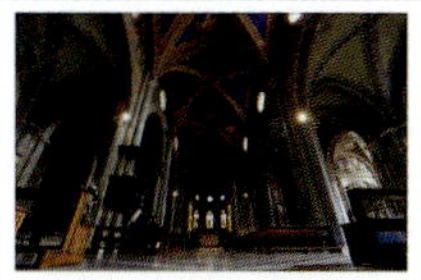

Normal

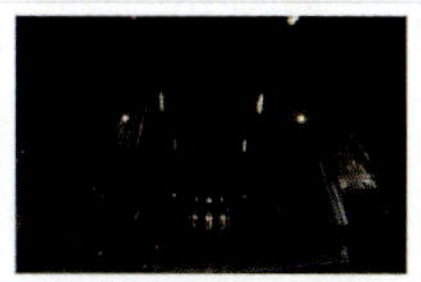

–2 Belichtungsstufen

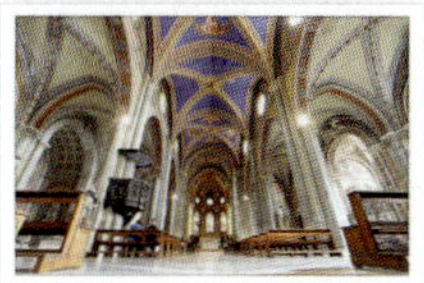

+2 Belichtungsstufen

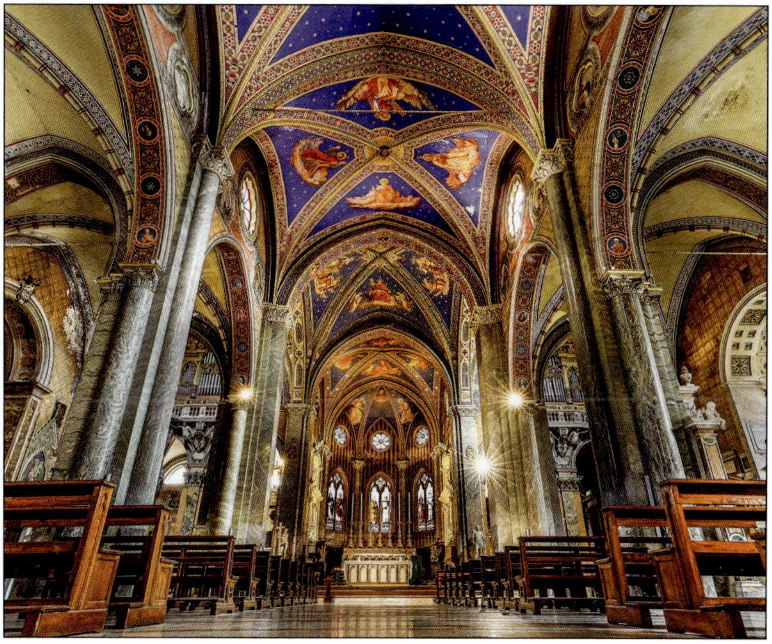

SANTA MARIA SOPRA MINERVA, ROM, ITALIEN

Das menschliche Auge kann eine unglaubliche Bandbreite an Tonwertnuancen erfassen, von ganz dunkel bis sehr hell, indem es sich blitzschnell den Lichtgegebenheiten anpasst und unser Hirn diese Einzelbilder zu einem gleichmäßig »belichteten« Gesamtbild verrechnet. Das ist wirklich beeindruckend. Stellen Sie sich zum Beispiel vor, Sie stehen in einer hoch aufragenden gotischen Kathedrale mit großen Glasfenstern auf beiden Seiten. Wenn Sie dort stehen, sehen Sie alles ganz deutlich, aber wenn Sie ein Foto machen, sind auf diesem die Buntglasfenster total überstrahlt – keine Details, keine Farbe, nichts. Das liegt daran, dass Ihre Kamera auf einem einzelnen Bild nicht annähernd denselben Helligkeitsumfang wie das menschliche Auge (bzw. das Hirn) abbilden kann. Sie kann mit dem enormen Dynamikumfang in der Kathedrale nicht umgehen, sodass die Fenster auf dem Bild entweder völlig ausgefressen sind oder, wenn Sie die Belichtung so weit verringern, dass die Buntglasfenster gut herauskommen, das Innere der Kathedrale so dunkel dargestellt wird, dass keine Details mehr sichtbar sind. Hier kommt HDR (High Dynamic Range) ins Spiel. Ihre Kamera fotografiert eine Reihe von Aufnahmen mit unterschiedlichen Belichtungen (z. B. eine normale, eine um zwei Blendenstufen dunklere und eine um zwei Blendenstufen hellere), die Sie dann in Lightroom oder Photoshop zu einem Bild mit einem unglaublichen Dynamikumfang kombinieren – mehr, als jeder Sensor in einem Bild erfassen könnte. Dazu aktivieren Sie in Ihrer Kamera die Belichtungsreihenfunktion, schalten dann den Selbstauslöser der Kamera ein, stellen ihn auf 2 Sekunden Vorlauf und drücken einmal auf den Auslöser. Die Kamera nimmt nun alle drei Fotos auf (bei schlechten Lichtverhältnissen, z. B. in einer Kathedrale, bekommen Sie mit einem Stativ die besten Ergebnisse). So weit zum Fotografieren. Wie Sie die drei Bilder zu einem HDR-Bild kombinieren, erfahren Sie auf Seite 229.

HDR-Panos aufnehmen

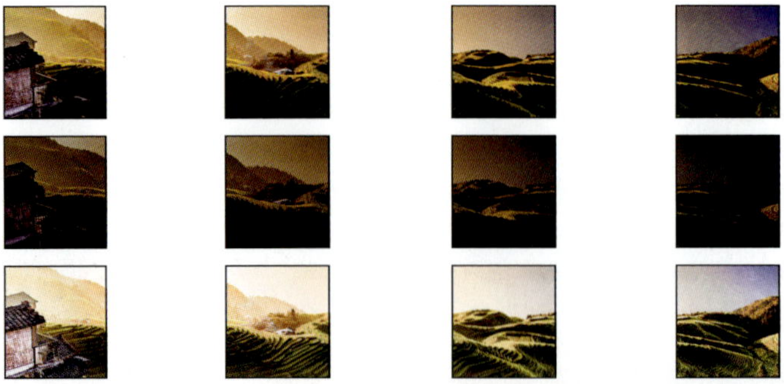

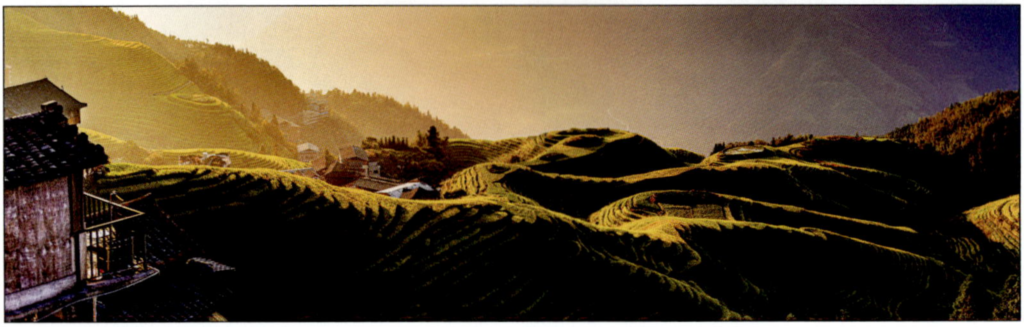

LONGJI-REISTERRASSEN, GUILIN, CHINA

Wenn Sie ganz verwegen sind, können Sie nicht nur ein Panorama oder ein HDR-Bild fotografieren, sondern beides in einem. Sowohl Lightroom als auch Photoshop können die Belichtungsreihen zu einzelnen HDR-Bildern kombinieren und dann alle resultierenden Bilder zu einem einzigen RAW-Panorama zusammenfassen. Bevor Sie sich jedoch mit der Nachbearbeitung beschäftigen (die ich auf Seite 228 erkläre und für die ich auch ein Video erstellt habe, das Sie auf der auf Seite xiii erwähnten Begleitwebsite zum Buch finden), gehen Sie folgendermaßen vor, um die zu kombinierenden Aufnahmen zu erstellen: (1) Aktivieren Sie die Belichtungsreihenfunktion Ihrer Kamera (sodass Sie drei Aufnahmen erhalten: die normale Belichtung, eine um zwei Stufen dunklere und eine um zwei Stufen hellere). Und (2) nehmen Sie eine erste Belichtungsreihe mit drei Fotos auf (auf der vorherigen Seite habe ich erklärt, wie man ein HDR-Bild fotografiert), schwenken Sie dann ein wenig nach rechts und stellen Sie sicher, dass dieses zweite Bild das erste um etwa 30 % überlappt. Nehmen Sie dann alle drei Belichtungsreihen auf. Wiederholen Sie diesen Vorgang, indem Sie die Kamera ein wenig nach rechts schwenken, wobei sich die Bilder weiterhin um 30 % überlappen sollten, um wieder eine Belichtungsreihe zu fotografieren. Schwenken Sie erneut nach rechts, um den Vorgang zu wiederholen. Wenn Sie fertig sind, haben Sie zwar eine ganze Menge Bilder, dafür aber auch eine sehr hohe Auflösung und einen unglaublichen Tonwertumfang.

Die Milchstraße fotografieren

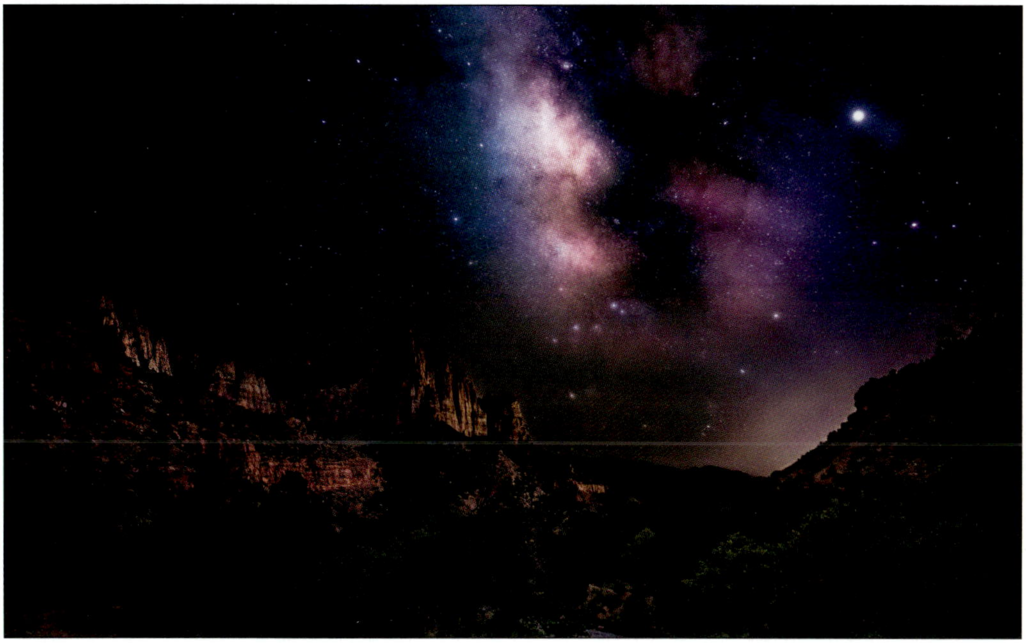

©ERIK KUNA / ZION NATIONAL PARK, UTAH

Wenn Sie sich in einer klaren, wolkenlosen Nacht in weiter Entfernung von den Lichtern einer Stadt befinden (in Astrofotografiekreisen als »Lichtverschmutzung« bezeichnet, wo Sie wirklich dunkle Orte finden, zeigt Ihnen die Website *https://www.lightpollutionmap.info*), können Sie vielleicht ein atemberaubendes Foto der Milchstraße machen. Dafür benötigen Sie einige Utensilien: ein Stativ und einen Kabel- oder Funkauslöser (siehe Seiten 65 und 68) sowie ein Weitwinkelobjektiv mit einer sehr niedrigen Blendenzahl (wie das in Kapitel 3 erwähnte, preiswerte und bei Astrofotografen sehr populäre Rokinon 14 mm f/2.8). Denn obwohl die Milchstraße auf Fotos sehr hell aussieht, ist sie in Wirklichkeit gar nicht so hell, und Sie müssen so viel Licht wie möglich in die Kamera bekommen (deshalb die niedrige Blendenzahl). Trotzdem müssen Sie den ISO-Wert stark erhöhen, wenn Sie ein Objektiv mit Blende f/2.8 haben, aber eben nicht mehr ganz so stark. Okay, das zur Ausrüstung (und einer wichtigen Kameraeinstellung: Sie öffnen die Blende vollständig). Die Belichtungszeit liegt wahrscheinlich bei etwa 15 Sekunden (wenn sie zu lang ist, werden die Sterne aufgrund der Erdrotation unscharf). Sie können die Belichtungszeit etwas verlängern, aber nicht über 30 Sekunden. Wie bereits erwähnt, müssen Sie den ISO-Wert hochdrehen, wahrscheinlich auf etwa 6.400, damit die Sterne hell genug sind – aber keine Panik, bei einem komplett schwarzen Nachthimmel ist das Rauschen nicht so stark sichtbar wie sonst (probieren Sie es einfach mal aus). Außerdem müssen Sie auf einen möglichst hellen Stern fokussieren – am besten über das Kameradisplay, indem Sie die Anzeige dort vergrößern und manuell scharf stellen (deaktivieren Sie den Autofokus!). Die Einstellungen sind also einfach. Entscheidend für ein gutes Milchstraßenfoto sind ein sehr klarer Himmel und eine möglichst große Entfernung von der Lichtverschmutzung einer Stadt, einer Straße oder der Stirnlampe eines nächtlichen Wanderers.

Nachts fotografieren

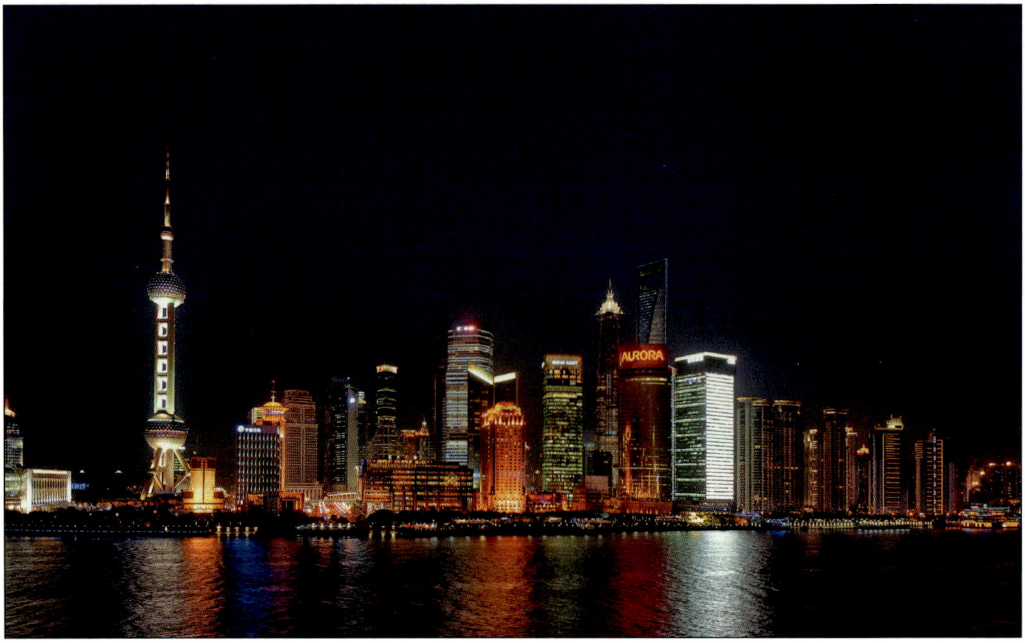

SHANGHAI, CHINA

Ich habe zwei Tipps für nächtliche Reisefotos, und der erste steht im Gegensatz zu der sonstigen Empfehlung in diesem Buch, nämlich in der Blendenvorwahl zu fotografieren. Dies funktioniert fast immer gut – außer bei Nachtaufnahmen. Denn »Blendenvorwahl« heißt, dass die Belichtungszeit automatisch und mit dem Ziel einer richtigen Belichtung nachgeführt wird. Wenn Ihre Kamera also einen dunklen Himmel und eine insgesamt dunkle Szene wahrnimmt, versucht sie, alles heller zu machen – auch den Nachthimmel, der ja eigentlich dunkel bleiben soll. Deshalb wechsle ich bei Nachtaufnahmen in den manuellen Modus. Wenn dieser Ihnen unheimlich ist, lassen Sie sich nicht verunsichern, denn wir werden einen Trick anwenden, der das Ganze vereinfacht. Starten Sie mit Blendenvorwahl und merken Sie sich die gewählten Einstellungen (wobei Sie sich klarmachen, dass sie ein wenig zu hell sind). Jetzt wechseln Sie in den manuellen Modus und wählen dieselbe Blende und Belichtungszeit. Nun wissen Sie, dass das Bild zu hell wird, richtig? Also dunkeln Sie die Szene einfach ab, indem Sie eine höhere Blendenzahl wählen. Wenn wir zum Beispiel ermittelt haben, dass das Bild bei Blende f/5.6 und der von der Kamera gewählten Belichtungszeit etwas zu hell würde, versuchen wir es mit Blende f/8 (halb so hell) oder f/11 (nur noch ein Viertel so hell), und die ganze Szene wird dunkler. Wählen Sie einfach die Blende, die Ihnen am besten gefällt (und die eine normale Nachtaufnahme ergibt). Ein weiterer Tipp: Probieren Sie ein paar unterschiedliche Weißabgleichseinstellungen aus. Versuchen Sie es insbesondere mit einem kühleren (blauen) Weißabgleich. Das Schwarz wirkt dann etwas blauer und die nächtliche Stadt erhält einen futuristischen Anstrich. Probieren Sie diese beiden Einstellungen aus – sie machen einen großen Unterschied.

Spiegelungen fotografieren

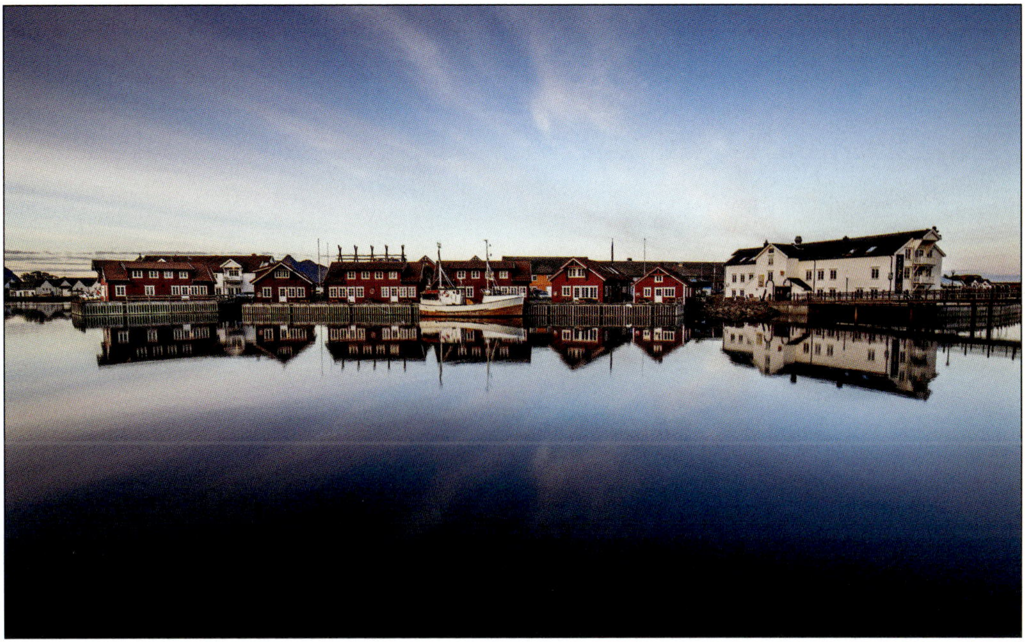

LOFOTEN-INSELN, NORWEGEN

Das Geheimnis schöner, spiegelgleicher Reflexionen liegt nicht in der Kamera. Es gibt dafür keine spezielle fotografische Technik. Das Geheimnis liegt in Ihrem Wecker, denn zur Zeit der Morgendämmerung finden Sie am ehesten spiegelglattes, ruhiges Wasser wie im Bild oben vor. In dieser ruhigen Phase, bevor Wind aufkommt und das Wasser sich kräuselt, können Sie solche Spiegelungen in Seen, Teichen und Hafenwasser fotografieren. Eine Stunde nach der Morgendämmerung ist es bereits zu spät. Stellen Sie sich also früh den Wecker, wenn Sie perfekte Spiegelungen fotografieren möchten. Hinweis: Dieses Bild wurde auf den norwegischen Lofoten zu einer Jahreszeit fotografiert, in der die Sonne eigentlich nie untergeht, sodass man stundenlang schönes Licht (und in diesem Fall ruhiges Wasser) hat, obwohl das Bild mitten in der Nacht entstanden ist.

Standard-Urlaubsfotos, einmal anders

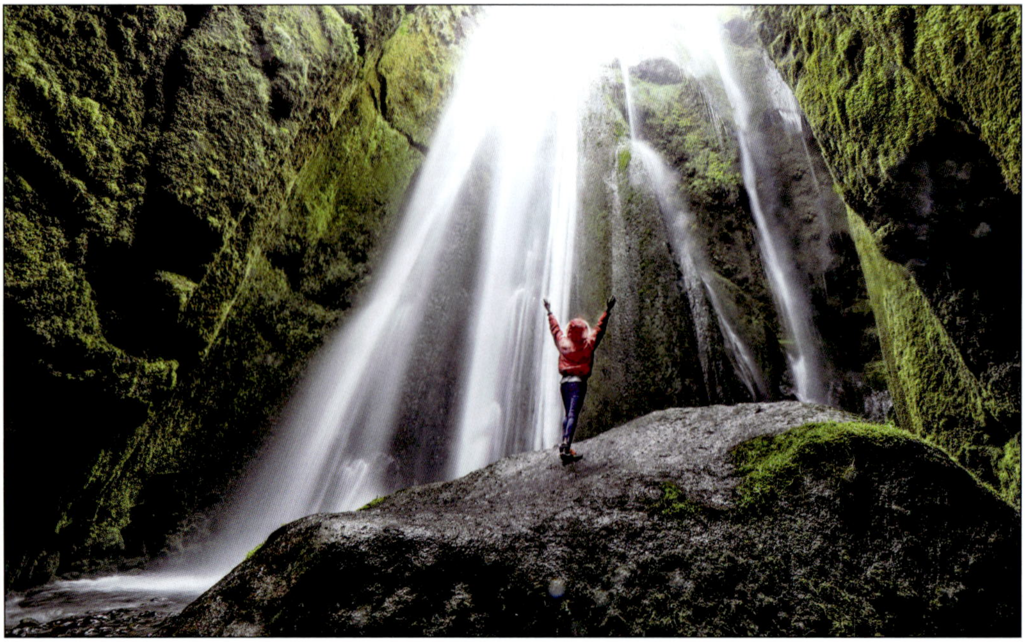

ÞÓRSMERKURVEGUR, ISLAND

Wenn wir eine Person aus unserer Reisegruppe in ein Foto integrieren (eine Freundin, einen Freund, ein Familienmitglied usw.), schaut sie normalerweise direkt in die Kamera, lächelt und posiert. Solche »Seht her, ich bin in London«-Aufnahmen können und sollen wir durchaus fotografieren (sie eignen sich perfekt, um sie auf Facebook zu teilen), aber sie eignen sich nicht, um einen Augenblick oder die Stimmung einzufangen – sie sind einfach »Urlaubsfotos« (und daran ist überhaupt nichts auszusetzen, ich mache sie auf jeder Reise). Auf Instagram ist jedoch eine Art Urlaubsfoto momentan sehr angesagt: Zeigen Sie eine Person aus Ihrer Reisegruppe, die jedoch nicht in die Kamera schaut. Stattdessen wird sie zu einem Teil der Szene und man sieht, wie sie den Ort genießt (wie oben zu sehen), statt nur davor zu posieren. Solche Bilder vermitteln einen ganz anderen Eindruck und zeigen die Freude am Reisen auf eine Weise, die mit dem bloßen Posieren vor der Kamera nicht zu erreichen wäre. Probieren Sie das nächste Mal ein paar solche Aufnahmen und schauen Sie, was Sie davon halten. Ich glaube, Sie werden diese Technik häufiger einsetzen.

Bewegung vermitteln

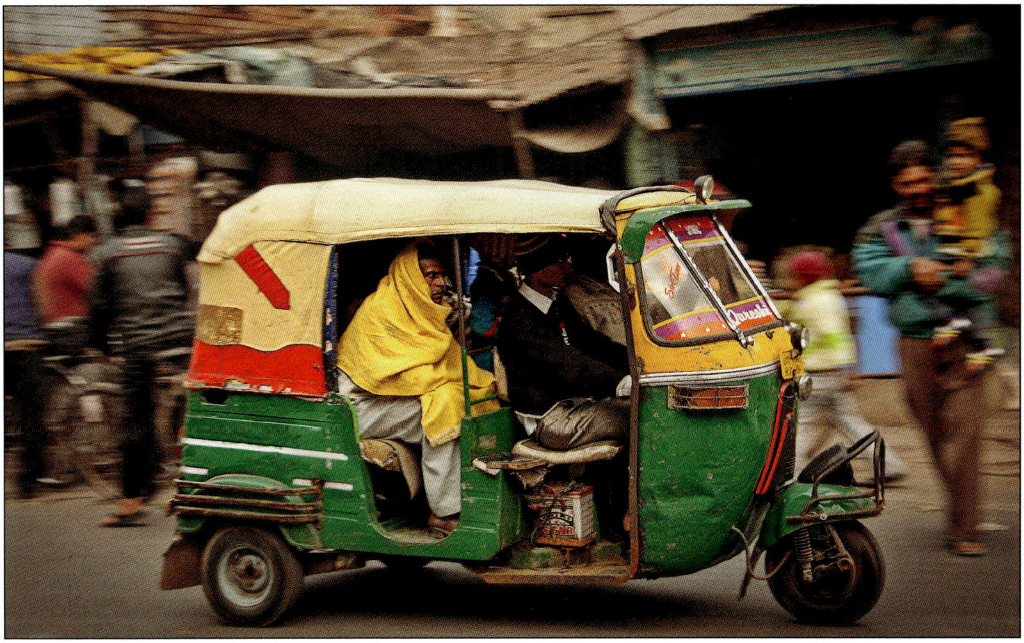

AGRA, INDIEN

In der Regel frieren wir bei der Reisefotografie alles ein (das ist die Sache mit dem »Festhalten eines Augenblicks«). Es gibt aber auch Fälle, in denen gerade ein Bewegungseindruck das Foto zum Leben erwecken (und eine außergewöhnliche Sichtweise zeigen) kann. Dabei spielen zwei Kameratechniken zusammen. Erstens: Halten Sie den Verschluss länger offen als normal. Bei sehr kurzen Belichtungszeiten (etwa an einem sonnigen Tag) werden alle Bewegungen eingefroren, während bei längeren Belichtungszeiten alle bewegten Objekte unscharf werden (und je länger der Verschluss offen bleibt, desto unschärfer werden sie). Am einfachsten erzielen Sie diesen Bewegungseffekt, wenn Sie an einem sehr bewölkten Tag, an einem schattigen Ort oder am späten Abend, wenn der Verschluss wegen des geringeren Lichts länger geöffnet bleiben muss, mit einem Stativ fotografieren (sodass sie ein absolut unverwackeltes Bild erzielen). Sie können auch eine hohe Blendenzahl wählen, z. B. f/16 oder f/22, damit der Verschluss länger offen bleibt, wenn Sie mit Blendenvorwahl fotografieren. Je dunkler es ist, desto länger muss der Verschluss für eine korrekte Belichtung offen bleiben. Sie sollten also direktes Sonnenlicht vermeiden (es sei denn, Sie haben einen ND-Filter – siehe Seite 71). Mit einer anderen Technik ist das oben gezeigte Bild entstanden: Ich habe mit Zeitvorwahl fotografiert (dabei stellen Sie die Belichtungszeit ein und die Kamera wählt die passende Blende. Auf dem Moduswahlrad der Kamera finden Sie hierzu normalerweise ein »S«), eine lange Belichtungszeit eingestellt (mindestens 1/60 Sekunde) und bin dem sich bewegenden Objekt mit einem Schwenk gefolgt. Es geht dabei darum, sich mit derselben Geschwindigkeit wie das Motiv zu bewegen, sodass dieses größtenteils scharf bleibt, während sich die Räder offensichtlich drehen und der Hintergrund ebenfalls unscharf abgebildet wird. Ein solcher Schwenk erfordert ein wenig Übung. Ärgern Sie sich also nicht, wenn Sie viele unscharfe Bilder bekommen. Darunter gibt es wahrscheinlich ein oder zwei schöne, scharfe Aufnahmen (Und wie viele Fotos wollen Sie denn von einer vorbeifahrenden dreirädrigen Rikscha zeigen?).

Fine-Art-Stil

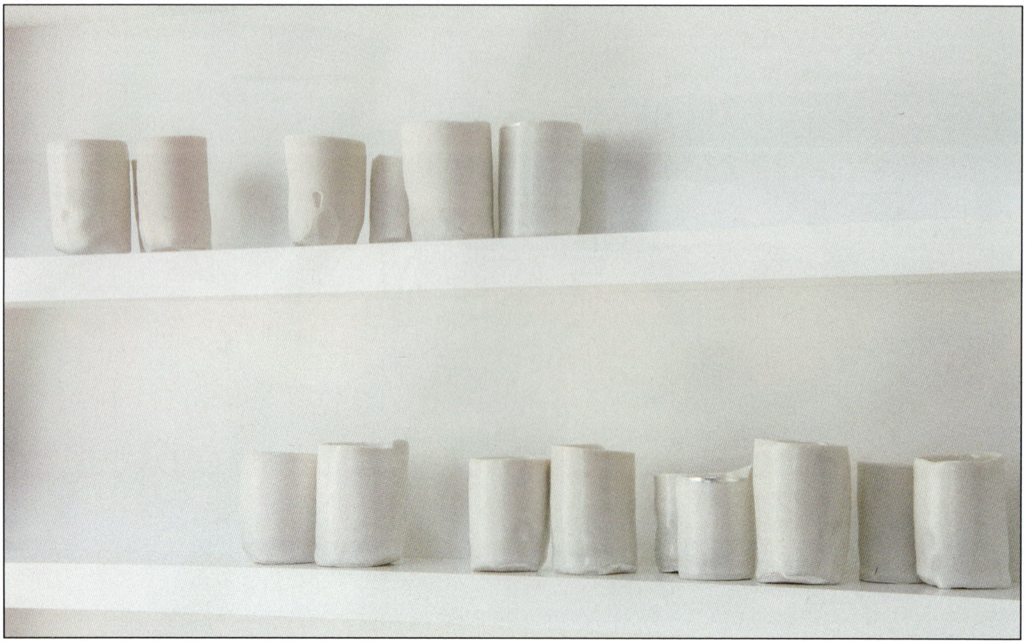

WIEN, ÖSTERREICH

Ich scherze immer, dass es sich um »Fine Art« handelt, wenn man nicht wirklich beschreiben kann, was auf dem Bild zu sehen ist. Wenn ich »Fine Art« im Zusammenhang mit Reisefotografie definieren müsste, würde ich sagen: ein besonderer Stil, bei dem man etwas Interessantes sieht und dann auf kreative Weise festhält. Man zeigt keinen Ort, keine Sehenswürdigkeit, sondern drückt eher eine Idee oder eine Stimmung aus. Man versucht nicht, eine Szene oder ein Objekt realistisch darzustellen, sondern interpretiert diese Szene auf künstlerische Art und Weise. Aus diesem Grund lässt sich so schwer eingrenzen, was »Fine Art« ist (aber Sie werden es erkennen, wenn Sie es sehen). Das oben gezeigte Bild habe ich in Wien, Österreich, fotografiert, und ich bin mir nicht mehr sicher, wo ich es gesehen habe. Es hat mich einfach fasziniert, und ich wollte es auf eine interessante Weise festhalten. Letzten Endes zeigt das Bild nur ein Regal mit ein paar weißen Bechern. (Ich bin mir nicht einmal sicher, ob es Becher sind. Vielleicht sind es auch Vasen. Vielleicht sind sie aus Ton. Ich kann es nicht genau sagen, also, zack, muss es Kunst sein.) Halten Sie Ausschau nach solchen Gelegenheiten, um sich von den Reise-Standardaufnahmen zu lösen und mal etwas Neues auszuprobieren.

Machen Sie eine Reisereportage

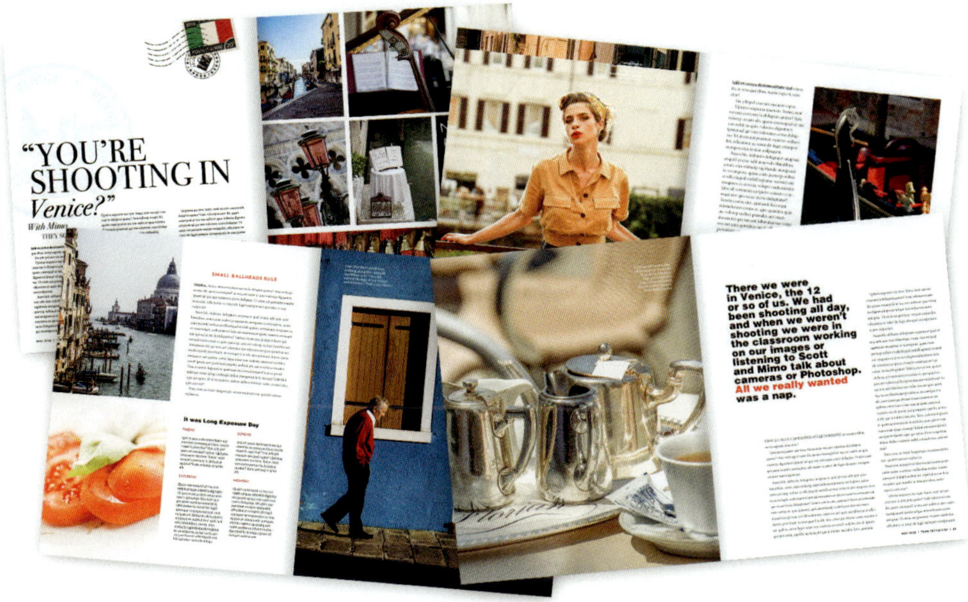

Wenn Sie in einer Stadt nicht weiterkommen – Sie wissen nicht, was Sie fotografieren sollen, oder haben das Gefühl, dass Sie nicht die gewünschten Bilder bekommen –, versuchen Sie Folgendes: Stellen Sie sich vor, dass Sie im Auftrag eines Magazins losgeschickt wurden und mit Fotos zurückkommen müssen, die den Leserinnen und Lesern Lust machen sollen, diese Stadt zu besuchen. Zunächst müssen Sie sich Gedanken über die Geschichte machen, die Sie erzählen wollen. Wofür ist die Stadt berühmt? Das Essen? Die Architektur? Eine besondere Sehenswürdigkeit? Die Mode? Denken Sie gründlich darüber nach. Damit erhalten Sie einen Ausgangspunkt und einen Plan, der Sie weiterbringt. Das ist viel spannender, als man meinen könnte, und eröffnet Ihnen andere Perspektiven, die sich in Ihren Bildern wiederfinden werden. Wenn ich einen Praxisworkshop in einer Stadt abhalte, schicke ich die Teilnehmenden an einem Tag für zwei Stunden los, um einen solchen Auftrag für ein fiktives Magazin zu erarbeiten. Anschließend wählen die Teilnehmenden ihre besten Bilder aus diesen zwei Stunden aus und ich ordne sie in einem Reisemagazin-Layout an (wie oben zu sehen), damit sie sehen können, wie toll die Bilder wirken. Wir sind immer wieder selbst überrascht. Wenn Sie ein klares Ziel vor Augen haben und pünktlich liefern müssen, werden Sie auf sehr kreative und unterhaltsame Weise gefordert.

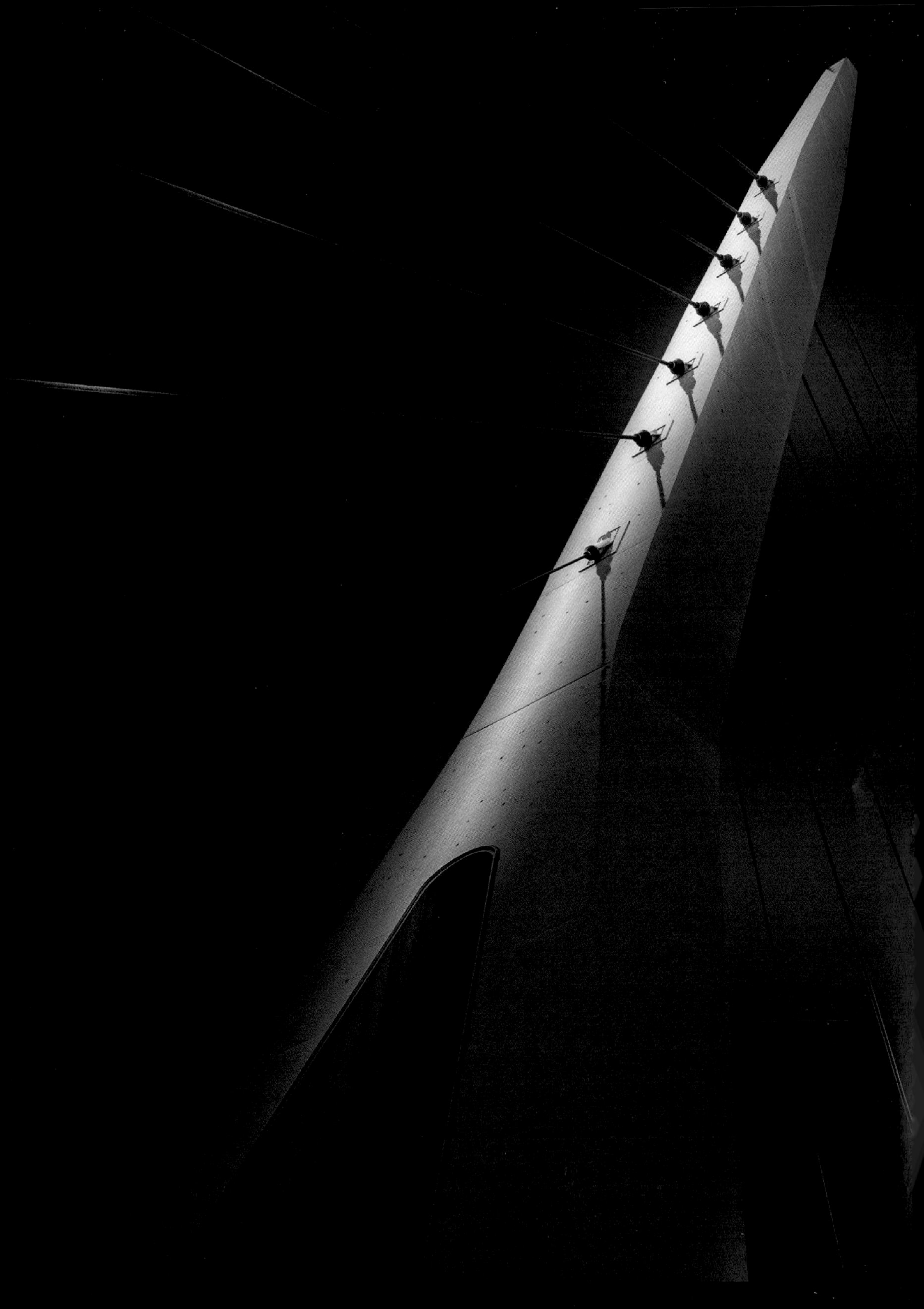

Belichtungszeit: 1/250 Sek. | Blende: f/11 | ISO: 100 | Brennweite: 35 mm
Location: Teleport-Brücke, Odaiba, Tokio, Japan

08 MIT DEM SMARTPHONE FOTOGRAFIEREN

Wann Sie besser mit dem Smartphone fotografieren

Manchmal geht es eben schneller und einfacher

Also, Scott, nur damit wir uns richtig verstehen: Nach all der wochenlangen, sorgfältigen Recherchearbeit auf der Suche nach der passenden DSLR oder spiegellosen Kamera, nachdem ich mich mit DxO-Tabellen und -Diagrammen herumgeschlagen und jeden Objektivtestbericht auf *digitalkamera.de* gelesen habe, nach Diskussionen in Freundeskreis und Fotoklub und nachdem ich einen Kredit aufnahm, damit ich endlich das Kameragehäuse und die Objektive meiner Träume kaufen konnte – nach all dem wollen Sie mir ernsthaft sagen, dass mein Smartphone manchmal tatsächlich besser geeignet sein soll als meine »richtige« Ausrüstung? ***Ist es DAS, was Sie mir sagen wollen??!1!ELF!*** – Nein, behüte. Das würde ich niemals sagen, weil es Sie nur wütend machen würde, und das Letzte, was ein Autor will, ist, dass die Leute, die sein Buch kaufen, wütend auf ihn sind. Nein, ich würde Ihnen nie sagen, dass es manchmal, nur manchmal, einfacher/besser/schneller sein könnte, Ihr Smartphone für das zu benutzen, was seine göttliche Bestimmung ist: zum Fotografieren. Und dieses Kapitel soll auch keine heimliche oder gar schadenfreudige Andeutung dieser Tatsache sein, nein, niemals, nie im Leben. Zu meiner Verteidigung möchte ich sagen, dass die eigentliche Überschrift (in ihrer ursprünglichen Fassung) einfach lautete: »Wann Sie besser mit dem Smartphone telefonieren«, und es ist eindeutig ein Tippfehler, dass sich das Wort »fotografieren« in die Überschrift eingeschlichen hat. Da war doch wieder die Autokorrektur im Spiel, wie immer. Eigentlich hätte es in diesem Kapitel darum gehen sollen, wie Sie Ihren Pizzalieferdienst oder Lieblingsfotohändler anrufen (Smartphone am Ohr und nicht wie ein Butterbrot vor dem Mund) oder telefonisch beim Verlag nachfragen, warum das Buch mittels Autokorrektur lektoriert wurde.

Zeitrafferaufnahmen leicht gemacht

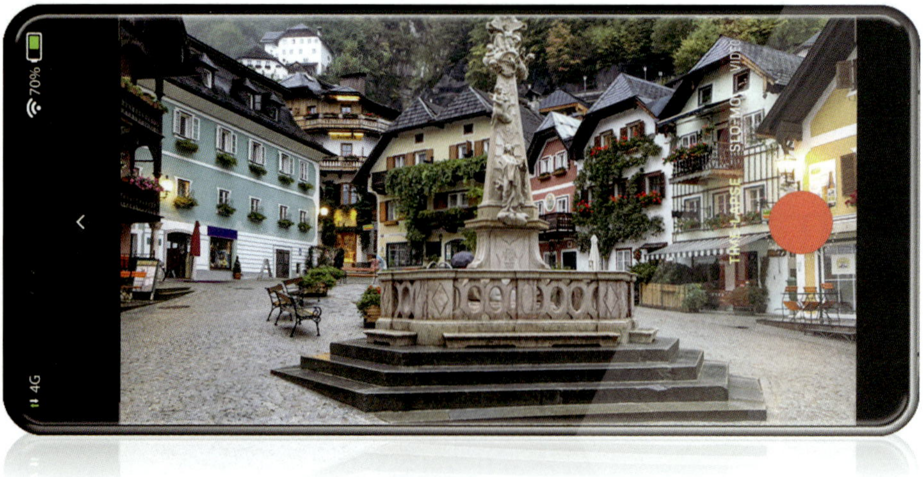

HALLSTATT, ÖSTERREICH

Immer mehr neue Kameras kommen mit einer integrierten Zeitrafferfunktion auf den Markt, aber viele verfügen noch nicht über eine solche Möglichkeit (zum Beispiel zahlreiche digitale Spiegelreflexkameras). Selbst wenn Ihre Kamera entsprechend ausgerüstet ist, geht es meist viel einfacher und schneller, Zeitraffer einfach mit dem Smartphone zu fotografieren (ich habe schon wundervolle Zeitrafferaufnahmen von Sonnenaufgängen über einer Stadt gesehen, die von einem Hotelfenster aus fotografiert wurden). Die in der iPhone-Kamera integrierte Zeitrafferfunktion ist denkbar einfach zu bedienen. Wischen Sie in der Kamera-App zu **Zeitraffer**, und Sie erhalten eine Reihe von Standbildern, solange Sie den Auslöser gedrückt halten. Anschließend wird die Zeitspanne zwischen den Einzelbildern verkürzt und diese werden zu einem coolen kleinen Video (in der Regel weniger als 30 Sekunden) zusammengeschnitten. Wenn Sie einen langen Zeitraffer machen möchten (20- oder 30-minütige wirken richtig gut), sollten Sie auf jeden Fall ein Stativ verwenden (oder bereit sein, die Kamera 20 oder 30 Minuten lang ruhig zu halten). Tippen Sie einfach auf den Auslöser, um den Zeitraffer zu starten (anstelle des Auslösers erscheint eine kleine, animierte Uhr), tippen Sie erneut auf den Auslöser, um den Zeitraffer zu stoppen, und Ihr iPhone erledigt den Rest (einschließlich aller Berechnungen im Hintergrund). Es ist sehr viel einfacher, alles auf dem Smartphone zu fotografieren, zu verarbeiten und zusammenzusetzen, als eine Menge Bilder herunterzuladen und manuell auf dem Computer zu bearbeiten.

Panoramafotografie ist viel einfacher

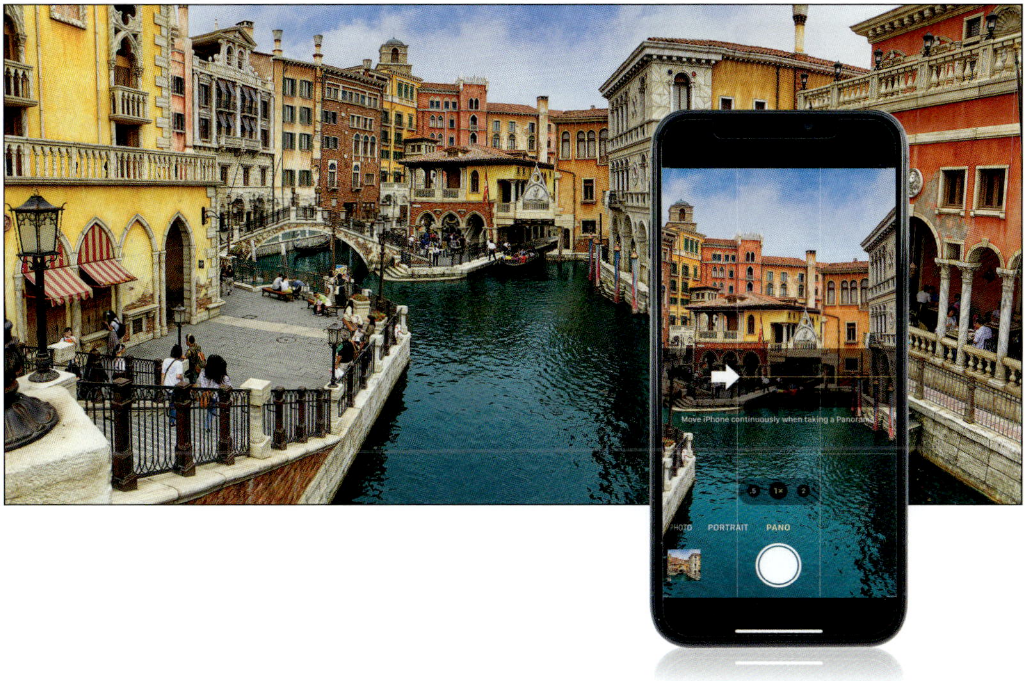

VENEDIG, ITALIEN

Das Schöne an der Panoramafotografie auf dem Smartphone ist, dass die Bilder in Sekundenschnelle zu einem Panoramabild zusammengesetzt werden können, und zwar direkt auf dem Smartphone. Sie müssen nicht warten, bis Sie wieder am Computer sitzen, die Bilder herunterladen, Lightroom oder Photoshop öffnen und dann alles zusammenfügen. Anders als mit Ihrer DSLR oder spiegellosen Kamera müssen Sie noch nicht einmal mehrere Fotos machen. Sie fotografieren nur ein einziges Bild, und das ist Ihr Panoramabild. Das ist ziemlich praktisch (Sie müssen sich keine Gedanken darüber machen, ob sich die Bilder überlappen oder ob sich Belichtung oder Fokus ändern, während Sie die Bildserie fotografieren – Ihr Smartphone erledigt die ganze Rechenarbeit im Hintergrund). Außerdem ist die Panoramafunktion Ihres Smartphones sehr tolerant. Ihre Aufnahmetechnik muss nicht perfekt sein, und Sie müssen eigentlich nichts weiter tun, als in der Kamera-App die Option **Pano** auszuwählen und den Auslöser zu drücken, um mit der Aufnahme zu beginnen, wobei Sie langsam von links nach rechts schwenken (obwohl Sie auch umgekehrte oder vertikale Panoramen von unten nach oben erstellen können). Wenn Sie das Ende des Panoramas erreicht haben, tippen Sie erneut auf den Auslöser, und schon ist das Bild fertig. (Tipp: Kürzere Panoramen sehen in der Regel besser aus und werden in den sozialen Medien größer dargestellt.) Ich würde wetten, dass ich mit meinem iPhone schon mehr Panoramen gemacht habe als mit meiner DSLR und meiner spiegellosen Kamera zusammen. Es geht schlicht zu einfach.

Super-Weitwinkelaufnahmen

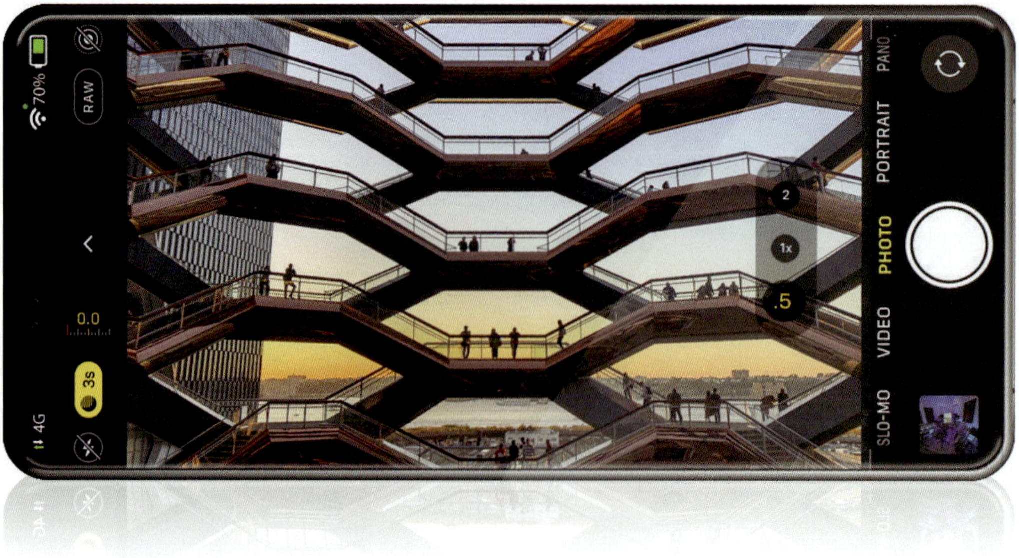

VESSEL, HUDSON YARDS, NEW YORK, USA

Ich habe schon oft erwähnt, dass Sie mit leichtem Gepäck reisen und nur ein einziges Objektiv mitnehmen sollten (z. B. 24–240 mm oder 28–300 mm), aber wenn ich ein paar Superweitwinkelszenen fotografieren möchte, zum Beispiel das Innere einer Kathedrale oder eines Palasts oder eine Stadtlandschaft, könnte ich vielleicht mein 14-mm-Objektiv mitnehmen. Dann müsste ich allerdings eine Kameratasche oder eine Objektivtasche dabeihaben, nebst allem, was dazugehört. Deshalb verzichte ich oft darauf und bin meistens froh darüber. Wenn Sie ein iPhone X Pro oder ein neueres Modell besitzen, können Sie das Superweitwinkelobjektiv zuhause lassen, denn das iPhone besitzt nicht nur ein eingebautes Superweitwinkelobjektiv, sondern dieses ist sogar noch weitwinkliger als mein 14-mm-Objektiv (nämlich 13 mm – einfach toll, und ich habe es sowieso schon dabei, also ... klar!).

Videos drehen

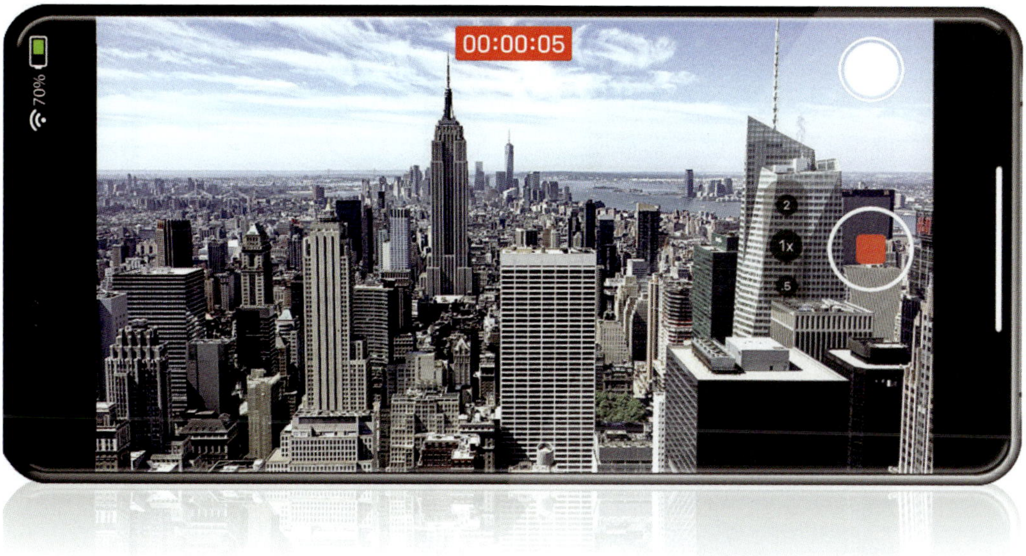

NEW YORK, USA

Ich habe schon immer gesagt, dass die Videofunktionen einer DSLR oder spiegellosen Kamera nichts für Fotografen sind. Sie sind für ernsthafte Videofilmer gedacht, denn es gehört einiges dazu, um gute Videos mit der Kamera zu machen. Nicht, dass sie keine großartigen Videos aufnehmen würde – die Qualität ist fantastisch –, aber es genügt halt nicht, nur einen Knopf zu drücken. Zum Beispiel müssen Sie die Clips irgendwann von der Kamera in ein Bearbeitungsprogramm auf dem Computer übertragen. Aus diesem Grund drehe ich Videos ausschließlich mit meinem iPhone. Wahnsinn: Es filmt in 4K! Außerdem kann ich das Video zuschneiden, bearbeiten, mit Titeln und Effekten versehen und direkt auf dem Smartphone teilen. Es hat einen eingebauten, ziemlich genialen Videostabilisator, und alles geht so einfach – man muss sich nicht mit unzähligen Knöpfen und Reglern abplagen. Überlegen Sie mal: Sie müssen nicht einmal lernen, wie Sie mit Ihrem Smartphone Videos aufnehmen, denn es funktioniert wie Ihre Kamera-App, nur dass Sie »Video« statt »Foto« drücken. Wenn Sie nicht gerade als Profi arbeiten und Profi-Funktionen für Ihre Arbeit benötigen, machen Sie Videos am besten mit Ihrem Smartphone.

Einfaches HDR direkt in der Kamera

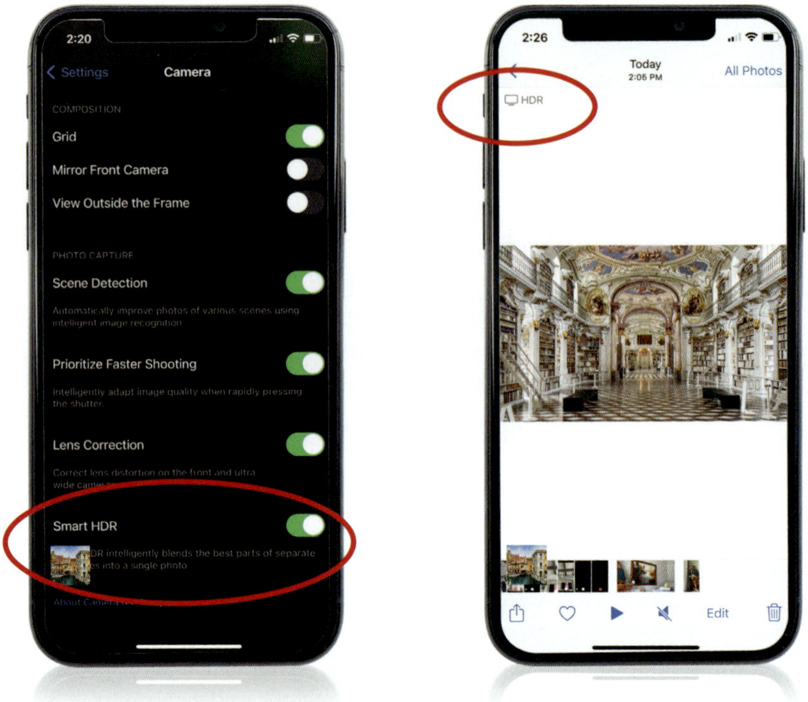

STIFTSBIBLIOTHEK ADMONT, ÖSTERREICH

Schon seit Jahren verfügen Smartphones über eine integrierte HDR-Funktion. Sie müssen lediglich **HDR** aktivieren (falls es nicht bereits aktiviert ist), und wenn Sie dann auf den Auslöser tippen, nimmt das Smartphone im Hintergrund mehrere Bilder auf, die automatisch (und so gut wie sofort) zu einem einzigen Foto mit einem größeren Dynamikumfang als bei einer Einzelaufnahme zusammengesetzt werden. Sie müssen also nicht erst mehrere Aufnahmen machen und diese dann später in Lightroom oder Photoshop zu einem einzigen Bild zusammenfügen. All das erledigt Ihr Smartphone für Sie. Manche neueren Kameras verfügen zwar über eine integrierte HDR-Funktion und leisten gute Arbeit (und natürlich ist die Auflösung höher, sodass Sie einen größeren Abzug anfertigen lassen können), aber wenn Sie Ihre Bilder sowieso nicht drucken wollen, ist die HDR-Aufnahme auf Ihrem Smartphone unschlagbar einfach. Übrigens: Wenn Sie ein iPhone haben, gehen Sie zu den Einstellungen, scrollen Sie nach unten zu den Kameraeinstellungen und schauen Sie nach, ob **Smart HDR** aktiviert ist (wie oben links zu sehen). Die Funktion schaltet sich automatisch ein, wenn das Motiv so viele Tonwertunterschiede aufweist, dass diese nur in einem HDR-Bild korrekt erfasst werden können. Dass HDR verwendet wurde, erkennen Sie, wenn Sie das Bild nach der Aufnahme betrachten – in der oberen linken Ecke ist dann **HDR** zu lesen (siehe Abbildung oben rechts).

Wenn Sie völlig geräuschlos fotografieren müssen

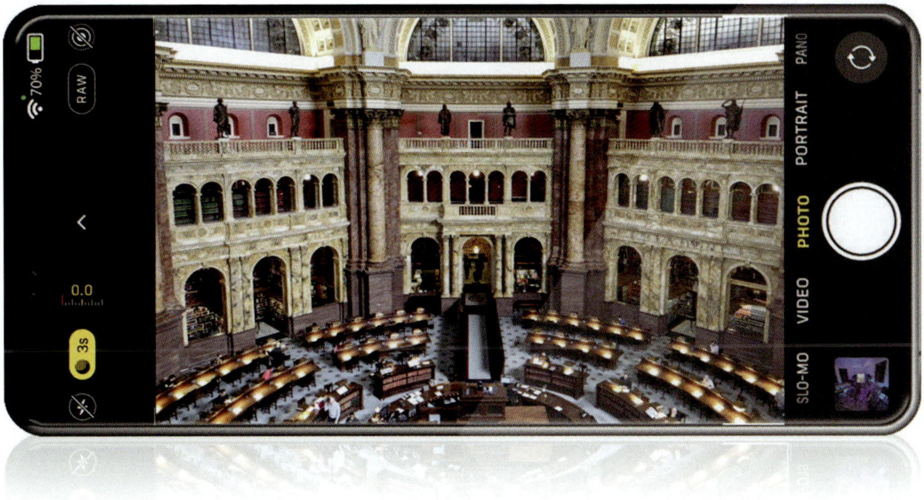

LIBRARY OF CONGRESS, WASHINGTON, DC

In bestimmten Situationen müssen Sie beim Fotografieren absolut still sein, z. B. während einer Hochzeit, in einer Bibliothek (hier die Library of Congress in Washington, DC), beim Rückschwung eines Golfspielers oder wenn Sie Wildtiere fotografieren (das Geräusch des Auslösers könnte das Eichhörnchen verjagen). Oder Sie möchten in einer Stadt unbemerkt ein paar tolle Schnappschüsse von Menschen machen. Es gibt zahlreiche Gründe, warum Sie den Auslöser lautlos betätigen sollten (z. B. auch während der Darbietung eines Streichquartetts, einem Tennisspiel oder in der Kirche), und obwohl einige DSLRs einen »leisen« Modus bieten, sind sie nicht wirklich leise (das Auslösergeräusch ist nur nicht so laut wie sonst, was zwar etwas besser ist, aber trotzdem Ärger oder zumindest ein paar böse Blicke nach sich ziehen kann). In solchen Situationen eignet sich das Smartphone hervorragend (das Auslösegeräusch ist ohnehin nur simuliert, weil das Smartphone eigentlich eine spiegellose Kamera ist und keinen mechanischen Verschluss besitzt): Es kann in einem richtigen, echten, tatsächlichen Lautlos-Modus fotografieren, wenn Sie einfach den Klingelton ausschalten. Das Auslösegeräusch wird stummgeschaltet, und Sie können drauflos fotografieren, ohne jemanden zu behelligen. Hinweis: Auch einige spiegellose Kameras können völlig geräuschlos fotografieren – es hängt von der Marke und dem Modell ab.

Während der Videoaufzeichnung fotografieren

DUBAI, VEREINIGTE ARABISCHE EMIRATE

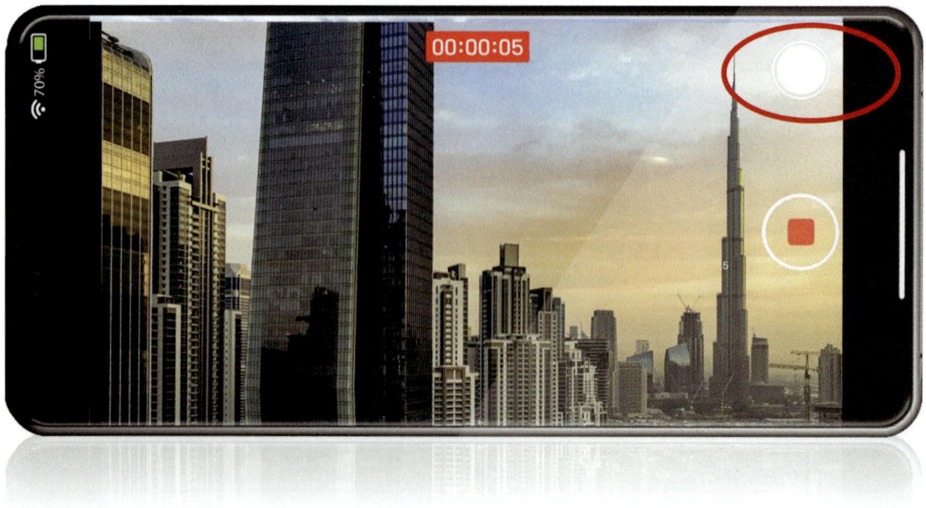

Toll finde ich auch, dass wir mit unseren Smartphones etwas machen können, was mit Videokameras nicht möglich ist: während des Filmens ein Standfoto machen. Mit einer normalen Kamera können wir entweder im Videomodus oder im Fotomodus aufnehmen, aber mit den meisten Modellen ist beides gleichzeitig nicht möglich. Mit dem Smartphone geht es problemlos. Beim iPhone erscheint nach dem Aktivieren der Videofunktion beispielsweise eine große rote Start-/Stopptaste in der unteren Bildschirmmitte (oder seitlich, wenn Sie im Querformat filmen). Sobald Sie dann die Videoaufnahme starten, erscheint links neben (oder über) dieser roten eine weiße Auslösetaste (oben eingekreist), und mit der können Sie während des Filmens ein Standbild fotografieren. Umgekehrt funktioniert es auch: Wenn Sie fotografieren, können Sie spontan in den Videomodus wechseln, indem Sie den Auslöserknopf nach rechts ziehen (je nachdem, welches Modell Sie haben und ob Sie das neueste Smartphone-Betriebssystem verwenden).

Lebensmittel von oben fotografieren

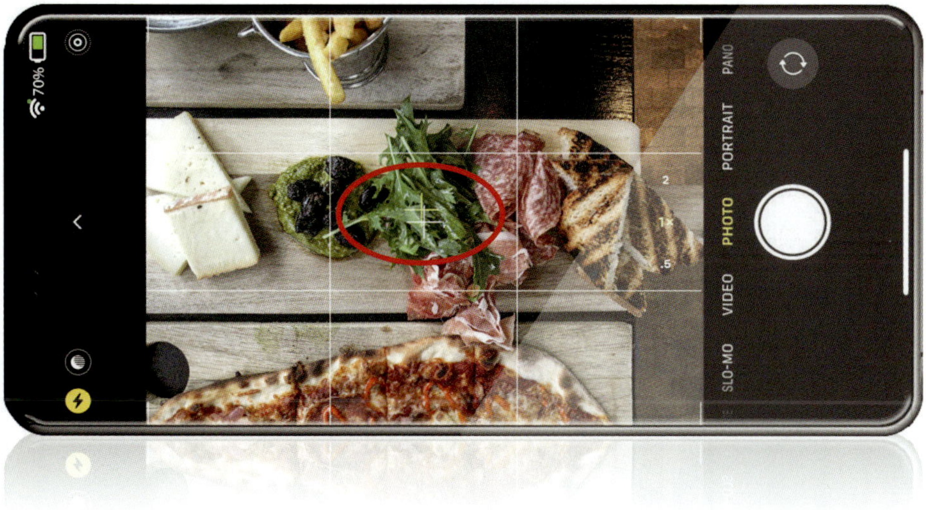

SVOLVÆR, LOFOTEN, NORWEGEN

Wenn Sie auf Ihrer Reise ein leckeres Gericht serviert bekommen und eines der angesagten »Mein Mittagessen von oben«-Fotos machen möchten, nutzen Sie die Möglichkeit, die Smartphone-Kamera perfekt auszurichten (diese Funktion wird nur angezeigt, wenn Sie direkt nach oben oder unten fotografieren). Und so funktioniert es: Wenn Sie das Smartphone über Ihr Essen halten, sehen Sie im Zentrum des Displays ein gelbes und ein weißes Pluszeichen mit einem kleinen Abstand dazwischen (wie oben rot eingekreist). Ihr Ziel ist es, beide Kreuze übereinander zu legen (damit nur noch ein einziges Kreuz sichtbar ist). Kippen Sie Ihr Smartphone einfach hin und her, bis es geklappt hat (man fühlt sich dabei, als würde man sich mit einem Handyspiel beschäftigen). Sobald die Kreuze deckungsgleich sind, können Sie den Auslöser drücken und sicher sein, dass es keine horizontalen oder vertikalen Verzeichnungen gibt. Supereinfach und so leicht zu bedienen!

Fotografieren, wo keine Kameras erlaubt sind

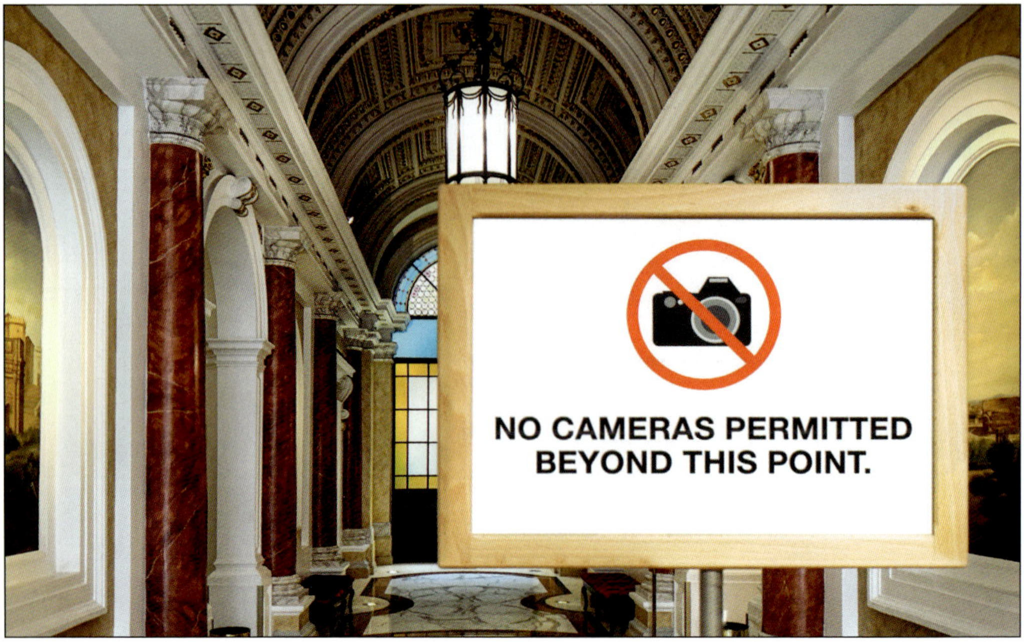

ROM, ITALIEN

Ich erinnere mich, dass ich vor ein paar Jahren mit meinem Kumpel Mimo in Paris war und wir in einer wunderschönen alten Kirche fotografierten, als ein Wachmann und eine Verwaltungsmitarbeiterin zu uns herüberkamen und uns mitteilten, dass wir hier nicht mit »professionellen Kameras« fotografieren dürften. Wir hatten keine großen Profigeräte mit riesigen Objektiven und Akkugriffen – meine war damals eine Canon EOS R (eine Consumer-Kamera) mit einem kurzen 16–35-mm-Objektiv, und Mimo hatte eine Canon EOS 5D Mark IV und ein noch kürzeres 14-mm-Objektiv. Wir zückten also unsere Smartphones und begannen zu fotografieren, und das war ihnen dann egal. So etwas passiert immer wieder, und ich habe schon unzählige ähnliche Geschichten gehört. Ich war schon an Orten wie der St. Paul's Cathedral in London, wo überall »No cameras!«-Schilder angebracht sind. Wenn Sie mit einer Kamera fotografieren, kommt jemand auf Sie zu, um Sie daran zu hindern. Aber niemanden interessiert es, wenn Sie Ihr Handy zücken, denn alle fotografieren dort mit dem Smartphone. Dank der integrierten HDR-Funktion (siehe Seite 132) und des Bildstabilisators können Sie trotz der schlechten Lichtverhältnisse tolle Fotos machen (und weil die Kamera so klein und leicht ist, können Sie einfacher aus der Hand fotografieren). Wenn Sie nächstes Mal ein Schild mit der Aufschrift »Kameras verboten« sehen, denken Sie einfach daran: Sie halten keine Kamera in der Hand, sondern ein Smartphone, klar? ;-)

Zeitlupenvideos

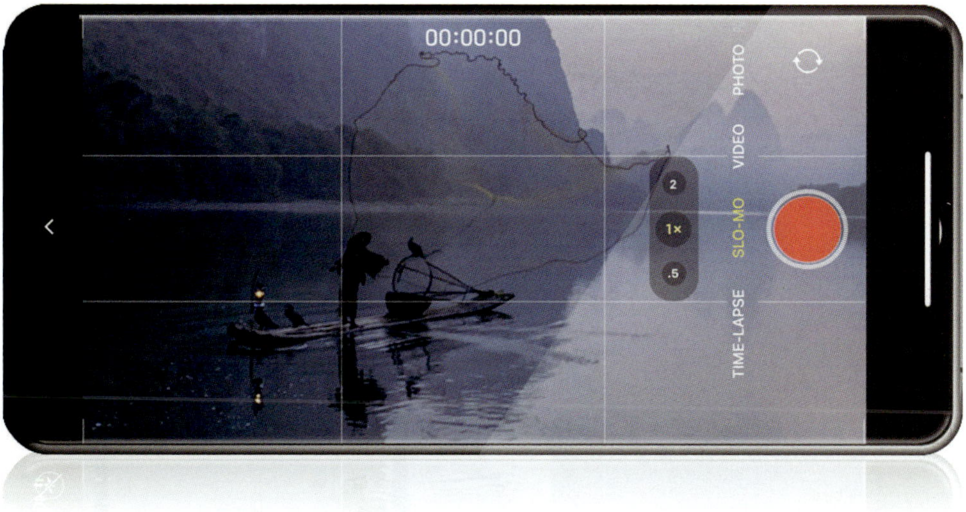

YANGSHUO-REISTERRASSEN, GUILIN, CHINA

Folgendes gehört zu den am meisten unterschätzten Funktionen des iPhones, und das liegt teilweise an der großartigen Implementierung des Features: Wenn Sie die **Slo-Mo**-Funktion aktivieren, nimmt das iPhone zunächst ein paar Sekunden lang ein normales Video auf und schaltet dann auf Superzeitlupe um. Der Effekt ist einfach fantastisch (weil er in Echtzeit beginnt). Ich bin jedes Mal erstaunt, dass ich nicht mehr davon mache, denn das Ergebnis ist umwerfend und lässt sich so einfach in den sozialen Medien teilen. Es geht genau wie eine Videoaufnahme: Sie wählen **Slo-Mo** in der Kamera-App (statt **Foto**), drücken die rote Aufnahmetaste, und den Rest erledigt die Kamera. Sie werden begeistert sein, wenn Sie es einmal ausprobiert haben. Um etwas Ähnliches mit einer DSLR oder spiegellosen Kamera hinzubekommen, müssten Sie ein normales Video drehen, es dann in einem Bearbeitungsprogramm öffnen und dort einen Teil des Clips mit einem Slo-Mo-Effekt versehen, und ... ja, das klingt nach viel Arbeit. Oder Sie erledigen gleich alles während der Aufnahme mit Ihrem Smartphone.

Sie möchten Ihre Bilder unterwegs bearbeiten und posten

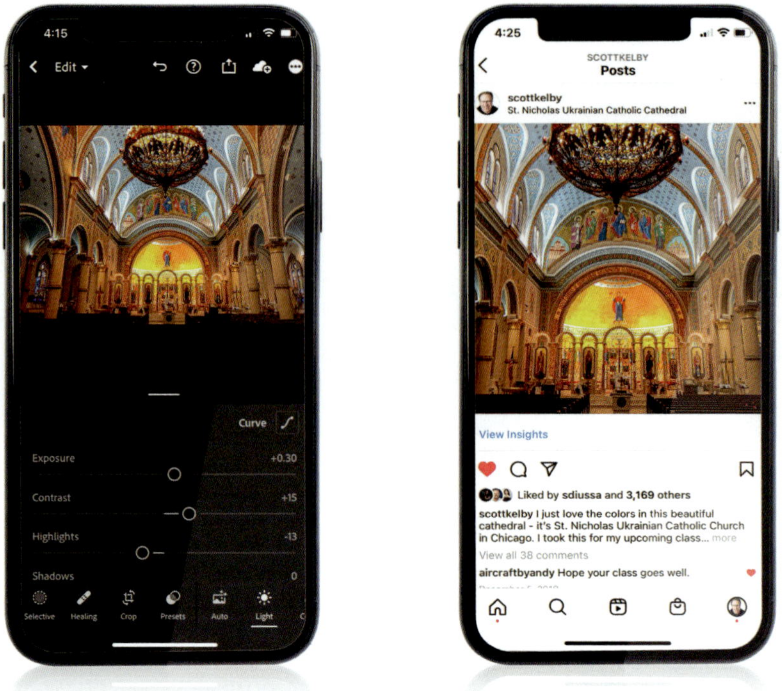

ST NICHOLAS UKRAINIAN CATHOLIC CATHEDRAL, CHICAGO, ILLINOIS, USA

Ein großer Vorteil beim Fotografieren mit dem Smartphone ist, dass Sie nicht warten müssen, bis Sie wieder im Hotelzimmer sind, dann Ihr Speicherkartenlesegerät holen, Ihre Bilder herunterladen, sie in ein Bildbearbeitungsprogramm importieren und die Fotos auf Ihrem Computer bearbeiten, um sie in den sozialen Medien zu veröffentlichen oder mit Ihrem Freundeskreis oder Ihren Familienangehörigen zu teilen. Mit dem Smartphone können Sie das Bild schon kurz nach der Aufnahme bearbeiten und wenige Sekunden später teilen. Ich werde nie vergessen, wie ich in China mitten im Nirgendwo fotografierte, die Frau meines Freundes auf mich zukam und mir ihr Foto von der gerade fotografierten Szene zeigte, das sie bereits auf ihrem Instagram-Account gepostet hatte. Stellen Sie sich meinen Gesichtsausdruck vor, als mir klar wurde, dass ich mit meiner spiegellosen Kamera dafür buchstäblich Stunden brauchen würde (inklusive einer Floßfahrt, einer langen Wanderung und der Fahrt ins Hotel mit zwei verschiedenen Bussen). Und sie zeigte mir das Bild, das bereits auf ihrem Instagram-Account stand! Sie hatte es zugeschnitten, bearbeitet und auch schon geteilt, während wir noch beim Shooting waren, und es sah fantastisch aus! Autsch. Das tat weh, aber es machte mir auch klar, dass das Smartphone in bestimmten Situationen die bessere Wahl sein kann.

Ihr Objektiv ist nicht schnell genug

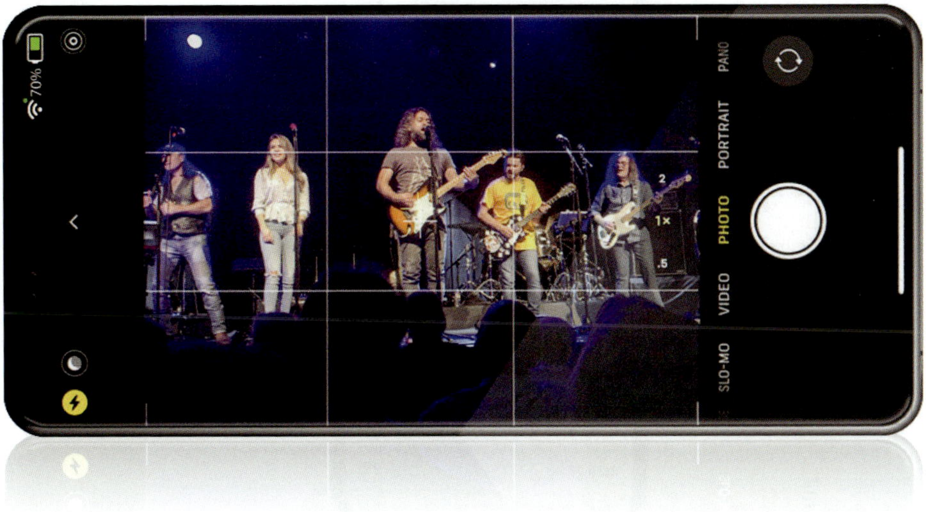

LEONID & FRIENDS, CAPITOL THEATRE, CLEARWATER, FLORIDA

Wenn Sie in einer Situation mit wenig Licht fotografieren möchten (z. B. bei einem Konzert) und kein besonders lichtstarkes Objektiv besitzen (wie etwa eines mit einer Blende von f/4 bis f/5.6), sollten Sie lieber Ihr Smartphone nehmen. Denn es ist wahrscheinlich viel lichtstärker. Ich glaube, seit dem iPhone X (2017) kann man mit f/1.8 fotografieren, und das ist für ein Objektiv wirklich schnell. Einige neuere Smartphones fotografieren mit f/1.6 oder f/1.5. Wenn Sie also das nächste Mal nur wenig Licht vorfinden und Ihr Objektiv nicht schnell genug ist, um die ISO-Werte (und das Bildrauschen) im Rahmen zu halten, zücken Sie Ihr Smartphone und versuchen Sie es damit.

Fotos mit Ihrer Reisegruppe teilen

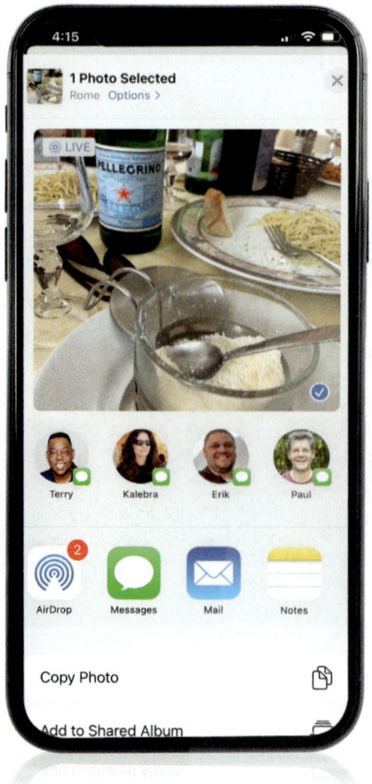

ROM, ITALIEN

Auch wenn Sie Ihr Bild den Menschen zeigen möchten, mit denen Sie unterwegs sind, sollten Sie Ihr Smartphone zücken – sei es eine Reisegruppe, Ihre Familie oder der Freundeskreis, mit dem Sie unterwegs sind und dem Sie zeigen möchten, was Sie gerade fotografiert haben. Sie können (und sollten) die Aufnahme mit Ihrer DSLR oder spiegellosen Kamera machen. Aber vergessen Sie anschließend nicht, rasch mit Ihrem Smartphone ein Foto zu machen, denn dieses können Sie dann sofort mit allen anderen teilen. Wenn Sie möchten, können Sie die endgültige hochauflösende Version von Ihrer DSLR oder spiegellosen Kamera später versenden, aber unterschätzen Sie nicht die Unmittelbarkeit und Wirkung des Teilens über das Smartphone.

Sie möchten ein Selfie machen

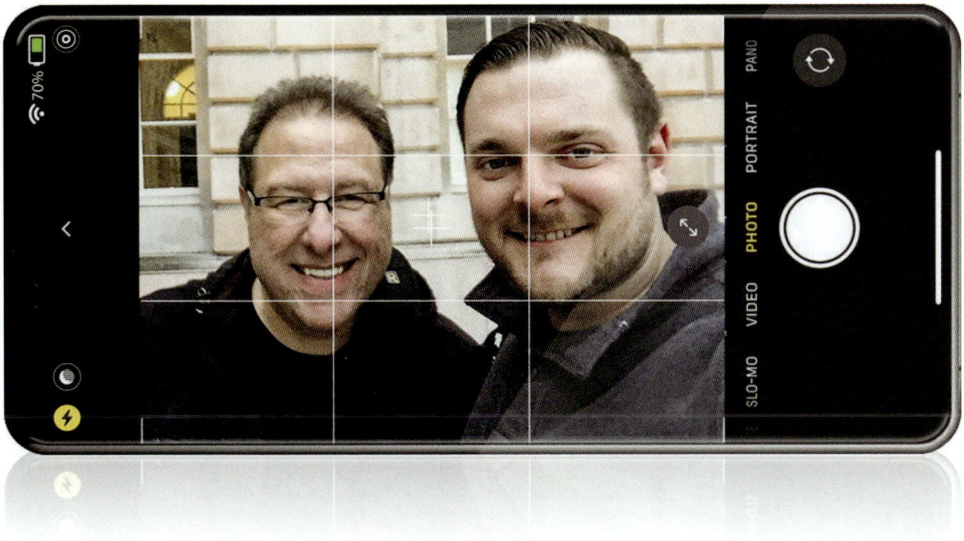

SOMERSET HOUSE, LONDON, ENGLAND

Können Sie mit Ihrer DSLR oder spiegellosen Kamera ein Selfie machen? Ich habe es schon gesehen und sogar selbst versucht (mit wenig Erfolg), aber warum sollte man eine unhandliche Kamera umdrehen, quasi blind fokussieren und versuchen, den Auslöser zu erwischen, wenn die Smartphone-Kamera in Ihrer Tasche für Selfies gemacht wurde? Es gibt sogar einen eingebauten Selbstauslöser, der auf dem Display in großen Ziffern einen Countdown anzeigt, damit Sie wissen, wann Sie lächeln müssen. Und natürlich können Sie die Bildkomposition direkt auf dem Smartphone-Display begutachten und optimieren. (Das obige Bild stammt von meinem Kumpel und Profi-Selfie-König von England, dem Reisefotografen Dave Williams. Er hat die Fähigkeit perfektioniert, den Eindruck zu vermeiden, dass er das Smartphone am ausgestreckten Arm hält.) Auf jeden Fall verzichten Sie lieber auf die Kamera und den Versuch, rückwärts und blind zu fotografieren, und greifen Sie zu Ihrem Smartphone, wenn Sie sich selbst fotografieren möchten.

Das Display ist viel größer

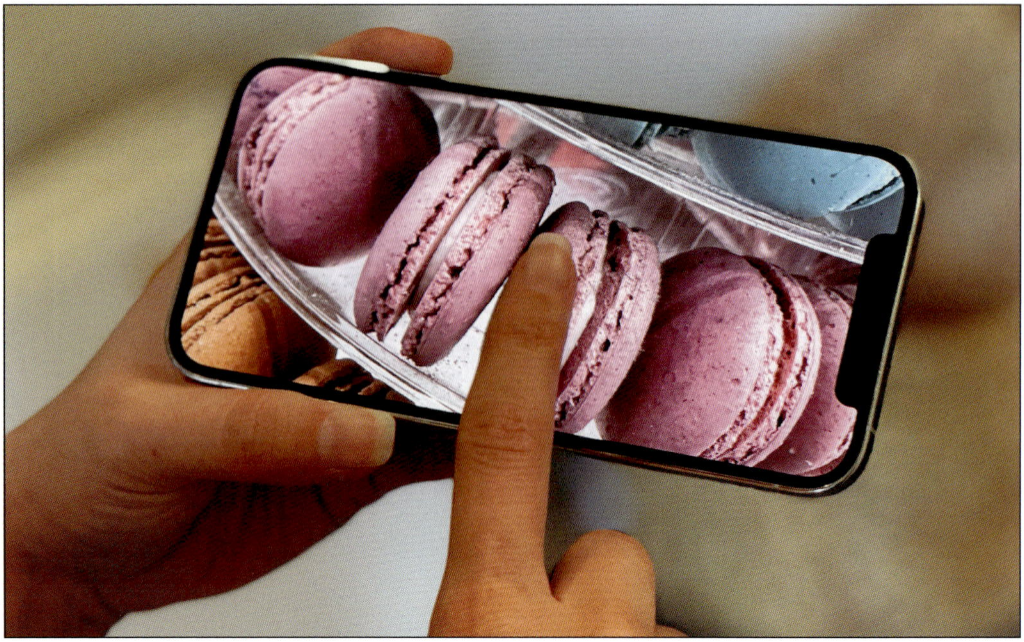

WIEN, ÖSTERREICH

Ich wette, Sie kennen niemanden mit einem Smartphone-Display, das auch nur annähernd so klein ist wie das Display auf der Rückseite Ihrer teuren Kamera. Das Kameradisplay eignet sich gut, um schnell die Schärfe oder die Belichtung zu prüfen, aber die winzigen 3 Zoll taugen gar nichts, wenn Sie Ihre Bilder vorführen möchten. Wissen Sie, was sich hierfür bestens eignet? Ihr Smartphone, denn selbst das kleinste Smartphone-Display ist viel größer als das Ihrer Kamera. Außerdem können Sie hier durch Fingergesten die Bilder vergrößern und zum nächsten Bild wechseln, und egal, wem Sie das Handy in die Hand drücken – alle wissen bereits, wie man damit umgeht. (Hinweis: Manche spiegellosen Kameras bieten jetzt die Möglichkeit, per Fingertipp zu zoomen und zu streichen, allerdings weiterhin auf einem winzigen 3-Zoll-Bildschirm.) Nutzen Sie lieber das Bluetooth oder Wi-Fi Ihrer Kamera, um ein Foto von der Kamera an Ihr Smartphone zu senden, wenn Sie es beim Abendessen oder in der Hotellobby Ihrer Reisegruppe vorführen möchten, statt zu versuchen, es auf dem winzigen Kameradisplay zu präsentieren. Kurz gesagt: Smartphones eignen sich hervorragend zum Vorführen von Fotos – und als Bonus müssen Sie sich keine Sorgen machen, dass jemand versehentlich die Einstellungen an Ihrer Kamera verändert, während er sie in der Hand hält und auf das winzige Display schaut.

Richtig nah rangehen

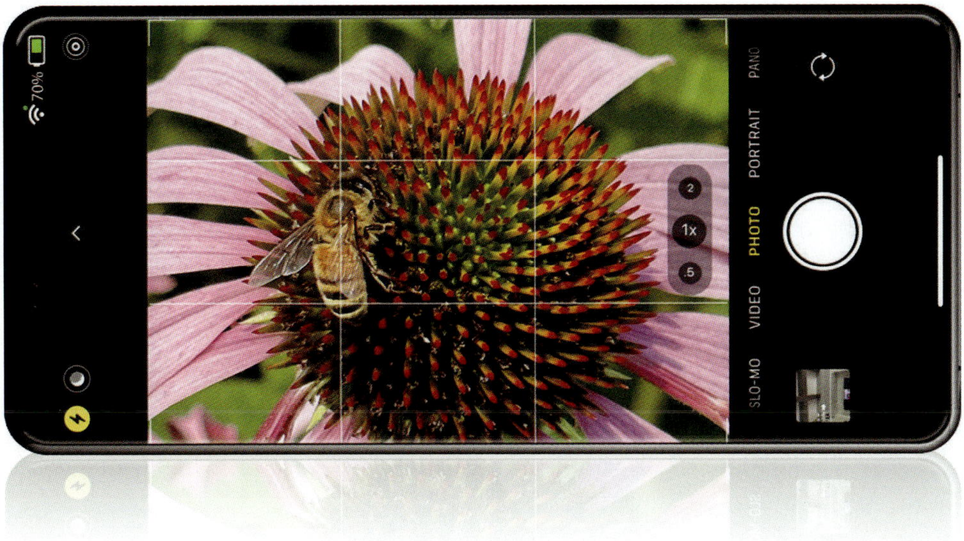

©KALEBRA KELBY / KENNEBUNKPORT, MAINE, USA

Sie müssen kein separates Makro-Objektiv mit sich herumschleppen, um ganz nah heranzugehen, denn Ihr Smartphone besitzt eine großartige Makrofunktion (Sie können auf bis zu drei Zentimeter fokussieren). Ich liebe sie – einfache Dinge, denen man auf Reisen begegnet (z. B. eine Biene, die auf einer Blume landet, ein Salzstreuer oder eine Erdbeere vom Roomservice), erscheinen in ganz neuem Licht, wenn man sie aus nächster Nähe fotografiert. Sie müssen nichts Besonderes tun: Gehen Sie einfach ganz nah ran, tippen Sie zum Fokussieren auf das Display, und schon können Sie auslösen!

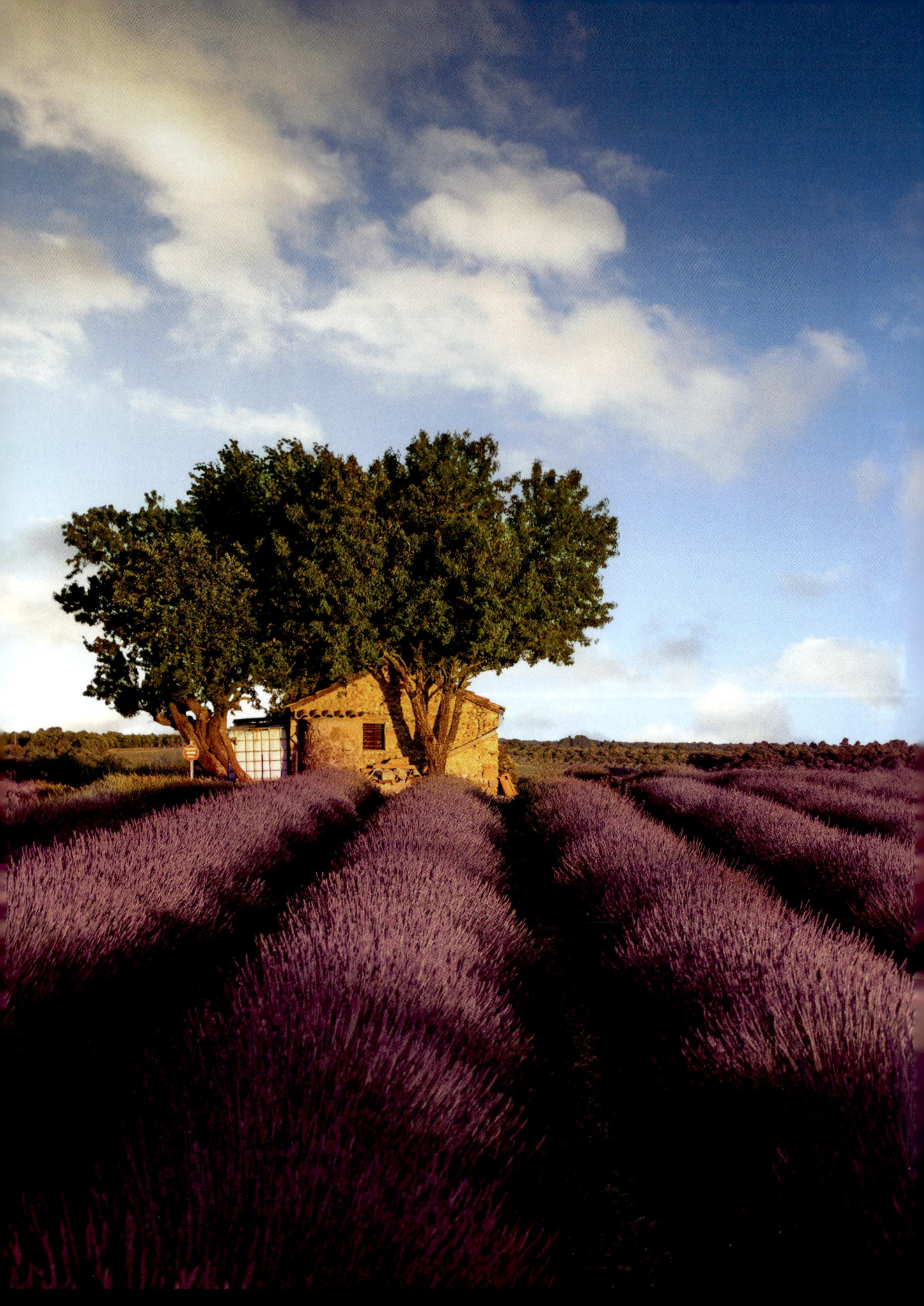

Belichtungszeit: 1/80 Sek. | Blende: f/7.1 | ISO: 100 | Brennweite: 70 mm

KAPITEL 09
WAS SOLLTEN SIE
FOTOGRAFIEREN?

Was Sie fotografieren sollten

... und was lieber nicht.

Die Entscheidung erscheint einfach: Fotografieren Sie, was gut aussieht. Was schlecht aussieht, fotografieren Sie nicht. Wenn es doch nur so einfach wäre! Dann bräuchte ich nur noch diese Einleitung zu schreiben und könnte zum nächsten Kapitel übergehen, und dazwischen läge ein ausgedehntes Nichts. Leider kann man zwischen den Kapiteln keine leeren Seiten einfügen, das mögen Verlage nicht und Leserinnen und Leser noch weniger (auch nicht, wenn »Raum für Notizen« drübersteht), denn sie bezahlen ja für Inhalt bzw., wie man heute sagt, »Content«. Jawohl, »Content« meine Damen und Herren, und dass das im Englischen »Zufriedenheit« und im Französischen sogar »hocherfreut« bedeuten kann, zeigt den natürlichen Zusammenhang zwischen gut gefüllten Buchseiten und der für uns über allem stehenden Kundenzufriedenheit. Dass sich leere Buchseiten auch wegen der enorm gestiegenen Papierkosten nicht gehören, steht auf einem anderen Blatt (haha), ist aber nichtsdestotrotz wahr. Wussten Sie (und das ist jetzt kein Spaß), dass Papierhersteller seit Kurzem lieber Versandkartons bauen anstatt feines Bilderdruckpapier herzustellen (das auch für dieses Buch verwendet wurde)? Denkt da eigentlich noch irgendjemand mit? Und überlegt, was man in diesen Versandkartons verschicken soll, wenn es aus Mangel an Bilderdruckpapier keine Fotobücher mehr gibt? Oder wie ein auf Versandkarton gedrucktes Fotobuch aussieht (von der Druckqualität mal ganz zu schweigen)? Dieses Buch hier etwa wäre so dick, dass Sie dafür einen sehr großen Versandkarton bräuchten – und, schwupps, wären wir mittendrin im Teufelskreis. Aber in diesem Falle ist es ja noch mal gut gegangen, und auch Sie, liebe Leserin und lieber Leser, haben keine Heißluftfritteuse gekauft, sondern dieses Buch. Und das ist ganz wichtig für die Verlags- und Autorenzufriedenheit – stellen Sie sich einfach vor, wir lägen jetzt wie diese Internet-Katzen in frisch ausgepackten Versandkartons und schnurrten zufrieden, ach was: hocherfreut vor uns hin. Und so was sollten Sie auf jeden Fall fotografieren.

Fotografieren Sie alte Menschen und Kinder

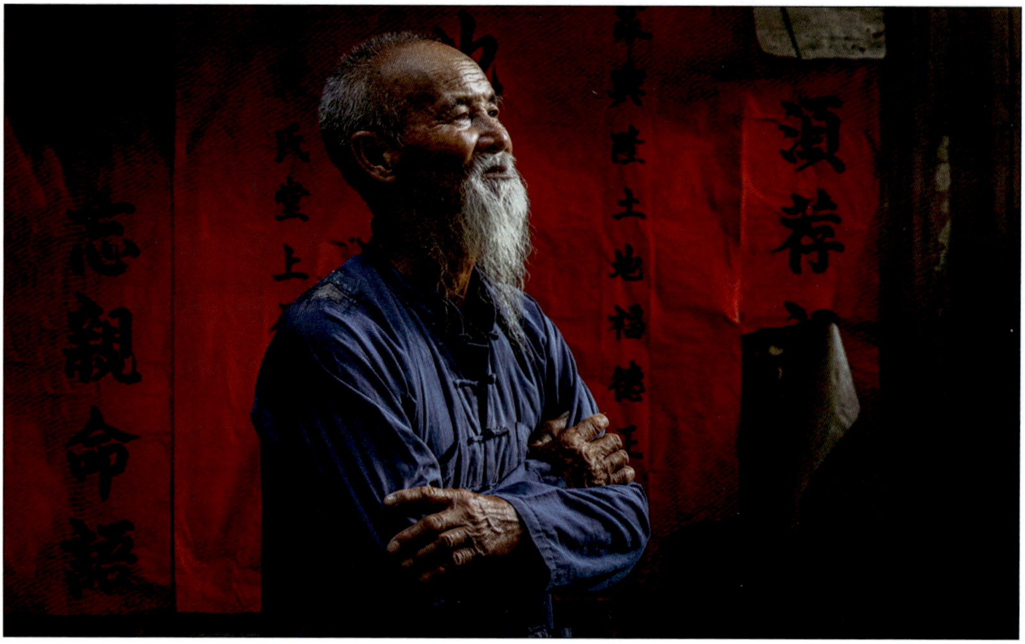

XINGPING, GUILIN, CHINA

In Reisemagazinen finden Sie viele Fotos von kleinen Kindern und sehr alten Menschen, wahrscheinlich, weil Kinder so niedlich sind und alte Menschen von der Geschichte eines Ortes erzählen. Merkwürdigerweise tauchen Hunde und Katzen nicht so oft in Reisemagazinen auf (der Grund ist wahrscheinlich, dass niemand dort meine Hunde kennt, übrigens die schönsten und hinreißendsten Hunde der Welt, aber ich schweife ab). Wie auch immer, falls Kinder und alte Leute noch nicht auf Ihrer Reisefoto-Liste stehen, sollten Sie das nachholen. Bevor ich übrigens Kinder fotografiere, frage ich immer die Eltern um Erlaubnis, da Sie wahrscheinlich Ärger bekommen werden, wenn Sie Kinder heimlich fotografieren. Wenn Sie um Erlaubnis bitten, vermeiden Sie Schwierigkeiten und erhalten tolle Aufnahmen von Einheimischen.

Farbe als Motiv

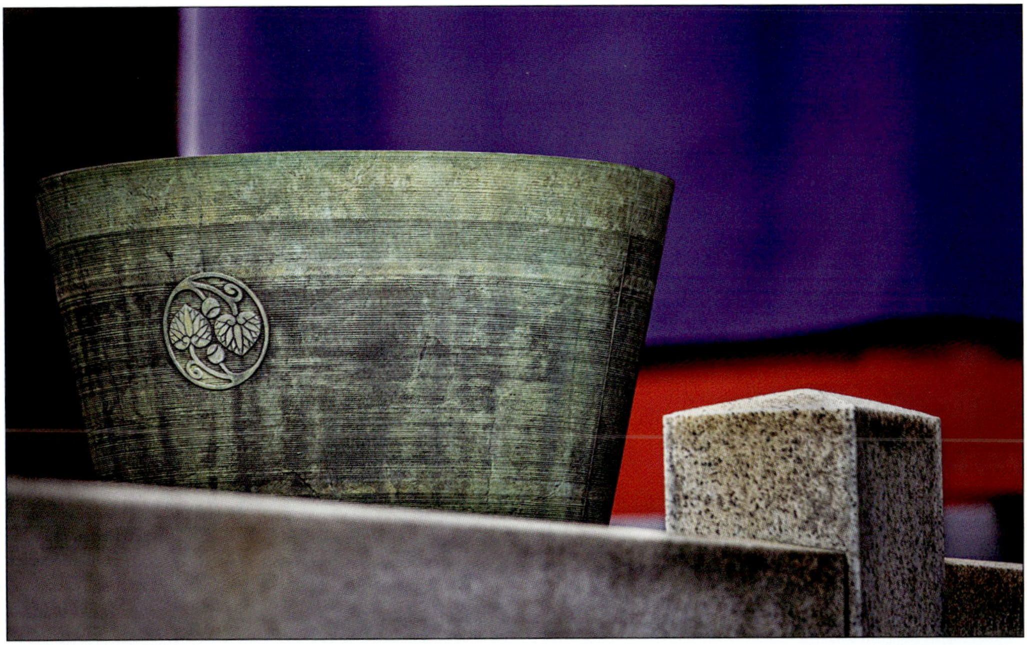

HIE-SCHREIN, AKASAKA, TOKIO, JAPAN

Farbe übt eine besondere Anziehungskraft auf uns aus, und oft sieht man Aufnahmen, deren Motiv die Farbe ist – Reihen von bunt gestrichenen Häusern oder Einkaufsläden in zarten Pastellfarben oder auch eine rote Wand mit einer gelben Tür. Sie wissen sofort, dass es bei so einem Bild nicht um ein interessantes Objekt geht, sondern um die schönen Farben. Das Wichtigste dabei ist der Kontrast. Suchen Sie nach kontrastreichen Farben, die gut zusammenpassen, und sobald Sie fündig geworden sind, erarbeiten Sie sich die Szene, bis Sie eine spannende Komposition gefunden haben. Schauen Sie sich die obige Aufnahme an. Sie zeigt einfach eine Vase (ich glaube, es ist eine Vase, aber vielleicht auch ein Blumentopf ohne Pflanzen, ich weiß es nicht genau), aber das ist eigentlich egal, denn das Motiv ist hier nicht die Vase, sondern es sind die Farben. Halten Sie auf Ihren Reisen Ausschau nach leuchtenden, kontrastreichen und interessanten Farben, und Sie werden überrascht über zahlreiche Fotogelegenheiten sein.

Fotografieren Sie die Tracht der Einheimischen

ESSAOUIRA, MAROKKO

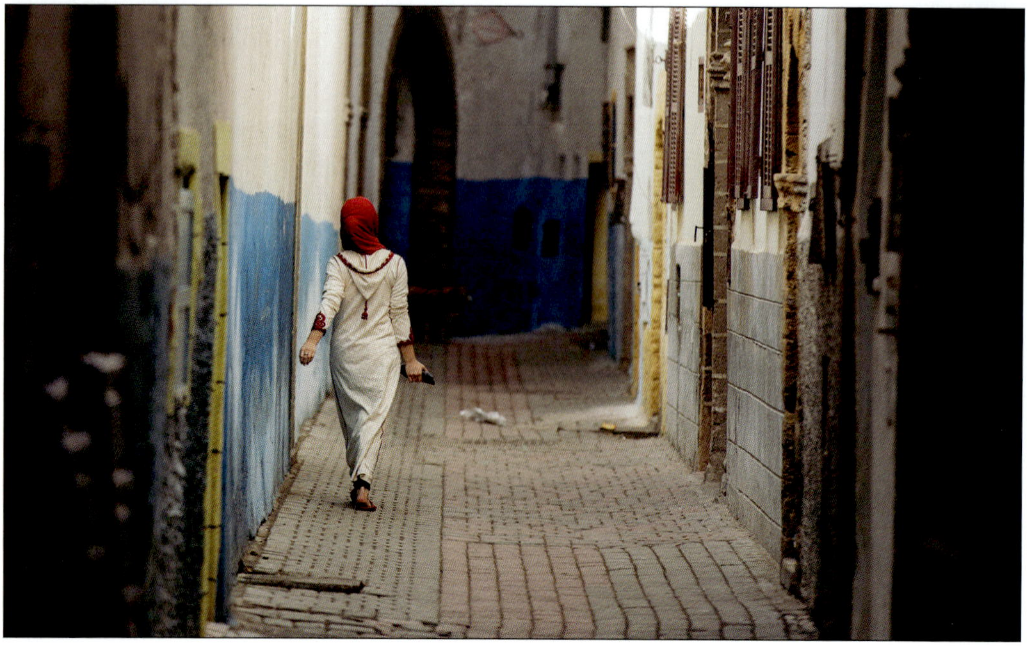

Dies ist ein weiteres Thema, das Sie aufgreifen sollten, um den Betrachterinnen und Betrachtern Ihrer Bilder einen Eindruck von der jeweiligen Kultur zu vermitteln. Das oben gezeigte Bild habe ich beispielsweise in Essaouira, Marokko, fotografiert. Natürlich kann es sein, dass sich die Menschen an Ihrem Reiseziel im Großen und Ganzen genauso kleiden wie die Menschen in Ihrem Heimatland. Oft gibt es aber trotzdem ein lokales Kolorit oder die Menschen machen sich zum Ausgehen besonders schick – genau das sollten Sie dann auf Ihre Fotoliste setzen. (Ich finde es zum Beispiel toll, wie sich die Menschen in Paris kleiden. Mode ist ihnen sehr wichtig, und man sieht überall Pariserinnen und Pariser in stilvoller Kleidung, selbst wenn sie nur einkaufen gehen.)

Fotografieren Sie Stadtansichten aus luftiger Höhe

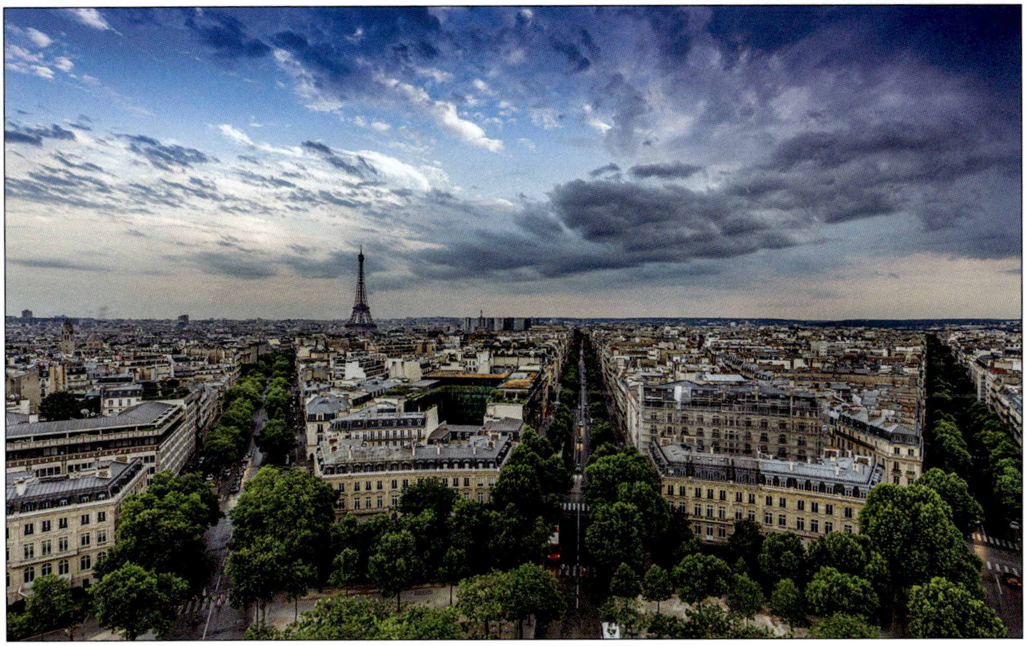

PARIS, FRANKREICH

Dieses Bild habe ich oben auf dem Arc de Triomphe in Paris fotografiert. Es ist wieder eines dieser Sujets, die man so oft sieht: eine weitläufige Stadtaufnahme von oben. (Obwohl der beste Ort für ein Paris-Stadtfoto wahrscheinlich die Aussichtsplattform des Tour Montparnasse ist, des zweithöchsten Gebäudes in Frankreich. Von dort aus haben Sie einen noch umfassenderen Blick auf die Stadt und den Eiffelturm, und außerdem befinden sich in dem Plexiglas um die Plattform herum »Schießscharten« für Fotografen. Und als ich letztes Mal dort war, durfte man sogar ein Stativ verwenden.) Wenn Sie nicht von einem Wolkenkratzer, Turm oder anderen Bauwerk aus fotografieren können, sollten Sie es mit einer Rooftop-Bar probieren. Dort bietet sich oft eine großartige Aussicht und der Zutritt ist meist kostenlos – anders als bei den Aussichtsplattformen von Bürogebäuden. Das günstigste Ticket für das One World Observatory in New York kostet 38 $, wenn Sie im Voraus online buchen, oder 43 $, wenn Sie einfach hingehen. Für zwei Personen sind es 76 $ plus Steuern. Übrigens: Aus fotografischer Sicht ist die Aussicht vom Top of the Rock in New York viel besser, aber auch hier müssen Sie 38 $ pro Person hinblättern. Machen Sie sich lieber auf die Suche nach einer tollen Rooftop-Bar und investieren Sie die 76 $ in ein paar Happen und ein Getränk. Finden Sie ein tolles Dachrestaurant oder eine Bar oder checken Sie im höchsten Hotel der Stadt ein und fragen Sie nach einem möglichst hoch gelegenen Zimmer – und zwar mit Aussicht. Und wenn Sie durch ein Fenster fotografieren müssen, halten Sie Ihr Objektiv vorsichtig an das Glas, um die Reflexionen zu verringern, die Sie selbst dann erhalten, wenn Sie nur ein oder zwei Zentimeter von der Scheibe entfernt sind.

Fotografieren Sie Straßencafés

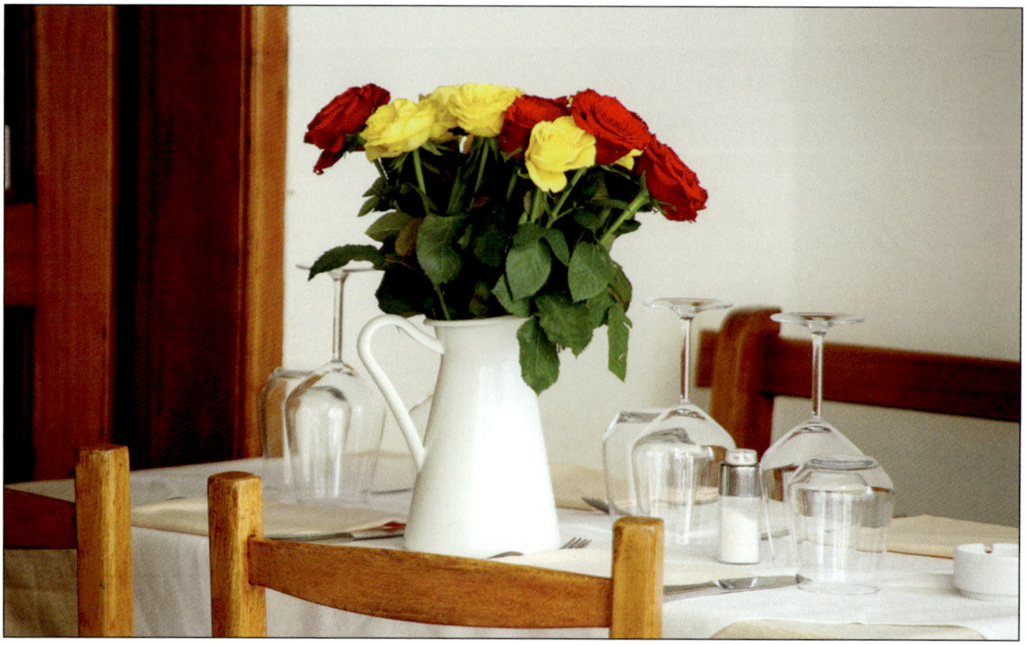

PORTOFINO, ITALIEN

Eine einfache Möglichkeit, den Charme einer Stadt zu veranschaulichen, sind Fotos von einem Straßencafé. Genau das stellt man sich vor, wenn man ein fremdes Land bereist – draußen sitzen, einen Kaffee oder eine Mahlzeit genießen und einfach nur die Welt vorbeiziehen lassen. Wenn Sie also malerische Cafés zeigen, sprechen Sie die Herzen der Betrachterinnen und Betrachter an. Ich persönlich ziehe es vor, Cafés ohne Publikum zu zeigen, sodass es aussieht, als warte der Tisch auf die Gäste (und sodass sich die Aufnahme nicht auf die Menschen am Tisch konzentriert, sondern tatsächlich auf das Restaurant oder Café).

Fotografieren Sie Kirchen, Paläste und Theater

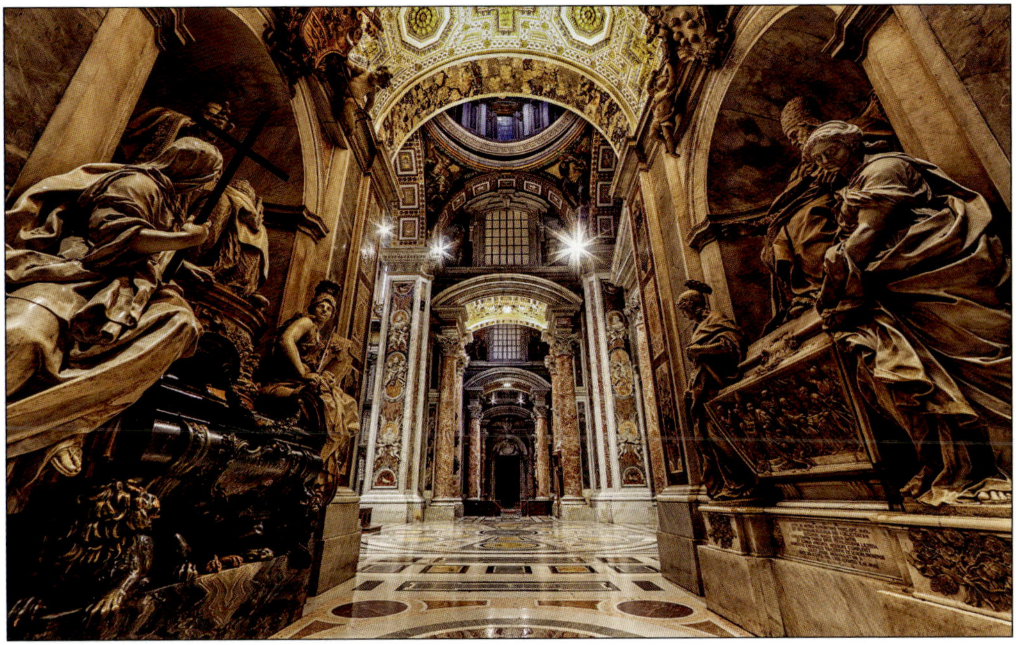

VATIKANSTADT, ROM, ITALIEN

Offensichtlich kann man heutzutage keine Tour mehr machen, ohne eine Kathedrale, ein klassisches altes Museum oder einen Palast zu besuchen, und das finde ich völlig in Ordnung. Ich liebe es, die alte Handwerkskunst und die unglaublichen Details alter Bauwerke zu fotografieren (das gezeigte Bild stammt aus dem Inneren des Vatikans). Solche Aufnahmen entstehen in der Regel bei schlechten Lichtverhältnissen, und damit Sie scharfe Bilder bekommen, müssen Sie die Kamera ruhig halten. Das Problem ist, dass an vielen dieser Orte Stative verboten sind. Die einzige Möglichkeit, bei den schlechten Lichtverhältnissen dieses scharfe Bild zu machen, war ein Platypod Ultra (siehe Seite 66). Die Wachleute im Vatikan sahen es, aber es war ihnen wie üblich aus irgendeinem Grund einfach egal, da das Platypod keine drei Beine hat. Ich konnte es überall im Vatikan (auf dem Boden, an Geländern und Absperrgittern usw.) sowie in Kirchen, Bibliotheken und Palästen auf der ganzen Welt verwenden, ohne dass man mir jemals Schwierigkeiten gemacht hätte. Wenn Sie Glück haben und einen Ort finden, an dem Sie ein Stativ verwenden dürfen, umso besser. Auch gibt es immer mehr Locations, an denen man mit Stativ fotografieren darf, wenn man einen speziellen »Fotopass« kauft. Der ist zwar teurer als die normale Eintrittskarte, aber dafür darf man nach Herzenslust mit dem Stativ fotografieren, und das ist mir den kleinen Aufpreis immer wert.

Fotografieren Sie kleine Details, um Ihre Geschichte zu erzählen

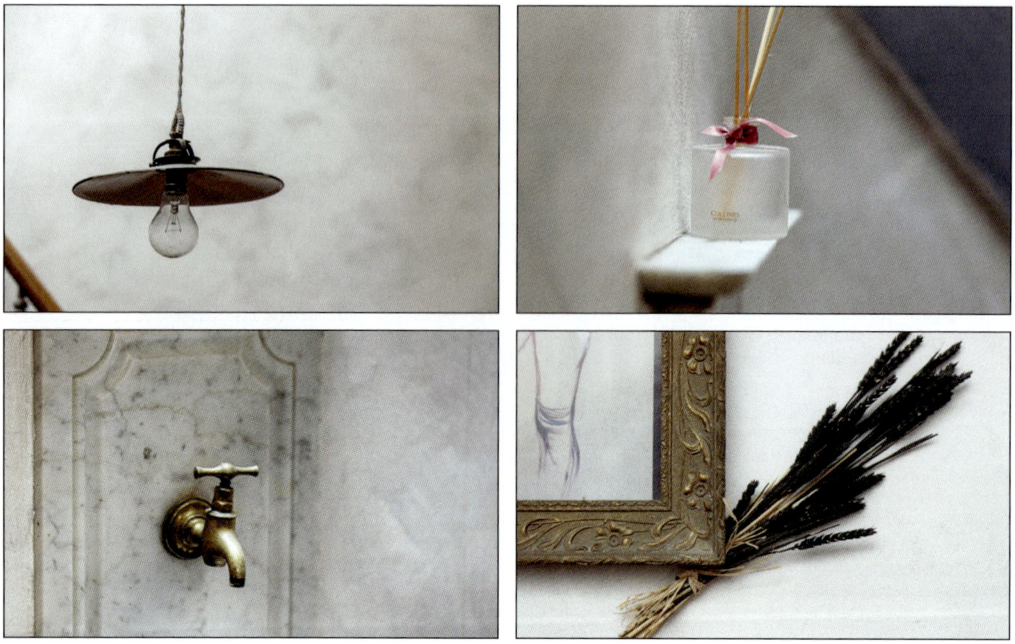

VALENSOLE, FRANKREICH

Diese vier Bilder stammen aus derselben charmanten Frühstückspension in Valensole, Frankreich, und erzählen die Geschichte meines Aufenthalts. Es sind keine »spektakulären« Fotos, und eins alleine hätte keine besondere Wirkung. Eigentlich sind es ganz normale, einfache Aufnahmen, aber sie wirken intensiver, wenn man sie zu einer solchen Bildserie zusammenstellt und mehrere von ihnen gemeinsam auf einer Seite zeigt. Solche Layouts mit mehreren Fotos können Sie übrigens ganz einfach im **Drucken**-Modul von Lightroom Classic gestalten (es gibt eine Reihe vorgefertigter Layouts, oder Sie erstellen Ihre eigenen), und anschließend können Sie die Seite als JPEG speichern, um sie auf Instagram oder Facebook usw. zu veröffentlichen. All das können Sie auch manuell in Photoshop erledigen (aber mit Lightroom geht es eben sehr einfach). Setzen Sie die kleinen Details auf Ihre Fotoliste – und zwar nicht nur von Ihrem Aufenthaltsort, sondern von jeder Location, an der die kleinen Details eine Bedeutung haben –, sie werden die Geschichte Ihrer Reise miterzählen.

Fotografieren Sie das Essen!

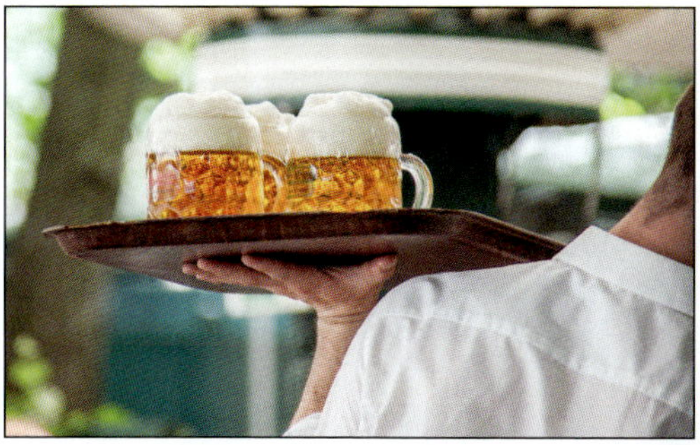

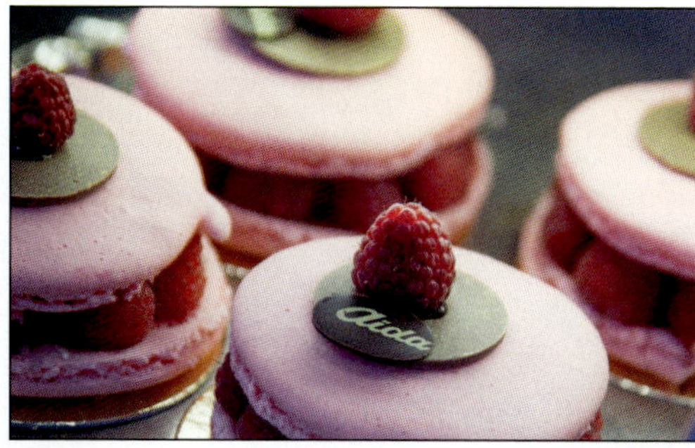

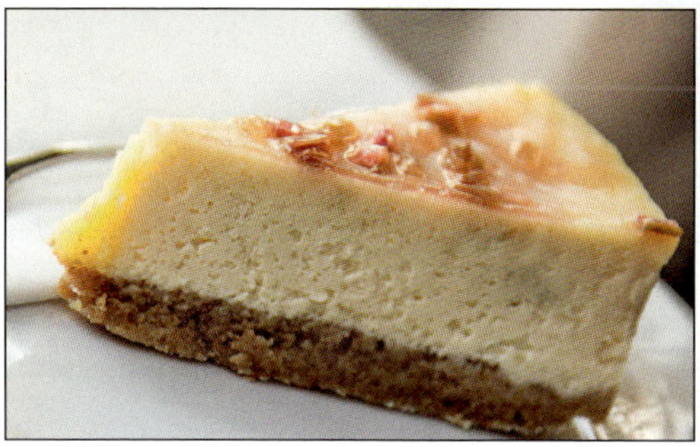

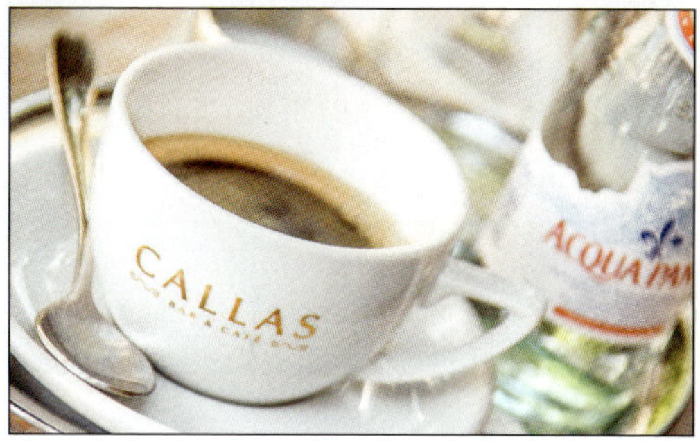

WIEN, ÖSTERREICH

Untersuchungen haben ergeben, dass einer der wichtigsten Gründe für Reisen unsere Vorliebe für die Vielfalt der Speisen in den verschiedenen Regionen der Welt ist. Wir lieben es, lokale Aromen, Kaffees, Desserts, Gerichte und Getränke zu probieren. Wenn Sie also das Essen fotografieren, liefern Sie den Betrachterinnen und Betrachtern genau die Bilder, die sie sich gerne ansehen (und auch in den Reisemagazinen sehen Sie zahlreiche Food-Fotos). Sehr populär sind Aufnahmen, die zeigen, wie die Kellnerin mit dem Essen kommt oder der Servierer den Kaffee auf dem Tisch abstellt. Das verleiht Ihren Food-Fotos ein menschliches Element. Das Bild oben links habe ich beispielsweise in Wien fotografiert, es zeigt, wie der Kellner eine Runde Bier bringt. Auf Seite 244 verrate ich Ihnen ein wirklich gutes Rezept für die Food-Fotografie auf Reisen, aber jetzt sollten Sie erst mal die Speisen, die Ihnen serviert werden (oder die Sie in der Auslage sehen), ganz oben auf die Liste der »Pflicht«-Reisefotos setzen.

Fotografieren Sie interessante Architektur

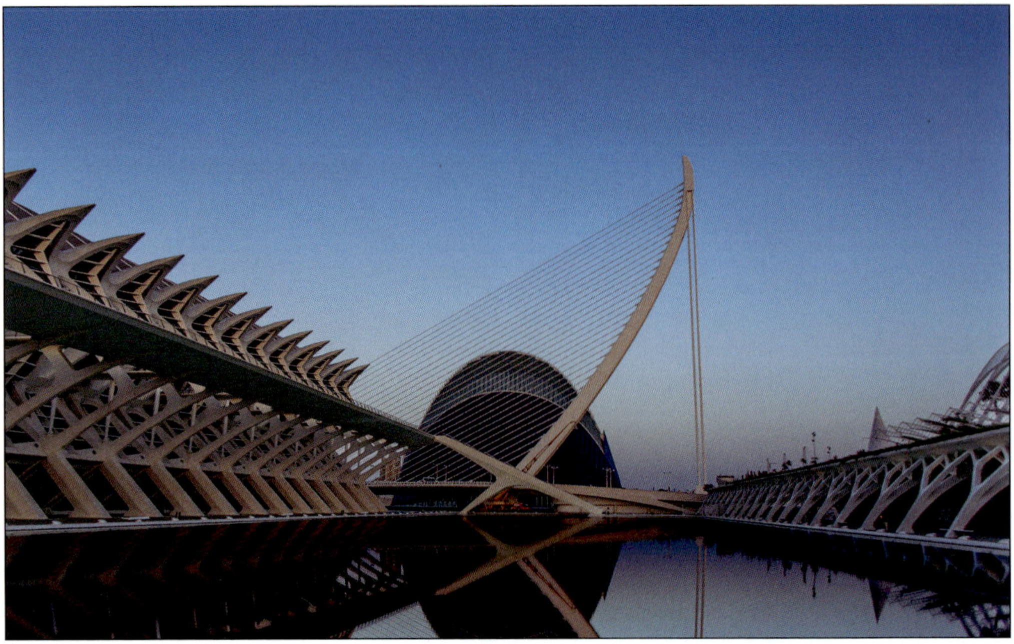

VALENCIA, SPANIEN

Einer der faszinierendsten Aspekte vieler Städte ist die Architektur. Von China über Europa bis zum Nahen Osten finden Sie in den Städten eine wunderbare Mischung aus Alt und Neu. Die oben gezeigte ultramoderne Architektur hat der weltberühmte spanische Architekt Santiago Calatrava entworfen (dieser Komplex aus futuristischen Gebäuden in Valencia heißt »The City of Arts & Sciences«). Der Rest von Valencia ist so, wie man es von einer schönen alten spanischen Stadt erwartet – wundervolle Kathedralen, herrliche klassische Gebäude und malerische, verwinkelte Straßen mit Geschäften und Cafés. Aber mittendrin findet sich dieses einzigartige architektonische Wunder, das Sie vielleicht fotografieren möchten, weil es das heutige Valencia widerspiegelt. In Paris gibt es ein Viertel mit ultramoderner Architektur, »La Défense« genannt, mit hoch aufragenden Wolkenkratzern, an die man beim Stichwort »Paris« selten denkt. Diese Gebäude sind beeindruckend und auf jeden Fall eine kurze Taxifahrt wert (rein geografisch gesehen liegen sie gar nicht mehr in Paris selbst, aber das fällt eigentlich kaum auf). Auf jeden Fall: Nehmen Sie interessante Architektur in Ihre Fotoliste auf, und scheuen Sie sich nicht, sowohl das Alte als auch das Neue zu fotografieren. (Denken Sie daran: Wenn Sie Ihre Fotogeschichte online erzählen, können Sie die modernen Aufnahmen zusammenfassen, damit sie nicht deplatziert wirken. Viele Leute werden überrascht sein, diesen modernen Aspekt von Städten kennenzulernen, die sie schon so oft auf Bildern gesehen haben.)

Fotografieren Sie zur Blauen Stunde

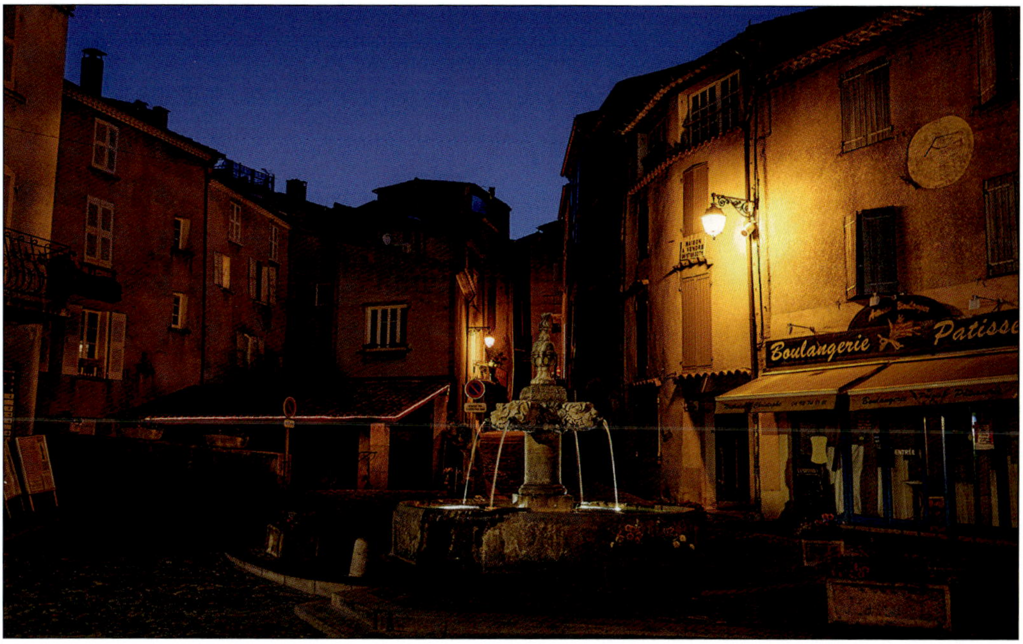

VALENSOLE, FRANKREICH

Dies ist wohl die beste Zeit, wenn Sie abends fotografieren möchten. Die Blaue Stunde findet kurz nach Sonnenuntergang statt und ist ein eigenartiges und fantastisches Phänomen. Nachdem es dunkel und der Himmel fast schwarz geworden ist, präsentiert er sich für ein paar Minuten in einem wunderschönen, satten Blau (wie oben zu sehen – diese Aufnahme wurde von einem Straßencafé im französischen Valensole aus gemacht), und in diesem kleinen Zeitfenster können Sie wundervolle Fotos machen, weil die warmen Lichter der Stadt einen schönen Kontrast zum blauen Nachthimmel bieten. Der Ausdruck »Blaue Stunde« ist eindeutig ein Marketingbegriff, denn sie dauert nur maximal 15 Minuten (wenn Sie Glück haben), also sollten Sie alles vorbereiten, um die Szene einfangen zu können, solange der Himmel noch blau ist. Mit der App PhotoPills können Sie genau herausfinden, wann die blaue Stunde an einem bestimmten Tag beginnt und endet (siehe Seite 72). Die App zeigt diese Information für jeden Ort an, an dem Sie sich gerade befinden (oder den Sie in Zukunft bereisen werden).

Fotografieren Sie U-Bahn-Stationen

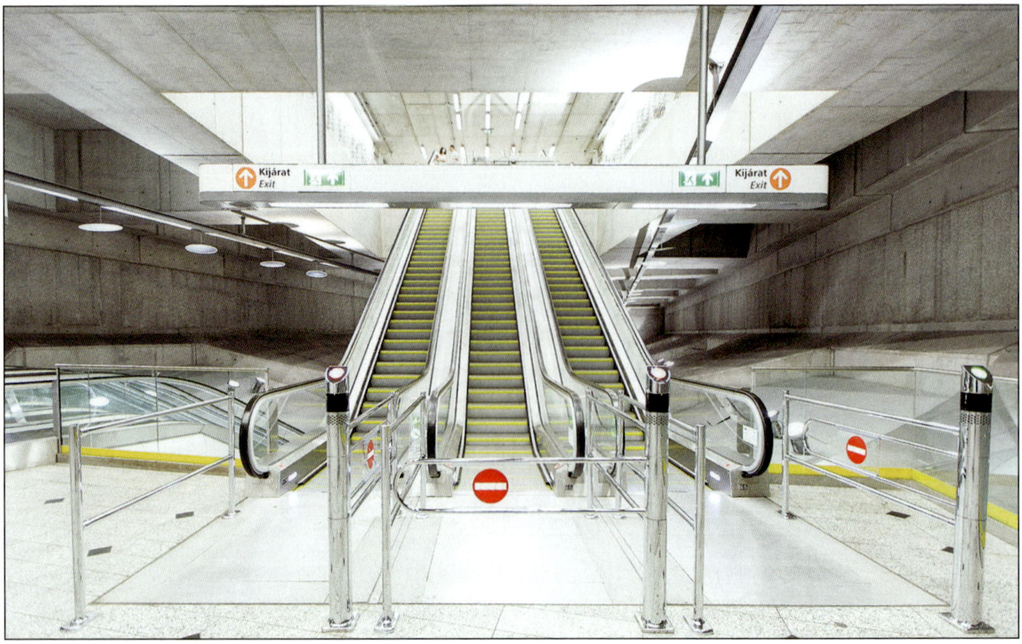

PRAG, TSCHECHIEN

Momentan ist es bei Reisefotografinnen und -fotografen richtig angesagt, U-Bahn-Stationen zu fotografieren. Vielleicht liegt es daran, dass U-Bahn-Stationen auf der ganzen Welt immer attraktiver werden – von den verschnörkelten U-Bahn-Stationen in Moskau über die unglaublich kreativen U-Bahn-Stationen in Stockholm, Schweden, bis hin zu den modernen U-Bahn-Stationen in Prag oder Budapest (oben sehen Sie eine Prager U-Bahn). Hinweis: Ich möchte den Hut vor einem meiner absoluten Lieblings-Reisefotografen, Elia Locardi, ziehen. Er hat mit seinen atemberaubenden HDR-Fotos der Stockholmer U-Bahn-Stationen vor Jahren den U-Bahn-Fotowahn ausgelöst. Die Stationen sind oft eine wunderbare Mischung aus Chrom und Glas, Kacheln und hellen Lichtern, mit schönen bunten Farbflächen, die das Ganze erst richtig zur Geltung bringen. Sie werden überrascht sein (ich jedenfalls war es), wie viel Spaß diese Aufnahmen machen können. Was Sie vor allem mitbringen sollten, ist Geduld, wenn Sie Bilder ohne Unmengen von Einheimischen und Touristen machen wollen. Ich musste schon 10 bis 15 Minuten warten, bis ich eine Chance bekam, den leeren Bahnhof zu fotografieren, aber das sollte Sie nicht abschrecken. Das Wichtigste ist: Ich brauche den leeren Bahnhof nicht drei Minuten lang, es reichte mir 1/125 Sekunde.

Fotografieren Sie ein Objekt im Vordergrund

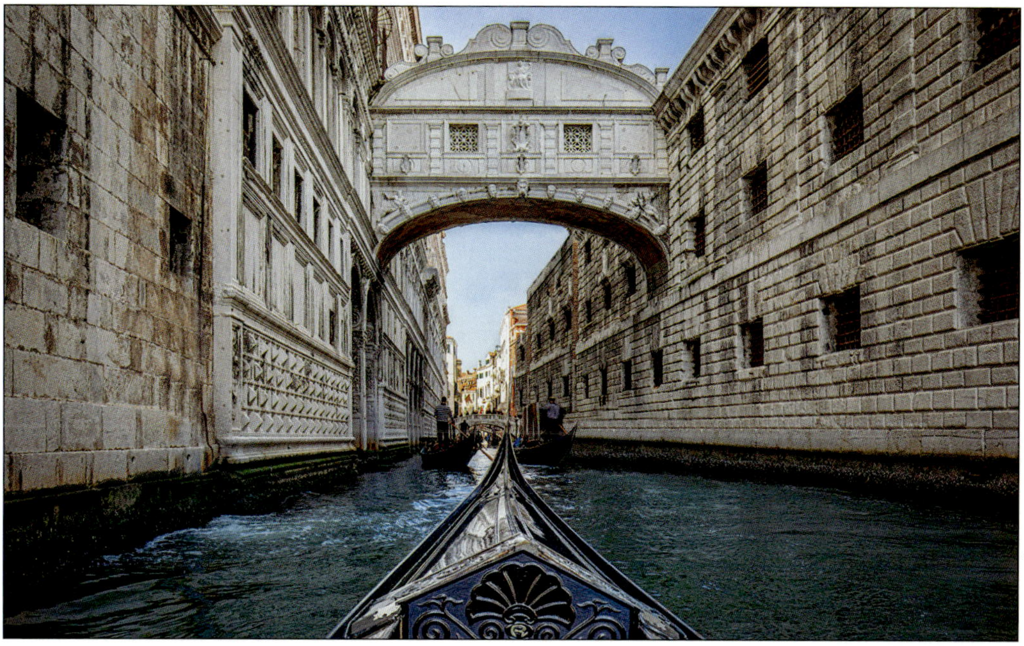

SEUFZERBRÜCKE, VENEDIG, ITALIEN

Im Kapitel über die Bildkomposition haben wir darüber gesprochen, wie ein Objekt im Vordergrund den Tiefeneindruck Ihres Bilds verstärkt, indem es den Blick in die Szene hineinzieht. Ein angesagtes Reisefotomotiv ist ein Vordergrundobjekt wie das oben gezeigte, in diesem Fall der Bug einer Gondel. Sie werden viele solcher Aufnahmen mit allen möglichen Objekten finden – von Ruderbooten bis hin zu Kanus –, die dem Betrachter das Gefühl geben, direkt dabei zu sein. Auf Instagram ist der Reisefotograf Murad Osmann berühmt geworden: Sein Vordergrundelement ist seine Frau, die ihn an der Hand in wunderbare Reiseszenen hineinführt. Sie bekommen das Gefühl, als würde sie Sie in die Szene hineinführen, und das ist eine äußerst clevere Anwendung dieser Kompositionsidee. Halten Sie Ausschau nach Elementen, die sich als Vordergrundobjekt eignen (ein Boot, ein Fahrrad oder eine Freundin), um den Blick in das Bild zu führen und den Betrachterinnen und Betrachtern das Gefühl zu geben, dass sie direkt dabei sind.

Fotografieren Sie in Ihrem Hotel

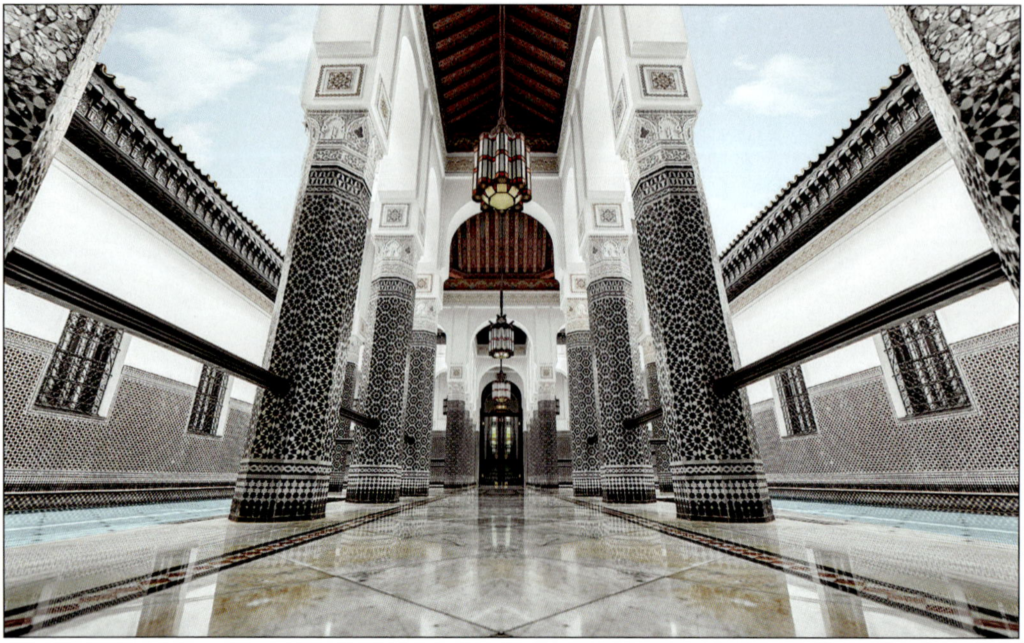

MARRAKESCH, MAROKKO

Natürlich möchte man von jedem Ort, an dem man auf Reisen wohnt, ein paar Bilder machen – schon für das eigene Erinnerungsalbum. Hier meine ich aber, dass Sie sich Zeit nehmen sollten, um ein wirklich schönes Foto zu machen – wie das Bild, mit dem sich das Hotel oder die Pension auf seiner Website selbst präsentieren würde. (Dies ist ein Verbindungsflur im La-Mamounia-Hotel in Marrakesch, Marokko, das ich aus einem ganz tiefen Aufnahmewinkel fotografiert habe. Fantastisches Hotel übrigens.) Wenn Sie das Hotel, die Pension oder das Airbnb zeigen, in dem Sie gewohnt haben, ergänzen Sie Ihre Reisefotografie um eine weitere interessante Note. Tipp: Ich fotografiere mein Hotelzimmer oft mit einem Weitwinkelobjektiv, wenn ich einchecke und das Zimmer in einem tipptopp Zustand ist. Dazu rolle ich das Gepäck ins Bad, damit es nicht im Bild ist, stelle das Stativ auf und fotografiere, solange das Zimmer so gut aussieht, wie es während meines ganzen Aufenthalts nicht mehr aussehen wird.

Fotografieren Sie auf Märkten

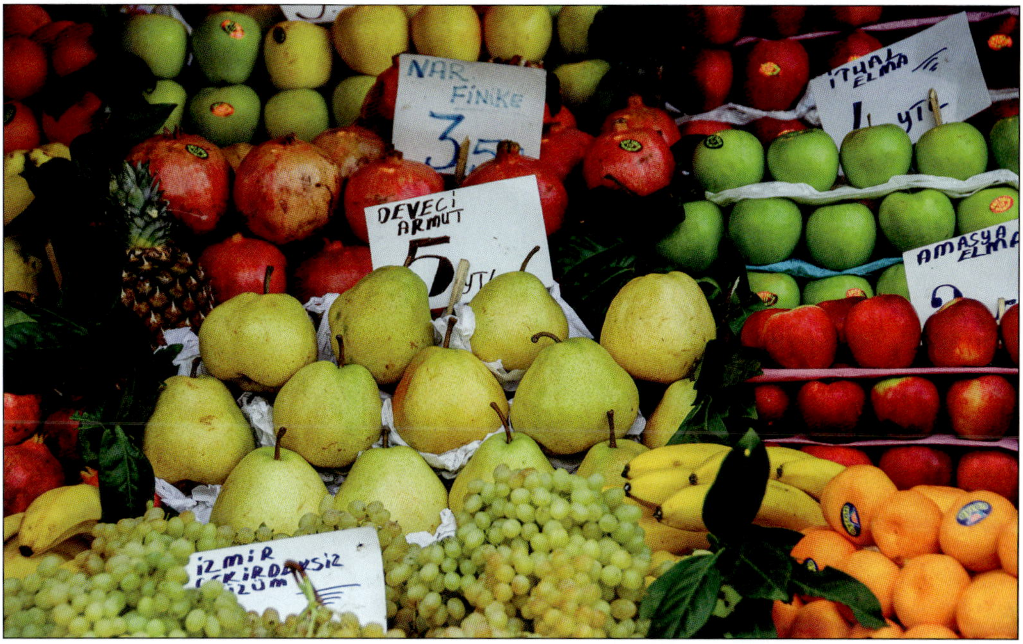

ISTANBUL, TÜRKEI

Neben der Besichtigung der lokalen Architektur, der Interaktion mit den Einheimischen und der Verkostung ihrer leckeren Speisen gehört zu unseren Lieblingsaktivitäten auf Reisen auch der Einkaufsbummel. Häufig gibt es wunderbare Märkte unter freiem Himmel, oft mit Essensständen, die schöne Bilder abgeben und Ihrer gesamten Geschichte mehr Würze verleihen. Zum Beispiel finden Sie in Istanbul, Philadelphia, Valencia und auch in Deutschland berühmte Märkte, die ein Fotografenparadies darstellen (und ich liebe es, wenn die Preis- und Angebotsschilder wie in der Abbildung oben in einer fremden Sprache sind). Und wenn wir schon dabei sind: Was ich ebenfalls immer fotografiere, sind die auf Schilder oder Kreidetafeln handgeschriebenen Speise- oder Getränkekarten vor Lokalen. Ich finde sie so bezaubernd (obwohl sie etwas so Einfaches zeigen), und diese Fotos bekommen oft tolle Kommentare. Wahrscheinlich werden Sie keines Ihrer Getränkekartenfotos ausdrucken und an die Wand hängen, aber es sind wunderbare Motive, die die bunte Geschichte Ihrer Reise erzählen und bereichern.

Fotografieren Sie keine Tiere

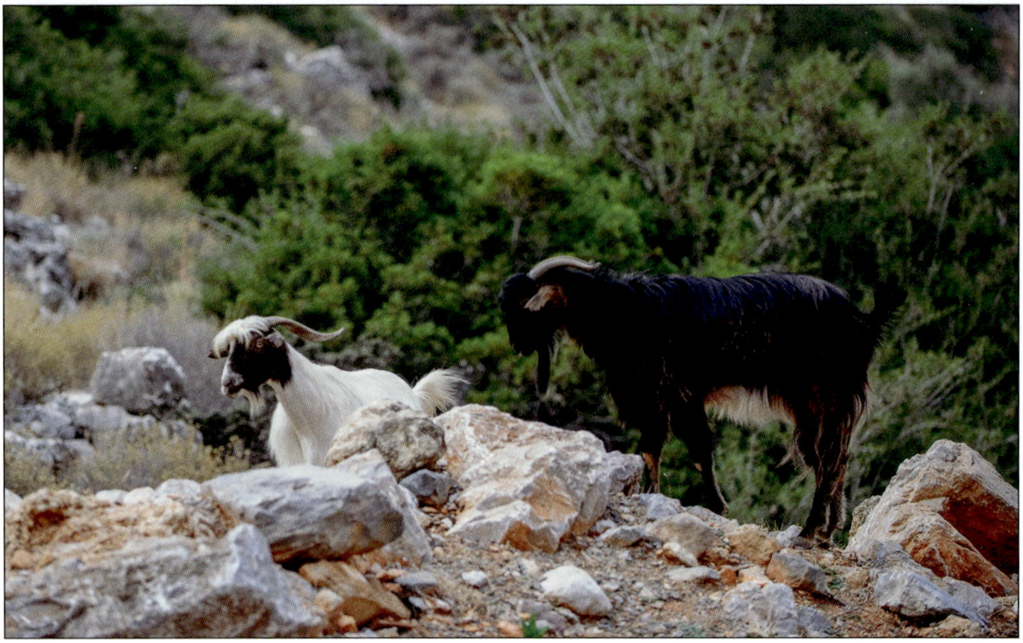

KRETA, GRIECHENLAND

Wäre es nicht fantastisch, eine Herde von Hengsten zu fotografieren, die durch einen flachen Teich direkt auf sie zu galoppieren, während das Wasser spritzt und die Mähnen im Wind wehen? Wenn wir im Urlaub Tiere fotografieren, dann wahrscheinlich nicht gerade eine solche Szene. Wir bekommen Ziegen vor die Linse. Zum Beispiel diese Ziegen, die ich vor vielen Jahren im Urlaub in Griechenland fotografiert habe. Damals sagte man: »Hey, Schatz, sieh dir diese Ziegen an«, und dann machte man das Foto. Später schaute man sich das Foto an und fragte sich: »Warum habe ich ausgerechnet diese Ziegen fotografiert?« Die Chancen, im Urlaub ein großartiges Tierfoto zu schießen, sind gering, es sei denn, Ihr Urlaub dreht sich um die Tierfotografie, zum Beispiel bei einer Reise nach Kenia oder Costa Rica. In einer Ferienregion sehen Sie stattdessen Ziegen, Esel oder Kühe, die herumstehen und Gras fressen, oder Schafe, die herumstehen und Gras fressen, und ... na ja, es ist unwahrscheinlich, dass Sie ein Bild bekommen, das Sie anderen präsentieren möchten, also setzen Sie dieses Fotogenre auf Ihre »Streichliste«.

Fotografieren Sie keine Springbrunnen mit eingefrorenem Wasser

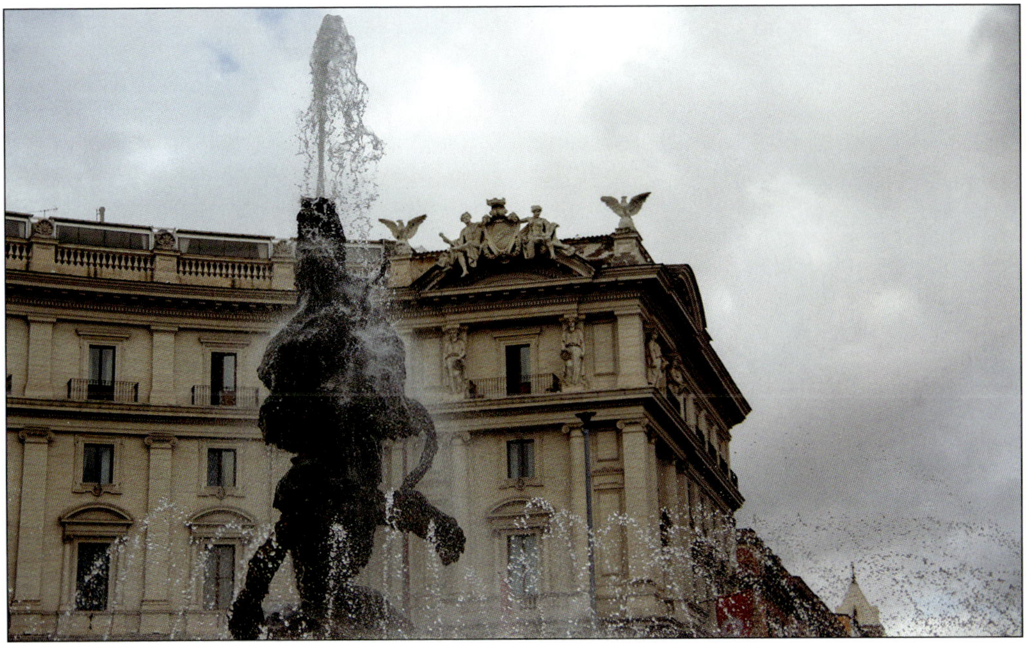

ROM, ITALIEN

Wenn Sie weder ND-Filter noch Stativ dabei haben und einen schönen Springbrunnen sehen, werden Sie das gefürchtete »in der Luft gefrorene Wasser« fotografieren (das oben abgebildet ist). Gehen Sie deshalb lieber folgendermaßen vor: Notieren Sie sich den Brunnenstandort und kommen Sie (a) tagsüber mit einem ND-Filter und einem Stativ wieder, damit Sie schönes, seidenglattes Wasser fotografieren können (siehe Seite 115). Oder (b) kommen Sie mit Ihrem Stativ in der Dämmerung wieder, wenn es dunkel genug ist, um mit einer hohen Blendenzahl zu fotografieren, z. B. f/22 oder f/32. Dann bleibt der Verschluss für schönes, glattes Wasser lange genug offen. Oder (c) Sie kommen nachts mit Ihrem Stativ wieder, wenn die Lichter des Springbrunnens an sind. Nun können Sie schöne, seidenglatte Aufnahmen von den Wasserfontänen machen (ich liebe nächtliche Springbrunnenfotos – die Farben können wirklich beeindruckend sein, und das seidigglatte Wasser bekommen Sie nachts einfach und fast automatisch). Wissen Sie, was gar nicht gut wirkt? Der schöne Springbrunnen mit gefrorenem Wasser bei hellem Tageslicht. Warten Sie lieber, bis Sie entweder mit der richtigen Ausrüstung oder zur richtigen Zeit zurückkehren können, um ein schönes Bild zu machen.

Fotografieren Sie keine unübersichtlichen Szenen

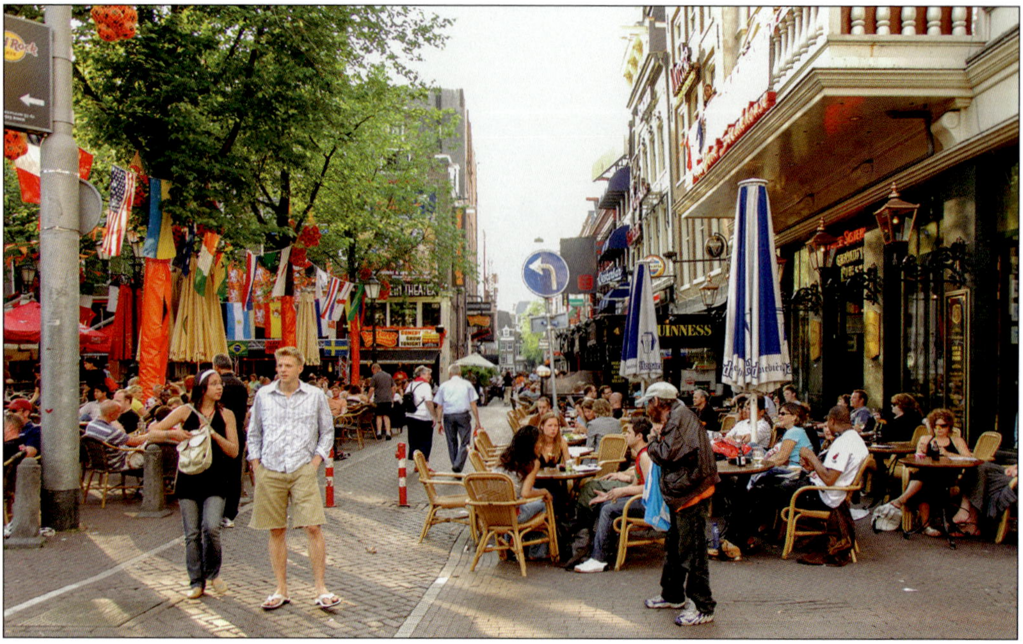

STOCKHOLM, SCHWEDEN

In einem früheren Kapitel haben wir uns bereits mit der Einfachheit unserer Komposition beschäftigt – aber hier ist ein großartiges Beispiel dafür, was Sie auf keinen Fall fotografieren sollten, nämlich überfüllte Szenen. Diese gibt es in jeder Stadt: Eine Mischung aus Touristen und Schildern und Menschen, die auf ihre Handys starren, und wir sind uns nicht einmal sicher, was wir eigentlich zeigen sollen – es gibt keinen klaren Bildschwerpunkt. Wir bekommen nicht wirklich ein Bild, sondern einen Schnappschuss. Sicherlich wollen Sie nicht mit einem Haufen Schnappschüsse nach Hause kommen. Wenn Sie also eine richtig chaotische Szene wie die im Bild oben sehen, verzichten Sie entweder aufs Fotografieren oder suchen Sie sich innerhalb der Szene ein einzelnes Motiv, das Sie zeigen möchten – zoomen Sie ganz nah heran, vereinfachen Sie die Szene, und vielleicht springt Ihnen etwas ins Auge. Aber in der Zwischenzeit können Sie sich eine Menge Zeit sparen, indem Sie unübersichtliche Szenen wie diese einfach meiden.

Fotografieren Sie keine Menschen, die alltägliche Dinge tun

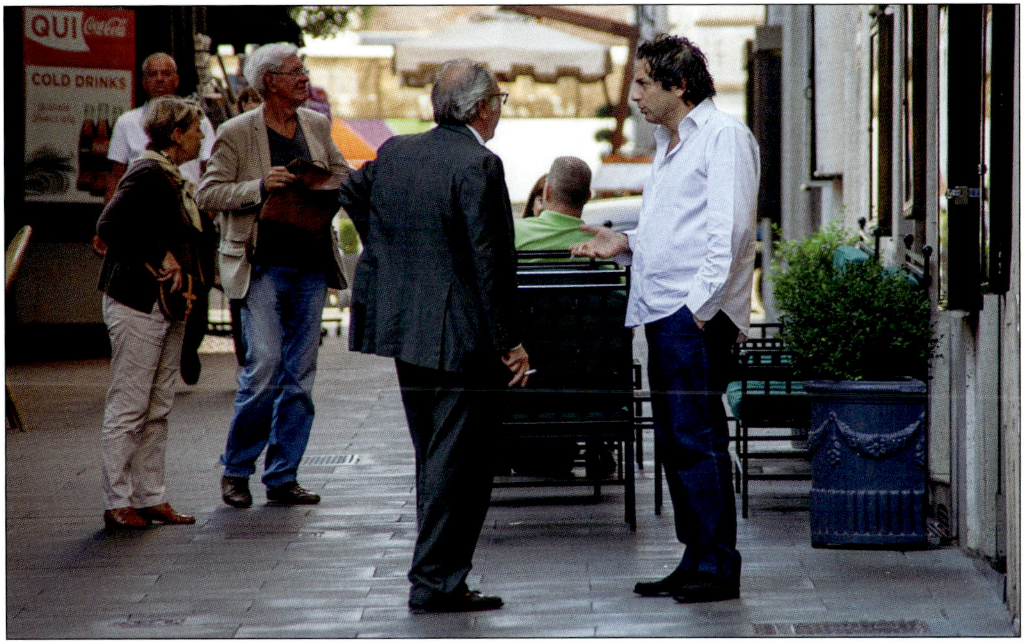

ROM, ITALIEN

Jay Maisel ist eine lebende Fotografie-Legende. Er ist brillant, seine Arbeiten werden auf der ganzen Welt gefeiert und es gibt eine Amazon-Prime-Dokumentation über sein Leben. Er hat ein bahnbrechendes Buch mit dem Titel »Licht, Ausdruck und Farbe« geschrieben. Ich halte es für sein Hauptwerk (Offenlegung: Meine Firma hat dieses Buch gemeinsam mit Jay produziert und der dpunkt.verlag hat es übersetzt), und darin erklärt Jay, dass Sie nur dann ein Foto mit dem gewissen Etwas bekommen, wenn (a) entweder das Licht fantastisch oder interessant oder dramatisch ist, (b) auf dem Foto ein Mensch mit einer interessanten Geste zu sehen ist – die man bei einer durchschnittlichen Person nicht zu sehen bekommen würde – oder (c) es überwältigende Farben aufweist. Wenn das Bild natürlich zwei dieser Merkmale aufweist, vielleicht großartiges Licht und wunderbare Farben oder eine faszinierende Geste in dramatischem Licht, dann wird das Bild sogar noch stärker. Und wenn Sie eines dieser seltenen Fotos mit allen drei Merkmalen machen können, dann haben Sie es wirklich geschafft. Jays Buch ist vollgepackt mit erstklassigen Beispielen und wunderbaren Geschichten. Genau das sollten Sie sich also fragen, wenn Sie in den Straßen einer Stadt mit der Kamera unterwegs sind: Gibt es tolles Licht? Eine ungewöhnliche Geste? Tolle Farben? Oder sehen Sie, wie oben, nur eine normale Szene mit Menschen, die ganz gewöhnliche Dinge tun? Dieses Bild bietet kein großartiges Licht (es ist langweilig). Die Gesten sind nicht ungewöhnlich oder faszinierend (sondern ganz normal), und auch die Farben sind langweilig. Es ist ein langweiliges Foto von Menschen, die alltägliche Dinge tun, was zu einem langweiligen Ergebnis geführt hat. Fotografieren Sie also keine Menschen bei Alltagshandlungen, sondern suchen Sie nach interessanten, ungewöhnlichen und farbenfrohen Szenen, die in schönes Licht getaucht sind.

Fotografieren Sie keine Instagram-Klischees

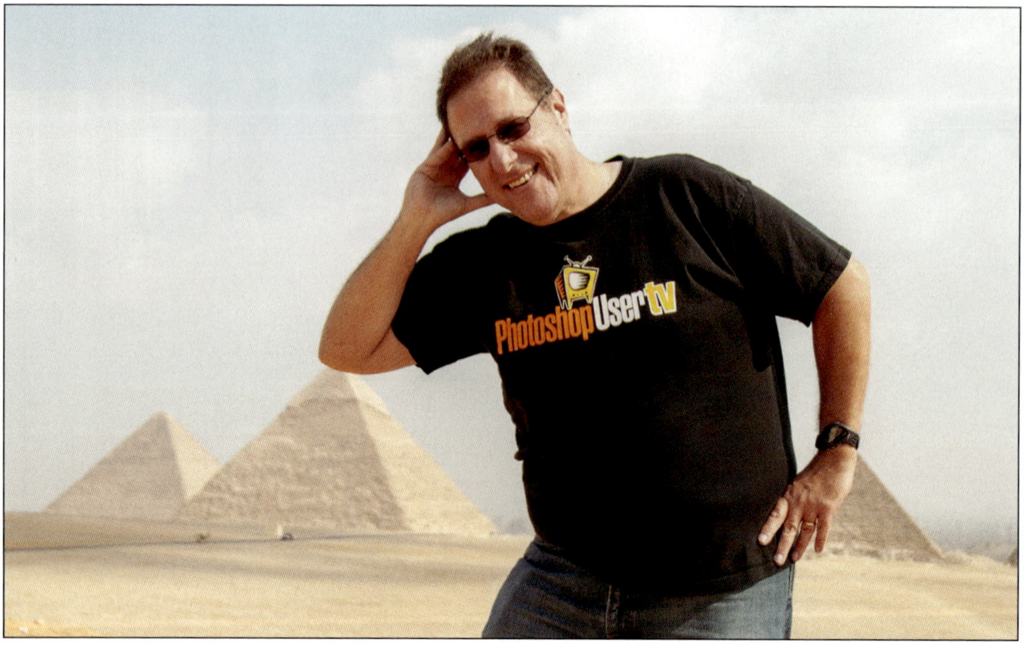

KAIRO, ÄGYPTEN

Dass Sie dieses Foto oben vermutlich noch nie gesehen haben, hat seinen guten Grund. Es ist okay, einfach als Gag, aber fragen Sie sich mal: Wie reagieren die Leute, wenn sie ein solches Foto sehen? Sie stöhnen auf. Sie rollen die Augen. Vielleicht kichern sie ein bisschen, aber niemand sagt: »Tolles Bild!« Wie kam es also zu diesem albernen Foto? Mir blieb einfach nichts anderes übrig. Ich wollte bei den Pyramiden fotografieren, als zwei Militärs mit Maschinengewehren auf mich zukamen und mich aufforderten, ihnen zu folgen, weil sie mir zeigen wollten, wo die beste Stelle zum Fotografieren ist. Ich folgte ihnen widerwillig, bis mich einer der Männer anwies, wie hier gezeigt zu posieren, und dann noch einmal, wie ich die Pyramide in meiner ausgestreckten Hand hielt, während der andere meine Kamera nahm und fotografierte. Nach ein paar Bildern waren sie zum Glück fertig und ich war froh, dass ich ungeschoren zu meiner Frau und zum Tourbus zurückkehren konnte. Nun wissen Sie wenigstens, wie dieses Bild entstanden ist, das Sie nicht fotografieren sollten (und dass Sie sich vor den Wachleuten in Gizeh in acht nehmen sollten – über Pisa erzählt man sich übrigens Ähnliches). Es gibt eine ganze Reihe von solchen klischeehaften Bildern, die auf Instagram in Ungnade gefallen sind (die Leute sind es leid, sie zu sehen, und freuen sich, Ihnen das zu sagen). Deshalb möchte ich Ihnen raten, ganz darauf zu verzichten (dazu gehören beispielsweise Strandaufnahmen, bei denen man vom Liegestuhl aus seine Füße in Sandalen fotografiert, oder das Bild, auf dem man den Mond in der Hand hält, oder das Foto, auf dem man aus dem Fenster des Flugzeugs schaut). Fotografieren Sie stattdessen etwas, das die Leute wirklich sehen wollen.

Fotografieren Sie nicht die Kunstwerke anderer Leute

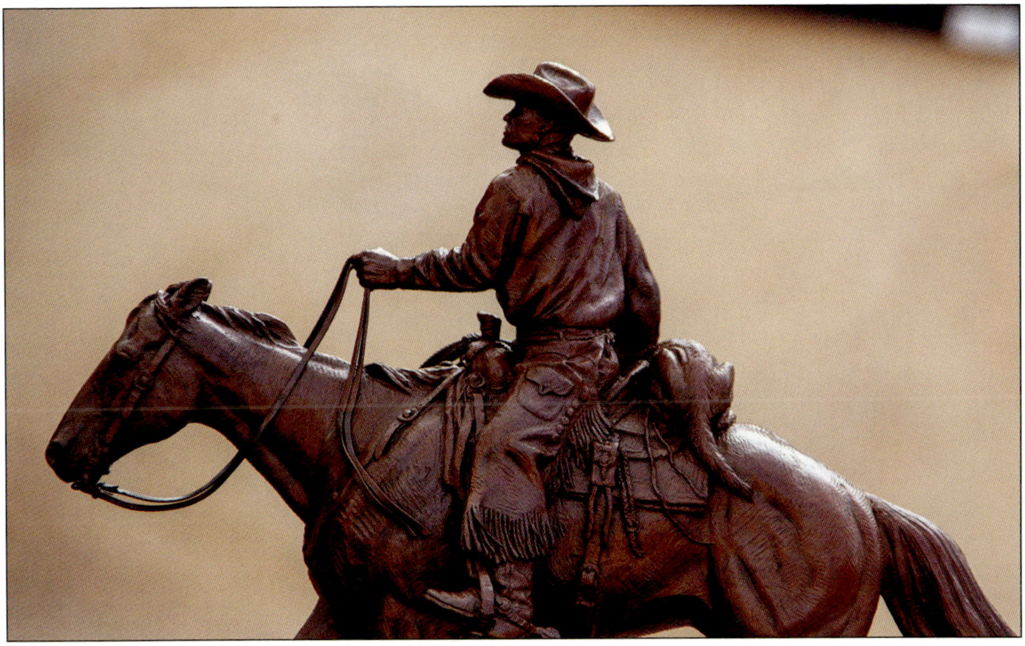

SANTA FE, NEW MEXICO, USA

Diese wunderschöne Skulptur habe ich in Santa Fe, New Mexico, USA, gesehen. Wenn ich aber ein Foto von dem Kunstwerk einer anderen Person mache, wird es dadurch nicht künstlerisch und schon gar nicht zu meiner eigenen Kunst. Dies ist ein Foto von dem Kunstwerk eines anderen. Zwar war es für mich in Ordnung, die Skulptur für mich selbst zu fotografieren, damit ich mich an sie erinnern kann, aber dies ist kein Foto, das ich teilen würde, denn (sprechen Sie mir jetzt nach): »Es ist die Kunst eines anderen.« Es ist ja nicht so, dass sich das Kunstwerk im Hintergrund des Fotos befindet oder es sich um eine Statue vor einem Gebäude handelt – das Kunstwerk ist das Motiv, und deshalb sollten Sie darauf verzichten.

Fotografieren Sie keine herumwuselnden Touristen

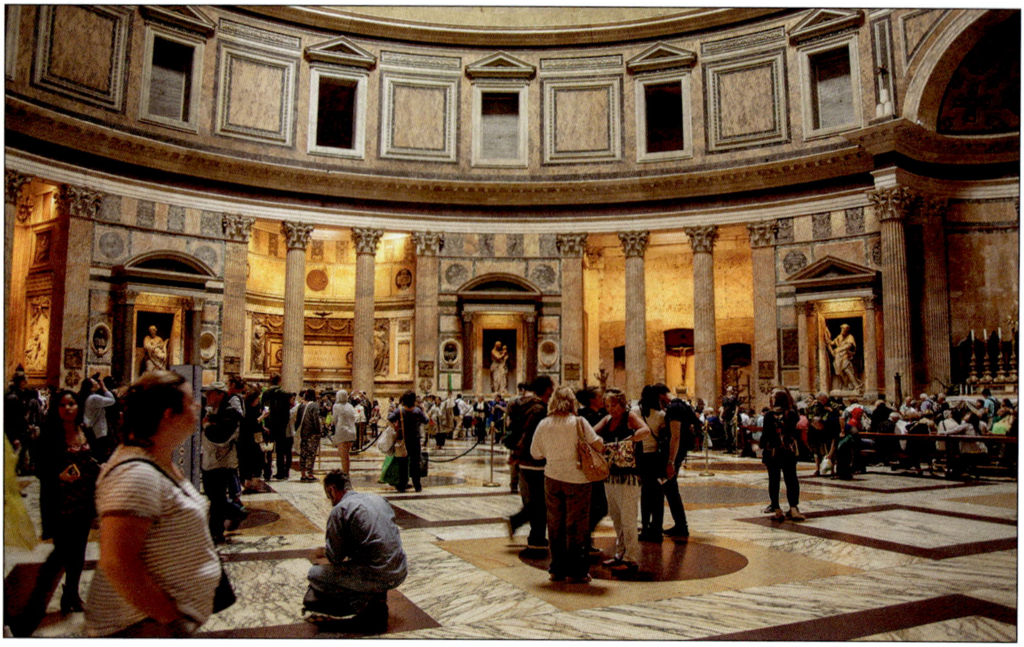

PANTHEON, ROM, ITALIEN

Sie werden mir zustimmen, dass kaum jemand Bilder von Touristenmassen wie hier im Pantheon in Rom sehen möchte. Wir sehen hier ein weiteres langweiliges Foto mit dem Thema »Menschen, die alltägliche Dinge tun«. Aber wenn etwas schlimmer ist, dann sind es Bilder von Touristen, die alltägliche Dinge tun. Wie können Sie das umgehen? Es gibt drei Möglichkeiten: (1) Ich komme morgens als Erster. Das hat schon sehr häufig funktioniert. Letztendlich hat man entweder für 10 oder 15 Minuten einen völlig leeren Platz oder nur eine Handvoll Leute, um die man normalerweise herumfotografieren kann, sodass das Bild menschenleer wirkt. (2) Ich gehe als Letzter. Auch das hat schon oft geklappt. Wenn Sie die letzte Führung des Tages buchen, endet sie manchmal direkt mit oder kurz nach der Schließung. Ich habe schon erlebt, dass ich am Ende einer solchen Führung ein paar Minuten lang ganz allein an einem Ort war. Deshalb sind Führungen am Ende des Tages für mich sehr wichtig. Ich lasse mich dann öfter hinter die Gruppe zurückfallen. Ab und zu kommt die Fremdenführerin zurück und holt mich leicht genervt ab, aber normalerweise führt sie die anderen 10 oder 12 Leute an, also ist sie vorne und nicht hinten, und da sind dann Sie. Achten Sie darauf, dass Sie zuhören, wenn Sie einen Bereich verlassen, damit Sie das nächste Ziel mitbekommen: »Als Nächstes gehen wir zum berühmten Spiegelsaal.« Dann können Sie die Gruppe wenigstens einholen, wenn Sie weit zurückliegen. Und schließlich (3) kippen Sie Ihre Kamera einfach ein wenig nach oben, sodass Sie direkt über die Köpfe der Touristen hinwegfotografieren. Ja, richtig, dann ist der Boden nicht mit auf dem Bild, aber ich habe das schon Dutzende Male gemacht und wurde immer gefragt: »Wie hast du das ohne Touristen hinbekommen?« Hätte ich den Winkel ein wenig flacher gewählt, wären die Köpfe von Hunderten von Leuten mit im Bild. Probieren Sie es mal aus, ich wette, Sie werden überrascht sein, wie gut das klappt.

Fotografieren Sie keine Baustellen

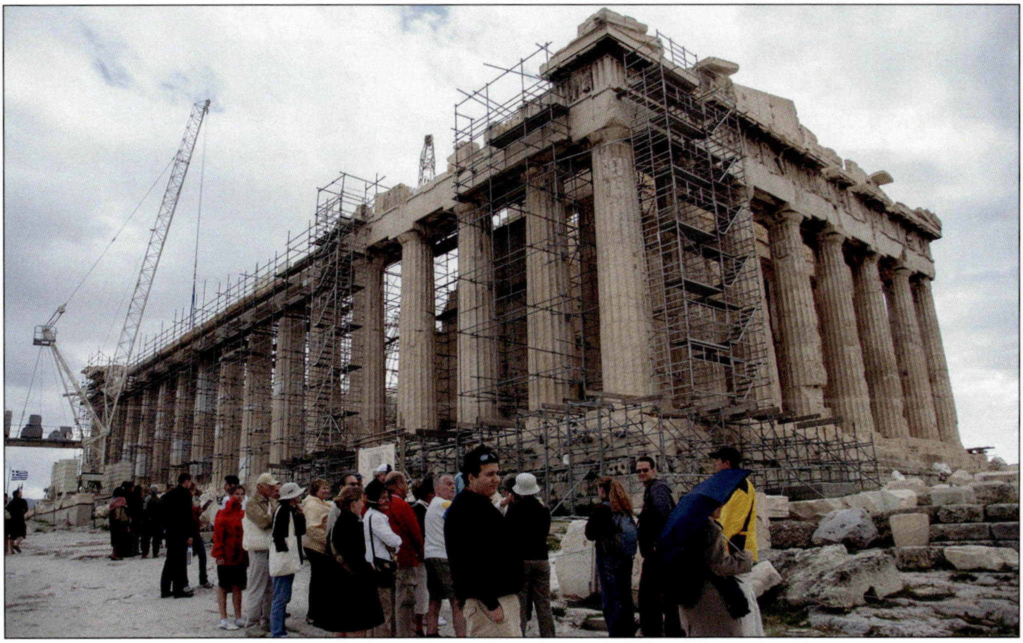

PARTHENON, ATHEN, GRIECHENLAND

Wenn Sie jemandem eine Aufnahme zeigen, auf der etwas renoviert wird oder eingerüstet ist, hören Sie in der Regel: »Schade, dass das Gerüst da stand, oder?« Richtig! Fotografieren Sie also keine Gerüste oder Baustellen. Sie finden vielleicht, dass dies Ihre kompositorischen Fähigkeiten auf eine harte Probe stellt, aber in vielen Fällen ist die Lösung tatsächlich überraschend einfach: Gehen Sie einfach um das Gebäude, die Sehenswürdigkeit, das Schloss usw. herum, bis Sie einen Standpunkt finden, von dem aus die Gerüste nicht sichtbar sind (bei der obigen Aufnahme war es die gegenüberliegende Seite; dort waren die Restaurierungsarbeiten größtenteils abgeschlossen und die Gerüste bereits wieder abgebaut). Erinnern Sie sich auch an das Kapitel über die Bildkomposition: Sie müssen nicht das gesamte Bauwerk zeigen, weil man dann, wie auf dem hier gezeigten Bild, alle möglichen anderen Dinge sieht, wie etwa die Reisegruppen oder den großen Kran auf der linken Seite und so weiter. Denken Sie daran: Sie bestimmen, was zu sehen ist und was nicht. Verzichten Sie also auf Fotos von im Bau oder in Renovierung befindlichen Gebäuden und suchen Sie einen Aufnahmewinkel, aus dem all das nicht zu sehen sind (dann wird man Sie fragen: »Wie hast du diese Aufnahme ohne die ganzen Gerüste hingekriegt? Als wir dort waren, war alles voll damit!«).

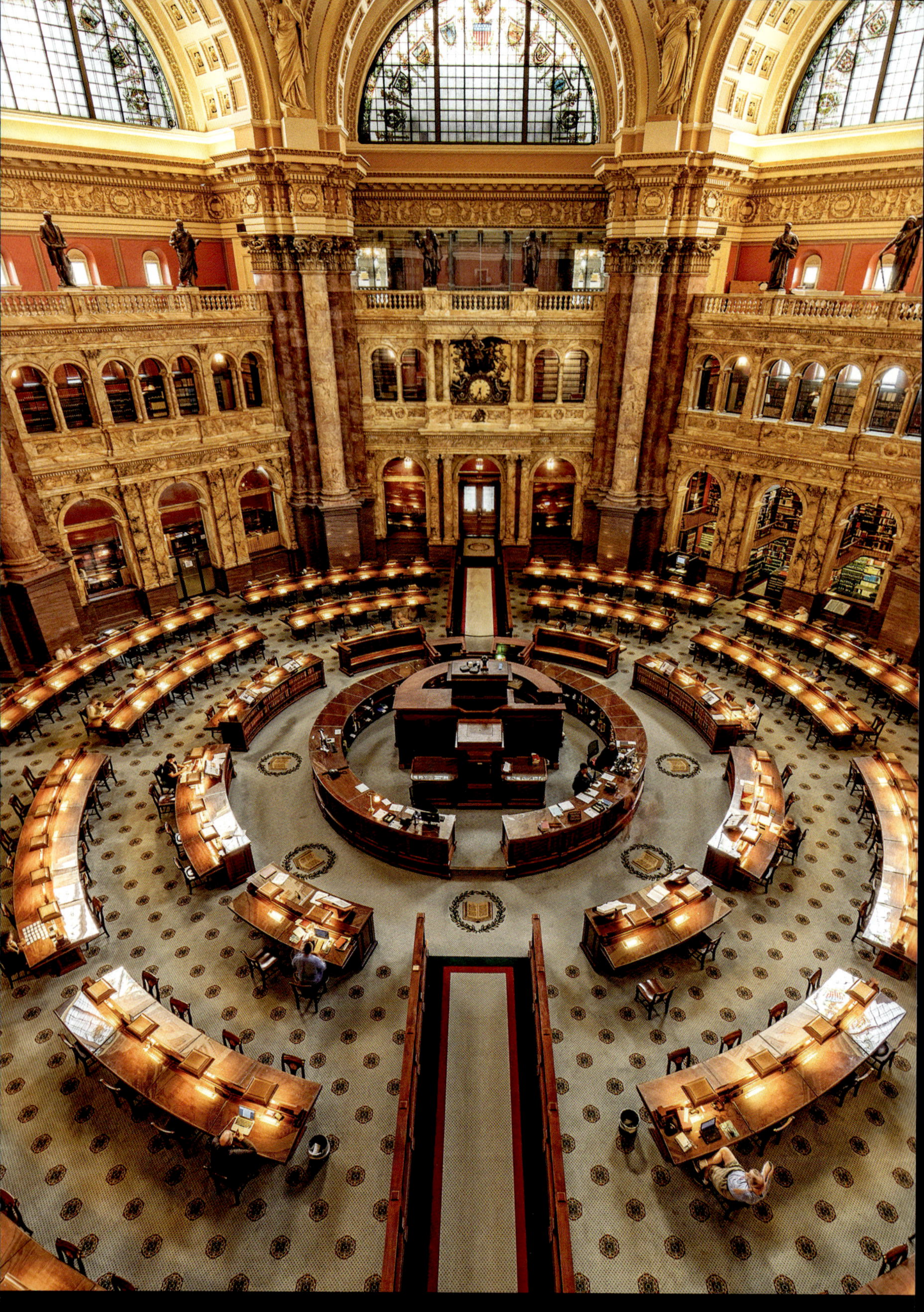

Belichtungszeit: 0.5Sek. | Blende: f/11 | ISO:100 | Brennweite: 11 mm
Location: Library of Congress, Washington, DC

KAPITEL 10

BILDER VON IHRER REISE TEILEN

Bilder von Ihrer Reise teilen

Lassen Sie andere an Ihren tollen Bildern teilhaben!

Darum geht es doch eigentlich: Sie kommen von einer Reise an einen exotischen Ort (Allgäu oder Sylt) zurück und möchten Ihre Bilder mit anderen Menschen teilen, um sie – na, was? Genau: wahnsinnig neidisch zu machen. Das ist das Wunderbare an der Reisefotografie: Ein erstklassiges Reisefoto weckt in den Betrachterinnen und Betrachtern den Wunsch, selbst dorthin zu reisen. Sie müssen aber noch einen draufsetzen, denn Ihre Aufgabe ist es, dass die anderen sich mies fühlen, weil sie noch nie dort gewesen sind. Sie sollen das Stigma des Versagens spüren, weil sie nicht das Gleiche erlebt haben wie Sie. Aber Vorsicht, Sabotage droht. Wenn jemand Ihre Bilder mit »Das erinnert mich an unsere Reise nach Cancún ...« kommentiert, würgen Sie ihn auf der Stelle ab. Hier geht es nicht um ihn und seine Mexiko-Kreuzfahrt. Hier geht es um die Reise Ihres Lebens und Ihre spektakulären Bilder, die sich für immer in sein Gedächtnis einbrennen sollen. Ich möchte Sie allerdings vor einem möglichen Szenario warnen, das bei der Präsentation Ihrer Reisefotos eintreten könnte: Nehmen wir an, Sie zeigen einer Freundin Bilder von Ihrer Ibiza-Reise und sie sagt plötzlich beiläufig: »Oh, genau so ein Bild habe ich damals auch gemacht. Das war die beste Paella in unserem ganzen Urlaub!« Und. Genau. Das. Geht. Nicht. Sie hat den Spieß umgedreht! Da müssen Sie sofort dagegenhalten. »Ach wirklich, Charlotte? Du hast dasselbe Foto? Das würde ich gerne sehen. Ich möchte es sogar gleich jetzt sehen.« Nun, Sie und ich wissen, dass Charlotte aus Gründen des künstlerischen Ausdrucks mit einer Einwegkamera fotografiert hat und ihre Aufnahme Schrott ist, also müssen Sie sie dazu bringen, sie auszugraben – egal, wie lange es dauert oder wie lange Sie (und die anderen Gäste) darauf warten müssen. Wenn sie das Bild dann morgens um vier Uhr anschleppt und es nicht wie ihre Interpretation von daVincis »Abendmahl« aussieht, sagen Sie ganz beiläufig: »Hmm, also ich fand die Paella ein bisschen fischig«.

Adobe Spark Page: der beste Weg zur Online-Freigabe

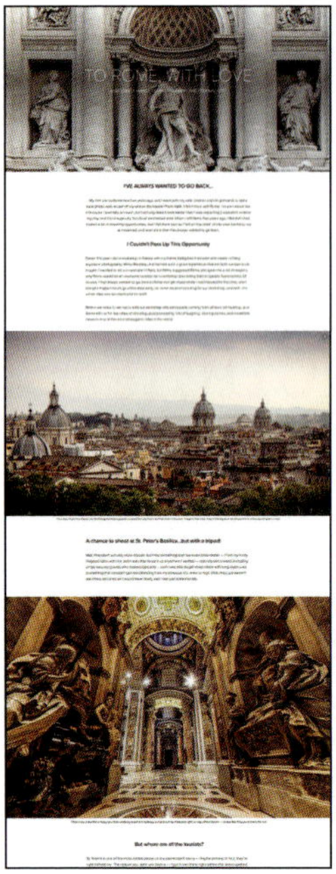

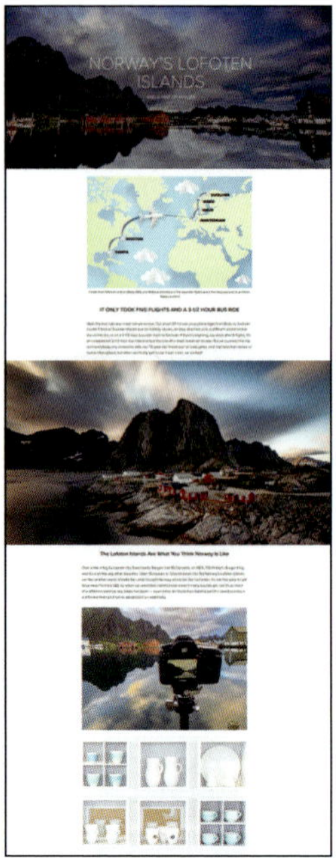

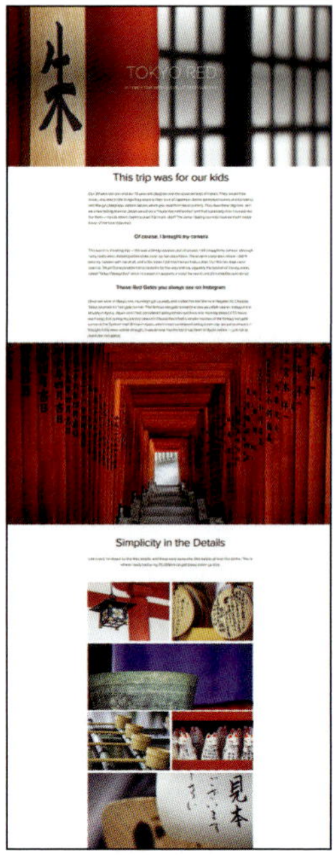

Adobe Spark Page ist für mich ganz klar die beste Methode, um die Geschichte einer Reise in Bild und Text online zu teilen. Ich erhalte damit auch eindeutig die beste Resonanz. Wenn Sie ein Adobe-Abo haben, z. B. das Creative Cloud-Foto-Abo, ist dieser Dienst kostenlos. Eigentlich erstellen Sie damit eine Webseite, die wie ein Magazinartikel aussieht und wirkt. Große, schöne Fotos (Sie wählen die Größe und den Stil aus und fügen die Bilder dann einfach per Drag-and-drop ein)! Und wenn Sie für Ihre Geschichte eine Überschrift oder einen Text brauchen, klicken Sie einfach und tippen los. Alles ist schon für Sie vorbereitet: Sie wählen Ihre Wunschvorlage aus und beginnen mit der Erstellung Ihrer Spark-Seite. Sie müssen nichts programmieren. Kein HTML. Sie brauchen keine Vorkenntnisse und können die Seite im Handumdrehen gestalten (ein perfektes Projekt für einen Samstagmorgen). Die Bilder können im Browser im Vollbildmodus angezeigt werden (ideal für Panoramen) und sobald Sie ein Bild eingefügt haben, können Sie einfach Ihre Geschichte ergänzen oder eine Bildunterschrift hinzufügen, und wow – Ihre Bilder werden auf die beste Weise präsentiert, die ich je gesehen habe. Das Ergebnis wirkt wie ein Online-Artikel in einem hochwertigen Reisemagazin, und solche Reaktionen werden Sie niemals bekommen, wenn Sie Ihre Bilder nur in den sozialen Medien teilen (auch wenn ich die Leute über Twitter, Facebook, Instagram usw. zu meiner Spark-Seite führe). Beginnen Sie auf *spark.adobe.com* mit Ihrer Geschichte (melden Sie sich mit Ihrer Adobe ID und Ihrem Passwort an und wählen Sie Ihre Vorlage aus). Wenn ich Reisefotografie-Workshops abhalte, bringe ich den Teilnehmenden bei, solche Seiten zu erstellen (gemeinsam während des Workshops) – das macht allen viel Spaß und ist ganz einfach, und am Ende haben alle eine wunderschöne Fotogeschichte. Ich kann Adobe Spark Page gar nicht genug empfehlen, und deshalb beginnt dieses Kapitel auch damit.

Große, schöne Abzüge im Fotolabor bestellen

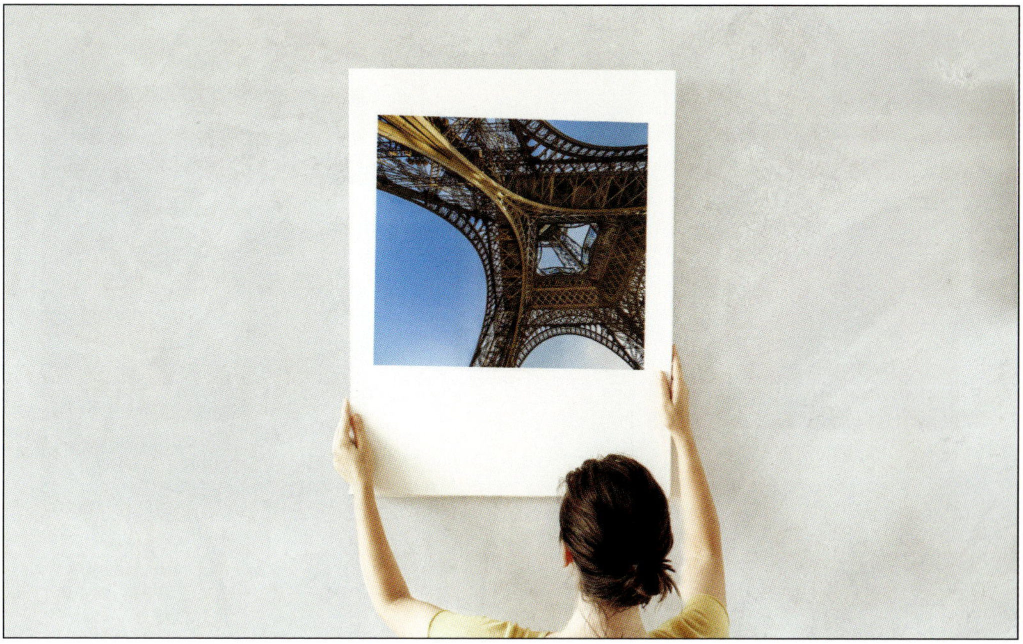

©ADOBE STOCK/FLORAL DECO

Sie müssen keinen Drucker kaufen und das Handwerk des Fotodrucks erlernen, um in den Genuss großer, schöner Abzüge zu kommen – es ist heute sehr einfach und preiswert, Bilder bei einem Online-Fotolabor zu bestellen. Laden Sie einfach Ihre Aufnahme hoch, wählen Sie die gewünschte Größe, klicken Sie auf »Bestellen«, und in ein paar Tagen halten Sie den Abzug in den Händen und werden Ihr Fotolabor lieben. Ich habe gleich mehrere Drucker, aber es ist so einfach, ein Fotolabor zu beauftragen, dass ich immer öfter darauf zurückgreife. Ich bin stets sehr zufrieden mit den Ergebnissen, weil sie sich um alles kümmern (sie korrigieren sogar die Bildfarben, wenn ihnen ein Fehler auffällt – es sei denn, Sie buchen keine Farbkorrektur mit). Ich arbeite am liebsten mit *whitewall.de* und *posterxxl.de*. Beide liefern Abzüge in exzellenter Qualität – auf Wunsch sogar gerahmt (mit einem Glas Ihrer Wahl und allem Drum und Dran) – und bieten einen tadellosen Kundenservice. Zwei Tipps: (1) Lassen Sie Ihren Druck aufziehen (auf Hartschaum oder Holz), damit er sich nicht verzieht oder Falten wirft (außerdem hält er dann länger). Ein weiterer Vorteil ist, dass Sie das Bild unmittelbar an die Wand hängen (ich lasse meine Drucke immer auf schwarzes Material aufziehen) oder an eine Wand oder einen Schrank lehnen können. Es ist also sofort startklar, wenn Sie es bekommen. Es kostet ein bisschen mehr, aber das ist es wert. (2) Nehmen Sie ein großes Format. Je größer der Druck ist, desto besser wirkt er. Wenn Sie mich um eine Empfehlung zur Größe bitten würden, würde ich zu einem 40×60-cm-Format oder größer raten. Dieses passt perfekt zum Seitenverhältnis der Fotos aus den meisten modernen DSLR- und spiegellosen Kameras, ohne dass das Bild beschnitten werden muss, und das Druckformat reicht für einen echten »Wow«-Faktor aus. Fangen Sie einfach mal an, Abzüge zu bestellen – große Abzüge – und Sie werden Ihre Fotografie in einem ganz neuen Licht sehen. Und wenn Sie jemanden richtig umhauen wollen, schicken Sie ihm einen großen Abzug als Geschenk. Ehrlich – die Resonanz wird Sie überwältigen!

Ein Fotobuch drucken

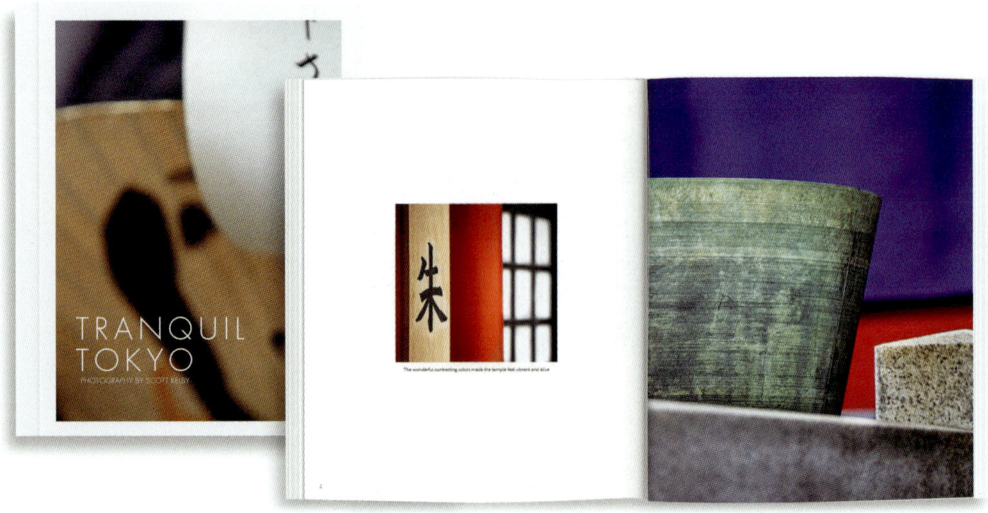

Ein Fotobuch Ihrer Reise in Coffee-Table-Qualität wird Sie begeistern – und zwar von dem Moment an, in dem Sie anfangen, es selbst zu gestalten. Sie werden zu Ihrer eigenen Fotoredakteurin, denn Sie entscheiden, welche Bilder auf welche Seite kommen, wie viele Fotos Sie zeigen wollen und in welcher Größe und Ausrichtung. Diese inspirierende und kreative Erfahrung kann ich Ihnen nur ans Herz legen. Das Schöne ist, dass es in Lightroom Classic eine Fotobuchfunktion gibt, die direkt in das **Buch**-Modul integriert ist. Die Bilder werden in der gewünschten Reihenfolge und Größe angeordnet, und wenn Sie fertig sind, klicken Sie auf die Schaltfläche **Buch an Blurb senden**, woraufhin die Dateien für das Buch verpackt und zum Druck auf *blurb.de* hochgeladen werden. Nach wenigen Tagen halten Sie dann ein wunderschönes Buch von Ihrer Reise in den Händen, mit dem Sie andere an Ihrer Erfahrung teilhaben lassen können (oben sehen Sie einige Seiten des Fotobuchs, das ich von unserer Familienreise nach Tokio zusammengestellt habe). Sie können ein einfaches Softcover wählen (die meisten meiner Bücher sind Softcover – sie sind günstig und sehen fantastisch aus), oder Sie können sich für ein Hardcover in Verlagsqualität entscheiden, komplett mit Schutzumschlag. Direkt in Lightroom können Sie zwischen verschiedenen Stilen und Layouts wählen, und das alles geht wirklich einfach und macht eine Menge Spaß (schamlose Werbung: Ich biete auf *kelbyone.com* einen Online-Kurs über die Erstellung von Fotobüchern in Lightroom an, nur für alle Fälle). Zwei Tipps: (1) Sie müssen Ihr Buch nicht ausdrucken. Sie können alles in Lightroom gestalten, das Buch dann als PDF-Datei speichern und per E-Mail an Ihren Freundeskreis schicken oder zum Herunterladen bereitstellen. (2) Wenn Sie ein Buch über *blurb.de* drucken lassen, können Sie es über den Blurb-Online-Shop verkaufen. Bestimmen Sie den Preis, die Gewinnspanne usw. selbst und dirigieren Sie die Leute dann dorthin, wo sie ein Exemplar Ihres Buchs kaufen können. Also wirklich, das ist doch verdammt cool!

Fotos auf Instagram teilen

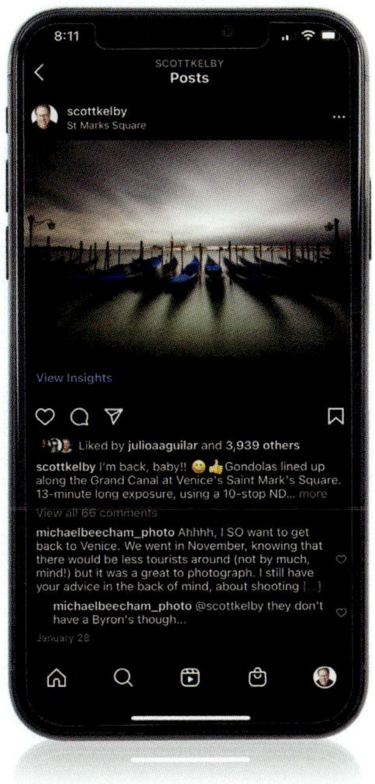

Nirgendwo auf der Welt werden so viele Reisefotos geteilt wie auf Instagram. Jeden Tag werden über 95 Millionen Fotos auf Instagram hochgeladen. Das ist einfach atemberaubend. (Ich habe mir diese Zahl nicht ausgedacht, sondern sie nachgeschlagen. Wenn ich mir eine Zahl ausgedacht hätte, wäre sie garantiert kleiner ausgefallen. Ist das nicht einfach verrückt?) Auf jeden Fall ist es kostenlos, Instagram zu nutzen, sich dort Bilder anzusehen und ... Nun ja, Sie zahlen wie immer mit Ihren Daten. Instagram gehört zu den besten Möglichkeiten, Ihre Bilder nicht nur mit Ihrem Freundeskreis online zu teilen, sondern auch einem breiteren Publikum zugänglich zu machen. Wenn Sie Ihre Bildunterschriften mit angesagten Reise-Hashtags anreichern (Hashtags sind einfach Suchbegriffe mit einem # davor), erreichen Sie mit Ihrem Bild unter Umständen viele Menschen. Je besser Ihr Foto in kleinem Format aussieht, desto höher liegt die Wahrscheinlichkeit, dass die Menschen darauf tippen, die größere Version betrachten und Ihnen dann folgen wollen, um weitere tolle Reisefotos zu sehen (auf meiner persönlichen Instagram-Seite teile ich nichts als Reisefotos: @scottkelby). Möchten Sie Ihre Bilder für die Veröffentlichung auf Instagram vorbereiten, stellen Sie ihre Breite auf 1.080 Pixel ein. Sie können auch größere Bilder posten und sie von Instagram automatisch verkleinern lassen, aber ich erledige das lieber in Photoshop, weil die Qualität meiner Meinung nach dann deutlich besser ist. Und noch etwas: Die Instagram-Community ist meist sehr freundlich und begrüßt das Teilen von Bildern, also fangen Sie an zu posten und freuen Sie sich auf viele »Likes«.

Fotos auf Facebook teilen

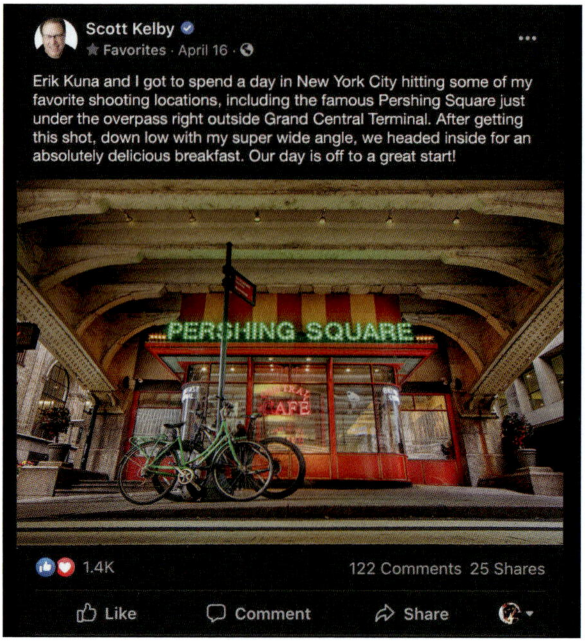

Wenn Sie die Bilder Ihrer Reise nur im Familien- und Freundeskreis teilen möchten (und nicht mit der breiten Öffentlichkeit wie bei einem öffentlichen Instagram-Konto), ist Facebook die richtige Wahl. Wie bei Instagram ziehe ich es vor, die Bildgröße nicht von Facebook berechnen zu lassen (so erhalte ich die beste Qualität und die Fotos sehen nach dem Posten immer noch schön scharf aus). Deshalb verkleinere ich sie in Photoshop auf eine Breite von 1.200 Pixel und die dazu proportionale Höhe. Facebook (und Instagram) können diese optimalen Einstellungen möglicherweise jederzeit ändern. Eine kurze Google-Suche kann deshalb nicht schaden, um herauszufinden, was im Moment die idealen Abmessungen sind (und darauf gefasst zu sein, widersprüchliche Informationen über die richtige Größe für Facebook zu finden, da es anscheinend wenig Einigkeit zu diesem Thema gibt). Sie können die Größe Ihrer Bilder natürlich auch einfach von Facebook anpassen lassen. Dadurch werden sie nicht ruiniert, aber sie sind dann eventuell nicht ganz so scharf wie nach der Skalierung in Photoshop oder Lightroom.

Gruppenfreigabe mit Download-Berechtigung

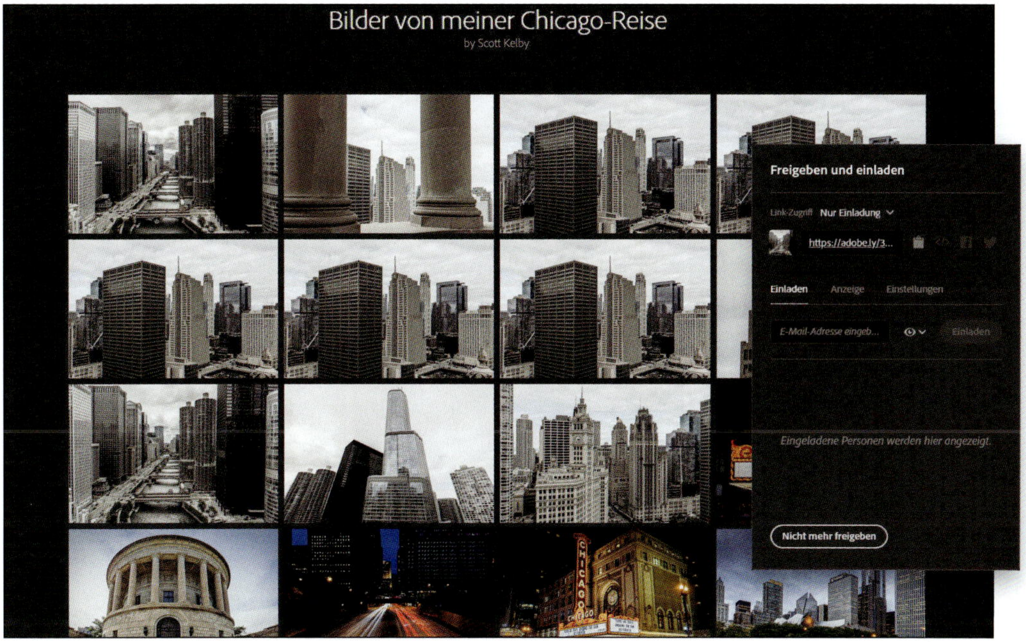

Diese versteckte Lightroom-Funktion ist vielen unbekannt: Mit Lightroom können Sie nicht nur eine Online-Sammlung Ihrer Fotos erstellen, sondern auch anderen die Möglichkeit geben, Ihre Bilder herunterzuladen (zum Beispiel Mitgliedern Ihrer Reisegruppe), ihre Favoriten zu markieren und sogar Kommentare zu hinterlassen. Diese Funktion ist bereits aktiviert, wenn Sie die Cloud-Version von Lightroom einsetzen. Wenn Sie jedoch wie ich Lightroom Classic verwenden, müssen Sie die Synchronisierung aktivieren, eine Sammlung der Fotos erstellen, die Sie freigeben möchten, und diese synchronisieren. Danach rufen Sie in Ihrem Webbrowser *lightroom.adobe.com* auf, geben Ihre Adobe-ID und Ihr Kennwort ein, und schon ist die Sammlung online. Um sie für andere freizugeben, klicken Sie darauf und dann auf die Schaltfläche **Freigeben**. Nun können Sie die gewünschten Optionen auswählen (siehe oben) und beispielsweise entscheiden, ob die Seite privat oder für alle zugänglich sein soll, denen Sie den Link schicken, ob die Bilder in hoher Auflösung heruntergeladen werden können und so weiter. Außerdem erhalten Sie eine Webadresse (URL), die Sie per E-Mail oder Textnachricht an andere Personen senden können, damit diese sich die Bilder ansehen und herunterladen können. Das Ganze ist äußerst einfach und intuitiv und bietet Ihnen zahlreiche Optionen zur gemeinsamen Nutzung.

Erstellen Sie ein Portfolio Ihrer Reisefotos

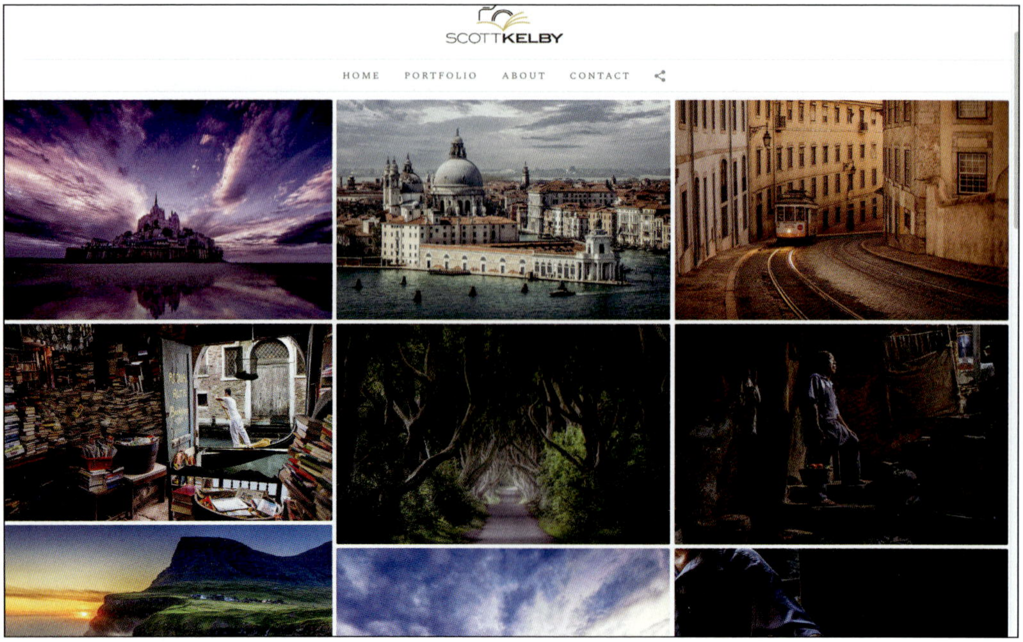

Es ist schön, die Bilder Ihrer letzten Reise mit anderen zu teilen, aber wäre es nicht richtig toll, wenn Ihr Freundeskreis, Ihre Familienangehörigen und andere Menschen sich eine Kollektion der allerbesten Reisebilder von all Ihren Lieblingszielen ansehen könnten? Hierfür ist ein Portfolio wunderbar geeignet. Ich bin ein großer Fan von Portfolios. Wenn Sie sich Zeit nehmen und sorgfältig Ihre 24 besten Reisefotos auswählen (ich finde, 24 ist die richtige Bildanzahl für ein Portfolio), dann wissen Sie genau, wo Sie in Ihrer fotografischen Entwicklung stehen. Vielleicht sehen Sie sich die 24 Bilder als Gesamtheit an und denken: »Die sind ziemlich gut!«, und das kann Sie ermutigen, Ihre fotografische Reise fortzusetzen und noch besser zu werden. Vielleicht denken Sie beim Anblick der 24 Bilder aber auch: »Die sind okay, aber ich könnte noch besser werden.« Auch das ist gut, denn es spornt Sie an, weiterzumachen und Bilder zu fotografieren, die Sie mit Stolz in Ihrem Portfolio zeigen können. Und wenn Sie die Mappe betrachten und denken: »Mann, diese Bilder sind Müll«, dann haben Sie wirklich noch einiges zu tun. Aber wenigstens wissen Sie das jetzt und können sich an die Arbeit machen. Ich nutze *SlickPic.com* – dort gibt es Portfolios nur für Fotografinnen und Fotografen sowie tolle Vorlagen. Sie laden einfach Ihre Bilder hoch, ordnen sie an und gestalten die Website mit einfachen Handgriffen. Sie brauchen dazu keinerlei Erfahrung. Bei Bedarf können Sie sich die Website auch von Designprofis individuell gestalten lassen (das ist billiger, als Sie vielleicht denken). Wenn Sie ein Adobe-Abo haben, können Sie auch Adobe Portfolio verwenden (*myportfolio.com*). Dort gibt es ebenfalls Vorlagen, aber die Einrichtung ist etwas komplizierter als bei SlickPic. Dafür ist es für Adobe-Abonnenten kostenlos.

Nutzen Sie einen tragbaren Drucker

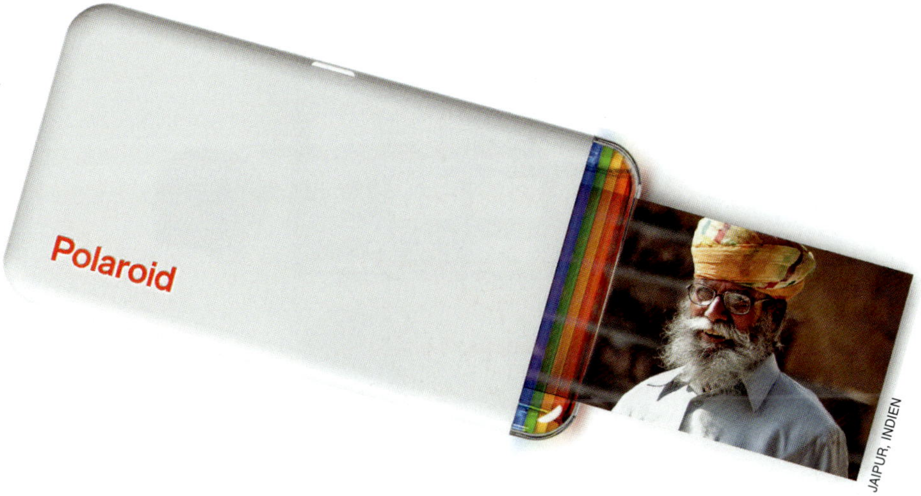

Ein winziger akkubetriebener Drucker, der auf Ihre Handfläche passt, eröffnet Ihnen auf Reisen ganz besondere Möglichkeiten. Stellen Sie sich vor, Sie fotografieren eine Einheimische, die sich bereit erklärt hat, für ein Porträt zu posieren, vielleicht eine Mutter mit ihrem Kind – und in 46 Sekunden können Sie ihr einen Abzug überreichen. So etwas kommt gut an. Sie geben ihr etwas zurück, das sie für immer aufbewahren wird, das einen echten Wert für sie hat, an das sie vielleicht nicht gekommen wäre, wenn Sie es ihr nicht geschenkt hätten. Bekannte von mir nahmen einen tragbaren Drucker wie diesen Polaroid Hi-Print 2×3 Pocket-Fotodrucker für knapp 90 € mit auf ihre Reise. Die Geschichten, die sie erzählten, treiben Ihnen die Tränen in die Augen (so ging es mir jedenfalls). Überlegen Sie sich, ob auch Sie so einen Drucker auf Ihre nächste Reise mitnehmen wollen. Man weiß nie, welche Türen sich dadurch öffnen und welche Herzen man auf diese einfache und doch so wirkungsvolle Weise für immer berühren kann.

Bilder auf dem großen Fernseher zeigen

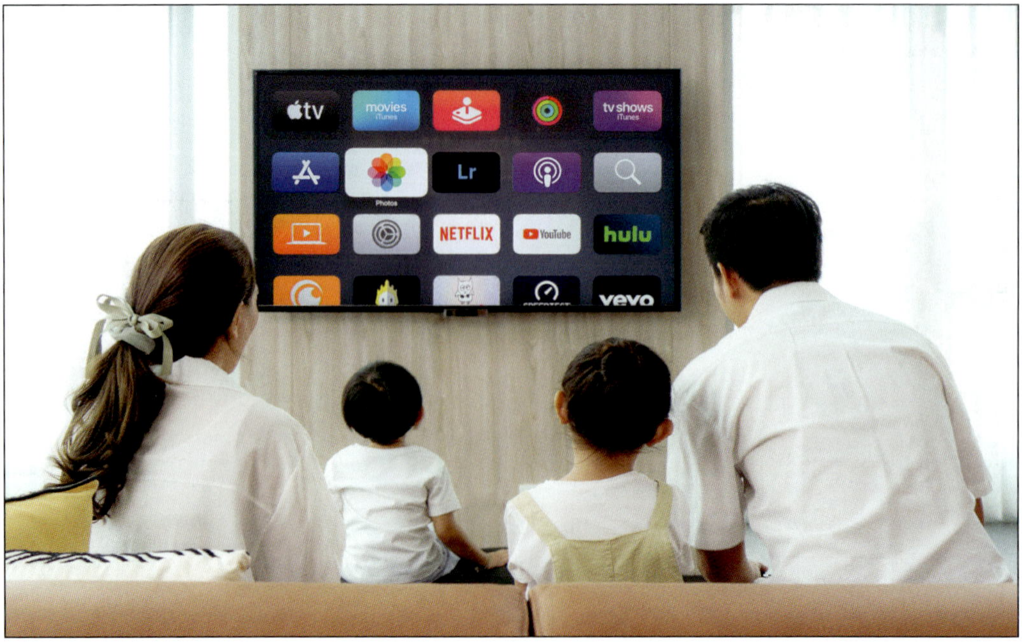

©ADOBE STOCK/AKE1150

Viele Menschen denken nicht an diese Möglichkeit, Fotos von ihrer Reise zu teilen, aber mit der heutigen Technologie können Sie Ihre Bilder ganz einfach über Ihr Handy oder Ihren Computer auf Ihrem Fernsehgerät vorführen. Wenn Sie ein Apple TV haben, gibt es sogar eine Lightroom-App, mit der Sie Ihre Bilder teilen können. Nutzen Sie Lightroom Classic, können Sie alle synchronisierten Bilder direkt in der App auf dem großen Bildschirm anzeigen (wenn Sie Lightroom Cloud verwenden, müssen Sie nicht mal synchronisieren). Am Mac können Sie Ihre Bilder über die Fotos-App mit einem Apple TV-Gerät teilen und auf dem daran angeschlossenen Fernseher im Vollbildmodus betrachten. Auf einem iPhone können Sie alle Fotos teilen, die Sie in die Fotos-App Ihres Smartphones importiert haben. Tipp: Es handelt sich um die moderne Entsprechung der traditionellen Diavorführung im Freundes- oder Familienkreis. Aber machen Sie es nicht so wie damals, als wir jedes Foto unserer Reise vorführten. Fassen Sie sich lieber kurz und erzählen Sie etwas zu den einzelnen Bildern. Ich würde die Präsentation in zwei Teile aufteilen: (1) Beginnen Sie mit den schönen Fotos, die wirklich den Charme, die Wunder und die faszinierende Seite Ihres Reiseziels zeigen, und zeigen Sie dann (2) die »Familien«-Fotos, auf denen Sie und Ihr Partner bzw. Ihre Partnerin zu sehen sind, während Sie mit einem Kamel posieren oder ein Gelato essen und so weiter. Sonst könnte es schnell passieren, dass Sie ein paar »Wow«-Fotos zeigen, dann ein Bild, das irgendwie »mau« wirkt (ein Foto von der Vorspeise), dann wieder ein tolles Bild, dann ein Familienfoto, und so geht es irgendwie drunter und drüber. Machen Sie zwei Teile aus Ihrer Fotoshow: tolle Bilder und im Anschluss die Familienfotos. Und zur Abrundung ein oder zwei tolle Fotos von der Reise. Starker Anfang, starkes Ende. Das funktioniert einwandfrei.

Eine HD-Diashow mit Musik freigeben

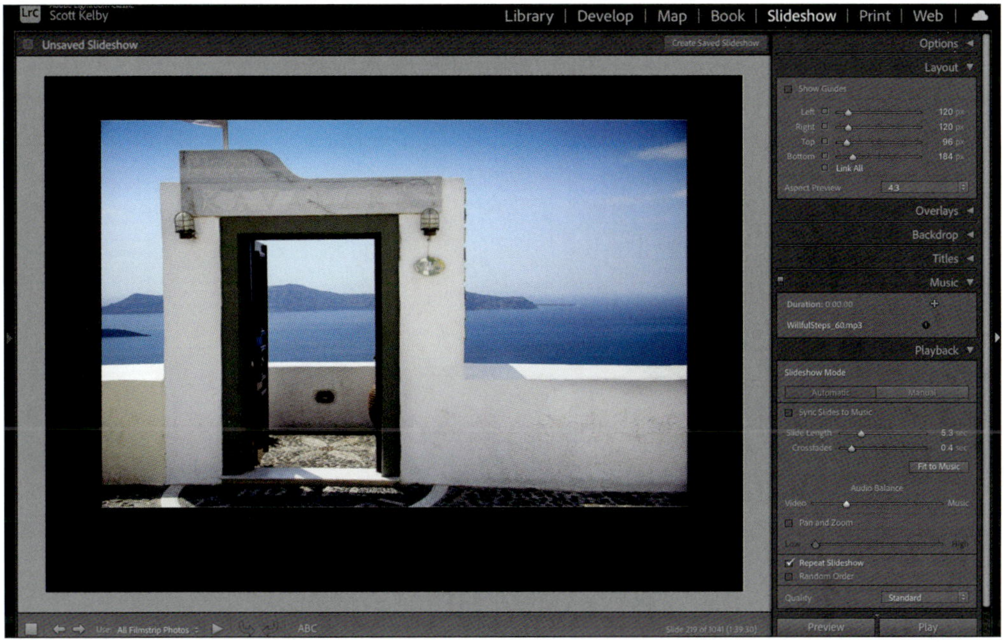

SANTORINI, GRIECHENLAND

Zunächst einmal muss ich zugeben, dass die Diashow-Funktion von Lightroom Classic nicht gerade die beste ist – sie ist nicht einmal unter den Top 20 aller Diashow-Funktionen. Aber sie bietet folgende Möglichkeiten: Sie können eine Sammlung der besten Bilder Ihrer Reise zusammenstellen, Hintergrundmusik hinzufügen, schöne, weiche Überblendungen zwischen den einzelnen Bildern erstellen und sogar den Ken-Burns-Effekt (in Lightroom »Pan & Zoom« genannt) hinzufügen, der Ihren Bildern und der gesamten Diashow einen schönen, dezenten Animationseffekt verleiht. Sie können einstellen, wie lange jedes Dia auf dem Bildschirm zu sehen ist und sogar die Geschwindigkeit der Überblendungen. Und das Beste daran: Wenn Sie fertig sind, können Sie den so entstandenen Film in voller HD-Auflösung (1080p) speichern, um ihn per E-Mail an den Freundeskreis zu verschicken, in sozialen Medien zu posten oder was auch immer. Es ist eine weitere Möglichkeit, die Bilder Ihrer Reise mit anderen zu teilen, und die Hintergrundmusik sorgt für Emotionen und eine besondere Stimmung, die das Ganze noch mal richtig aufwertet.

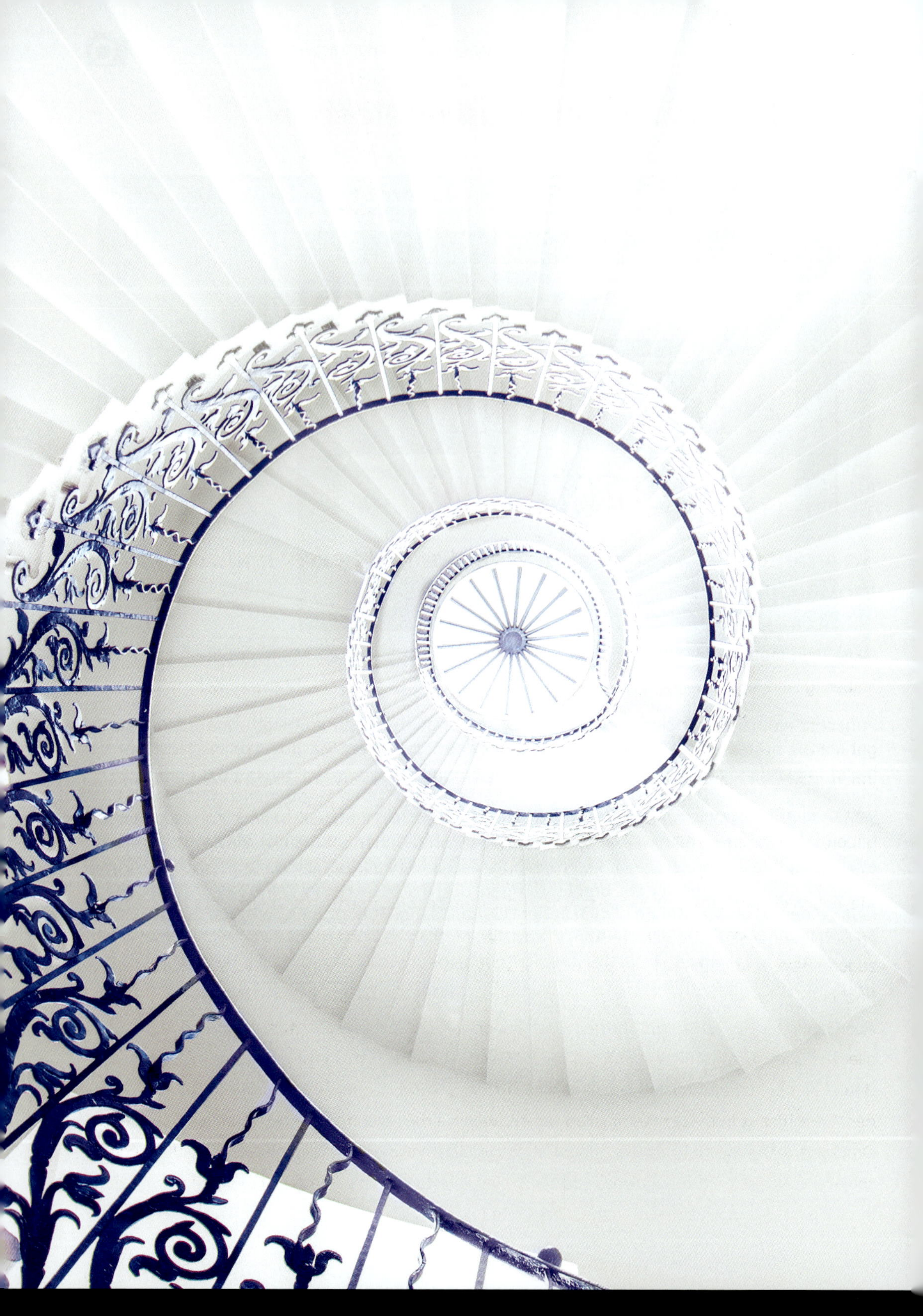

Belichtungszeit: 1/8 Sek. | Blende: f/11 | ISO:100 | Brennweite: 14 mm
Location: Tulip Stairs, Queen's House, Greenwich, London, England

KAPITEL 11

REISEFOTOGRAFIE

TIPPS & TRICKS

Tipps & Tricks für die Reisefotografie

So arbeiten Sie intelligenter, schneller und besser und schützen Ihre Ausrüstung

Okay, Quizfrage: Würden Sie mit einer braunen Papiertüte herumlaufen, auf der in großen Buchstaben geschrieben steht: »Diese Tüte ist voller 20-Euro-Scheine«? Wahrscheinlich nicht, oder? Aber wenn Sie in einer großen Stadt mit einer Kameratasche herumlaufen, könnte darauf genauso gut stehen: »Diese Tasche ist voller 100-Euro-Scheine«, denn wenn die gestohlen wird (ich könnte Ihnen dazu Geschichten erzählen ...), verlieren Sie wahrscheinlich Ausrüstung im Wert von Tausenden von Euro und wahrscheinlich auch einige unersetzliche Fotos, die Sie an diesem Tag gemacht haben, und das ist einfach ein ganz schlechtes Szenario. Bestimmte Städte haben einfach ihren Ruf weg in puncto Taschendiebe, Handtaschenräuber und Kamerataschenklau. Wenn Sie nach »Taschendiebstahl Hotspots Europa« googlen, führt Barcelona vermutlich immer noch die Charts an (der Frau eines Freundes wurde die Handtasche ohne Federlesens unter den Füßen weggezogen). Also, wenn Sie nicht gerade auf der La Rambla unterwegs sind (dann verstecken Sie Ihre Sachen!), habe ich einen lang erprobten und sehr effektiven Trick für Sie. Anstatt einen Haufen Ausrüstung in der Kameratasche mitzuschleppen, besorgen Sie sich einen extragroßen und vor allem wasserdichten Druckverschlussbeutel. Der kommt dann in Ihre Kameratasche und in den Beutel kommen die Rotbauch-Piranhas (die einzigen, die Menschenfleisch fressen). Sie sollten mal den Gesichtsausdruck der Kriminellen sehen, wenn ein Dutzend wütender Piranhas (sie hassen Druckverschlusssbeutel) wie ein japanischer Hochgeschwindigkeitszug aus der Tasche herausschie?en und gleich mit der Arbeit loslegen. Und Ihre teure Ausrüstung? Die liegt sicher im Safe Ihres Hotelzimmers, zusammen mit ein bisschen Fischfutter.

Sicherheitstipp: Kleben Sie den Namen Ihrer Kamera ab

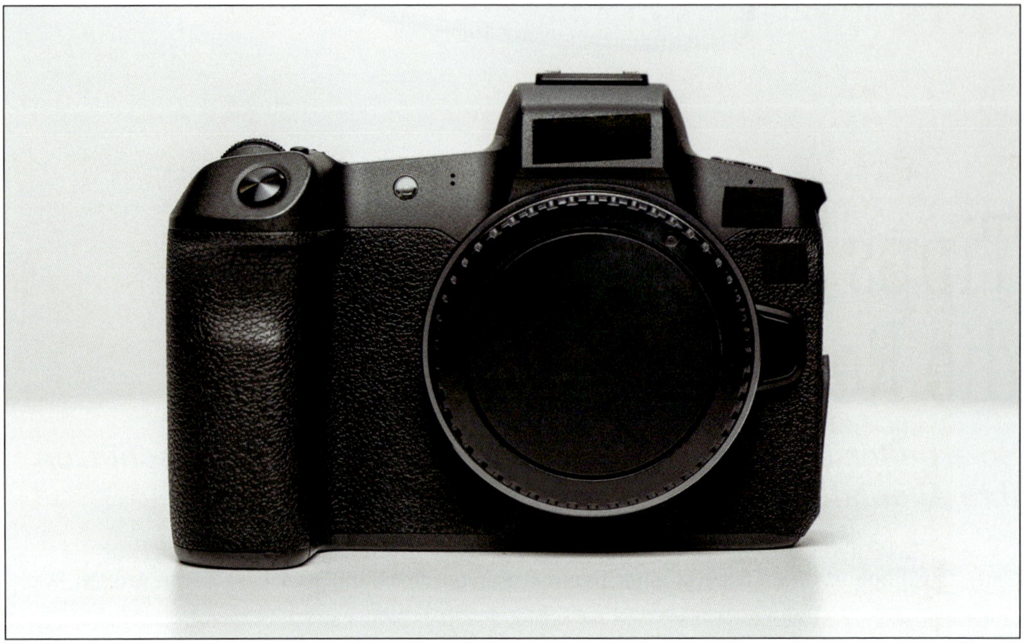

©ADOBE STOCK

Langfinger, die es auf Touristenkameras abgesehen haben, wissen, welche Marken und Modelle am teuersten sind und das Risiko wert sind. Für ältere, preiswerte Kameras interessieren sie sich nicht. Sie wissen zum Beispiel, dass eine Sony Alpha 1 ein sehr teures Gehäuse ist, im Gegensatz zu einer Alpha 6000 (die Alpha 1 ist zehnmal so viel wert). Wissen die Kriminellen jedoch nicht, welche Kamera Sie besitzen, gehen sie vorsichtshalber kein Risiko ein und konzentrieren sich auf ein anderes Opfer. Wenn Profis in Gegenden unterwegs sind, in denen Straßendiebstahl ein größeres Problem darstellt, kleben sie deshalb schwarzes Gaffer-Klebeband über den Namen und das Modell ihrer Kamera, sodass diese wie ein gewöhnlicher Fotoapparat aussieht (ich empfehle Gaffer-Klebeband, weil es sich rückstandslos ablösen lässt, ohne der Kamera zu schaden. Sie bekommen eine Rolle schon ab unter 5 €). Diese Kleinigkeit könnte Ihre Ausrüstung retten.

Motive, die schon zu Tode fotografiert wurden

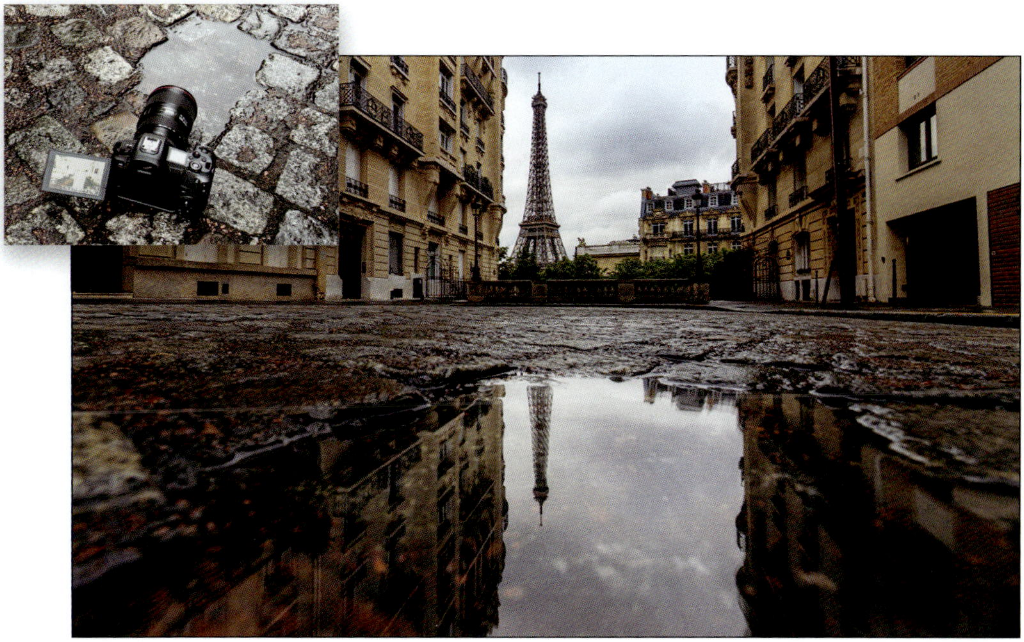

PARIS, FRANKREICH

Es gibt so viele wunderbare Sehenswürdigkeiten und Szenen, die schon viele Tausend Mal fotografiert wurden: der Eiffelturm, der Schiefe Turm von Pisa, das Kolosseum in Rom, die Niagarafälle, der Himmelstempel in China, die Freiheitsstatue, Big Ben und so weiter und so fort. Im ersten Impuls könnten wir uns direkt davorstellen – genau dorthin, wo alle fotografieren – und genau dasselbe Bild schießen. Dagegen ist nichts einzuwenden (siehe Seite 192). Ich spreche von einer »Ich-war-da-« oder »Wikipedia-Aufnahme« – sie beweist zumindest, dass Sie dort waren. »Ja, das ist der Eiffelturm« (wir wissen bereits, wie er aussieht – eine Suche bei Google liefert über 93 Millionen Einträge). Aber wissen Sie, was schwieriger ist (und viel mehr Spaß bereitet)? Eine andere Art und Weise zu finden, den Eiffelturm oder ein anderes berühmtes Wahrzeichen oder Monument zu fotografieren. Hier habe ich meine Kamera direkt neben einer winzigen Pfütze platziert (wie im Bildausschnitt oben zu sehen), und wenn ich so nah an die Pfütze herangehe, erscheint sie viel größer, und ich habe einen Teil des Eiffelturms in der Spiegelung. Es ist kein Standardfoto des Eiffelturms (ich habe diese Location bei der Suche auf 500px und dann bei Google Earth gefunden), und deshalb gefällt es mir. Es ist definitiv eine Herausforderung, ein »zu Tode fotografiertes« Motiv auf neue Art und Weise zu zeigen, aber es macht Spaß und erweitert die eigenen Fähigkeiten als Reisefotografin oder -fotograf, und das ist eine tolle Sache.

Touristenfreie Bilder dank Frühaufstehen

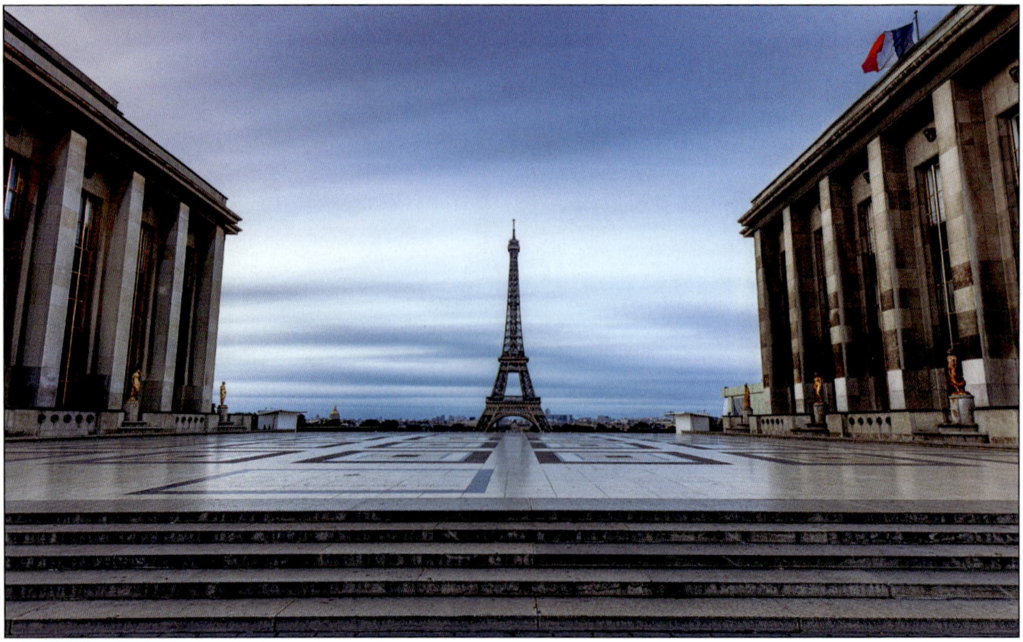

PARIS, FRANKREICH

Falls Sie sich fragen, wie ich diese touristenfreie Aufnahme von einer der beliebtesten Ansichten des Eiffelturms (vom Trocadero aus) gemacht habe: Das war ganz leicht. Ich bin einfach sehr früh aufgestanden und habe mir ein Taxi genommen, als es noch dunkel war (kurz vor Sonnenaufgang). Das Gute an Touristen ist, dass sie im Urlaub nicht gerne früh aufstehen, und wenn doch, sind sie bei Sonnenaufgang noch beim Frühstück (und etwa 30 Minuten danach auch noch). Ich war schon an Locations, die normalerweise überfüllt sind (eine Stunde später waren hier etwa 800 Touristen), aber bei Sonnenaufgang, bei perfektem Licht, sind sie leer. Wenn ich »leer« sage, meine ich damit wirklich, dass ich der Einzige dort bin, und ich spreche vom Kolosseum in Rom oder vom Vatikan oder vom Schiefen Turm von Pisa – normalerweise bin ich um diese Uhrzeit dann wirklich alleine dort, oder zumindest fast. Die meisten Fotografinnen und Fotografen in der Morgendämmerung habe ich im Taj Mahal angetroffen. Wir waren zu acht, aber das Gelände ist riesig, und als wir reinkamen, habe ich sie gar nicht mehr gesehen, aber eine Stunde später waren buchstäblich Tausende von Touristen – überall. Und wenn man eine Tour gebucht hat, beginnt sie nicht so früh, sodass man diese herrliche touristenfreie Morgenaufnahme machen kann und trotzdem noch den Tourbus erwischt. Dann ist man wahrscheinlich zu Sonnenuntergang wieder an einem tollen Ort mit tollem Licht, aber wahrscheinlich auch mit jeder Menge Touristen. Deshalb ist der Sonnenaufgang die erste Wahl, wenn man touristenfreie Bilder fotografieren möchte. Und der Bonus? Wenn Sie mit dem Fotografieren fertig sind, ist immer noch Zeit für das Frühstück! (Hinweis: Dieser glatte, streifige Himmel wurde mit einem ND-Filter erzeugt, siehe Seite 71.)

Touristenfreie Bilder dank Photoshop

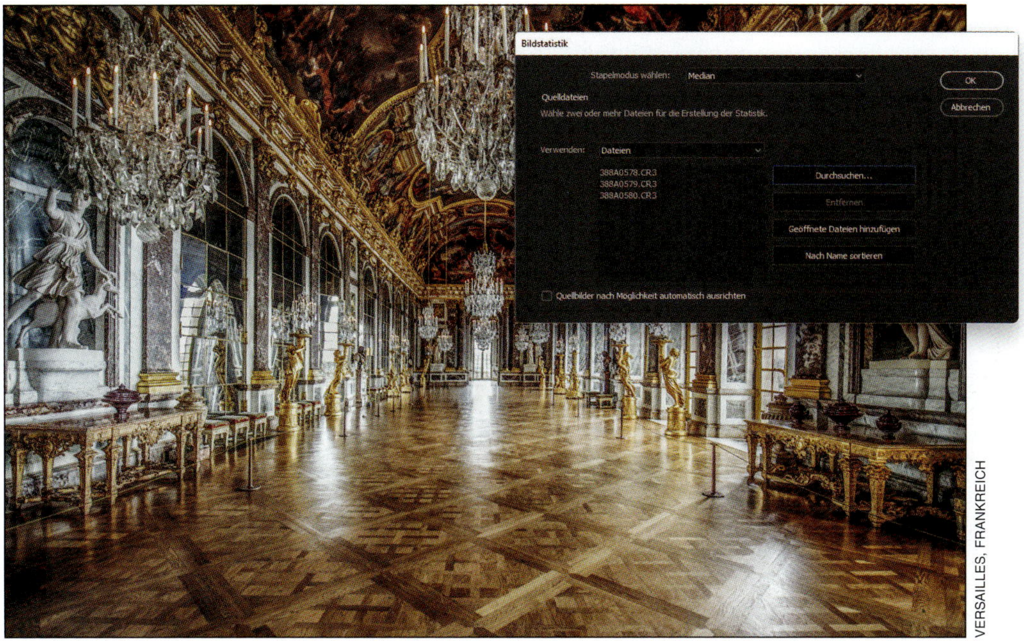

VERSAILLES, FRANKREICH

Diese Technik, um ein Foto ohne Touristen zu machen, beruht einerseits auf Kameratechnik, andererseits auf Photoshop-Magie. (Wobei Photoshop die ganze Arbeit für Sie erledigt. Sie müssen nur eine Funktion aktivieren, und los geht's. Ziemlich genial und supereinfach.) Werfen Sie einen Blick auf dieses Foto des berühmten Spiegelsaals im Schloss Versailles. Nun, er war absolut voll mit Touristen. Rappelvoll! Aber mit diesem Trick ist es mir gelungen, das Bild ohne Touristen zu machen: Suchen Sie sich zunächst einen passenden Standort (hier befand ich mich in der Mitte des Ganges, rechts und links hielten sich Leute auf). Dann blicken Sie durch den Sucher und drücken etwa alle 15 Sekunden den Auslöser, bis Sie etwa 15 oder 20 Fotos beisammen haben. Blicken Sie derweil durch den Sucher und halten Sie die Kamera so ruhig wie möglich (ich zähle dabei laut, was wahrscheinlich alle um mich herum nervt). Wenn Sie auf einem Stativ fotografieren können, ist es natürlich noch einfacher, aber auch hier gilt: 15 oder 20 Sekunden zwischen den Aufnahmen, 15 oder 20 Aufnahmen. Wenn Sie fertig sind, öffnen Sie alle 15 oder 20 Aufnahmen in Photoshop, gehen in das **Datei**-Menü, wählen **Skripten** und dann **Statistik** (ja, ich weiß, total selbsterklärend). Im nun angezeigten Dialogfeld **Statistik** (siehe oben) wählen Sie den Stapelmodus **Median** und klicken dann auf **Geöffnete Dateien hinzufügen**. Wenn Sie mit einem Stativ fotografiert haben, sind Sie fertig, aber wenn Sie aus der Hand fotografiert haben, aktivieren Sie noch das Kontrollfeld **Quellbilder nach Möglichkeit automatisch ausrichten** (das klappt auch sehr gut, vorausgesetzt, Sie hatten das Auge die ganze Zeit am Sucher). Klicken Sie auf **OK**, Photoshop analysiert die Bilder und sucht nach allen Unterschieden in den Einzelbildern, z. B. Personen, die sich bewegen, und entfernt sie. Das ist wie Zauberei! Dieser Prozess schlägt lediglich dann fehl, wenn jemand während der Aufnahmen einfach bewegungslos herumstand, um zum Beispiel ein Gemälde oder eine Skulptur zu bewundern. Diese Person ist dann auf dem fertigen Foto zu sehen.

Touristenfreie Bilder dank Geduld

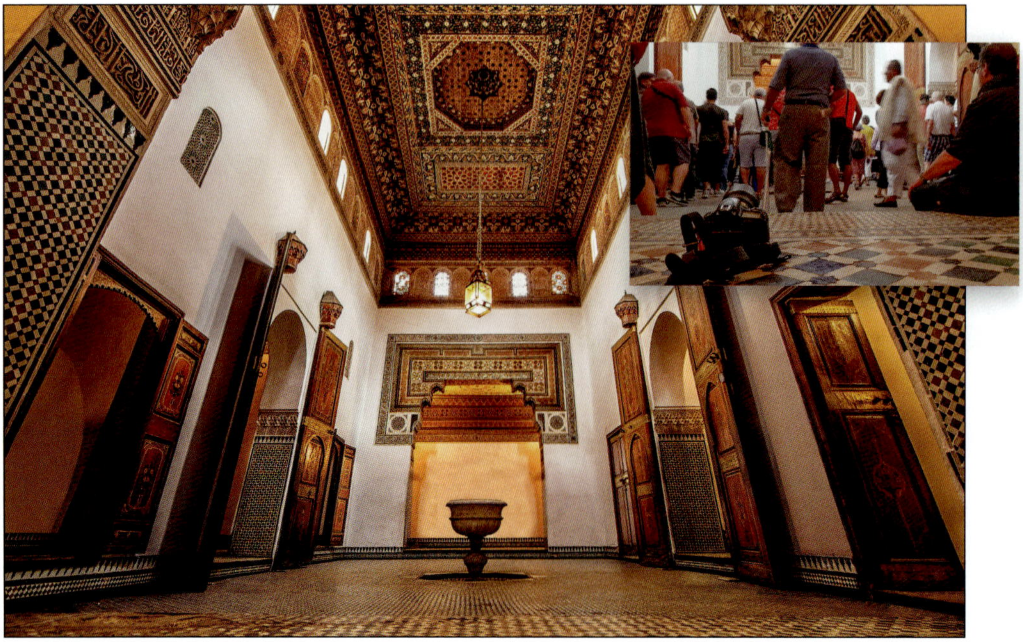

SAADIER-GRÄBER, MARRAKESCH, MAROKKO

Für manche Menschen (mich eingeschlossen) ist dies einer der schwierigsten Tipps in diesem Buch. Sehen Sie die Menschenmenge auf dem kleinen Foto rechts oben? Ja, es war ununterbrochen so voll, eine Reisegruppe nach der anderen strömte in den Raum, und irgendwann dachte ich: »Hier werde ich niemals ein Foto bekommen, das nicht von Menschen nur so wimmelt. Doch dann entschloss ich mich, eine der schwierigsten fotografischen Techniken auszuprobieren: Geduld. Ich setzte mich hin, setzte die Kamera auf den Boden, kippte das 16–35-mm-Objektiv bei 16 mm (Superweitwinkel) ein wenig nach oben und wartete. Und wartete und wartete. Aber wie ich schon sagte, der Raum muss nicht fünf Minuten lang leer sein – ich brauche nur 1/125 Sekunde lang einen leeren Raum, um die Aufnahme zu machen. Eine superkurze Lücke zwischen den Reisegruppen reichte völlig aus. Ich saß also ewig lang da, bis ich endlich meine Chance bekam. So viel Geduld aufzubringen ist schwer, aber es führt zum Erfolg. (Übrigens habe ich mich in dieser Geduld einmal nachts geübt, vor dem Dornröschenschloss in Disneyland California. Wissen Sie, wie viele Leute da in einer belebten Nacht durch den Schlosseingang strömen? Ich weiß es. Es sind viele. Aber ich habe einfach nur dagestanden und gewartet, und natürlich habe ich die 1/125-Sekunden-Lücke erwischt und endlich mein Foto bekommen.)

Touristenfreie Bilder dank ND-Filter

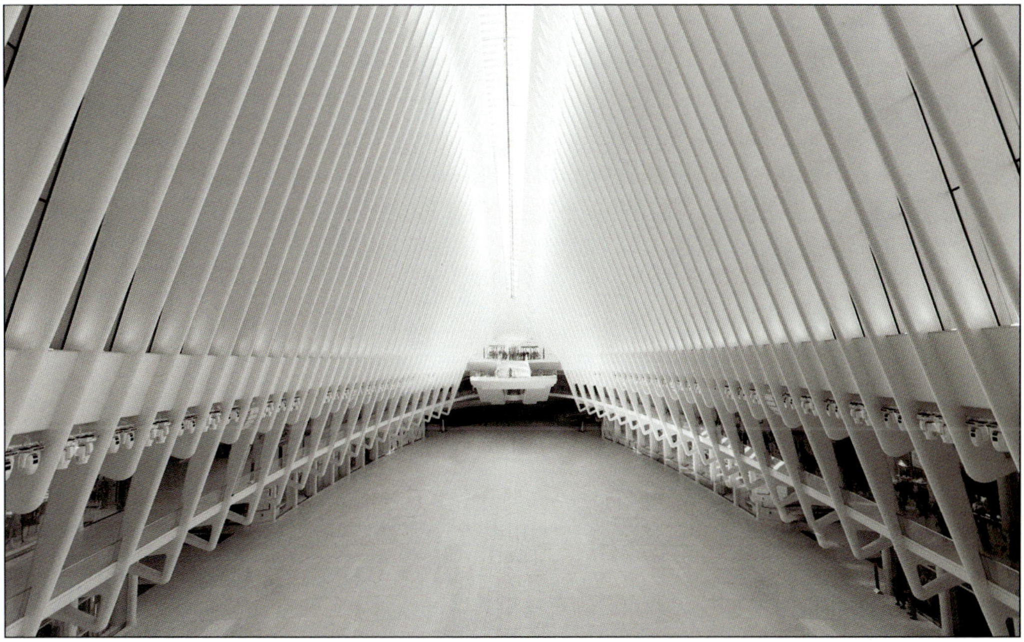

OCULUS, NEW YORK, USA

Das Folgende klingt, als könnte es nicht klappen, aber in den meisten Fällen funktioniert es sogar hervorragend (mit einer Einschränkung, auf die ich gleich eingehen werde). Sie müssen auch gar nichts Besonderes in Lightroom oder Photoshop tun – alles spielt sich in der Kamera ab. Ich verwende diese Technik bei überlaufenen Denkmälern und Sehenswürdigkeiten: Sie macht eine superlange Belichtung, und während der Verschluss offen ist, verschwindet jede Person, die durchs Bild läuft. Die Belichtung kann 5 oder 6 Minuten dauern, sodass wahrscheinlich auch wirklich alle weitergelaufen sind. Tagsüber brauchen Sie für eine ausreichende Abdunklung einen ND-Filter mit 10 Blendenstufen (siehe Seite 71), vielleicht sogar zusätzlich noch einen ND-Filter mit 3 Blendenstufen, und dann verfahren Sie einfach wie bei einer normalen Langzeitbelichtung (siehe Seite 115). Das wars schon. Erinnern Sie sich noch an die erwähnte Warnung auf Seite 185? Genau das dort erläuterte Problem können Sie auch hier bekommen, wenn jemand in der Szene einfach nur stillsteht und sich nicht bewegt. Alle müssen sich bewegen. Wenn jemand stillsteht, sind nach der Belichtung alle anderen Personen verschwunden, nur diese eine Person ist immer noch auf dem Foto zu sehen. Wenn mir das wieder einmal passiert, schicke ich einen Freund hin, und der erklärt, dass wir ein Foto machen, und fragt höflich, ob es ihnen etwas ausmachen würde, für eine Minute in Bewegung zu bleiben. Die Gefragten waren immer sehr entgegenkommend, es gab noch nie Probleme. Das Geheimnis ist also eine wirklich lange Belichtung (während der alle in Bewegung bleiben müssen). Ein Tipp: Mein Freund Andy wendet einen speziellen Trick an: Er geht einfach lässig auf die Leute zu und treibt sie sozusagen aus dem Weg, als würde er Schafe hüten. Das funktioniert tatsächlich! Sobald er ganz nahe an die Leute herangeht, gehen sie ihm von alleine aus dem Weg (es ist lustig, ihm dabei zuzusehen, vor allem, weil es so gut funktioniert).

Froschperspektive mit Weitwinkelobjektiv

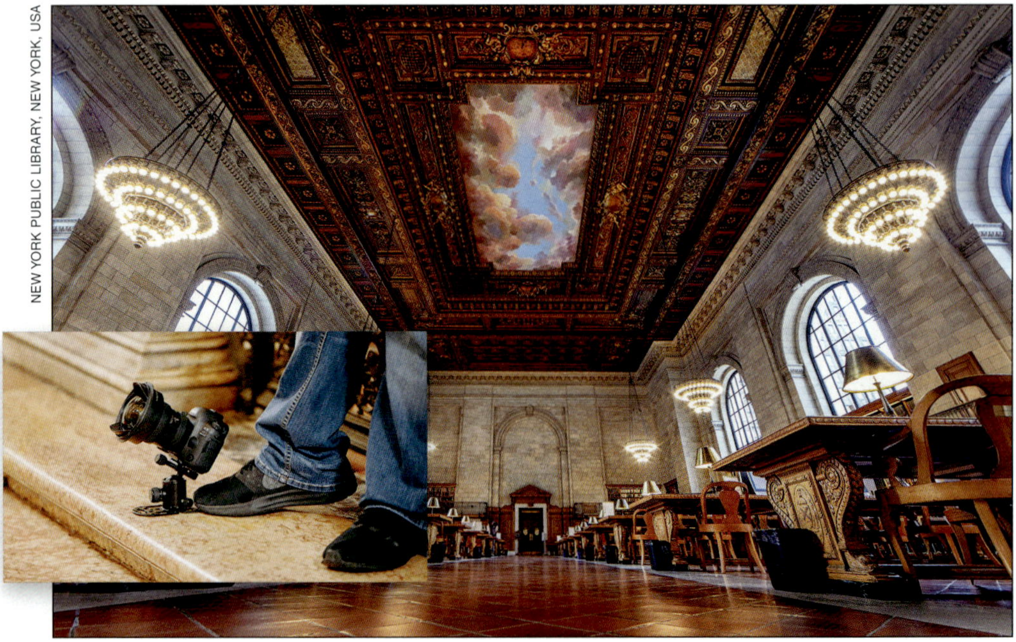

NEW YORK PUBLIC LIBRARY, NEW YORK, USA

Diese Technik wende ich am häufigsten im Inneren imposanter Bauwerke, Museen, Kathedralen usw. an. Ich platziere meine Kamera ganz tief (nur wenige Zentimeter über dem Boden). Dazu verwende ich ein Superweitwinkelobjektiv (idealerweise ein 16-mm-Objektiv bei Vollformat oder etwa ein 12-mm-Objektiv an einem Crop-Sensor), das ich nach oben kippe, um die gesamte Szene vom Boden bis zur Decke zu erfassen. Um wirklich tief runterzugehen, können Sie die Stativbeine spreizen oder ein Platypod verwenden (siehe Seite 66), oder Sie können Ihre Kamera nötigenfalls sogar auf den Boden setzen – dann müssen Sie aber etwas unter das Objektiv legen, damit es ein wenig nach oben gerichtet ist. Es ist hilfreich, wenn Ihre Kamera ein Schwenkdisplay hat, dann können Sie die Szene prüfen, ohne sich hinknien zu müssen. Natürlich können Sie auch schätzen, welchen Winkel Sie brauchen und wie das Gesamtbild aussieht, und dann eine Probeaufnahme machen. So bin ich schon oft vorgegangen. Eine andere Möglichkeit ist, eine kostenlose Handy-App, mit der Sie Ihre Kamera ansteuern können (siehe Seite 69). Ich muss zugeben, dass ich es mir im Zusammenspiel mit der App besonders leicht mache, aber ich bin durchaus nicht stolz darauf: Eine solche App ersetzt Ihnen den Blick durch den Sucher, d.h. Sie halten Ihr Smartphone in der Hand und können Ihre Komposition begutachten. Und dann positioniere ich die Kamera mit dem Fuß neu (wie oben links zu sehen). Ich weiß, das ist nicht gerade toll, aber es ist besser, als sich hinzuknien, was mir eigentlich nichts ausmachen sollte, weil ich fit und frisch und jugendlich bin, aber ... nun, ich mag es nicht, also benutze ich die App und meinen Fuß, und trotzdem gelingen mir hier und da ein paar gute Aufnahmen. Das ist also die Formel: ein Weitwinkelobjektiv, ganz tief auf dem Boden, nach oben gekippt, und dann entweder eine App oder das Klappdisplay verwenden, um den Bildausschnitt zu prüfen, während man die Kamera positioniert. Und, ach ja, verschieben Sie die Kamera mit dem Fuß ... wie ein Profi!

f/22-Strahlenkranzeffekt

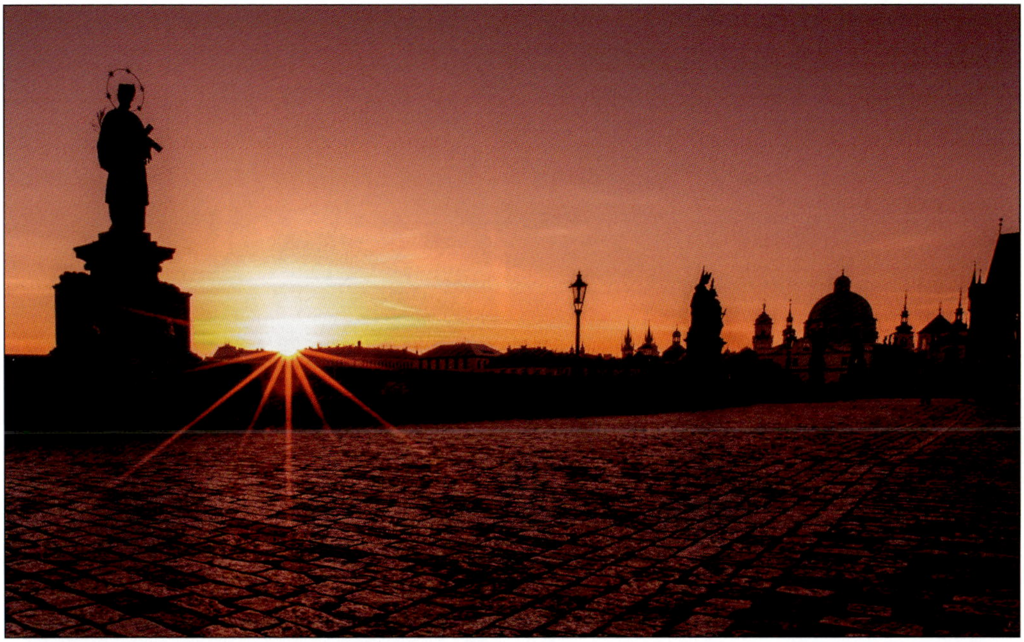

KARLSBRÜCKE, PRAG, TSCHECHIEN

Früher, als ich noch auf Film fotografierte (in den späten 1800er-Jahren), musste ich für einen Strahlenkranzeffekt einen speziellen Filter auf mein Objektiv setzen. Durch den lief ein Muster aus hauchdünnen Drähten, und wenn das Licht diese Drähte kreuzte, entstand ein Strahlenkranz um die Lichtquelle. Heute ist das Leben viel einfacher (ich muss mir meine Brötchen nicht mehr mit Butterstampfen verdienen), denn Sie bekommen einen Strahlenkranzeffekt, wenn Sie einfach (1) die Blende auf f/22 einstellen und (2) die Aufnahme so ausrichten, dass die Sonne ein Objekt berührt (z. B. ein Dach oder einen Berg oder ein Brückengeländer, wie hier zu sehen), sodass nur ein Teil der Sonnenscheibe sichtbar ist und der Rest von dem Objekt verdeckt wird. Mehr braucht es nicht. Wichtig: Schauen Sie nicht durch den Sucher in die Sonne, sondern richten Sie das Bild über das Display Ihrer Kamera ein.

Eine ideale Methode, um in der Stadt zu fotografieren

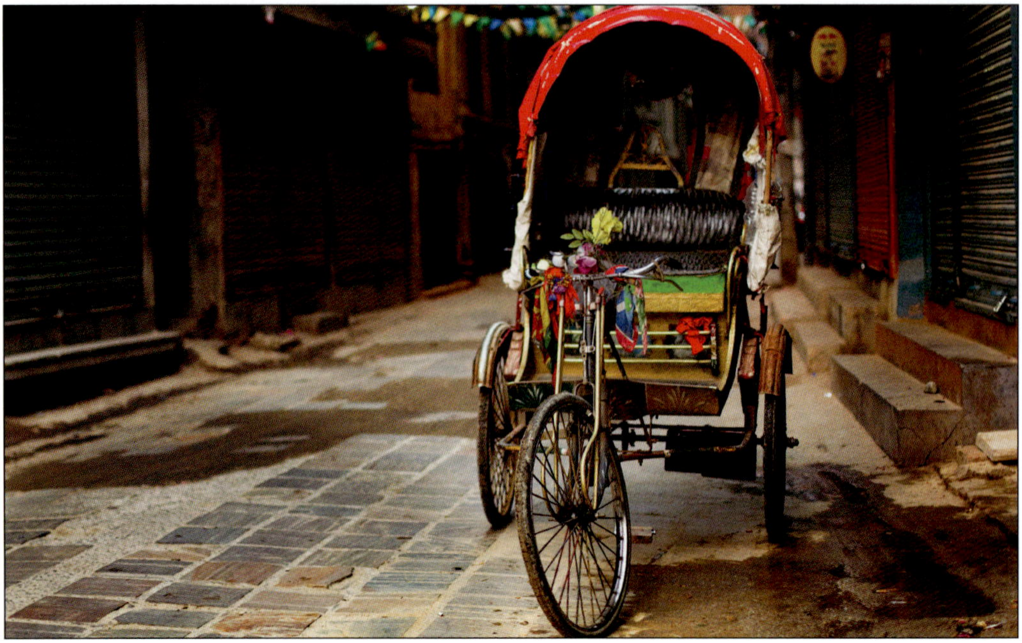

Ich nehme gerne ein Taxi, um von einer Seite der Stadt zur anderen zu gelangen, aber am liebsten fotografiere ich aus einer Fahrrad-Rikscha wie der oben abgebildeten. Das Problem mit Taxis ist, dass sie einen Parkplatz benötigen, also müssen sie im Kreis fahren, währenddessen der Taxameter weiterläuft, und dann muss man warten, bis sie wieder zurückkommen. Sie verlieren viel Zeit und verpassen viele Aufnahmen, weil das Taxi oft nicht anhalten kann, damit Sie aussteigen und ein Foto machen können. Aber mit einer Rikscha können Sie jederzeit anhalten, das Parken ist kein Problem, Sie können direkt aus der Rikscha fotografieren, ohne durch Glas oder andere Hindernisse hindurch fotografieren zu müssen, und Sie bekommen mehr und bessere Bilder in kürzerer Zeit. Wenn es in der von Ihnen besuchten Stadt Fahrrad-Rikschas gibt, fragen Sie, was eine oder zwei Stunden oder der ganze Nachmittag kosten würden. Ich bin immer wieder überrascht, wie billig es ist (vor allem im Vergleich zu drei oder vier Taxifahrten). Eine Rikscha könnte die Geheimzutat zu Ihrer Reisefotografie werden, es lohnt sich also, sie auszuprobieren.

Ein Model engagieren

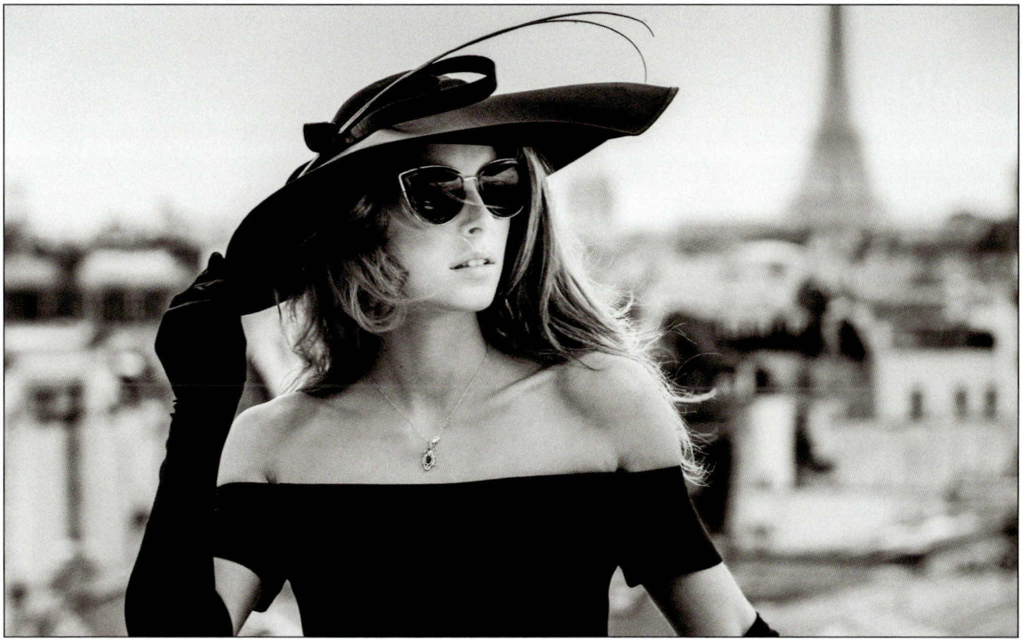

PARIS, FRANKREICH

Sind Sie wie ich ein bisschen schüchtern, wenn es darum geht, Fremde auf der Straße zu fotografieren? Dann könnten Sie vor Ort ein Model engagieren. Models posieren gerne genau dort, wo Sie es wünschen, sodass Sie das perfekte Licht und den perfekten Blickwinkel bekommen. Außerdem sind sie sehr geduldig und haben oft mehrere Outfits dabei. Auf diese Weise können Sie genau das gewünschte Reiseporträt arrangieren, das Sie von einem Wildfremden auf der Straße kaum bekommen könnten. Um ein Model zu finden, sollten Sie mit der Suche schon vor Ihrer Ankunft in der Stadt anfangen. Ich beginne immer auf Facebook. Ich habe schon eine Reihe von Models für meine Workshops oder einfach nur für mein Portfolio angeheuert und hatte immer Glück. Fragen Sie außerdem über die sozialen Medien ortsansässige Fotografinnen und Fotografen, ob sie Models kennen. Ich habe schon zwischen 50 und 100 $ für ein paar Stunden bezahlt, und das war es immer wert. Das abgebildete Model habe ich in Paris gebucht. Wir haben auf der Dachterrassenbar unseres Hotels mit dem Eiffelturm im Hintergrund fotografiert, was wirklich toll war. Die Bar war tagsüber geschlossen, aber ich fragte den Concierge, ob ich dort oben fotografieren könnte, und er ermöglichte es mir gerne (siehe Seite 8). Man lernt so sehr nette Menschen kennen. Oft erzählen die Models von ihren Lieblingsrestaurants und -geschäften in der Gegend, sodass man nicht nur tolle Fotos, sondern auch noch Tipps von Einheimischen bekommt. Außerdem miete ich nicht nur männliche und weibliche Models, sondern auch ein cooles Auto. Ich habe schon alle möglichen Fahrzeuge gemietet, von einem klassischen Renault aus den 1960er-Jahren in Frankreich bis hin zu einem roten Cadillac Cabrio in Savannah, Georgia. Ich miete den Wagen nur für eine Stunde, es ist also nicht zu teuer, und eine Requisite wie ein schönes Auto kann die Aufnahme wirklich bereichern! Wo finden Sie so etwas? In der Tour-Broschüre in der Lobby Ihres Hotels oder im Internet.

Warum Sie die klassischen Aufnahmen machen müssen

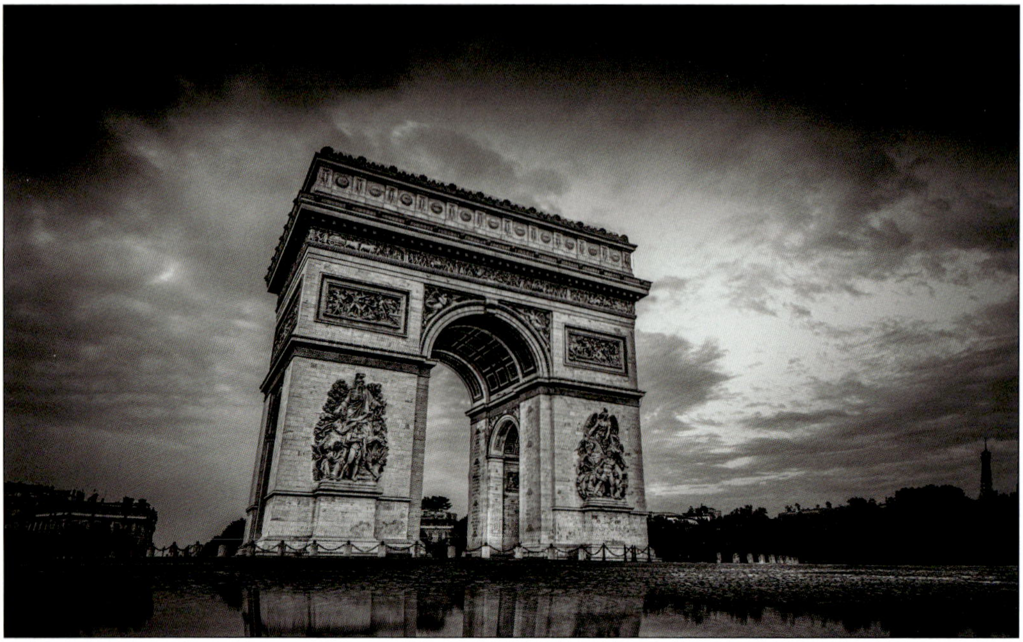

ARC DE TRIOMPHE, PARIS, FRANKREICH

Diese Lektion habe ich vor vielen Jahren auf die harte Tour gelernt, und ich gebe sie gerne an Sie weiter, um Sie vor einem ähnlichen Schicksal zu bewahren: Wenn man eine bestimmte Stadt oder ein bestimmtes Land erwähnt, haben die Leute ein Bild im Kopf. Erwähnen Sie Paris, ist es der Eiffelturm, erwähnen Sie China, ist es die Große Mauer. Bei London denkt man an Big Ben, bei New York an das Empire State Building oder die Freiheitsstatue und so weiter. Wenn Sie den Leuten also Fotos von Ihrer Reise zeigen, sei es in einem von Ihnen erstellten Fotobuch oder in einer Diashow oder wenn Sie einfach nur durch die Bilder auf Ihrem Handy blättern, werden sie unruhig, weil sie auf das klassische Foto warten (zum Beispiel den Eiffelturm). Sie schenken also Ihren schönen, künstlerischen Paris-Fotos keine wirkliche Aufmerksamkeit, weil sie gespannt auf die Eiffelturm-Aufnahme warten. Machen Sie es Ihrem Publikum deshalb leicht und zeigen Sie also dieses klassische Foto gleich zu Beginn, damit sie nicht nervös und angespannt darauf warten. Anschließend können sie dann Ihre schönen, künstlerischen Aufnahmen genießen und wissen Ihre Sichtweise auf die Stadt zu schätzen, anstatt ungeduldig zu warten und schließlich zu fragen: »Und den Eiffelturm hast du gar nicht fotografiert?«

Das GPS Ihrer Kamera nutzen

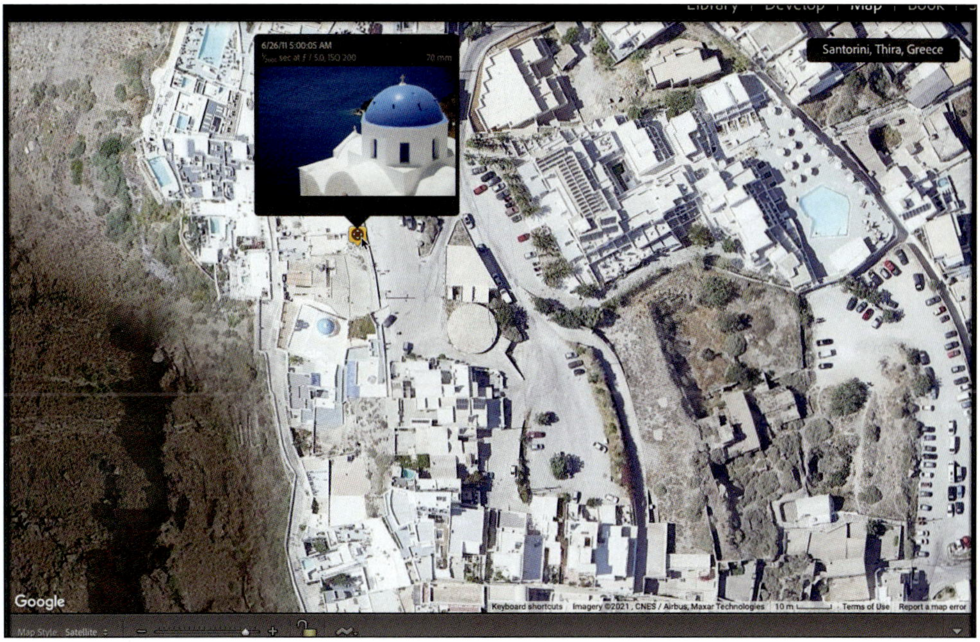

Die meisten Kameras – Smartphones sowieso – verfügen heutzutage über integriertes GPS, und mit Lightroom Classic können Sie dies optimal nutzen. Denn dann werden die genauen GPS-Koordinaten des Aufnahmeorts automatisch in die Aufnahme eingebettet. Das ist an sich schon ziemlich cool, aber der Clou ist: Sobald Sie diese Bilder in Lightroom importieren, werden sie im Hintergrund automatisch auf einer Weltkarte angeordnet. Um die Bilder anzuzeigen, die Sie an einem bestimmten Ort fotografiert haben, brauchen Sie nur das **Karten**-Modul von Lightroom aufzurufen, auf die Karte zu klicken, und schon werden alle Bilder von diesem Ort angezeigt. Das Beste daran ist, dass Sie auch eine Satellitenansicht der Karte wählen können (wie oben zu sehen). Es ist einfach fantastisch, dass Lightroom das automatisch für Sie übernimmt, ohne dass Sie etwas tun müssen. Und was ist, wenn Ihre Kamera kein eingebautes GPS hat? Dann können Sie die Kartenfunktion zwar trotzdem nutzen, aber Sie müssen die Organisation manuell vornehmen (das ist nicht so schlimm, wie es klingt). Sie beginnen auf der Karte mit der Suche nach einer Stadt, einer Sehenswürdigkeit, einem Bauwerk oder einfach einer Adresse und bekommen diesen Punkt auf der Karte angezeigt. Jetzt müssen Sie nur noch die Bilder auswählen, die Sie an diesem Ort fotografiert haben (unten im Filmstreifen von Lightroom), sie auf die Karte ziehen und Sie erhalten eine Stecknadel mit diesen Bildern. Jetzt wissen Sie, wo Sie das Foto aufgenommen haben!

Was Sie bei schlechtem Wetter fotografieren sollten

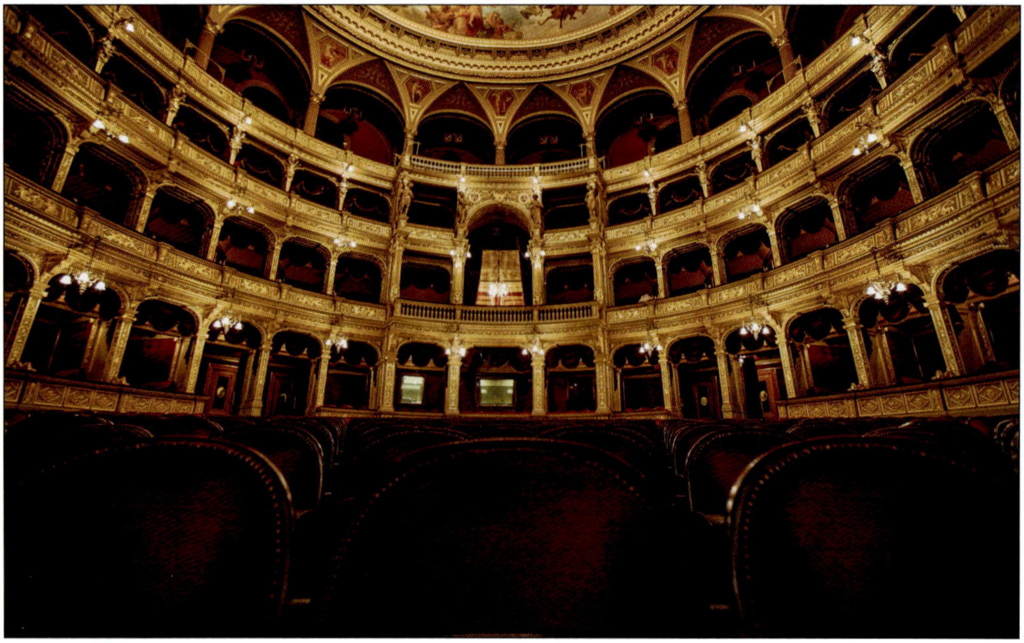

OPERNHAUS, BUDAPEST, UNGARN

Man kann kaum irgendwohin reisen (außer vielleicht in die Wüste), ohne mindestens ein oder zwei Tage Regen zu erleben. Deshalb plane ich keine Innenaufnahmen in Palästen, Kathedralen oder Theatern ein – ich hebe sie mir für den Morgen auf, an dem ich aufwache und es draußen regnet und grau und hässlich ist. Dann besuche ich die Museen, gotischen Kirchen, Parlamentsgebäude und so weiter. Verschwenden Sie keine sonnigen Tage für die Innenaufnahmen, und wenn Sie Ihren Aufenthalt in einer Stadt ohne einen Regentag überstehen (also Glück hatten), dann setzen Sie Innenaufnahmen auf Ihre Fotoliste für den letzten Tag in der Stadt.

Scharfe Aufnahmen bei schlechten Bedingungen

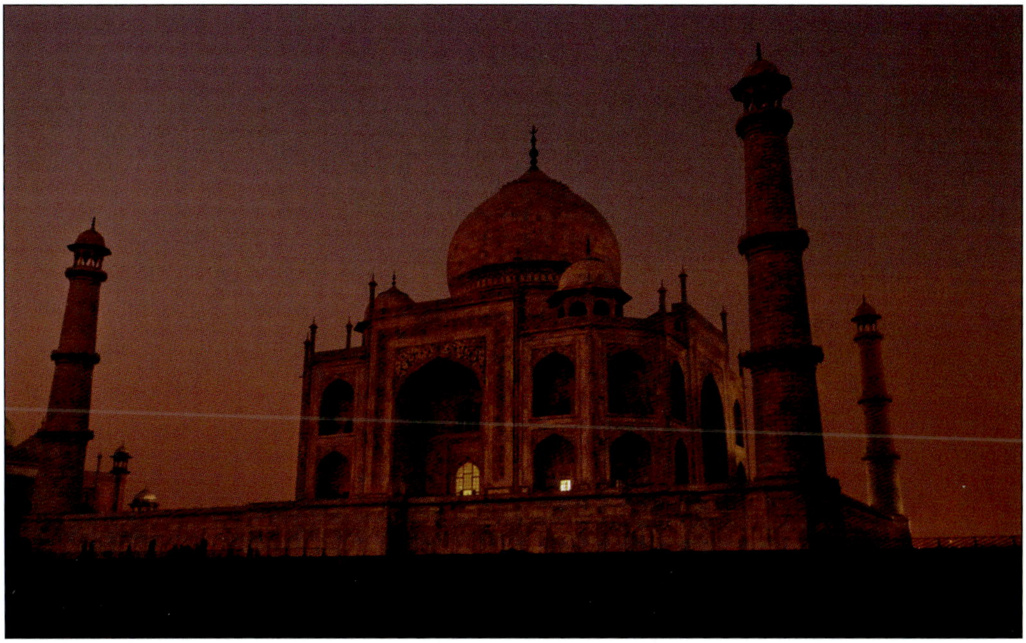

TAJ MAHAL, AGRA, INDIEN

Manchmal finden Sie Bedingungen vor, die für eine halbwegs scharfe Aufnahme völlig ungeeignet sind. Die Lichtverhältnisse sind schlecht, Sie haben kein Stativ, oder schlimmer noch, Sie befinden sich in Bewegung (in einem Tuk-Tuk, einem Boot oder einer Fähre, einem Doppeldeckerbus usw.), oder es ist in einem Innenraum so dunkel, dass Sie einfach keine anständig scharfe Aufnahme hinbekommen. Ich verrate Ihnen jetzt einen Trick, der bei mir schon häufiger funktioniert hat. Es gibt aber einen schlechten und einen guten Teil: Im ersten Schritt müssen Sie versuchen, Ihren Körper gegen etwas abzustützen. Eine Tür, eine Säule, eine Wand – ganz egal, irgendetwas, das Sie stabiliert –, so fällt es Ihnen leichter, Ihre Kamera ruhig zu halten. Schritt zwei: Schalten Sie die Kamera in den Serienbildmodus, damit sie so lange Bilder aufnimmt, bis Sie den Auslöser wieder freigeben (oder bis der Speicher Ihrer Kamera voll ist). Schritt drei: Verwenden Sie die kleinste Blendenzahl Ihres Objektivs (z. B. f/2.8, f/3.5, f/4) und erhöhen Sie die ISO-Zahl auf 800 (oder noch mehr, wenn Ihre Kamera das Rauschen bei schlechten Lichtverhältnissen gut unter Kontrolle hat). Und dann lösen Sie aus – lange. Wir sprechen hier von einer Abfolge von 30, 40 oder mehr Aufnahmen im Burst-Modus. Zuerst der schlechte Teil: Wenn Sie diese 30 oder 40 Aufnahmen auf Ihrem Computer durchgehen, erhalten Sie eine unscharfe, verschwommene Aufnahme nach der anderen – ein Desaster. Nun zum guten Teil: Unter dieser Ansammlung von schrecklich unscharfen, verwackelten Aufnahmen wird es aus unerklärlichen Gründen ein wirklich scharfes Bild geben. Ich weiß, es klingt verrückt, aber selbst ein blindes Huhn findet hin und wieder ein Korn, und ich kann Ihnen gar nicht sagen, wie oft sich dies bei mir schon ausgezahlt hat. Wenn Sie nur ein einzelnes schönes, scharfes Bild unter diesen schlechten Bedingungen benötigen, wird diese Technik wahrscheinlich funktionieren. Beachten Sie, dass ich »wahrscheinlich« gesagt habe – es klappt nicht jedes Mal, aber wenn doch, dann hat es sich gelohnt. Denken Sie daran: Kein Risiko, keine Kekse.

Schließen Sie eventuell eine Notfallversicherung ab

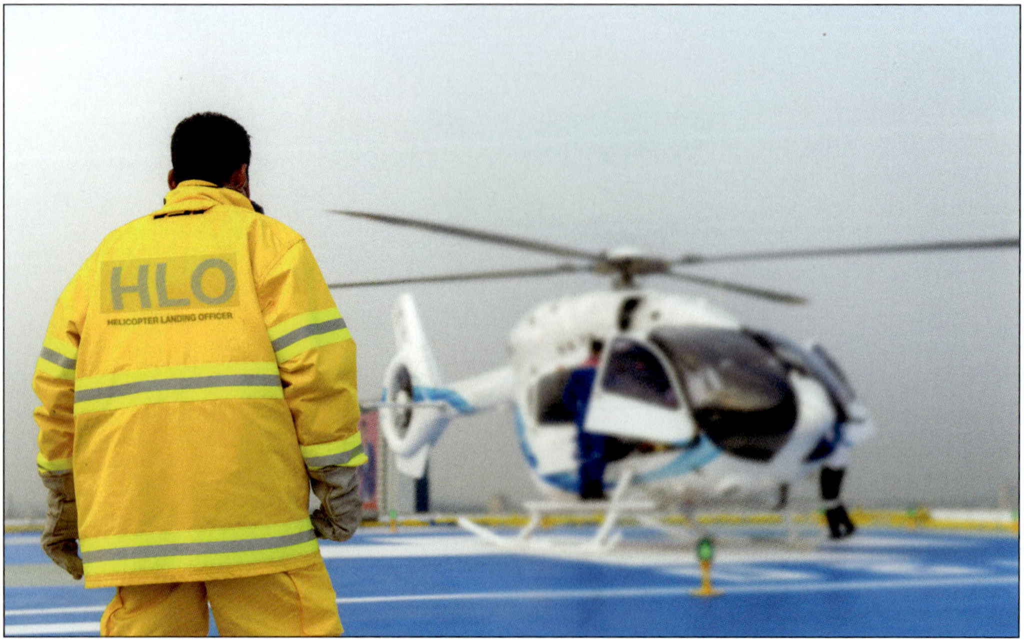

©ADOBE STOCK/CASANOWA STUTIO

Auf meiner letzten Reise habe ich eine solche Versicherung abgeschlossen, und zum Glück brauchte ich sie nicht, aber ein Kumpel von mir schon. Er rutschte beim Überqueren eines Baches aus und zog sich eine einfache Schnittwunde am Bein zu. Aber in dem Wasser war irgendetwas Komisches, und innerhalb eines Tages bekam er eine so schlimme Infektion, dass er völlig handlungsunfähig war und mit dem Flugzeug ins Krankenhaus geflogen werden musste. Zum Glück hatte er eine dieser temporären Notfallversicherungen abgeschlossen (das macht er immer), und die bezahlte seinen Heimflug, was sonst mehrere Tausend $ gekostet hätte. Ganz zu schweigen von der Tatsache, dass man den Flug erst organisieren muss. Man könnte annehmen, dass eine solche Versicherung teuer ist, aber ich habe gerade ein Online-Angebot eingeholt, und für eine siebentägige Reise kostet sie etwa 100 €. Das würde Ihnen ein Vielfaches der Kosten ersparen, falls Sie sie jemals brauchen. Achten Sie darauf, dass Sie eine Versicherung abschließen, die einen Ambulanzflug beinhaltet, denn man weiß ja nie (deshalb spricht man ja von »Unfällen«, sie können dann passieren, wenn Sie es am wenigsten erwarten, und zwar an Orten, an die ein normaler Krankenwagen nicht hinkommt). Im Grunde zahlen Sie für Ihren Seelenfrieden – für den Fall der Fälle –, aber im letzten Jahr haben bereits zwei meiner Freunde ihre Versicherung in Anspruch nehmen müssen. Wenn ich also eine Reise unternehme, schließe ich eine solche Versicherung ab.

Sicherheitstipp: Lassen Sie die Ausrüstung versichern

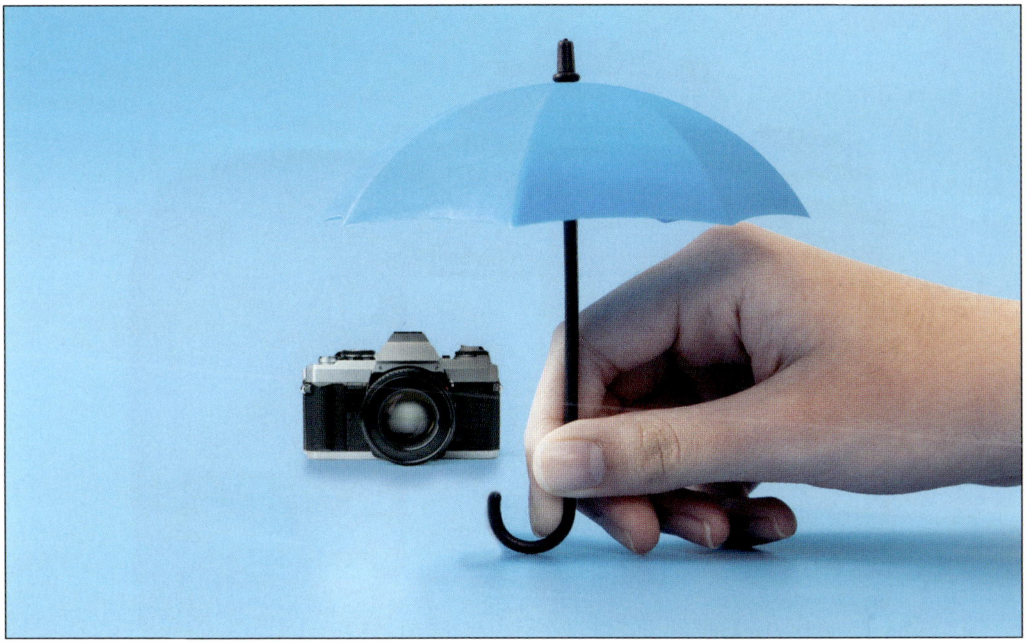

©ADOBE STOCK/KENISHIROTIE AND BOGDANDIMAGES

Es ist durchaus möglich, dass Ihre Hausratversicherung eine Klausel für den Fall enthält, dass Ihre Kamera im Urlaub verloren geht oder gestohlen wird. Es ist aber wahrscheinlicher, dass dieser Fall nicht abgedeckt ist (oder dass Sie gar keine Hausratversicherung haben) oder dass zwar der Diebstahl abgedeckt ist, nicht aber der versehentliche Verlust, oder dass Sie ein Objektiv fallen lassen und es beschädigt wird. Es lohnt sich also, vor Ihrer Reise bei der Versicherung nachzufragen, wie weit Sie versichert sind und was genau bei Verlust oder Diebstahl der Ausrüstung abgedeckt ist. Ich würde Ihnen auf jeden Fall empfehlen, eine spezielle Versicherung für Ihre Kameraausrüstung abzuschließen (googlen Sie nach »Fotoversicherung«). Es gibt verschiedene Unternehmen, die sich genau darauf spezialisiert haben, und das zu überraschend günstigen Preisen.

Das könnte Sie retten, wenn Sie Ihre Kamera verlieren

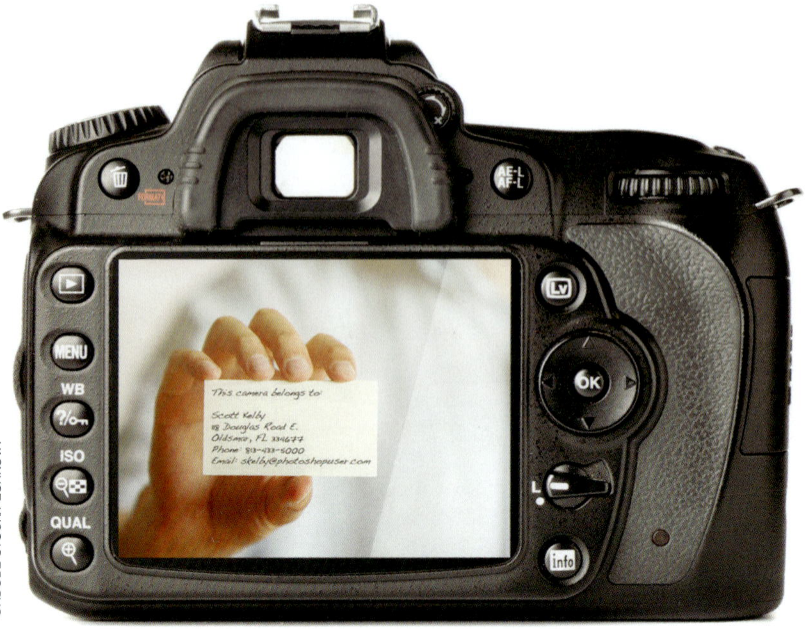

©ADOBE STOCK/PESHKOVA

Wie stehen Ihre Chancen, dass Sie Ihre Kamera wiederbekommen, wenn Sie sie auf Reisen verlieren (oder sie im Taxi, Reisebus oder Restaurant liegenlassen – ich habe schon so viele Geschichten von Reisenden gehört, die ihre Kamera einfach vergessen haben)? Selbst wenn die Leute, die Ihre Kamera finden, die besten Absichten haben, können sie sie Ihnen nicht zurückgeben, wenn sie keine Ahnung haben, wem sie gehört. In diesem Fall werden Sie Ihre Kamera niemals wiedersehen. Aus diesem Grund befestigen manche Leute einen Aufkleber mit ihren Kontaktdaten auf der Unterseite der Kamera, und das erhöht die Chancen, sie zurückzubekommen, erheblich. Sie könnten auch einen temporären Aufkleber mit den Daten Ihres Hotels anfertigen. Eine andere einfache Methode: Schreiben Sie Ihre Kontaktdaten auf eine Visitenkarte und fotografieren Sie sie, sodass in der Kamera ein Bild mit Ihrem Namen und Ihren Kontaktdaten gespeichert ist. Wenn ein netter Mensch eine Kamera findet, durchsucht er angeblich als Erstes die Bilder, um herauszufinden, wem sie gehört. Wenn es eine Aufnahme mit Ihrem Namen und Ihren Kontaktdaten gibt, steigen Ihre Chancen enorm (wenn ich Ihre Kamera finden und darin Ihre Adresse sehen würde, würde ich sie Ihnen auf jeden Fall zurückgeben, und ich wette, Sie würden auch so handeln). Das geht so schnell und einfach, und was kann es schon schaden? Nehmen Sie also eine Visitenkarte oder schreiben Sie Ihre Daten auf, machen Sie zu Beginn jeder neuen Speicherkarte ein Foto davon, und los geht's. Hey, das könnte eines Tages Ihre Kamera retten.

Fotografieren Sie den Namen der Sehenswürdigkeit

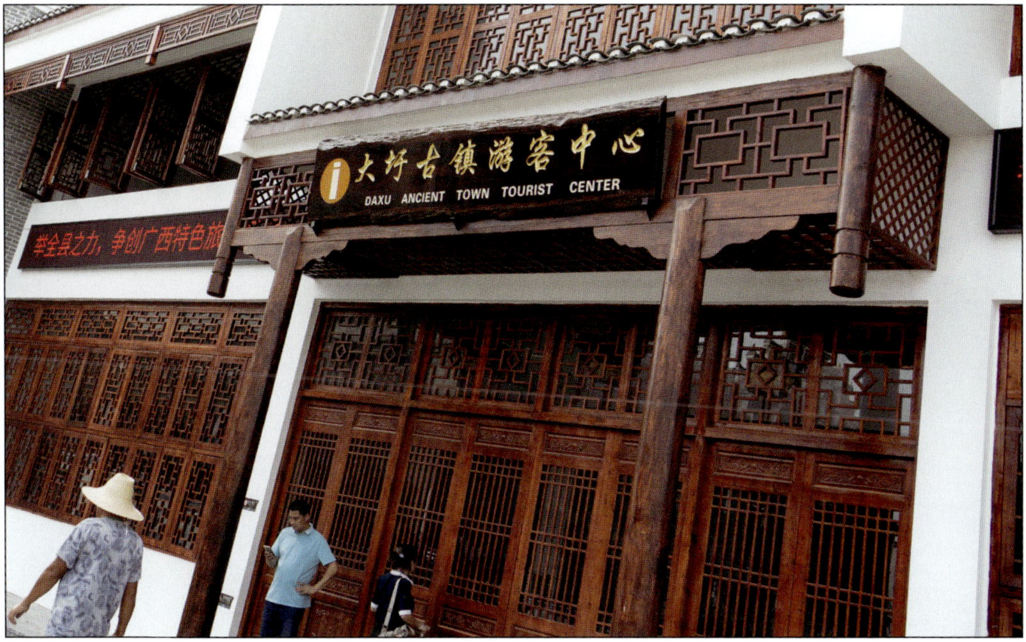

ALTSTADT VON DAXU, GUILIN, CHINA

Auch diesen Tipp habe ich vor Jahren auf die harte Tour gelernt. Ich kehrte von einer Reise zurück und hatte einen Tempel fotografiert, aber keine Ahnung, wie er hieß (es war ungefähr mein zehnter Tempelbesuch an diesem Tag). Nach meiner Rückkehr fragte man mich danach, und ich musste antworten: »Ich weiß es nicht. Es war irgendwo in Japan.« Na, das bringt Klarheit in die Sache, nicht wahr? Ich suchte sehr lange im Internet, um den Tempel wiederzufinden – aber ohne Erfolg. Hätte ich einfach den Namen des Tempels fotografiert, als ich hinein- oder hinausging, hätte ich mir die ganze Recherche ersparen können (und die Peinlichkeit, nicht zu wissen, wo ich das Bild fotografiert habe). Dabei ist es so einfach. Deshalb hielt ich in einem kleinen Dorf in China an, um diesen Schnappschuss vom Namen der Stadt zu machen, der über einem Tor angebracht war. Nur so wusste ich, dass ich in der »Altstadt von Daxu« fotografierte, und als ich den Namen googelte, fand ich alle möglichen Informationen über die Stadt, ihre Vergangenheit usw. Ich konnte auch den Namen der Stadt angeben, als ich meine Geschichte online teilte. Machen Sie ein Foto von dem Schild, wenn Sie ankommen oder abreisen – nur einen Schnappschuss, ein Referenzfoto. Das dauert zwei Sekunden, kann Ihnen aber später viel Zeit sparen, wenn Sie die Geschichte Ihrer Reise erzählen möchten.

In Reisen investieren statt in mehr Ausrüstung

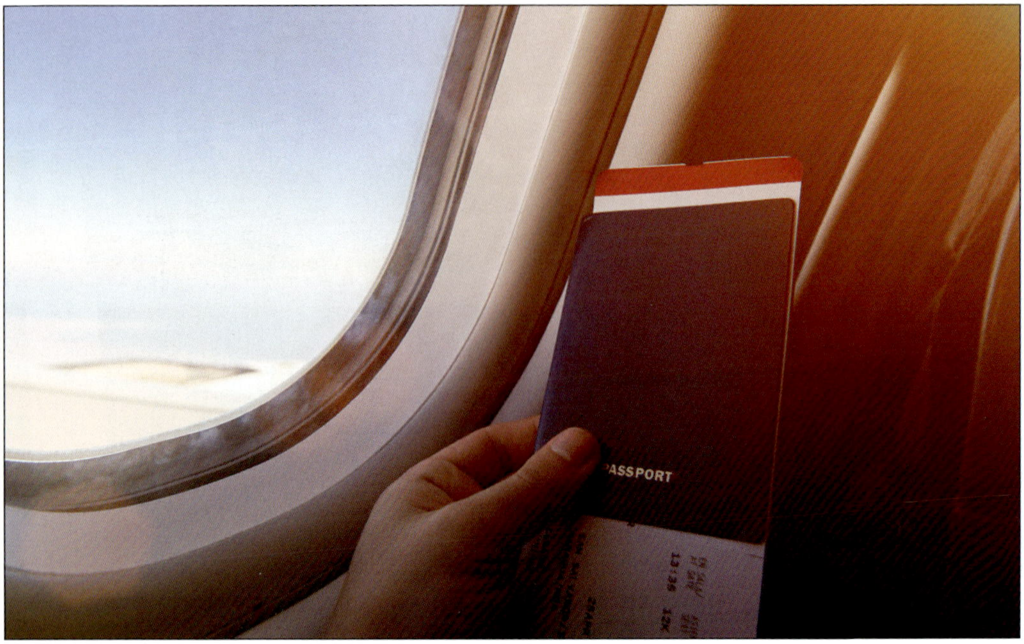

©ADOBE STOCK/PIXIEME

Wenn Sie es ernst meinen mit der Reisefotografie (und weil Sie dieses Buch gekauft haben, nehme ich an, dass Sie es ernst meinen), dann können Sie mit Ihrer bereits vorhandenen Ausrüstung tolle Bilder fotografieren. Sogar mit Ihrer Handykamera gelingen Ihnen erstklassige Bilder, stimmts? Anstatt noch mehr Ausrüstung zu kaufen, weil Sie glauben, dass Sie damit bessere Bilder bekommen werden, sollten Sie eine Investition tätigen, die Ihnen tatsächlich bessere Bilder bringt – investieren Sie in eine Reise. Investieren Sie in einen Flug an einen Ort, den Sie schon immer einmal fotografieren wollten und von dem Sie mit den Bildern zurückkommen, von denen Sie schon immer geträumt haben. Kaufen Sie keine teure Ausrüstung, wenn Sie in Ihre Fotografie investieren wollen, sondern ein günstiges Ticket für eine Reise an einen fantastischen Ort. Tolle Reisefotos verstecken sich nicht in den schicken Produktschachteln im Kamerageschäft. Sie sind da draußen und warten, dass Sie sie mitnehmen. Investieren Sie also nicht in noch mehr Ausrüstung, sondern in sich selbst. Investieren Sie Ihre Reisefotografie, indem Sie reisen. Wie ein altes Sprichwort sagt: »Reisen sind das einzige Gut, das Sie kaufen können, um reicher zu werden.« Ziehen Sie also los und werden Sie reicher!

Wo Sie in Paris, Venedig, London, ... fotografieren können

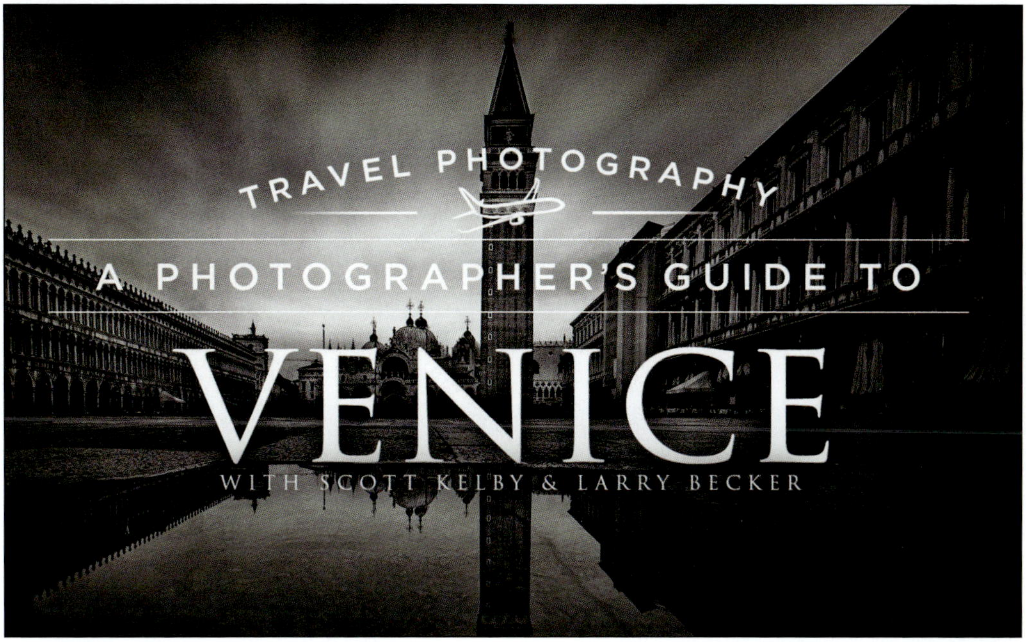

Wenn Sie nach Ideen suchen, wo Sie in einer bestimmten Stadt wie Rom oder Chicago, New York City oder London fotografieren können, bietet sich die Online-Kursreihe an, die ich gemeinsam mit meinem guten Freund, dem Fotografen Larry Becker, konzipiert habe. Darin präsentiere ich meine Lieblings-Locations für Fotos in Städten auf der ganzen Welt. Ich zeige Fotos, Hinter-den-Kulissen-Bilder, Eintrittspreise (falls nötig) und gebe viele Insider-Tipps, damit Sie mit tollen Bildern heimkommen. Die Kurse tragen den Titel »Travel Photography: A Photographer's Guide to [Name der Stadt]«, wie oben gezeigt. Wenn Sie ein KelbyOne-Abonnent sind, können Sie sich natürlich alle Kurse im Rahmen Ihres Abonnements ansehen. Haben Sie kein Abo, können Sie die Filme einzeln kaufen und herunterladen oder einfach eine einmonatige Mitgliedschaft abschließen. Auf jeden Fall habe ich so viele wunderbare Zuschriften und Bilder von Menschen aus aller Welt erhalten, die diese Kurse durchgearbeitet und mir erzählt haben, wie sehr sie ihnen geholfen haben (ich stelle sogar herunterladbare PDFs mit Adressen und GPS-Koordinaten zur Verfügung). Schnell erzählt: Ich besuche mit einigen Teilnehmern eines meiner Workshops eine Location aus meinem Paris-Video, und zwei andere Fotografinnen waren dort bereits zugange. Einer meiner Teilnehmer unterhält sich mit einer von ihnen, die ihm erzählt: »Ich habe diesen Ort in Scott Kelbys Kurs über Paris gesehen«, und die andere Fotografin ruft zu ihnen hinüber: »So bin ich auch hierher gekommen«, und natürlich stellt der Teilnehmer mir die beiden vor. Für mich als Lehrer war es so aufregend zu sehen, auf welch coole Weise die Leute das bei mir Gelernte anwenden. Was für ein Erlebnis! Jedenfalls hoffe ich, dass die Kurse auch Ihnen nützlich sein werden, falls Sie sich dafür entscheiden, sie auszuprobieren (und danke, dass ich sie hier im Buch mit Ihnen teilen darf).

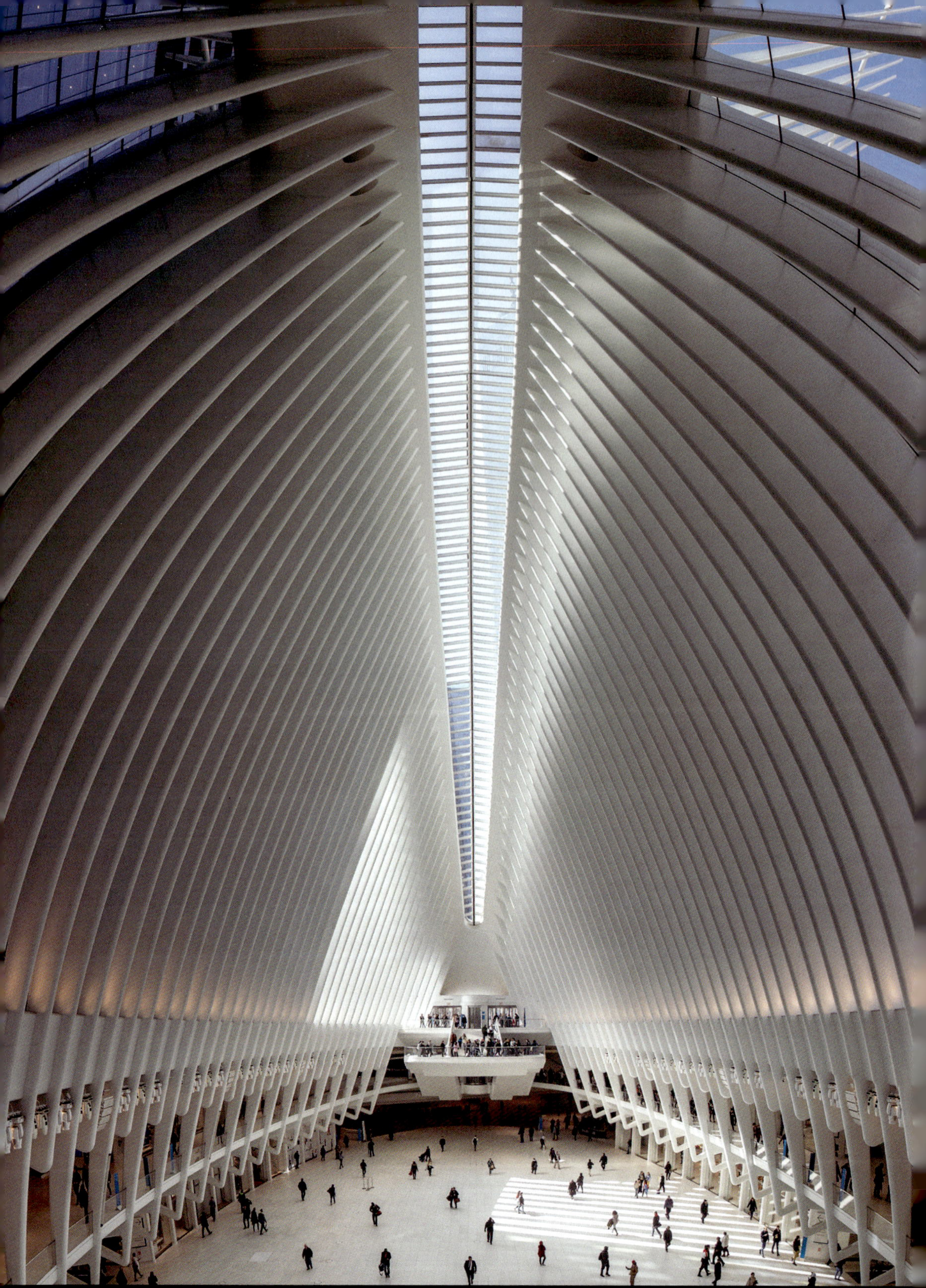

Belichtungszeit: 1/125 Sek. | Blende: f/8 | ISO:160 | Brennweite: 14 mm
Location: Oculus Transportation Hub, World Trade Center, New York, USA

BILDER BEARBEITEN

KAPITEL 12

Ihre Bilder bearbeiten

Wie Sie Ihre Reisebilder mit Lightroom oder Photoshop optimieren

Die spektakulären Reisebilder auf Instagram kommen nicht einfach so aus der Kamera, sondern wurden stark nachbearbeitet. Erinnern Sie sich an den fantastischen Landschaftsfotografen Ansel Adams? Er war nicht nur ein Meisterfotograf, sondern auch ein Magier der Dunkelkammer, der seine kreative Vision durch Nachbearbeitung zum Leben erweckte. Zum Glück haben wir heute die Möglichkeit, unsere eigenen Meisterwerke zu schaffen, ohne uns in der Dunkelkammer Chemikalien auszusetzen. Stattdessen nehmen wir unseren täglichen Bedarf an schädlichen Stoffen über Fast Food auf, Sie verpassen also nichts. Was ich an der Nachbearbeitung so liebe, ist, dass sie die Fotografie um eine kreative Ebene erweitert. Natürlich macht Fotografieren Spaß (es sei denn, Sie öffnen Ihre Kameratasche und finden darin menschenfressende Piranhas), aber es macht auch viel Spaß, den Ton, die Stimmung, das Arrangement, den Bildausschnitt, das Licht und die Farbe eines Bildes zu verändern. Es gibt noch einen weiteren Aspekt der Nachbearbeitung (insbesondere in Photoshop), der noch mehr Spaß macht, nämlich die Möglichkeit zu schummeln. Normalerweise ist Schummeln in allen anderen Bereichen des Lebens verpönt, aber wenn Sie lernen, in Photoshop zu schummeln, bringt Ihnen das den Respekt von Fotografinnen und Fotografen ein, die Photoshop gerne gut beherrschen und schummeln und wilde Sachen tun würden, um noch eindrucksvollere Bilder zu bekommen. Gleichzeitig wird es Menschen geben, die Ihre Arbeit ablehnen, weil nicht alles »direkt aus der Kamera« kommt und das irgendwie an Betrug grenzt, obwohl die berühmtesten, bekanntesten und brillantesten Fotografinnen und Fotografen der Welt allesamt Photoshop verwenden. Wer sind also diese wütenden Leute, die den Einsatz von Photoshop anprangern? Leute, die Photoshop nicht beherrschen. So. Ich will es mal so ausdrücken: Ich habe noch nie jemanden getroffen, der Photoshop wirklich gut beherrscht und den Einsatz von Photoshop verteufelt.

Die »Standardtechniken«

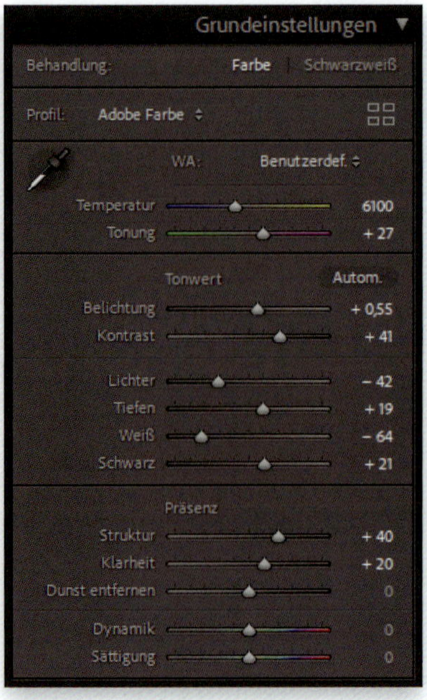

Es gibt verschiedene Standardtechniken, die ich in Lightroom (oder Photoshop Camera Raw – das ist dasselbe) auf alle meine Reisebilder anwende. In der Regel muss ich bei Reisefotos keine Kopfstände machen und keine verrückten Nachbearbeitungstricks anwenden. Es reichen ganz normale, einfache Bearbeitungen. Wichtig ist zunächst, dass der **Weißabgleich** und die **Belichtung** stimmen. Als Nächstes kümmern wir uns um Bildprobleme (z. B. wenn das Motiv im Gegenlicht steht und zu dunkel ist oder vielleicht die Wolken am Himmel zu hell und überstrahlt sind). Dann füge ich eine Menge **Kontrast** hinzu. Das ist sozusagen mein »Ding«, und es gibt dazu verschiedene Techniken. Ist der Himmel auf dem Bild sichtbar, soll er möglichst beeindruckend wirken, und auch dafür bieten sich mehrere Möglichkeiten. Wir können die **Details** im Bild verbessern (ich mache das immer), indem wir entweder den **Struktur**-Regler oder den **Klarheit**-Regler oder beide anwenden. Als letzten Schritt dunkeln wir mit einer **Vignette** die Bildränder ganz leicht ab, um die Aufmerksamkeit auf das Motiv zu lenken (dies ist optional, aber ich mache es bei fast allen Bildern). Zum Schluss **schärfen** wir jedes einzelne Bild. Immer. In 100 % der Fälle. Kein Bild entwischt uns ohne Schärfung. Wenn ich also im nächsten Kapitel (Fotorezepte) über die Nachbearbeitung eines bestimmten Bilds schreibe: »Ich habe die Standardtechniken angewandt« (oder so ähnlich), dann meine ich damit die soeben erwähnte Vorgehensweise (über die Sie im Rest dieses Kapitels mehr erfahren werden). Sie wissen also jetzt, was die »Standardtechniken« sind.

Eine bessere Ausgangsposition schaffen

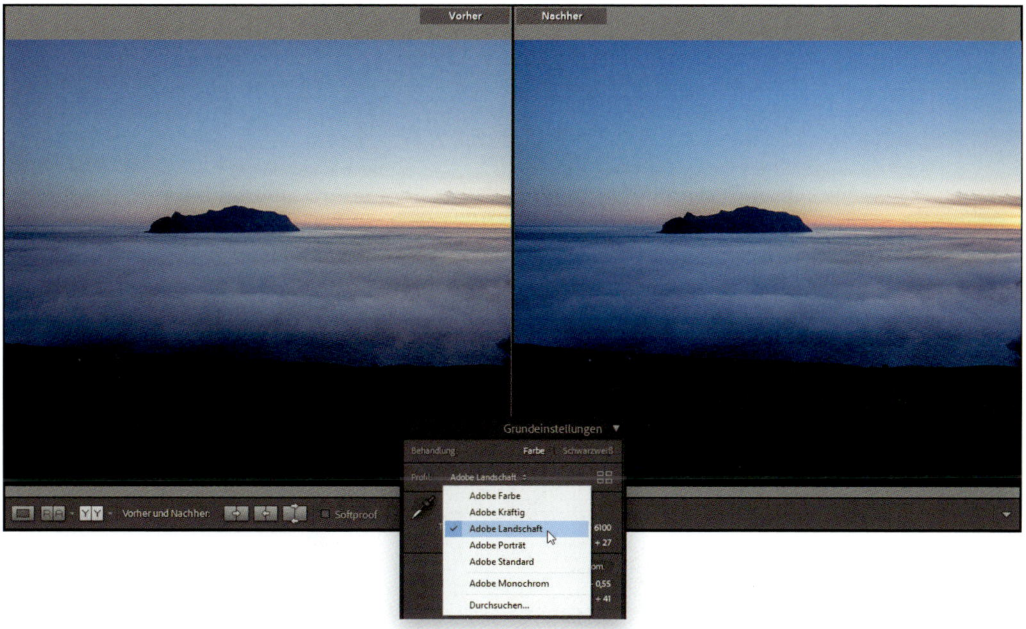

FÄRÖER-INSELN

Wenn Sie in RAW fotografieren, können Sie dank einer einfachen Maßnahme eine bessere, lebendigere und kontrastreichere Ausgangsbasis für Ihre Bearbeitungen schaffen (ich mache das immer, bevor ich irgendetwas anderes tue). Ich gehe zum Einblendmenü **Profil** oben im **Grundeinstellungen**-Bedienfeld und wähle für Reisebilder die Option **Adobe Landschaft**. Fertig. Das wars schon. Ihr Bild sieht entweder etwas besser oder viel besser aus (das hängt ganz vom Bild ab), aber es lohnt sich fast immer. Okay, jetzt zum Fachchinesisch: Kurz gesagt, wenn Sie im RAW-Format fotografieren, schaltet Ihre Kamera all die Optimierungen aus, die sie normalerweise an einem JPEG-Bild vornehmen würde: Schärfe und Kontrast, Farbintensität, Rauschunterdrückung und all diese Dinge. RAW-Fotos sind immer unbearbeitet. Lightroom muss dieses RAW-Bild interpretieren, und die dafür verwendete Berechnung nennt sich **Adobe Farbe**. Das Ergebnis ist eine etwas bessere Version des superflauen RAW-Bilds, das Ihre Kamera aufgenommen hat (es wird sogar eine Scharfzeichnung von +40 angewandt), aber **Adobe Farbe** erzeugt auch einen bestimmten, sehr dezenten Look. Meiner Meinung nach ist er viel zu dezent, weshalb ich für alle meine Reisefotos **Adobe Landschaft** wähle – es sieht einfach besser aus. Es ist nicht so, dass es einen aus den Socken haut, aber wenn ich durch **Adobe Landschaft** einen kleinen Vorsprung bei der Bearbeitung gewinne, dann ist das gut. Sie können es auch mit **Adobe Kräftig** probieren, was je nach Bild ebenfalls gut wirken kann (aber in etwa 95% der Fälle entscheide ich mich für **Adobe Landschaft**). Hinweis: Die RAW-Profile sollen die Bildstile imitieren, die Sie bei einer JPEG-Aufnahme in der Kamera wählen können. Deshalb kommen Ihnen die Einstellungen **Landschaft**, **Kräftig** und **Porträt** vielleicht bekannt vor. Probieren Sie sie einfach mal aus und sehen Sie, was Sie davon halten (ich denke, sie werden Ihnen gefallen).

Eine »Auto«-Korrektur durchführen

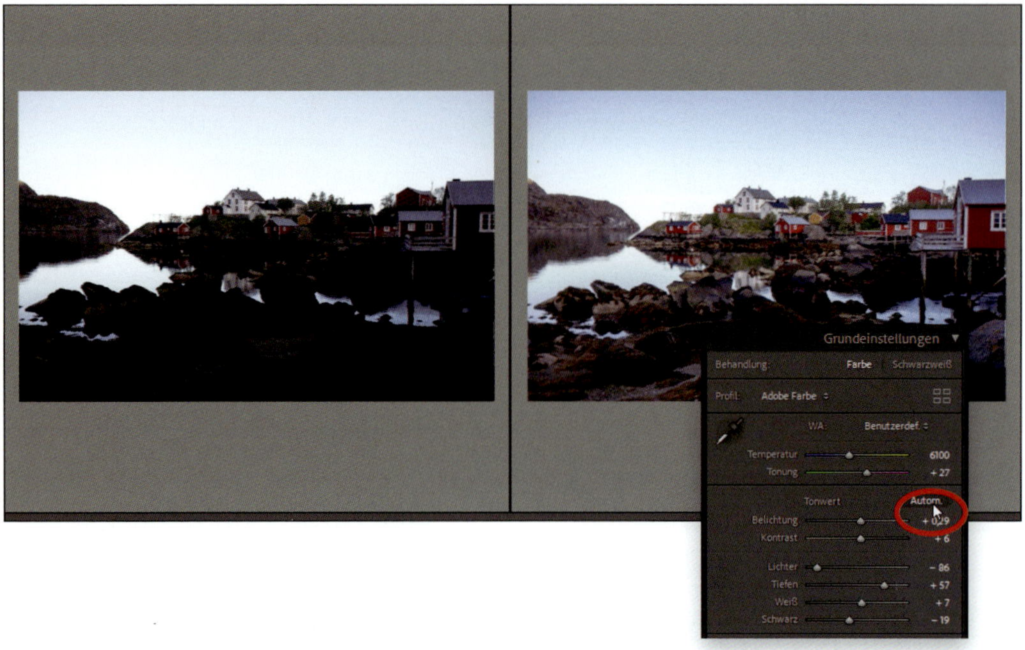

NUSFJORD, LOFOTEN, NORWEGEN

Viele Jahre lang habe ich Fotografen vor dem **Autom.**-Button (hier rot eingekreist) im Lightroom-**Grundeinstellungen**-Bedienfeld gewarnt, weil das Ergebnis so lausig war (und ich wollte eigentlich nicht einfach nur »lausig« schreiben). Früher nannten wir die Schaltfläche scherzhaft »Mein Bild überbelichten«, weil Sie mit einem Klick darauf ziemlich sicher sein konnten, dass Ihr Bild viel zu hell und einfach schrecklich herauskam. In den letzten Jahren hat Adobe die Autokorrektur jedoch erheblich verbessert (durch den Einsatz von künstlicher Intelligenz, maschinellem Lernen, Killerrobotern usw.), sodass sie jetzt eigentlich ganz anständig funktioniert – so anständig, dass Sie, wenn Sie sich nicht sicher sind, wo Sie mit der Bildbearbeitung anfangen sollen, mal draufklicken und sich das Ergebnis ansehen sollten. Manchmal macht sie tatsächlich einen ganz guten Job, manchmal aber auch nicht (Sie merken das sofort). Die gute Nachricht ist jedoch, dass Sie einfach **Befehl/Strg + Z** drücken können, wenn Ihnen das Ergebnis nicht gefällt. Damit machen Sie die Autokorrektur rückgängig und können Ihr Bild wie gewohnt bearbeiten. Es lohnt sich, die Autokorrektur auszuprobieren, und ich wette, Sie werden manchmal überrascht sein, wie gut sie funktioniert. Selbst wenn Sie damit nicht alles erreichen, bietet sie zumindest einen guten Ausgangspunkt.

Die Farben korrekt einstellen

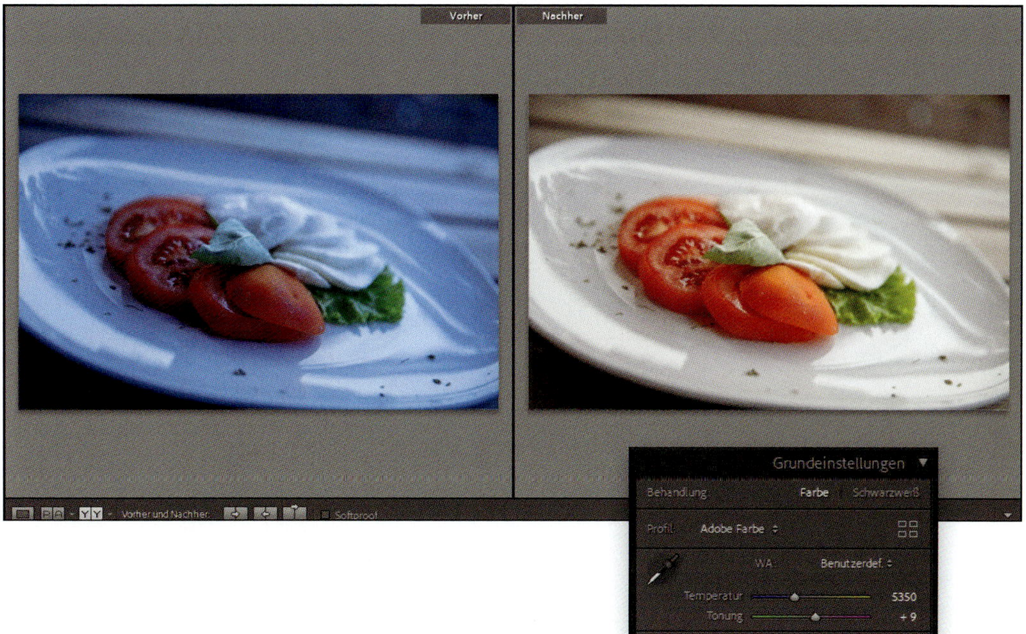

ROM, ITALIEN

Wenn Sie sich eines meiner Videos angeschaut oder einen meiner Vorträge gesehen haben, haben Sie wahrscheinlich mitbekommen, warum korrekte Farben so wichtig sind. Für richtige Farben sorgen wir durch die Anpassung des Weißabgleichs. Wenn Sie in der Kamera nicht die richtige Einstellung für den Weißabgleich gewählt haben, lässt sich das in Lightroom oder Photoshop Camera Raw leicht beheben. Haben Sie in RAW fotografiert, sehen Sie oben im **Grundeinstellungen**-Bedienfeld ein Popup-Menü für den Weißabgleich (**WA**) mit Voreinstellungen (die gleichen, die Sie auch in der Kamera hätten wählen können, aber hier können Sie sie nachträglich einstellen). Klicken Sie auf dieses Popup-Menü, sehen die Sie Standardeinstellungen für den Weißabgleich: **Tageslicht**, **Bewölkt**, **Wolframlampenlicht** und so weiter. Probieren Sie die einzelnen Einstellungen aus, um zu testen, welche für Ihr Bild am besten geeignet ist. Auch diese Auswahlmöglichkeiten werden nur angezeigt, wenn Sie in RAW fotografiert haben. Wenn Sie im JPEG- oder TIFF-Format fotografiert haben, sehen Sie nur die Optionen **Wie Aufnahme** und **Automatisch**. Eine weitere Möglichkeit zur Optimierung des Weißabgleichs bieten die Regler **Temperatur** und **Tonung**. Neben dem Reglerkopf sehen Sie jeweils die Farbe, die sich durch Verschieben des Reglers nach links oder rechts ergibt. (Wenn Ihr Bild z. B. zu blau wirkt, ziehen Sie den Regler **Temperatur** nach rechts in Richtung Gelb, wodurch das Bild wärmer und gelber wird. Wirkt Ihr Foto zu gelb, ziehen Sie den Regler **Temperatur** nach links in Richtung Blau.) Eine dritte (und von mir bevorzugte) Methode zur Weißabgleichoptimierung ist das **Weißabgleich**-Auswahlwerkzeug (die Pipette) oben links im **Grundeinstellungen**-Bedienfeld. Klicken Sie damit auf eine Bildstelle in Ihrem Bild, die hellgrau sein sollte, und der Weißabgleich wird auf der Grundlage dieser Farbe eingestellt (Hellgrau ist die ideale Farbe für den Weißabgleich). Wenn Sie kein Hellgrau finden können, versuchen Sie es mit einer neutralen Farbe wie Beige oder Graubraun. Das Schöne daran ist: Wenn Sie klicken und das Ergebnis nicht korrekt wirkt, klicken Sie einfach woanders hin, bis Sie die perfekte Stelle gefunden haben.

Die Belichtung auf den Punkt bringen

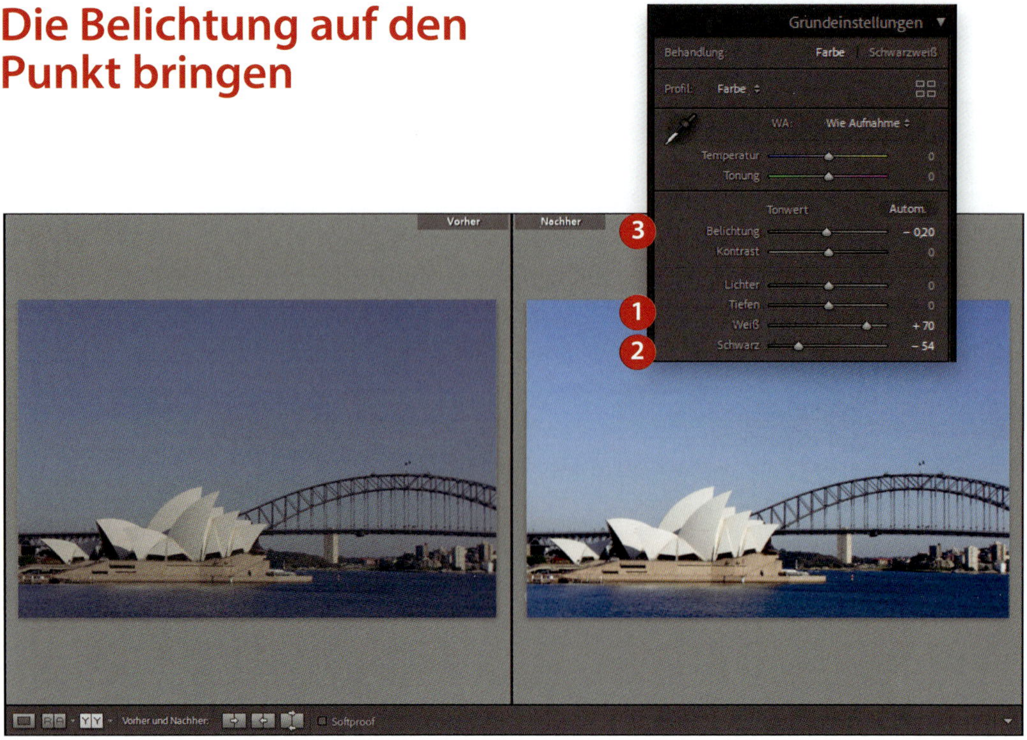

OPERNHAUS, SYDNEY, AUSTRALIEN

Mit einem sehr einfachen, dreistufigen Prozess in Lightroom (oder Photoshop Camera Raw) können Sie die Gesamtbelichtung (Helligkeit) Ihres Fotos ganz nach Wunsch einstellen. Zunächst legen Sie fest, wo der dunkelste und wo der hellste Bildbereich sein sollen. Man spricht vom »Festlegen des Weiß- und Schwarzpunkts«, und mit dieser Bearbeitung (eigentlich übernimmt Lightroom sie für Sie) erweitern Sie den Tonwertumfang und können mit einem einfachen Regler die richtige Belichtung einstellen. Damit Lightroom (oder Camera Raw) den Weiß- und den Schwarzpunkt für Sie festlegen, halten Sie die **Umschalt**-Taste gedrückt, (1) doppelklicken direkt auf den kleinen Knopf auf dem **Weiß**-Regler (das Ding, das Sie anklicken und ziehen, um den Regler zu verschieben), und (2) wiederholen das Ganze mit dem **Schwarz**-Regler. Das war es schon. Der Weiß- und der Schwarzpunkt werden automatisch eingestellt, wodurch der Tonwertbereich erweitert wird. Ein netter Effekt: Je schlechter Ihr Foto aussieht, desto besser funktioniert die Technik. Ebenfalls erwähnenswert: Wenn Sie mit gedrückter **Umschalt**-Taste auf die beiden Regler klicken und sie sich nur wenig bewegen oder sich einer gar nicht bewegt, heißt das, dass Ihr Tonwertumfang bereits gut ist und Lightroom nicht viel zu tun hatte. Nachdem Sie die Weiß- und Schwarzpunkte eingestellt haben, überlegen Sie, ob das Bild Ihrer Meinung nach insgesamt zu hell oder zu dunkel ist. Nehmen wir an, Sie finden es ein wenig zu dunkel (unterbelichtet). Dann ziehen Sie einfach (3) den **Belichtung**-Regler etwas nach rechts. Das wars schon. Wenn Sie einmal die Weiß- und Schwarztöne eingestellt haben, müssen Sie den **Belichtung**-Regler wahrscheinlich nur noch minimal bewegen. Also, zusammengefasst: Sie stellen den Weiß- und den Schwarzpunkt automatisch ein, dann beurteilen Sie, ob das Bild zu dunkel oder zu hell ist, und ziehen den **Belichtung**-Regler nach rechts, um das Bild insgesamt aufzuhellen, oder nach links, um es abzudunkeln. Zack. Fertig.

Gegenlichtfotos optimieren

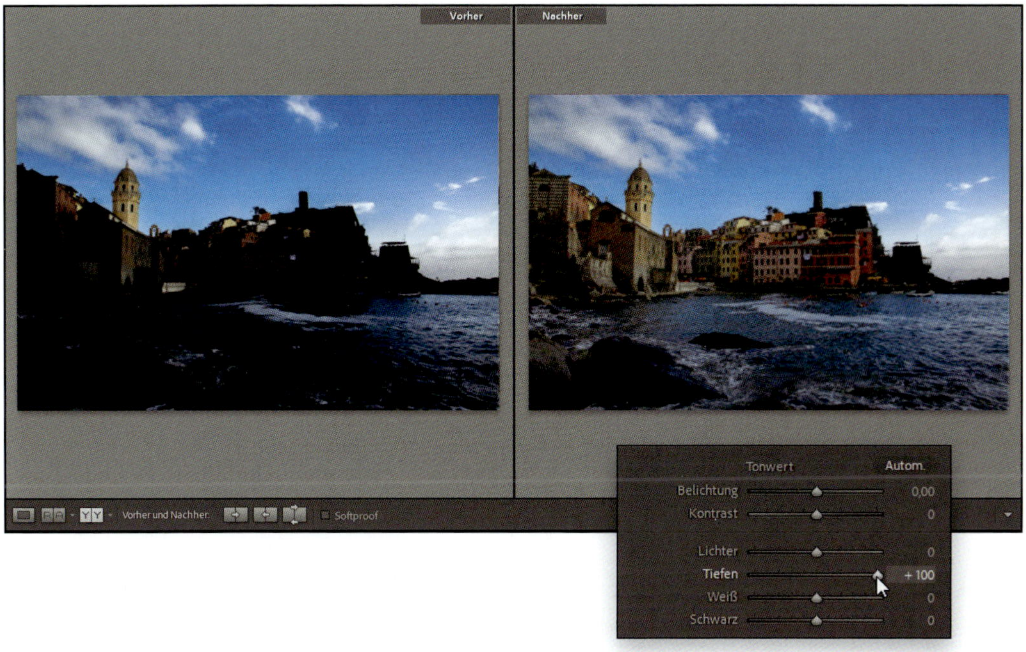

VERNAZZA, CINQUE TERRE, LIGURIEN, ITALIEN

Auf Seite 215 erläutere ich den Unterschied zwischen den Hell-Dunkel-Unterschieden, die das menschliche Auge erfassen kann, und dem vom Kamerasensor wahrnehmbaren Tonwertumfang. Nun, die Gegenlichtaufnahme ist ein weiteres Opfer des beschränkten Dynamikumfangs des Kamerasensors. Wir stehen in einer Stadt, sehen eine Reihe Gebäude im Gegenlicht und bemerken diesen Umstand nicht einmal, weil Augen und Hirn die Lichtsituation sofort für uns ausgleichen. Aber dann machen wir ein Bild und sehen, dass die Gebäude (oder eben unser Motiv – es könnte ja auch eine Person sein, nicht wahr?) wie eine Silhouette wirken. Dafür gibt es (zum Glück) in der Nachbearbeitung eine einfache Lösung: Ziehen Sie einfach den **Tiefen**-Regler nach rechts, um die Schatten zu öffnen, in denen das Motiv liegt. Je weiter Sie den **Tiefen**-Regler nach rechts ziehen, desto heller werden die Schattenbereiche. Unser Ziel ist es jedoch, dass die Szene so aussieht wie bei der Aufnahme. Suchen Sie also nach dem idealen Punkt, an dem Sie einen guten Kompromiss zwischen einem gut belichteten Motiv und der Gegenlichtsituation finden, und schon sind Sie fertig. Problem gelöst!

Probleme mit beschnittenen Lichtern lösen

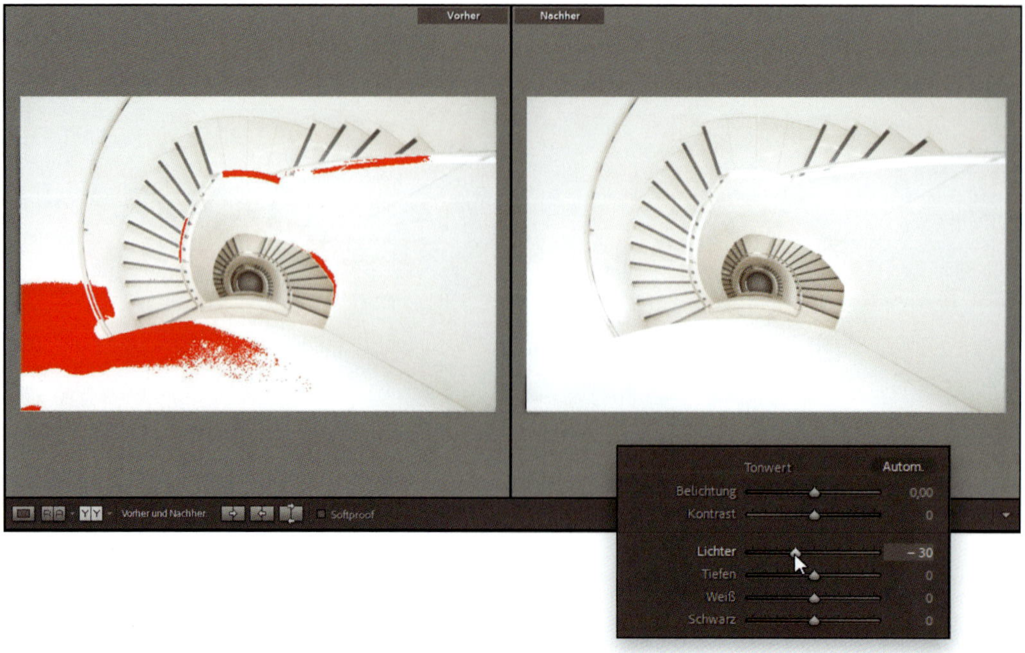

TATE BRITAIN, MILLBANK, LONDON, ENGLAND

Jede Digitalkamera hat heutzutage (genauer gesagt, so lange ich mich erinnern kann) eine eingebaute Warnfunktion, die Sie darauf hinweist, wenn etwas in der Szene so hell ist, dass die Lichter »beschnitten« werden, »ausfressen« oder einfach: überbelichtet werden (wir bezeichnen diese Funktion als »Lichter«- oder »Beschnittwarnung«). Derart überbelichtete Bereiche enthalten keine Details mehr – keine Pixel, einfach nichts – und wenn Sie das Bild ausdrucken würden, käme in diesen Bereichen überhaupt keine Farbe mehr aus dem Drucker, man sähe dort also nur das nackte Papier. Aus diesem Grund bietet Ihre Kamera eine eingebaute Warnfunktion, aber wir übersehen sie manchmal (okay, ziemlich oft). Wenn Ihnen das passiert, können Sie das Problem in der Regel in Lightroom (oder in Photoshop Camera Raw) beheben, indem Sie einfach den **Lichter**-Regler nach links ziehen, um die ausgefressenen Lichter wiederherzustellen. Um festzustellen, ob es überhaupt ein Problem mit beschnittenen Lichtern gibt, sehen Sie sich zunächst das Histogramm an (das Diagramm ganz oben im Bedienfeldbereich am rechten Fensterrand). Klicken Sie an der rechten oberen Kante des Histogramms in das Dreieck, um sich Lightrooms Beschnittwarnung anzeigen zu lassen. Alle Bildbereiche mit beschnittenen Lichtern werden auf dem Bildschirm einfarbig rot dargestellt (wie oben links gezeigt). Wenn diese Bereiche eigentlich Details aufweisen sollten (die Sonne wird beispielsweise immer beschnitten, aber das können Sie ignorieren, da wir auf der Sonnenoberfläche keine Details erwarten), ziehen Sie den **Lichter**-Regler nach links, bis die roten Bereiche verschwunden sind. So einfach ist das. Klappt das nicht, versuchen Sie, den **Weiß**-Regler etwas weiter nach links zu ziehen und dann noch mal mit dem **Lichter**-Regler nachzujustieren.

Sonnige, verwaschene Aufnahmen verbessern

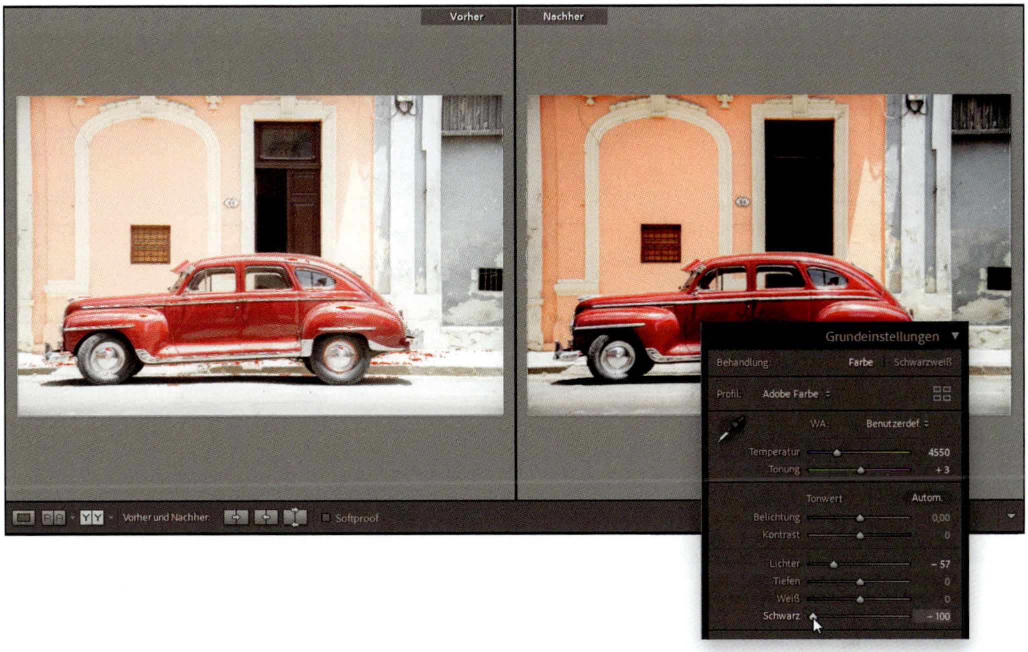

HAVANNA, KUBA

Eines der größten Probleme bei Außenaufnahmen an einem sonnigen Tag besteht darin, dass die schönen, leuchtenden Farben völlig verwaschen wirken. Direkte Mittagssonne ist ein Farbkiller, aber Sie können dem in der Regel mit zwei einfachen Maßnahmen entgegenwirken. Erstens: Dunklen Sie die Lichter etwas ab (ziehen Sie den **Lichter**-Regler nach links). Dadurch werden nur die Lichter in den hellsten Bereichen des Fotos abgesenkt; die Farbsättigung, die durch das Sonnenlicht verloren gegangen ist, erhalten Sie nicht zurück. Um diese wiederherzustellen und um einen Großteil der satten, lebendigen Farben zurückzugewinnen, ziehen Sie den **Schwarz**-Regler ganz nach links, bis die Farben insgesamt gut aussehen (wie oben rechts, wo das Rosa der Wand hinter dem Auto – und natürlich das Auto selbst – bunter und satter wirken). Wenn Sie den **Schwarz**-Regler ganz nach links ziehen, werden alle dunklen Bereiche noch dunkler. Wenn sich das ungünstig auf das restliche Bild auswirkt, können Sie die **Schwarz**-Einstellung stattdessen über eine Maske mit dem Pinsel auftragen: Nachdem Sie das **Masken**-Werkzeug (**K**) und darin den Pinsel gewählt haben, ziehen Sie den **Schwarz**-Regler ganz nach links, malen einfach über die farbige Wand oder in diesem Fall auch über das Auto und beobachten, wie die verwaschenen Bereiche verschwinden und die satten, leuchtenden Farben zurückkehren.

Fünf Möglichkeiten, Ihr Bild kontrastreicher zu gestalten

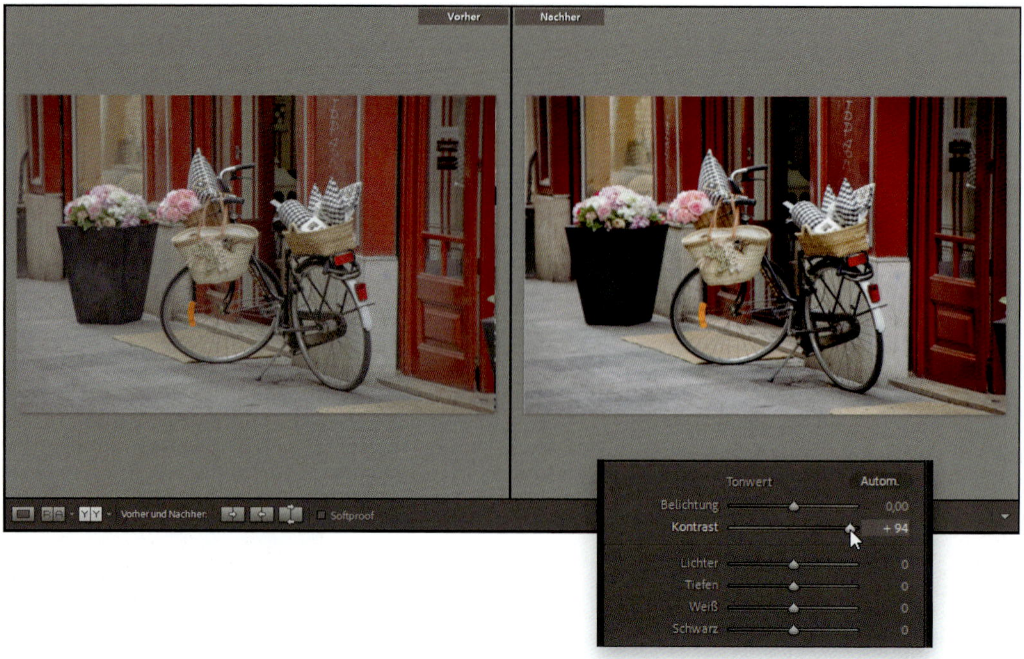

PARIS, FRANKREICH

Ich bin ein großer Kontrast-Fan – die hellsten Teile Ihres Bilds werden heller, die dunkelsten dunkler, die Farben satter und lebendiger, und das ist schon eine Leistung für eine einzige Anpassung. Sie haben fünf verschiedene Möglichkeiten, den Kontrast zu erhöhen. Am häufigsten verwende ich (1) den **Kontrast**-Regler im **Grundeinstellungen**-Bedienfeld. Je weiter Sie ihn nach rechts ziehen, desto mehr Kontrast erhalten Sie (und ich scheue mich nicht davor, ihn sehr weit nach rechts zu ziehen). Angenommen, Sie haben ihn ganz nach rechts gezogen und finden, dass der Kontrast nicht ausreicht (das kommt vor), dann können Sie ihn verstärken, indem Sie (2) zum **Gradationskurve**-Bedienfeld wechseln und aus dem Einblendmenü unter dem Diagramm (dort, wo momentan **Linear** steht) entweder **Mittlerer Kontrast** oder **Starker Kontrast** wählen. Denken Sie daran, dass dies nicht den Kontrast ersetzt, den Sie im **Grundeinstellungen**-Bedienfeld hinzugefügt haben, sondern ihn durch Hinzufügen einer S-Kurve zum Diagramm verstärkt. Je steiler die Kurve ist, desto stärker wird der Kontrast. Sie können also die Punkte auf dieser S-Kurve ziehen, um den Kontrast noch weiter aufzudrehen. Eine weitere Möglichkeit (3) besteht darin, den Regler **Dunst entfernen** im **Grundeinstellungen**-Bedienfeld nach rechts zu ziehen. Diese Kontrastart eignet sich hervorragend, um Nebel zu durchdringen (der Name ist Programm), macht sich aber auch als alternativer Kontrast-Look gut. Einige Leute lieben diesen Regler, also testen Sie ihn mal selbst. (Hinweis: Wenn Sie diesen Regler zu weit nach rechts ziehen, bekommt Ihr Bild einen Blaustich. Passen Sie also etwas auf.) (4) Der **Klarheit**-Regler erhöht den Kontrast in den Mitteltönen (und verbessert die Details). Wenn Sie viel **Klarheit** hinzufügen, wird Ihr Bild körnig, übertreiben Sie es also nicht. Benötigen Sie schließlich noch mehr Kontrast, können Sie (5) das **Masken**-Werkzeug (**K**) aktivieren, den **Kontrast**-Regler nach rechts ziehen und mit dem Pinsel über einzelne Bereiche (oder sogar das gesamte Bild) malen, um eine weitere Schicht Kontrast aufzumalen. Also: fünf Möglichkeiten, den Kontrast zu steigern!

Details verstärken

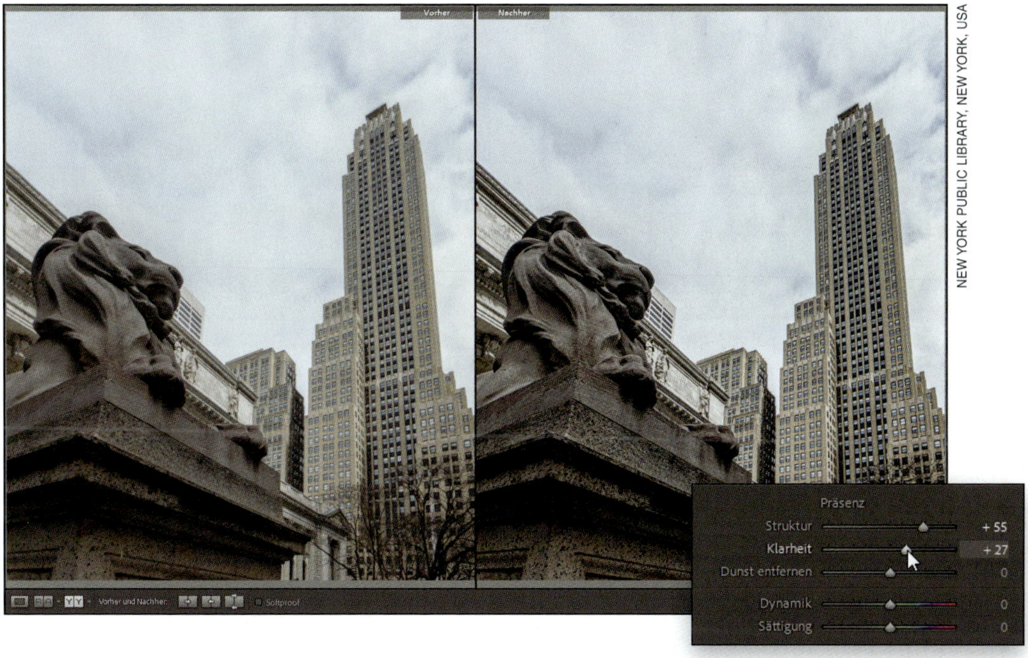

NEW YORK PUBLIC LIBRARY, NEW YORK, USA

Ich nutze vor allem zwei Regler, um die Bilddetails zu verbessern (na ja, drei, wenn man den **Betrag**-Regler mitzählt, aber mit dem beschäftigen wir uns erst auf Seite 227). Der erste ist der **Struktur**-Regler, und der macht genau das, was der Name sagt: Er hebt die Bildstruktur hervor. Dabei leistet er wirklich hervorragende Arbeit, und ich verwende ihn bei so gut wie jedem Foto, es sei denn, ich möchte, dass das Bild einen weicheren Charakter hat (z. B. möchte ich bei einem Baby- oder Frauenporträt keine »strukturierte« Haut, also verzichte ich in der Regel auf den Regler). Normalerweise kann man ziemlich viel Struktur anwenden, und das Bild sieht immer noch gut aus. Der andere Regler, **Klarheit**, verstärkt den Mitteltonkontrast (das ist die Erklärung für Nerds, falls es Sie interessiert). Er hebt Details hervor, und – Bonus – Wasser, Metall und Glas erhalten Glanz, dafür eignet er sich einfach hervorragend. Allerdings hat er auch Nachteile: Zum einen verändert er den Farbton Ihres Bilds (im Gegensatz zum **Struktur**-Regler). Das Bild wirkt anschließend oft dunkler und düsterer, und deshalb sollten Sie es mit ihm nicht übertreiben. Zudem kann **Klarheit** bei Männern großartig aussehen und den Charakter und die Rauheit der Haut betonen, aber bei Fotos von Frauen und Kindern nehme ich den **Klarheit**-Regler nur selten, weil die Haut dann oft nicht mehr glatt wirkt. Häufig verwende ich die beiden Regler gemeinsam, indem ich nur halb so viel **Struktur** wie **Klarheit** (oder sogar noch weniger) anwende (wenn ich also den **Struktur**-Regler auf 40 setze, nehme ich höchstens 20 für die **Klarheit**). Mit diesen Werkzeugen können Sie bestens Details hervorheben, aber wie mit jedem guten Werkzeug kann man es auch übertreiben und dann ein unschönes Ergebnis erzielen. Achten Sie also auf die Dosierung. Es ist wie mit Gewürzen im Essen – man kann es mit ihnen definitiv übertreiben (wobei man es interessanterweise mit geriebenem Käse auf Pasta nicht übertreiben kann. Der hat magische Eigenschaften).

Den Himmel ersetzen

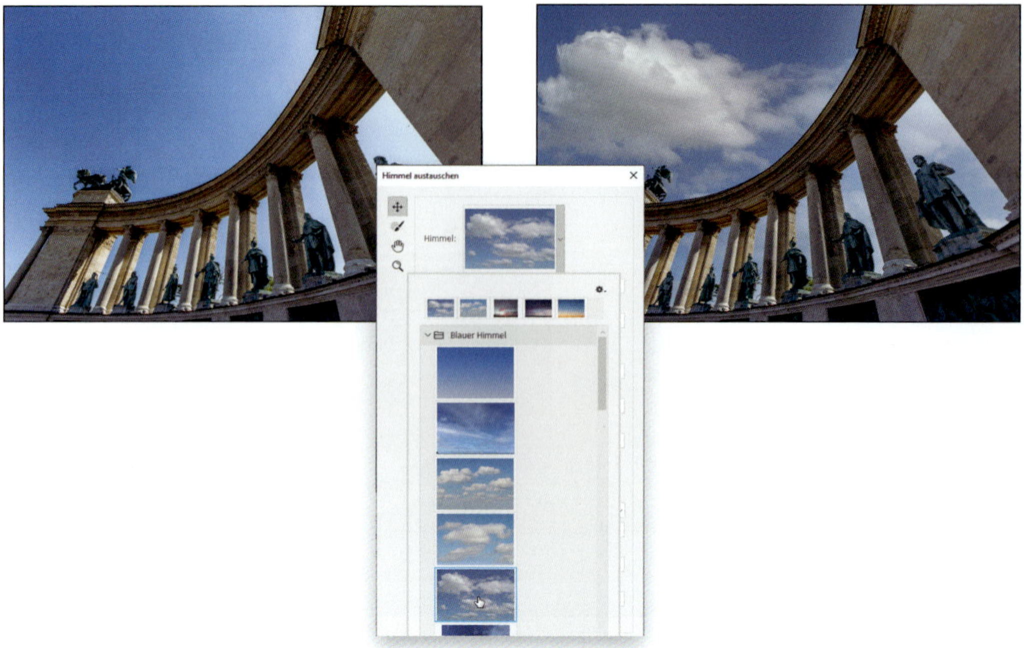

MILLENNIUM-MONUMENT, BUDAPEST, UNGARN

Früher fand ich die Vorstellung, einen besseren Himmel in mein Bild zu montieren, wirklich problematisch (also einen Himmel aus einem anderen Foto zu nehmen) – bis ich erfuhr, dass fast alle meine Kolleginnen und Kollegen, auch die bekanntesten in der Fotobranche, den Himmel routinemäßig ersetzen, wenn er gerade nicht so toll sein sollte. Offensichtlich war ich der Letzte, der das nicht machte. Und weil Photoshop außerdem seit Kurzem eine Funktion zum Ersetzen des Himmels hinzugefügt hat, die die Sache absolut vereinfacht, gehe ich davon aus, dass noch mehr Leute ihre Himmel ersetzen werden. Hinweis: Wenn Sie nicht mit Photoshop arbeiten, können Sie »Luminar« (von Skylum Software) erwerben, mit dem sich der Himmel ebenfalls wunderbar ersetzen lässt. So geht es in Photoshop: Sie öffnen das Bild, gehen in das Menü **Bearbeiten** und wählen **Himmel austauschen**. Sie erhalten ein Dialogfeld, der Himmel in Ihrem Bild wird automatisch erkannt und durch einen der in Photoshop integrierten Himmel ersetzt. Oben befindet sich ein Auswahlfeld namens **Himmel**, und wenn Sie darauf klicken, erscheint ein Popup-Menü mit verschiedenen Himmelfotos. Mit diesen Beispielen können Sie gut ausprobieren, ob sich Ihr Bild für die Ersetzung des Himmels eignet. Wenn das der Fall ist, sollten Sie dann aber Ihren eigenen Himmel laden und ihn statt der Beispielbilder verwenden (sonst erkennt jemand den Beispielhimmel und verpetzt Sie in aller Öffentlichkeit, oder – schlimmer – auf Facebook). Um Ihr eigenes Himmelsfoto hinzuzufügen, klicken Sie auf das Pluszeichen (+) am unteren Rand des Auswahlmenüs. Das wirklich Clevere an dieser Ersetzung ist, dass die Farben des von Ihnen gewählten Himmels mit dem Rest des Bilds gemischt werden, sodass die Farben insgesamt korrekt wirken. Sehr raffiniert, und das alles mit nur wenigen Klicks.

Den Himmel mit einem linearen Verlauf verbessern

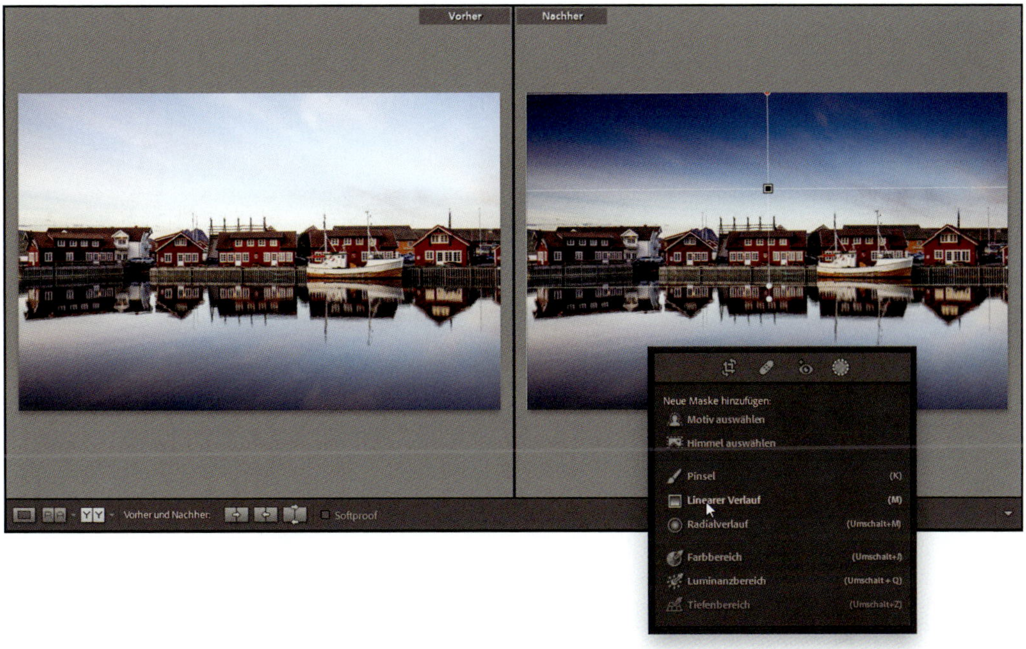

SVOLVÆR, LOFOTEN, NORWEGEN

Durch die Beschränkungen unseres Kamerasensors erscheint der Himmel oft zu hell und verwaschen, wenn wir auf den Vordergrund belichten. Wir können dies ausgleichen, indem wir einen Grauverlaufs- bzw. GND-Filter einsetzen. GND-Filter sind meist rechteckige Scheiben aus optischem Glas, deren (unterschiedlich starke) Tönung zur Mitte hin ausläuft und die sie in eine auf dem Objektiv sitzende Halterung schieben – grade soweit, wie Sie abdunkeln möchten. Wenn Sie bei der Aufnahme keinen solchen Filter auf dem Objektiv hatten, können Sie ihn in Lightroom nachträglich simulieren. Dazu erstellen Sie eine Maske mit einem linearen Verlauf. Klicken Sie in Lightroom Classic auf das **Maskierung**-Tool (den grauen Kreis mit den weißen Strichen) in der Werkzeugpalette unter dem Histogramm (in Camera Raw oder Lightroom Cloud in der rechten Werkzeugpalette) und dann im daraufhin angezeigten Bedienfeld **Neue Maske hinzufügen** auf **Linearer Verlauf**. Ziehen Sie den **Belichtung**-Regler nach links auf –2,00 und ziehen Sie anschließend vom oberen Bildrand senkrecht nach unten, bis Sie die Horizontlinie (oder die Spitzen von Gebäuden, Bergen usw.) erreicht haben, oder sogar noch ein wenig weiter. Dadurch wird der obere Himmelsbereich abgedunkelt und an der Stelle, an der Sie die Maustaste freigegeben haben, wird er allmählich transparent. Soll der Himmel noch dunkler werden, ziehen Sie den **Belichtung**-Regler noch weiter nach links. Wirkt der Himmel jetzt zu dunkel, ziehen Sie den Regler wieder nach rechts, bis Sie zufrieden sind. Noch besser: Sobald der Verlauf angelegt ist, können Sie den Himmel blauer machen, indem Sie einfach den **Temperatur**-Regler nach links ziehen, um dem Verlauf eine blaue Tönung zu geben.

Besserer Himmel, Nr. 1: Verlaufsfilter bearbeiten

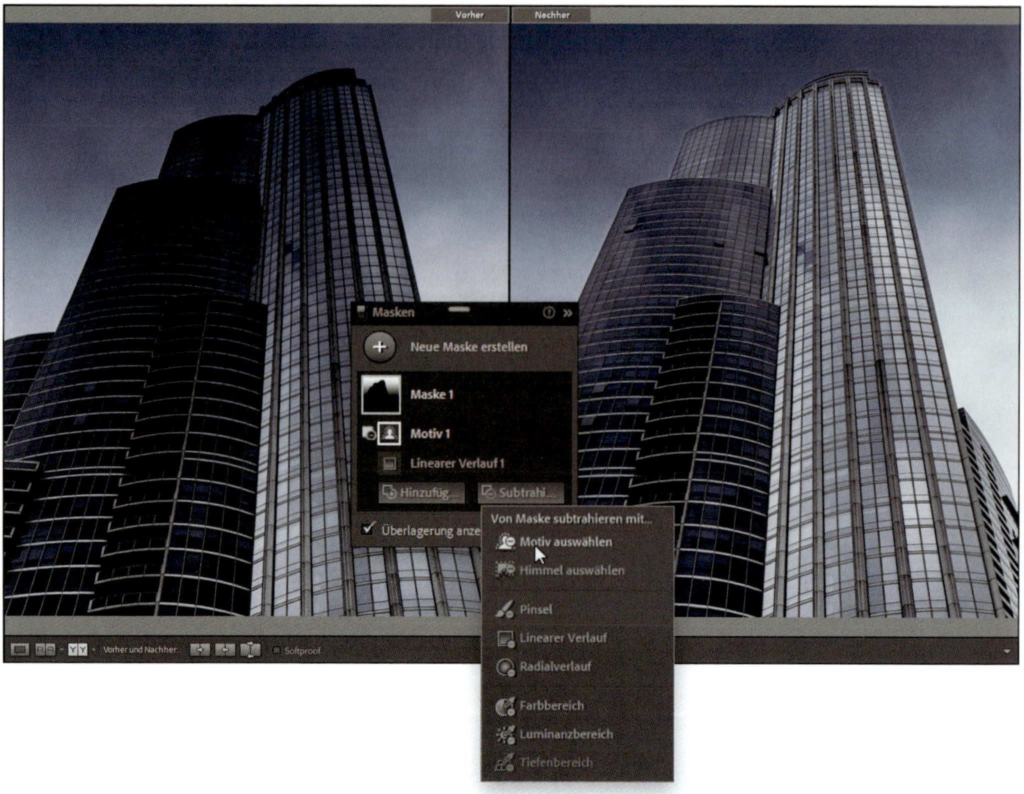

CHICAGO, ILLINOIS, USA

Okay, aber was ist, wenn Ihre lineare Verlaufsmaske (siehe vorherige Seite) über ein Vordergrundobjekt reicht, das Sie nicht abdunkeln möchten, z. B. ein Gebäude, einen Berg oder ein Monument? Sehen Sie sich zum Beispiel das Vorher-Bild links oben an. Sehen Sie, dass der lineare Verlauf die Spitze dieses Wolkenkratzers in Chicago verdeckt? Dieses Problem meine ich. Es gibt aber zum Glück eine einfache Lösung, um das Gebäude aus dem Verlauf auszuschließen, sodass nur der dahinter liegende Himmel abgedunkelt wird. Sobald Sie die Maske für den linearen Verlauf erstellt und den Himmel abgedunkelt haben (ich habe hier auch mit dem **Temperatur**-Regler eine leichte Blautönung hinzugefügt), klicken Sie im Maskenbedienfeld auf die Schaltfläche **Von Maske subtrahieren**, damit Lightroom weiß, dass Sie etwas aus dem linearen Verlauf entfernen möchten. Wenn die Maske im Bild nicht angezeigt wird, klicken Sie im Maskenbedienfeld auf das Maskensymbol und dann im nun angezeigten Popup-Menü auf **Motiv auswählen** (wie oben gezeigt). Die Lightroom-KI erkennt das Gebäude und entfernt es sofort aus der Maske für den linearen Verlauf. In den meisten Fällen gelingt ihr dies erstaunlich gut (wie oben rechts zu sehen, ist jetzt die Gebäudespitze nicht mehr von der Maske für den linearen Verlauf betroffen). Richtig magisch. Wenn es aus irgendeinem Grund nicht ganz so magisch funktioniert, klicken Sie einfach erneut auf die Schaltfläche **Subtrahieren**, aber dieses Mal wählen Sie im Popup-Menü das **Pinsel**-Werkzeug. Jetzt können Sie über alle Gebäudebereiche malen, die von der Maske ausgenommen werden sollen, und damit radieren Sie den linearen Verlauf einfach weg.

Besserer Himmel, Nr. 2: Farben verstärken

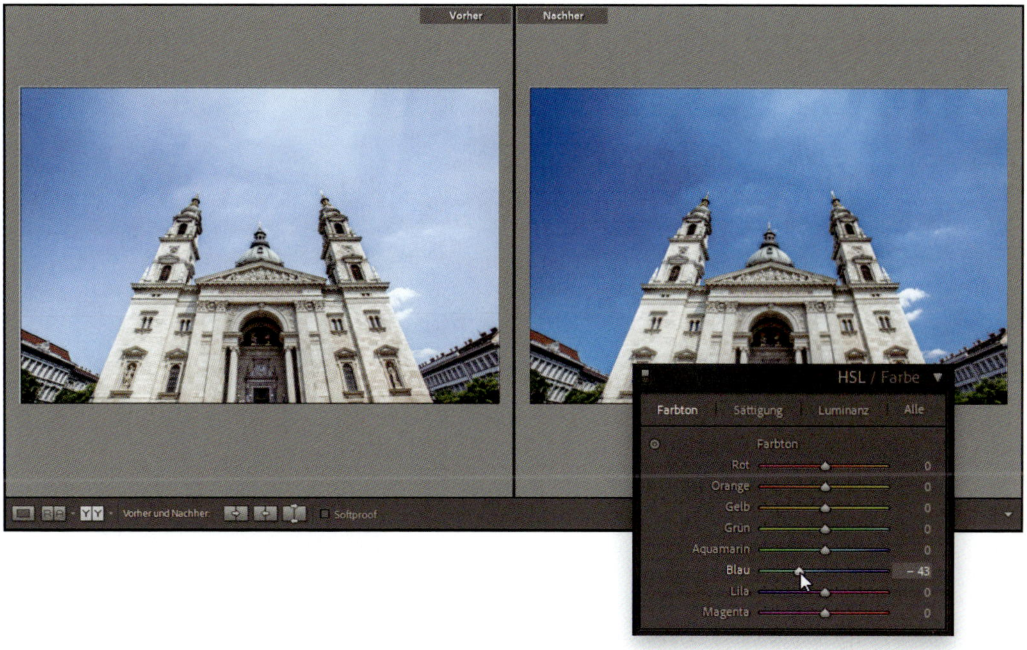

ST.-STEPHANS-BASILIKA, BUDAPEST, UNGARN

Diese Methode ist ganz einfach, kann aber Wunder wirken, wenn Sie einen blaueren Himmel möchten (na ja, vorausgesetzt, der Himmel ist auf Ihrem Bild bereits ein wenig blau – sie ist also ein »Blauverstärker«; aus einem grauen, bedeckten Himmel kann sie keinen schönen blauen machen). Wenn Ihr Himmel also schon etwas blau ist, insbesondere wenn ein blauer Himmel verwaschen oder zu hell aussieht, versuchen Sie Folgendes: Klicken Sie in der Kopfzeile des **HSL-/Farbe**-Bedienfelds in Lightroom Classic auf **HSL** (in Camera Raw und Lightroom Cloud stellen Sie das Menü **Einstellen** im **Farbmischer**-Bedienfeld auf **Farbe**), klicken Sie oben auf die Registerkarte **Luminanz** und ziehen Sie den **Blau**-Regler nach links. Behalten Sie jetzt Ihren Himmel im Auge, denn er wird gleich viel besser aussehen.

Besserer Himmel, Nr. 3: Himmel per KI auswählen

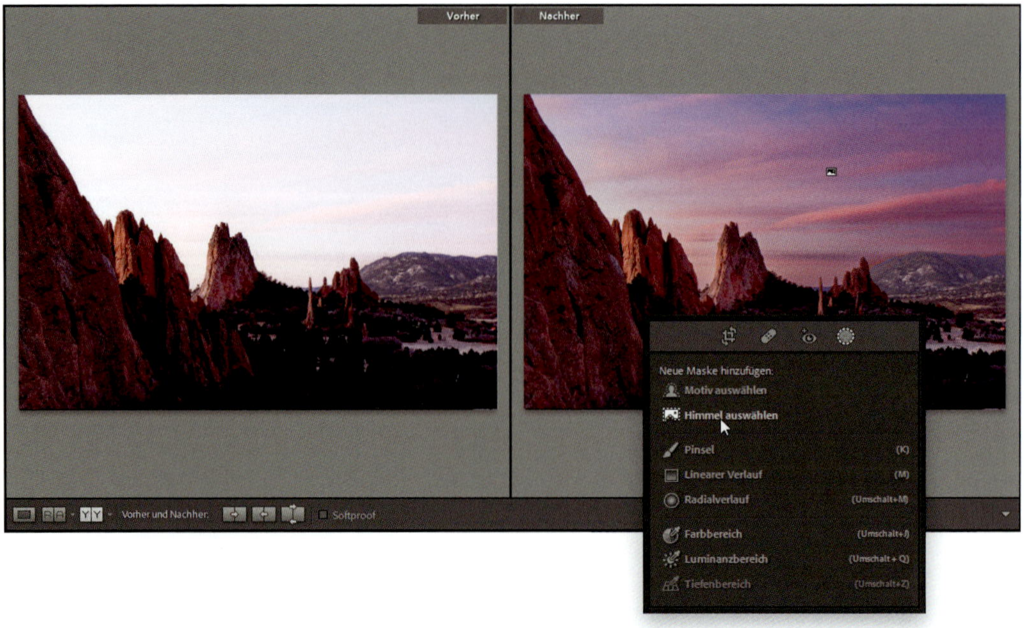

GARDEN OF THE GODS, COLORADO, USA SPRINGS, COLORADO, USA

Soll Ihr Himmel heller oder dunkler oder bunter oder was auch immer werden, dann werden Sie diese Technik lieben (eine weitere in einer langen Reihe von Methoden zur Verbesserung des Himmels). Sie klicken in Lightroom Classic zunächst auf das Maskensymbol (dem grauen Kreis mit den weißen Strichen) in der Werkzeugpalette unter dem Histogramm (in Camera Raw oder Lightroom Cloud in der Werkzeugpalette rechts) und dann im nun angezeigten Bedienfeld **Neue Maske hinzufügen** auf **Himmel auswählen** (wie in der Abbildung oben gezeigt). Das wars. Mithilfe von maschinellem Lernen, irrsinniger künstlicher Intelligenz und toten Robotern vom Mars wird eine perfekte Auswahl des Himmels für Sie getroffen, und nun können Sie den Himmel mit den Reglern anpassen, ohne das übrige Bild zu verändern. Ich wende zum Beispiel oft den Trick an, nur die Belichtung des Himmels zu verringern – das führt in der Regel zu einem großartigen Himmel, ohne dass das restliche Foto abgedunkelt oder sonstwie verunstaltet wird, weil die Maske eben nur den Himmel beeinflusst (Wie cool ist das denn?). Versuchen Sie also, den **Belichtung**-Regler nach links zu ziehen, um den Himmel abzudunkeln und ihm mehr Farbe und Tiefe zu verleihen, und erhöhen Sie dann den **Kontrast**- und den **Weiß**-Regler, um ihn zum Leuchten zu bringen. Sie können auch den **Lichter**-Regler ausprobieren, um die hellsten Stellen des Himmels herauszuarbeiten. Am besten finden Sie selbst heraus, was für Ihren Himmel am besten geeignet ist, indem Sie nach dem Verringern der **Belichtung** die Regler **Kontrast**, **Weiß** und **Lichter** nach rechts und dann ein paar Mal zurückziehen.

Besserer Himmel, Nr. 4: Wolken optimieren

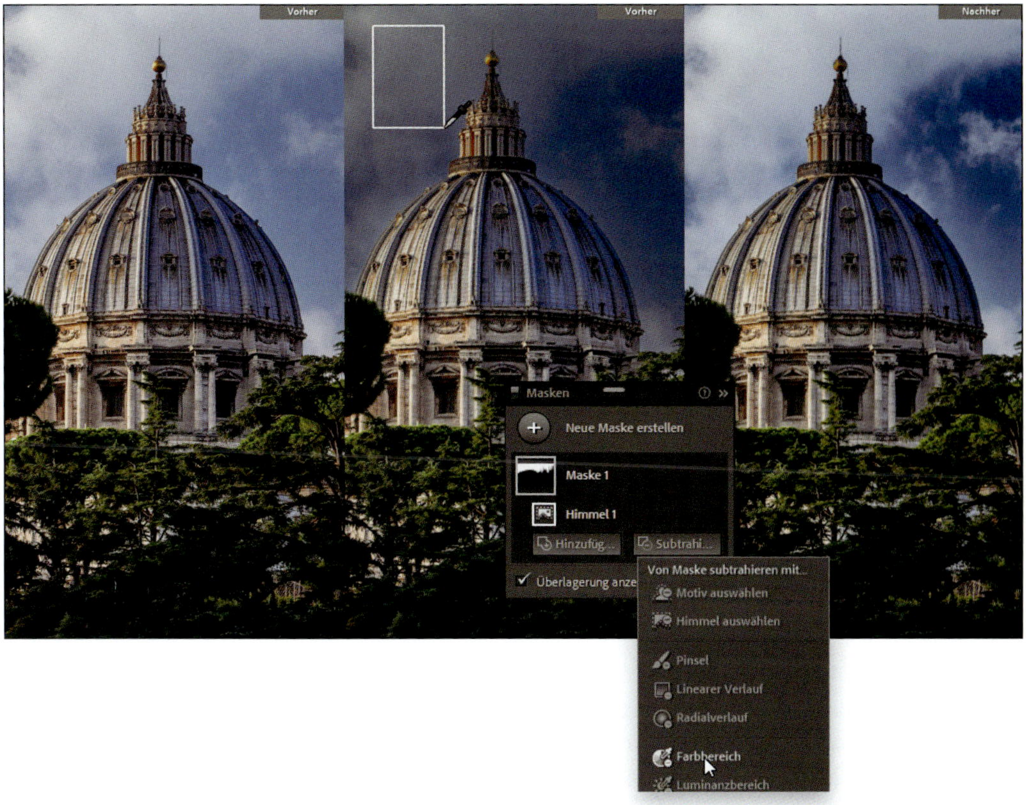

VATIKANSTADT, ROM, ITALIEN

Okay, noch eine letzte Himmelstechnik, aber sie ist wirklich sehr praktisch. Auf der vorherigen Seite haben wir den Himmel durch Abdunkeln und eine starke Kontrastverstärkung verbessert, aber da diese Aufnahme in der Morgendämmerung fotografiert wurde, wirken die relativ dunklen Wolken richtig gut. Wenn es aber ein sonniger Tag mit schönen, weißen Wolken ist? Die sollen dann sicherlich nicht so schmuddelig aussehen wie in der Mitte oben (ich habe dafür eine Maske **Himmel auswählen** hinzugefügt und den Himmel dann abgedunkelt, indem ich den **Belichtung**-Regler nach links gezogen habe). Und so gehts: Klicken Sie auf das Maskierungssymbol und wählen Sie **Himmel auswählen** aus dem Bedienfeld **Neue Maske hinzufügen**. Natürlich wird jetzt der gesamte Himmel ausgewählt, mitsamt den Wolken. Um die Wolken aus der Maske wieder zu entfernen, gehen Sie zunächst zum Maskenbedienfeld und klicken auf **Maske 1**, um darunter zwei Schaltflächen freizulegen. Klicken Sie auf die Schaltfläche **Subtrahieren**, da wir die Wolken von unserer Himmelsmaske subtrahieren möchten. Klicken Sie jetzt im Popup-Menü der Werkzeuge, die wir zum Subtrahieren von dieser Maske verwenden können, auf **Farbbereich** (wie in der Abbildung oben gezeigt). Nehmen Sie nun dieses Werkzeug, klicken und ziehen Sie ein Rechteck über einen Teil der Wolken (wie oben in der Mitte zu sehen), und die Farben dieser Wolke werden aus der Maske entfernt (wie oben rechts zu sehen). Jetzt können Sie die Belichtung des Himmels verändern oder sogar einen Blaustich mit dem **Temperatur**-Regler hinzufügen, ohne dass sich dies auf die Wolken auswirkt.

Farben verstärken

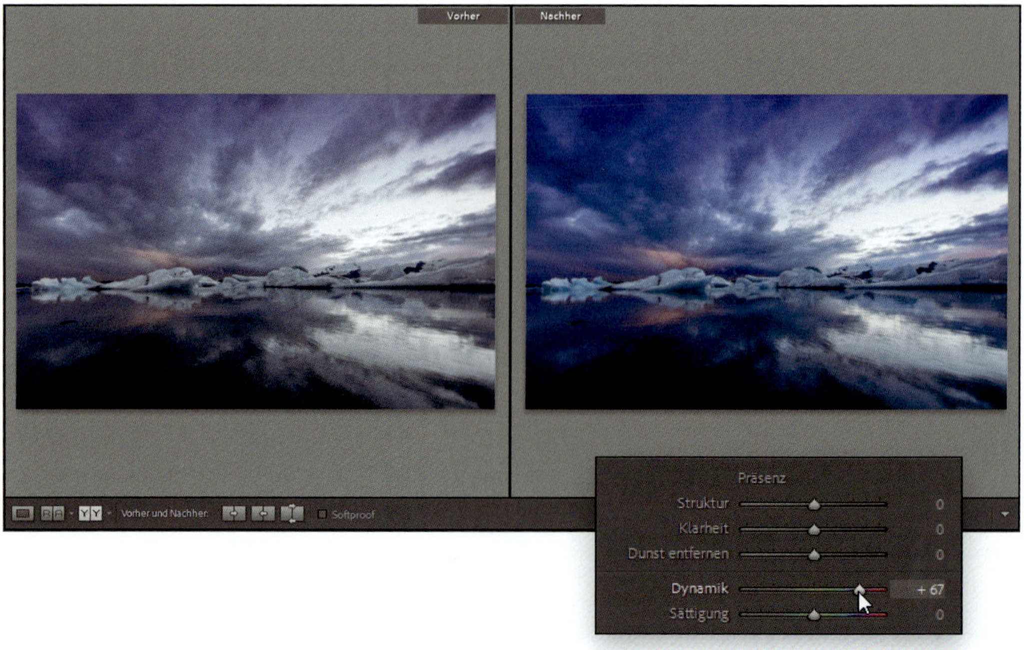

JÖKULSÁRLÓN GLACIER LAGOON, ISLAND

Wenn Sie den Eindruck haben, dass die Farben in Ihrem Bild eine Auffrischung vertragen könnten (warten Sie damit, bis Sie den **Kontrast** eingestellt haben, denn dadurch werden die Farben ohnehin lebendiger), können Sie den **Dynamik**-Regler im unteren Bereich des **Grundeinstellungen**-Bedienfelds von Lightroom (und Camera Raw) verwenden. Der **Sättigung**-Regler eignet sich nur zum Entfernen von Farbe (also zum Entsättigen), nicht zum Hinzufügen von Farbe – er ist zu grob. Der **Dynamik**-Regler ist eine Art »Smart-Sättigung« (so würde ich ihn nennen, wenn ich ihn umbenennen dürfte), und um Dynamik hinzuzufügen, ziehen Sie den Regler nach rechts. Am stärksten wirkt er auf stumpfe Farben, viel weniger stark auf bereits lebhafte Bildfarben. Außerdem verhindert ein spezieller Algorithmus, dass Hauttöne zu farbig werden. So wird vermieden, dass die Menschen in Ihrem Bild anschließend aussehen, als hätten sie einen Sonnenbrand. Das ist ganz schön viel Intelligenz für einen einzigen Regler. Auch diesen Regler muss ich nicht besonders häufig verwenden, weil ich so viel Kontrast hinzufüge, aber ich nutze ihn ab und zu, also ist es wichtig, ihn zu kennen.

Interessanteres Licht erzielen

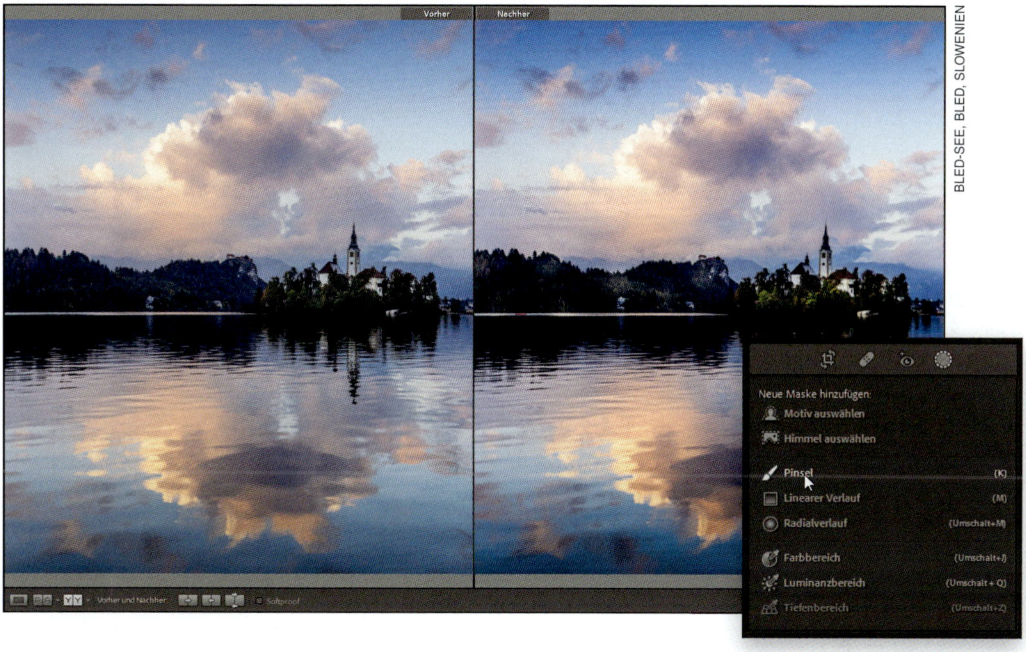

BLED-SEE, BLED, SLOWENIEN

Auch diese Technik wende ich schon seit vielen Jahren auf meine Reisefotos an. Ich bekomme sogar Kommentare, wie viel Glück ich mit dem Licht hatte – in Wirklichkeit wurde es jedoch in Lightroom (oder Photoshop Camera Raw) erzeugt. Mit dem **Pinsel** fügen Sie Ihrem Bild »Lichteffekte« hinzu. Was ich Ihnen jetzt erkläre, klingt zwar sehr simpel, ist aber unglaublich effektiv. Der **Pinsel** ist Teil des Masken-Werkzeugs (**K**), das Sie in Lightroom Classic über das Maskensymbol im Werkzeugkasten unter dem Histogramm erreichen (in Camera Raw oder Lightroom Cloud rechts). Im Bedienfeld **Neue Maske hinzufügen** klicken Sie dann auf den Pinsel. Ziehen Sie den **Belichtung**-Regler nach rechts auf 2,00 und stellen Sie die Pinselgröße sehr groß ein (Sie können die Pinselgröße über das Mausrad verändern). Klicken Sie einfach (nicht malen, nur jeweils klicken) auf die Bildstellen, die entweder bereits ein kleines Glanzlicht (einen hellen Fleck) aufweisen oder an denen Sie ein neues Glanzlicht hinzufügen möchten, und das Programm fügt dort einen Lichtpunkt hinzu. Bei 2,00 wirkt er wahrscheinlich viel zu hell, aber das werden wir gleich ändern. Machen Sie weiter und lassen Sie wie eine magische Lichtfee kleine Lichtpunkte an verschiedenen Bildstellen fallen. Wenn Sie fertig sind, ziehen Sie den Regler für die **Belichtung** ein wenig nach rechts, bis die Lichtpunkte natürlich und dezenter aussehen. Viele bekannte Reise- und Landschaftsfotografinnen und -fotografen verwenden diese Technik, um das Licht in ihren Bildern interessanter zu gestalten. Und jetzt können Sie es auch!

Einzelne Bereiche abdunkeln oder aufhellen

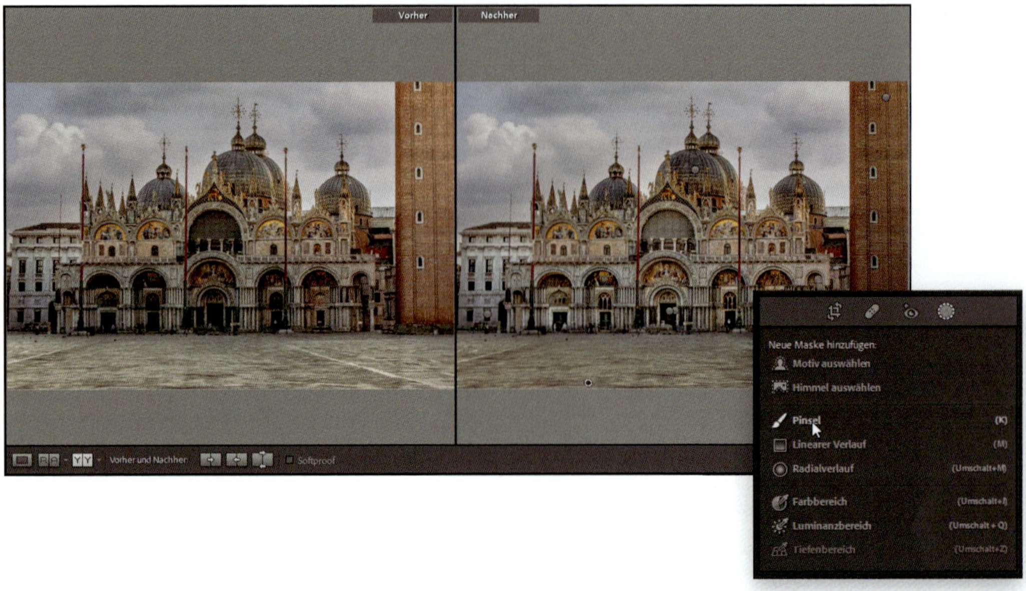

BASILIKA DES HEILIGEN MARKUS, VENEDIG, ITALIEN

Wenn Sie im **Grundeinstellungen**-Bedienfeld von Lightroom (oder Camera Raw) einen beliebigen Regler verschieben, wirken sich diese Änderungen auf das gesamte Bild aus. In manchen Fällen möchten Sie jedoch nur einen bestimmten Bildbereich anpassen. In diesem Fall greifen wir wieder zum Pinsel im **Masken**-Werkzeug (**K**). Es sind dieselben Regler in derselben Reihenfolge und sie bewirken dasselbe. Wenn Sie beispielsweise einen Bereich aufhellen möchten, erhöhen Sie die **Belichtung** auf **1,00** und malen über diesen Bereich, der dadurch heller wird. Wenn Sie mit dem Malen fertig sind, können Sie den **Belichtung**-Regler so einstellen, dass er genau den richtigen Wert hat. So geht es im Prinzip, aber Sie müssen nicht einen Regler nach dem anderen einstellen. Stattdessen können Sie einen Bereich übermalen, um ihn abzudunkeln (indem Sie den **Belichtung**-Regler nach links ziehen), dann aber gleichzeitig einen wärmeren Weißabgleich erhalten, indem Sie den **Temperatur**-Regler nach rechts ziehen, und schließlich den **Struktur**-Regler etwas erhöhen. Haben Sie nun einen Bereich übermalt und möchten Sie diese Änderungen beibehalten, aber einen anderen Bereich anpassen, klicken Sie oben im Maskenbedienfeld auf **Neue Maske erstellen** und dann auf **Pinsel**. Dadurch wird ein neuer Bearbeitungspin hinzugefügt, wobei Ihre vorherigen Änderungen unberührt bleiben (an der Ausgangsstelle erscheint ein kleines Pinselsymbol), und Sie können diesen neuen Bereich jetzt separat anpassen. Möchten Sie zu dem ursprünglichen Bereich zurückkehren, um weiterzumalen oder die Regler anzupassen, klicken Sie im Maskenbedienfeld auf die entsprechende Maske (Sie können alle Masken durch Doppelklick umbenennen). Um sämtliche Regler auf null zurückzusetzen, doppelklicken Sie in Lightroom Classic auf das Wort **Effekt**. In Camera Raw oder Lightroom Cloud klicken Sie auf **Anpassungen zurücksetzen** in der oberen rechten Bedienfeldecke. Wenn Sie einen Fehler machen und unbeabsichtigt etwas übermalen, halten Sie die **Alt**-Taste gedrückt: Der Pinsel wird zum Löschpinsel, mit dem Sie die Fehler wegradieren können.

Ihrem Bild einen »Look« verleihen

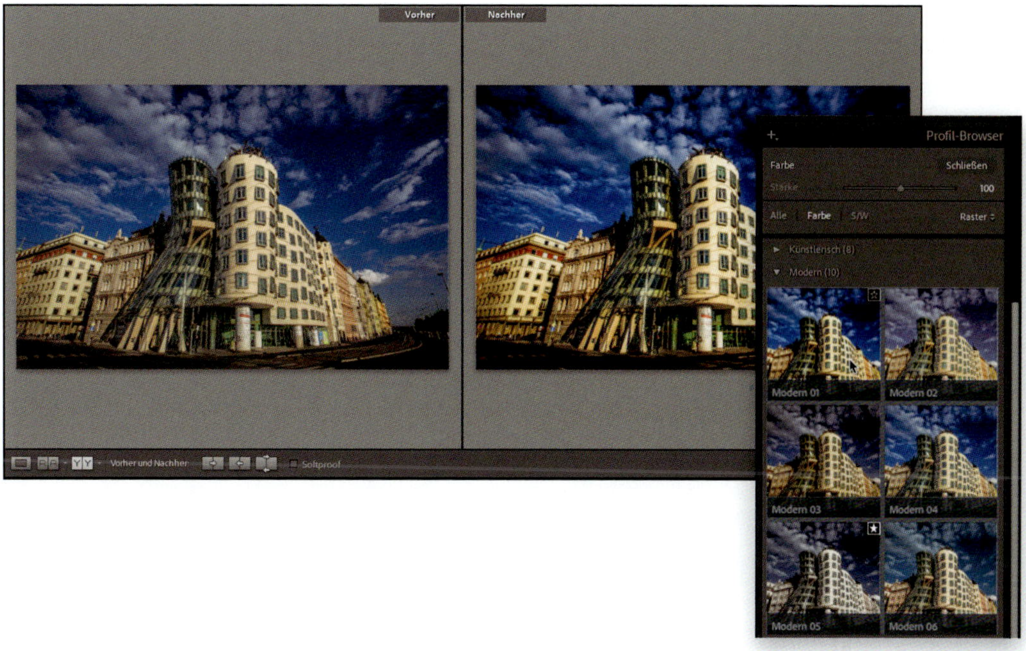

TANZENDES HAUS, MOLDAUUFER, PRAG, TSCHECHIEN

In Lightroom (oder Camera Raw) können Sie einen »Look« anwenden. Dabei handelt es sich um eine Kombination aus Farb- und Kontrastkorrekturen (der Bildkontrast wird verstärkt oder verringert), die den »Looks« ähneln, die Sie in Instagram mit den integrierten Filtern auf ein Bild anwenden können. Das Schöne bei der Anwendung eines Looks ist, dass sich Ihre Lightroom-Regler nicht verschieben, anders als beim Zuweisen einer Vorgabe. Die Vorgabe verschiebt Ihre Regler lediglich an eine vorgegebene Position, und wenn Sie die Regler anschließend bewegen, ändert sich das Aussehen der Vorgabe. Kreativprofile sind anders: Sie können einen Look anwenden und alle Lightroom-Einstellungen bleiben auf null gesetzt, sodass Sie nach Herzenslust am Bild herumschrauben können, ohne den Look zu verlieren. Idealerweise wenden Sie den Look also auf ein unbearbeitetes RAW an. Es gibt eine ganze Reihe dieser »Looks«, und hier erfahren Sie, wie Sie sie anwenden: Im **Grundeinstellungen**-Bedienfeld finden Sie in der oberen rechten Ecke ein Symbol mit vier kleinen Quadraten. Wenn Sie darauf klicken, öffnet sich der Profil-Browser (siehe oben), in dem Sie sich verschiedene Profile ansehen können. Um herauszufinden, wie ein Profil sich auf Ihr Bild auswirkt, bewegen Sie einfach den Mauszeiger über eines der Miniaturbilder, und das Profil wird vorübergehend auf das Bild angewandt. Gefällt Ihnen der Look, klicken Sie darauf und dann auf die Schaltfläche **Schließen**, um den Profilbrowser auszublenden. Und noch etwas: Wenn Sie einen Look anwenden und den Effekt gerne mehr oder weniger intensiv hätten, gibt es direkt darüber einen **Stärke**-Regler, über den Sie den Effekt anpassen können.

Umwandlung in Schwarz-Weiß

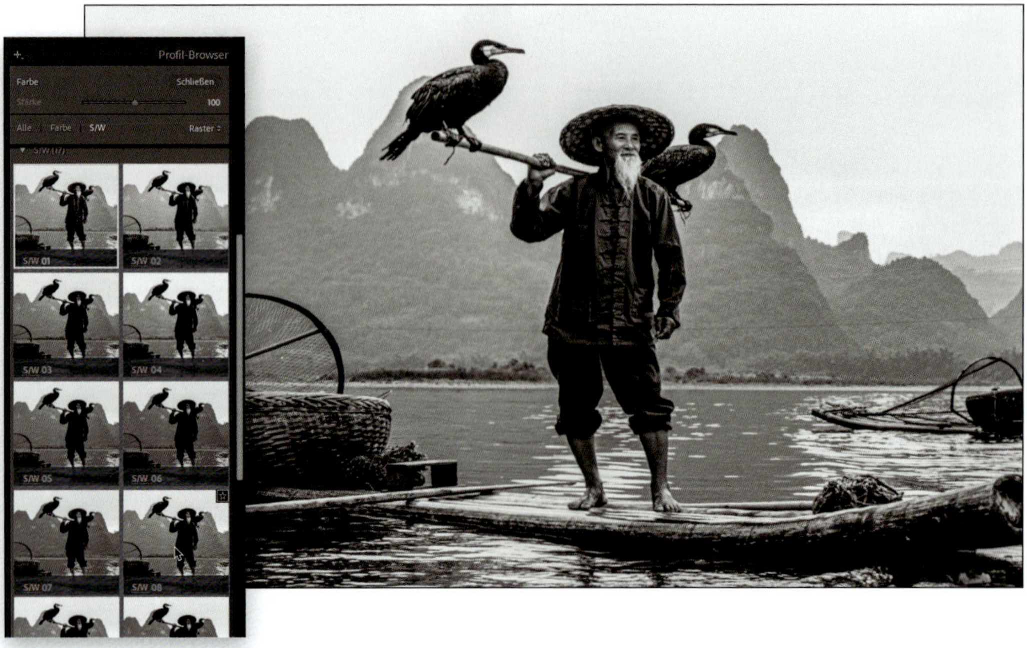

YULONG-FLUSS, YANGSHUO, GUILIN, CHINA

Lightroom (und natürlich auch Camera Raw) verfügt über 17 verschiedene Kreativprofile für die Konvertierung von Bildern in Schwarz-Weiß. Viele basieren auf beliebten traditionellen Dunkelkammertechniken zur Gestaltung von Schwarz-Weiß-Bildern. Der Zugriff auf diese Profile erfolgt auf dieselbe Weise wie bei den Farbprofilen: Klicken Sie im **Grundeinstellungen**-Bedienfeld auf das Symbol mit den vier kleinen Rechtecken, um den Profilbrowser aufzurufen, und scrollen Sie zum Ordner **S/W** hinunter. Dort finden Sie die 17 Schwarz-Weiß-Konvertierungen. Bewegen Sie den Mauszeiger über die Miniaturansichten, um die auf Ihr Bild angewendete Konvertierung zu sehen, bis Sie eine finden, die gut zu Ihrem – noch unbearbeiteten! – Bild passt. Klicken Sie darauf, und Lightroom wendet den Schwarz-Weiß-Look an. Nach der Konvertierung füge ich ein wenig Filmkorn hinzu, um dem Bild ein traditionelles Aussehen zu verleihen, das an einen in der Dunkelkammer entwickelten Film erinnert. Sie finden diese Option unten im **Effekte**-Bedienfeld (ich erhöhe einfach den **Betrag**, bis die Körnung sichtbar wird; die Regler für **Größe** und **Unregelmäßigkeit** fasse ich nicht an). Außerdem zeichnet sich ein erstklassiges Schwarz-Weiß-Bild meiner Meinung nach in der Regel durch einen hohen Kontrast aus. Schwarz-Weiß-Bildern füge ich deshalb viel **Kontrast** hinzu (siehe Seite 212), und ich hebe die Details mit **Struktur** und **Klarheit** stark hervor (siehe Seite 213) und schärfe das Bild natürlich bis zum Anschlag (siehe Seite 227). Und noch etwas: Genau wie bei den kreativen Farbprofilen können Sie, sobald Sie Ihr Schwarz-Weiß-Profil ausgewählt haben, die Intensität des Effekts mit dem **Stärke**-Regler oben im Profilbrowser steuern.

Objektivfehler beheben

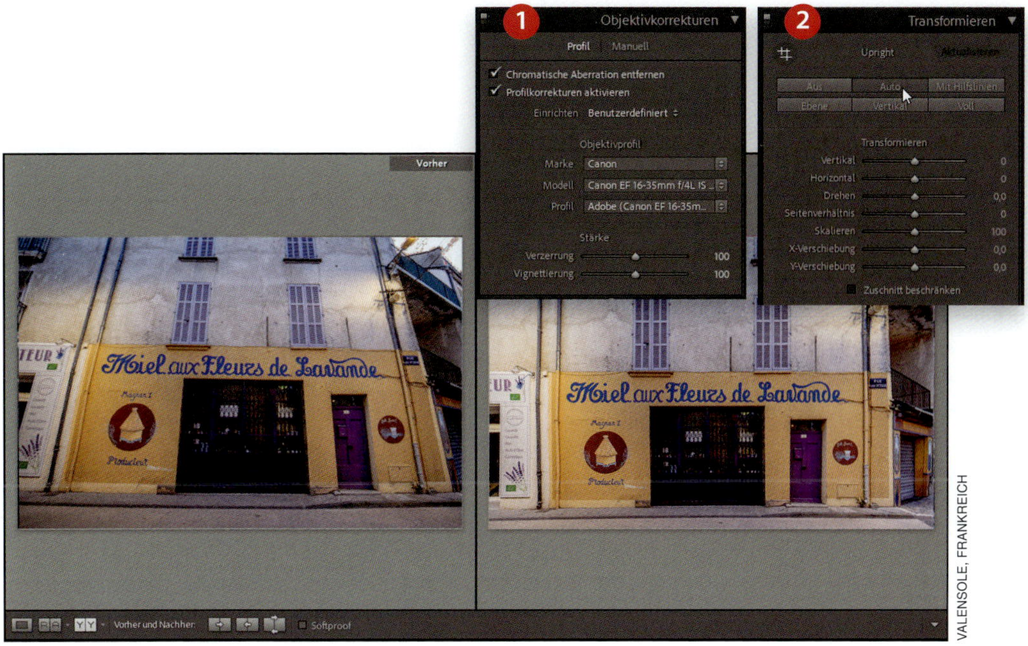

VALENSOLE, FRANKREICH

Unsere Kameraobjektive können verschiedene Bildfehler verursachen (Verzeichnungen, bei denen das Bild nach außen gewölbt wirkt, sodass Türen oder Wände sich auszubeulen scheinen, bis zu lästigen Verdunkelung in allen vier Bildecken). Glücklicherweise können Sie die meisten Probleme mit nur zwei Klicks beheben. Sie kommen so oft vor, dass Lightroom (und Camera Raw) über eine riesige integrierte Datenbank mit Objektivkorrekturprofilen verfügt, die Fehler korrigieren können – Sie müssen sie nur aktivieren. (1) Aktivieren Sie in Lightroom Classic im **Objektivkorrekturen**-Bedienfeld (in Camera Raw oder Lightroom Cloud im **Optik**-Bedienfeld) einfach das Kontrollfeld **Profilkorrekturen aktivieren**. Daraufhin prüft Lightroom die in Ihr Bild eingebetteten Kameradaten, um die Marke und das Modell Ihres Objektivs zu erkennen, und wendet die passende Objektivkorrektur an. Sollte Ihr Objektiv aus irgendeinem Grund nicht in der Lightroom-Datenbank gefunden werden, wählen Sie im Einblendmenü **Marke** die Marke Ihres Objektivs aus (Sony, Tamron, Nikon, Canon usw.), und in der Regel wird ein Profil gefunden. Sollte dies aus irgendeinem Grund nicht klappen, wählen Sie das ähnlichste Objektiv aus dem Menü aus, und das genügt in der Regel, um die Verzeichnung und die Eckenverdunkelung (die unerwünschte Form der Vignettierung) zu beseitigen. (2) Neigen sich Gebäude in Ihrem Bild nach hinten (was kein Objektivfehler ist, sondern schlicht Optik) und möchten Sie dies korrigieren, wählen Sie in Lightroom Classic das **Transformieren**-Bedienfeld (in Camera Raw oder Lightroom Cloud das **Geometrie**-Bedienfeld) und klicken Sie im Abschnitt **Upright** auf die Schaltfläche **Auto**. Verbleiben in den Ecken weiße Lücken, aktivieren Sie das Kontrollkästchen **Zuschnitt einschränken**, damit die Ecken weggeschnitten werden, oder Sie schneiden diese manuell mit dem Werkzeug **Freistellungsüberlagerung** weg. Das klingt aufwendig, aber in Wirklichkeit sind es nur zwei Klicks: Aktivieren Sie das Kontrollkästchen **Profilkorrekturen aktivieren**, dann geht es zu **Upright** und Sie klicken auf die Schaltfläche **Automatisch**. Fertig.

Bildkanten abdunkeln

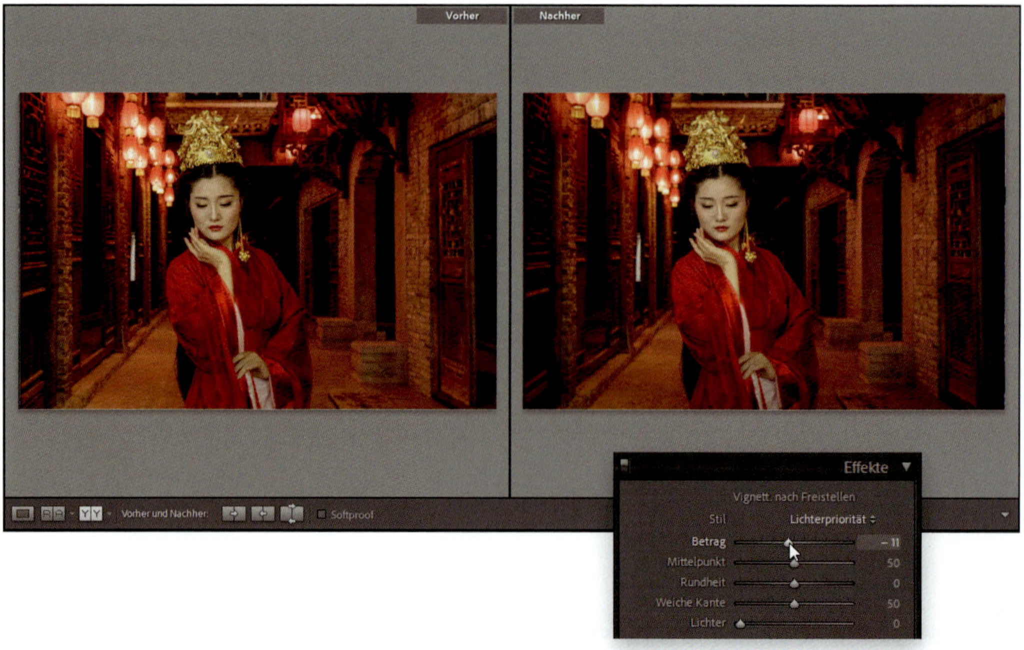

DAZHAI, CHINA

Meist setzen wir wirklich interessante oder wichtige Dinge nicht direkt an die äußeren Bildränder, vor allem, wenn wir mit Weitwinkelobjektiven fotografieren, bei denen die Ränder ein wenig verzerrt sind. Daher verwende ich bei fast allen Reiseaufnahmen den Effekt **Vignettierung nach Freistellen**, um die Kanten rund um das Bild gleichmäßig abzudunkeln. Dadurch werden die unwichtigen Außenränder entschärft und der Blick wird auf das Motiv gelenkt. Der Effekt wirkt sehr gut, vor allem, wenn Sie ihn nur dezent einsetzen – so dezent, dass selbst andere Fotografinnen und Fotografen nicht erkennen würden, dass Sie eine Randvignette hinzugefügt haben. Aber wenn Sie selbst den Effekt in Lightroom ein- und ausschalten, sehen Sie sofort den Unterschied. Ich verwende einen Wert von –11 (ziehen Sie also im **Effekte**-Bedienfeld im Abschnitt **Vignettierung nach Freistellen** den Regler **Betrag** nach links auf –11). Das war es schon; und es macht wirklich einen Unterschied.

Ihr Bild schärfen

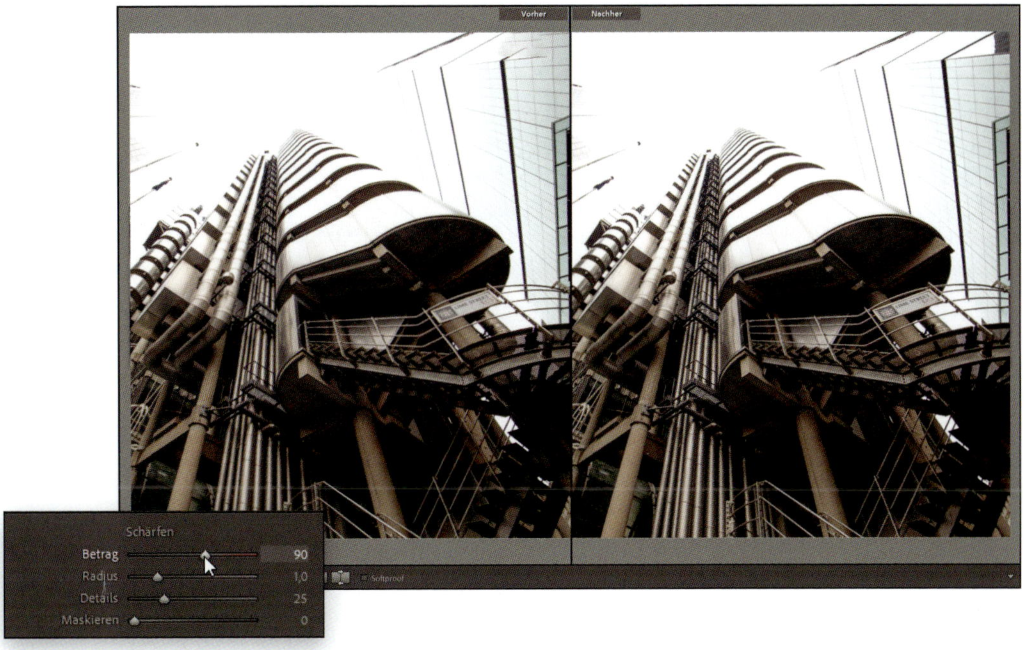

LLOYD'S OF LONDON, LONDON, GROSSBRITANNIEN

Wie ich bereits auf der ersten Seite dieses Kapitels erwähnt habe, schärfen Sie jedes einzelne Foto (das ist ein Muss), und zwar im **Details**-Bedienfeld von Lightroom (oder Photoshop Camera Raw). Wir können das ganz einfach halten (und vermeiden, dass wir uns in dem technischen Kram verlieren), indem wir einfach zum **Details**-Bedienfeld gehen und den **Betrag**-Regler nach rechts ziehen. Wenn Sie im RAW-Format fotografiert haben, wird automatisch ein Schärfungswert von **40** angewandt (um die Scharfzeichnung in der Kamera zu ersetzen, die bei RAW-Aufnahmen deaktiviert ist). Mir scheint der Wert 40 jedoch etwas zu niedrig. Wenn das Bild, z. B. ein Porträt, weicher wirken soll, können Sie den Wert auf 50 oder 60 erhöhen. Zeigt das Foto eine Stadtlandschaft oder ist es eine typische Reiseaufnahme, können Sie den Regler auf 70 oder 80 oder sogar noch höher setzen (je nach Bildwirkung). Besitzen Sie eine Kamera mit sehr hoher Megapixelzahl, z. B. 45 oder 50, können Sie auch den Radius erhöhen, z. B. auf 1,1 oder 1,2, falls durch den **Betrag**-Regler Ihr Bild nicht hinreichend verbessert wird. Hinweis: Die einzige Möglichkeit, wirklich zu erkennen, wie sich die **Schärfe** auf Ihr Bild auswirkt, ist die 100%-Ansicht (1:1). Wenn Sie das Foto hingegen auf Instagram oder in den sozialen Medien teilen, ist es viel kleiner. Lassen Sie sich also nicht davon abschrecken, wenn Sie beim Betrachten des Bilds in voller Größe ein gewisses Rauschen von der Schärfung erkennen – in den Größen, die Sie auf Instagram oder in den sozialen Medien teilen, ist dieses nicht sichtbar.

Panoramen zusammensetzen

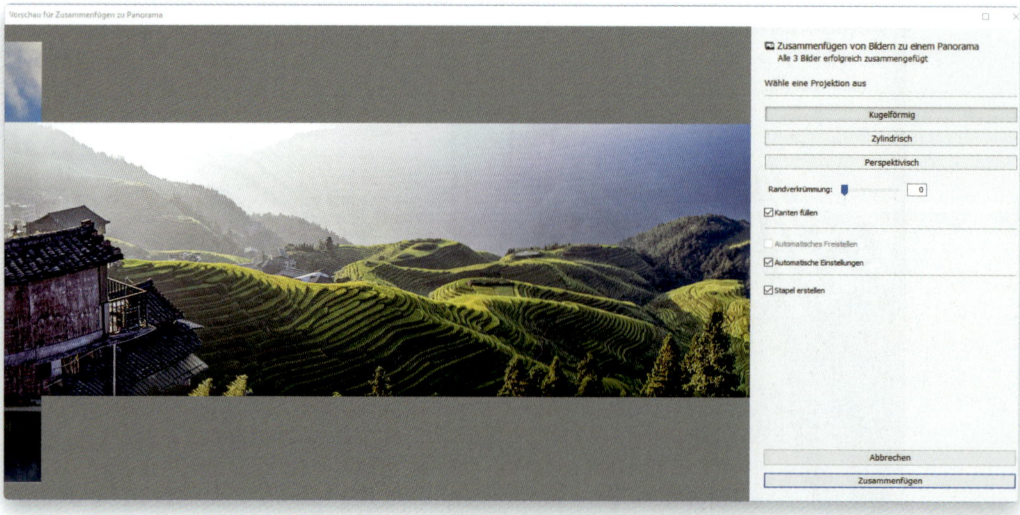

YANGSHUO-REISTERRASSEN, GUILIN, CHINA

Wenn Sie die Schritte für die Aufnahme eines Panoramas auf Seite 116 befolgt haben, ist es ein Kinderspiel, diese Einzelbilder zu einem großen, schönen Panorama zusammenzufügen. Wählen Sie in Lightroom alle Bilder Ihres Panoramas aus, klicken Sie mit der rechten Maustaste auf eines der Bilder und wählen Sie im angezeigten Popup-Menü unter **Zusammenfügen von Fotos** die Option **Panorama**. Wenn Sie in Photoshop Camera Raw mit der rechten Maustaste auf eines der ausgewählten Fotos klicken, wird der Menübefehl **Zu Panorama zusammenfügen** angezeigt. (Hinweis: Wenn Sie ein HDR-Panorama (siehe Seite 118) aufgenommen haben, wählen Sie **HDR-Panorama**. Auf der auf Seite xiii erwähnten Website zum Buch finden Sie in Video dazu.) In beiden Fällen wird das Fenster **Vorschau für Zusammenfügen zu Panorama** mit einer Vorschau Ihrer Bilder angezeigt, die zu einem einzigen Panoramabild zusammengesetzt wurden (vorausgesetzt, die Bilder überlappen sich um 20–30 % – das ist das Wichtigste). In diesem Fenster sehen Sie kleine oder auch große weiße Lücken am oberen und unteren Rand oder in den Bildecken. Sie haben drei Möglichkeiten: (1) Sie können das Kontrollfeld **Automatisches Freistellen** aktivieren, dann werden die weißen Lücken entfernt. Der Nachteil ist, dass Ihr Panoramabild dadurch schmaler und kleiner wird und Sie möglicherweise wichtige Teile Ihres Panoramas verlieren. (2) Ziehen Sie den Regler für die **Randverkrümmung** nach rechts, und Ihr Bild erweitert sich auf magische Weise, sodass es den Rahmen ausfüllt. Das klappt erstaunlich gut, es lohnt sich also, es auszuprobieren. (3) Oder Sie aktivieren die Funktion **Kanten füllen**, die ebenfalls oft verblüffend gut funktioniert und Photoshops inhaltsbasierte Füllung nutzt, um die weißen Lücken durch Informationen aus Bereichen direkt um die Lücken herum zu ersetzen. Probieren Sie alle drei Optionen aus und entscheiden Sie sich für diejenige, die Sie am besten finden. Anschließend klicken Sie auf die Schaltfläche **Zusammenfügen**, und Ihr Panoramabild wird als RAW-Bild erstellt, so als hätten Sie es in der Kamera aufgenommen, was schon ziemlich beeindruckend ist.

Ein HDR-Bild erstellen

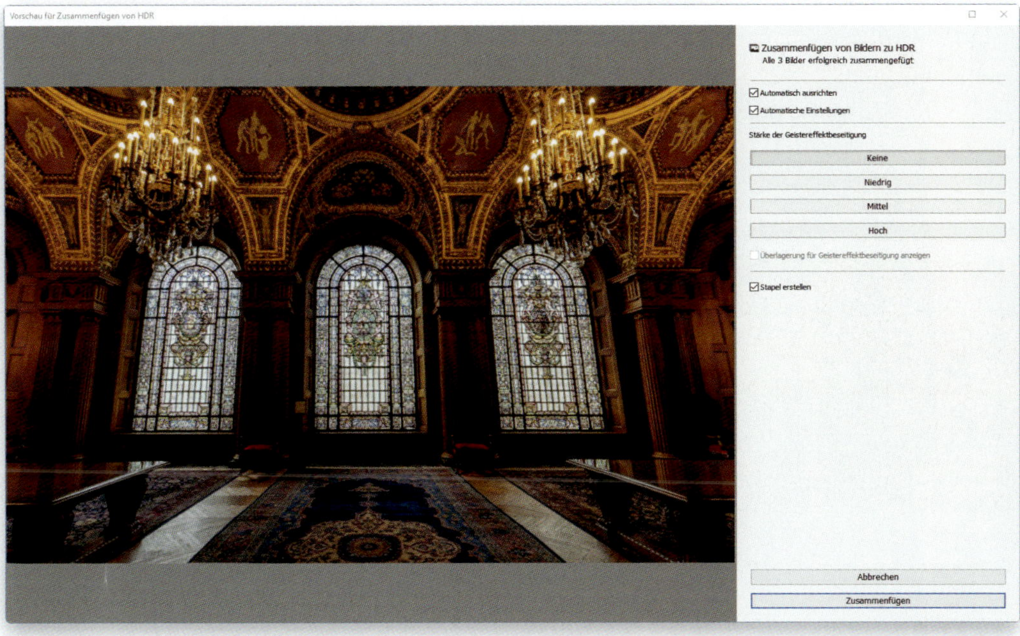

ELKS NATIONAL MEMORIAL AND HEADQUARTERS, CHICAGO, ILLINOIS, USA

Wir haben uns bereits auf Seite 117 mit den Vorteilen von HDR-Bildern (aus Belichtungsreihen) beschäftigt und erfahren, wie man sie fotografiert. Hier wollen wir uns nun ansehen, wie Sie Ihre Belichtungsreihen zu einer einzigen Aufnahme kombinieren. Dies geschieht in Lightroom auf die gleiche Weise, wie Sie mehrere Bilder zu einem Panorama kombinieren (siehe vorherige Seite): Wählen Sie die Bilder aus, klicken Sie mit der rechten Maustaste auf eines davon und wählen Sie im daraufhin angezeigten Popup-Menü unter **Zusammenfügen von Fotos** diesmal **HDR** aus (in Camera Raw wählen Sie nach einem Rechtsklick auf die Bilder der Belichtungsreihe die Option **Zu HDR zusammenfügen**). Daraufhin wird das Fenster für die **HDR-Zusammenfügung** angezeigt (siehe oben), in dem die Belichtungsreihen zu einem einzigen Bild kombiniert werden. Das Kontrollfeld **Automatische Einstellungen** (das der Schaltfläche **Automatisch** im **Grundeinstellungen**-Bedienfeld entspricht) ist aktiviert, und das Bild unterscheidet sich kaum von der normalen Belichtung. Die eigentliche Magie entfaltet sich erst, wenn Sie das Bild später im **Entwickeln**-Modul bearbeiten. Oben finden Sie außerdem das Kontrollfeld **Automatisch ausrichten**. Wenn Sie Ihre HDR-Aufnahme aus der Hand fotografiert haben, sollten Sie es aktiviert lassen – das Programm versucht dann, die Bilder der Belichtungsreihe perfekt auszurichten. Haben Sie Ihr Panoramabild mit einem Stativ aufgenommen, deaktivieren Sie dieses Kontrollfeld, damit die Bilder schneller zusammengefügt werden. Die Funktion **Überlagerung für Geistereffektbeseitigung anzeigen** brauchen Sie nur, wenn sich etwas in Ihrem Bild bewegt hat (wenn zum Beispiel Personen durch Ihr Bild gelaufen sind, während Sie Ihre Belichtungsreihen aufgenommen haben). Diese Funktion gibt es in drei Korrekturstufen, und in vielen Fällen funktioniert sie auch ganz gut, aber schalten Sie sie nur ein, wenn es wirklich »Geistereffekte« gibt. Sind Sie mit Ihren Einstellungen fertig, klicken Sie auf die Schaltfläche **Zusammenfügen**, und Sie erhalten ein neues RAW-Bild mit dem Zusatz **HDR**, sodass Sie es leicht von den anderen Dateien unterscheiden können.

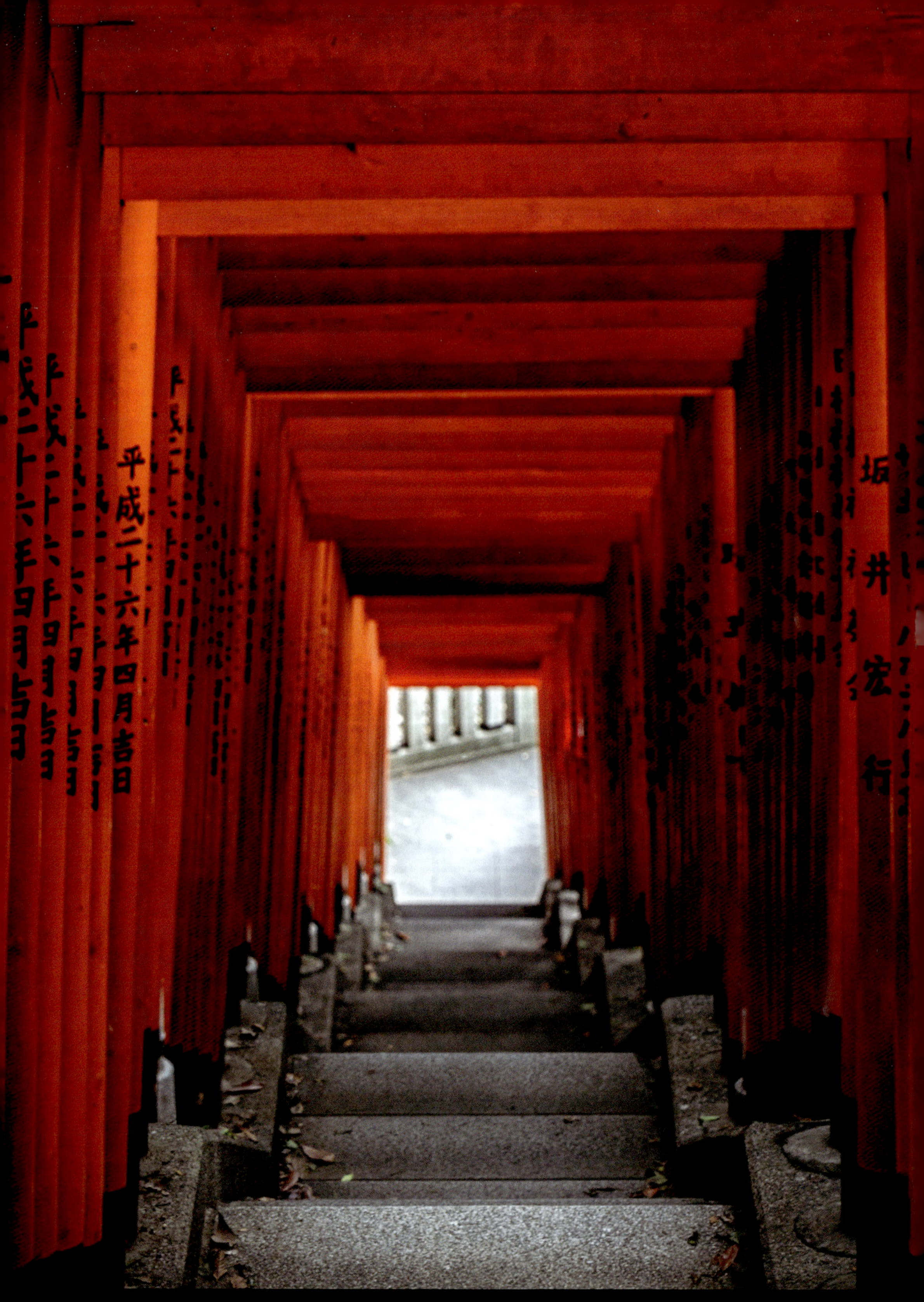

Belichtungszeit: 2.0Sek. | Blende: f/11 | ISO:100 | Brennweite: 70 mm

KAPITEL 13

13 FOTOREZEPTE

Fotorezepte für Ihre Reisebilder

Einfache Zutaten für faszinierende Fotos

Wenn man Lust hat, zu kochen, und alle Zutaten für ein leckeres Gericht beisammen hat, kann man es meiner Erfahrung nach trotzdem noch völlig vermasseln. Mir ist es schon passiert, dass ich das Rezept genau befolgt hatte und dann doch alles wegwerfen und beim Lieferdienst meines Vertrauens anrufen musste. Bevor wir uns nun ansehen, wie das alles mit der Fotografie zusammenhängt, muss ich noch etwas ansprechen, denn viele Leute verstehen den Titel dieses Kapitels fälschlicherweise als »Foto-Rezepte«, so als wolle man etwas kochen, aber es wird eigentlich »Rez-EPTE« ausgesprochen und ist eigentlich ein in der kommerziellen Fotografie sehr gängiges Akronym. Die Abkürzung steht für »reziproke elliptisch-parallaktische Tiefenschärfeeingrenzung«, ein Fachbegriff für etwas, das meist dann auftritt, wenn man bestimmte Kameraeinstellungen mischt, die nicht zusammengehören. Wenn Sie beispielsweise eine spiegellose Kamera jüngeren Baujahrs besitzen, verfügt sie höchstwahrscheinlich über eine eingebaute HDR-Funktion (High Dynamic Range), aber wenn Sie diese Funktion mit einer Belichtungsreihe kombinieren, bei der die Belichtungskorrektur auf unter –1 eingestellt ist, werden Sie sehr bald den Foto-Lieferdienst Ihres Vertrauens anrufen müssen. Sie sollten auch wissen, dass an dieser Stelle, nach 12 dieser wirren Kapitelanfänge eine recht hohe Chance besteht (eine sehr hohe Chance, nein: es ist eine Tatsache), dass das alles erfunden ist, dass es kein Rezepte-Akronym gibt und dass es nicht »Rez-EPTE« heißt und dass wir alle in einer Simulation leben (Sie erinnern sich: Postmoderne und so), die von den Bösewichten in der Matrix betrieben wird, wer auch immer die sein mögen. Ich konnte mir nie einen Reim auf diesen Teil machen, aber eines weiß ich: Ich hasse diese kleinen Wächter-Roboter mit ihren insektenartigen Beinen. Wenn ich die auf mich zukommen sehen würde, wissen Sie, was ich dann machen würde? Ich würde mit dem Finger in die andere Richtung zeigen und schreien: »Hey, seht mal! Ist das nicht Beyoncé?« Funktioniert immer!

Das Rezept für diesen Bildtyp

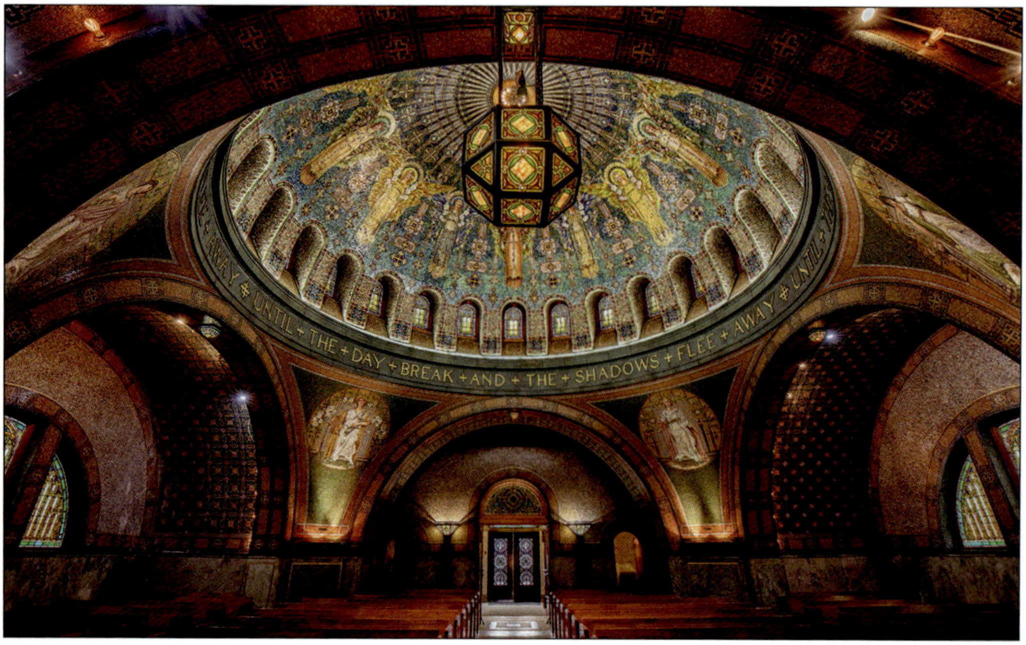

Merkmale dieses Bildtyps: Eine dunkle, dramatische Innenaufnahme mit einer großen Palette von Farbtönen von dunkel bis hell, einem umfassenden Blick vom Boden bis zur Decke und leuchtenden Farben.

Location: Lakewood Cemetery Memorial Chapel, Minneapolis, Minnesota, USA

AUSRÜSTUNG: Dieses Bild wurde mit einer spiegellosen Vollformatkamera aufgenommen. Um sowohl den Boden als auch die Decke aufs Bild zu kriegen, brauchen Sie ein Superweitwinkelobjektiv. Ich habe ein 16–35-mm-Objektiv auf 16 mm ausgezoomt (bei einem Crop-Sensor wären es etwa 12 mm). In einer solchen lichtarmen Umgebung braucht man ein Stativ (oder ein Platypod Ultra). Ich positionierte meine Kamera oben auf dem Altar , sodass sie perfekt auf den Mittelgang ausgerichtet war.

EINSTELLUNGEN: Blendenvorwahl bei f/9, wodurch alles durchgehend scharf wurde, und ISO 100 (oder die niedrigstmögliche saubere Einstellung). Mit einer Belichtungsreihe (siehe Seite 117) wurden die dunklen Details im Innenraum erfasst, ohne die Glasfenster zu überstrahlen.

SCHLÜSSELTECHNIK: Der Blickwinkel ist ungewöhnlich, weil ich vom Altar aus in Richtung Eingang bzw. dorthin fotografiert habe, wo die Gemeinde Platz nimmt. Normalerweise schauen wir von den Kirchenbänken in Richtung Altar. Außerdem können Sie mit dem Superweitwinkel-Objektiv besonders viel von der Szene erfassen, auch die schöne Decke, die für das Bild sehr wichtig ist.

NACHBEARBEITUNG: Zunächst habe ich die Belichtungsreihe in Lightroom zu einem einzigen HDR-Bild kombiniert (siehe Seite 229) und dann den **Lichter**-Regler auf **–100** gesetzt, um die Glasfenster abzudunkeln. Durch stark erhöhten **Kontrast** wurde das Bild farbenfroher. Den **Struktur**-Regler habe ich stark, die **Klarheit** ein wenig erhöht, außerdem das Bild geschärft.

Das Rezept für diesen Bildtyp

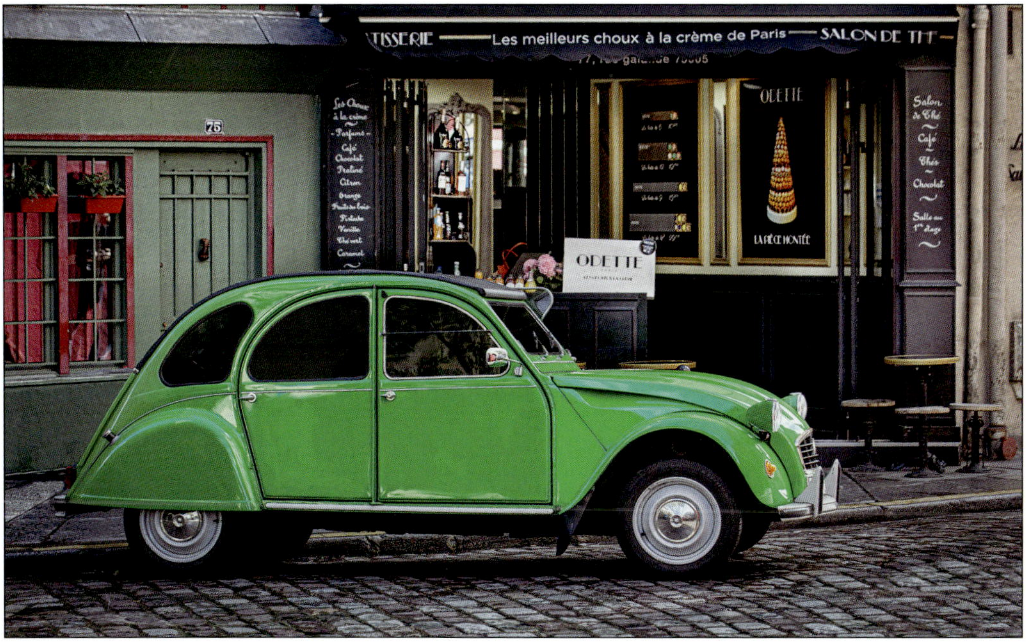

Merkmale dieses Bildtyps: Eine romantische, zeitlose Straßenszene in Paris mit einer charmanten Konditorei als Hintergrund.

Location: Patisserie La Maison Odette, 77 Rue Galande, Paris, Frankreich

AUSRÜSTUNG: Das Bild habe ich mit einer Vollformat-Kamera und einem 70–200-mm-Objektiv (f/2.8) bei 100 mm aus der Hand fotografiert.

EINSTELLUNGEN: f/5.6, ISO 100, Belichtungszeit: 1/80 Sekunde

SCHLÜSSELTECHNIK: Diese Szene lebt von ihrer Zeitlosigkeit. Ich habe diese großartige Location auf 500px.com gefunden, und um der Aufnahme das gewisse Etwas zu verleihen, mietete ich einen französischen Oldtimer von einem Reiseveranstalter. (Sie waren sehr hilfsbereit, fuhren das Auto zu der Location und stellten es dort ab, wo ich es haben wollte.) Der Glücksfall war, dass ich direkt vor der Konditorei parken konnte, sodass es keine anderen neuen Autos gab, die die Romantik der Aufnahme zerstört hätten. Ich zoomte ganz nahe heran, damit keine modernen Schilder oder andere Störfaktoren in der Szene zu sehen waren, und zeigte absichtlich einen großen Teil der Kopfsteinpflasterstraße im Bildausschnitt. Das verstärkte den zeitlosen Eindruck noch. Das Auto platzierte ich im unteren Bildbereich, weil es eben nicht um das Fahrzeug geht, sondern um die Szene.

NACHBEARBEITUNG: In der Nachbearbeitung geschah nichts Besonderes. Ich habe in Lightroom lediglich den Kontrast erhöht (was ich eigentlich immer mache – Kontrast ist einfach mein Ding), dann mit dem **Struktur**-Regler Details hervorgehoben. Ein wenig Klarheit brachte das Auto stärker zum Glänzen und dunkelte die Straße ab. Außerdem entfernte ich mit dem **Korrekturpinsel** von Photoshop alle kleinen Störelemente an der Karosserie, dem Gebäude usw., um das Bild zu vereinfachen. Schließlich dunkelte ich die Ränder mit einer Vignette von –11 rundherum ab (siehe Seite 226), und natürlich erhielt das Bild zum Schluss eine Scharfzeichnung.

Das Rezept für diesen Bildtyp

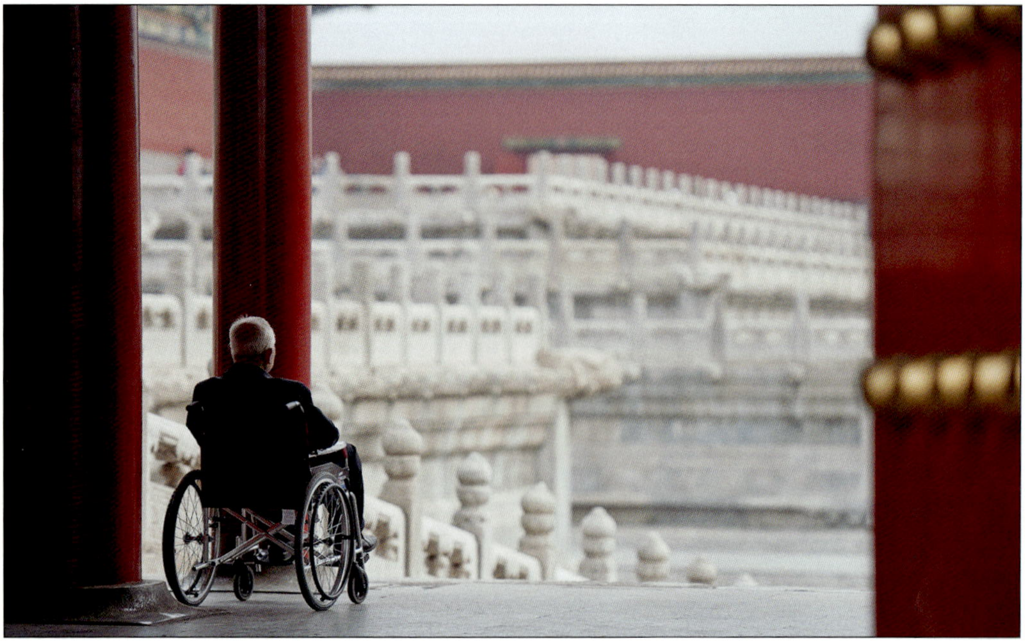

Merkmale dieses Bildtyps: Ein Umgebungsporträt, das eine Geschichte erzählt und sich durch große Einfachheit und minimale Ablenkungen auszeichnet.

Location: Verbotene Stadt, Peking, China

AUSRÜSTUNG: Vollformatkamera, 70–200 mm, aus der Hand fotografiert.

EINSTELLUNGEN: 140 mm, Blende f/2.8 für einen unscharfen, vom Motiv getrennten Hintergrund. ISO 200 und 1/1600 Sekunde, sodass ich mir keine Sorgen um eine Verwacklung machen musste.

SCHLÜSSELTECHNIK: Die Schlüsseltechnik ist hier zweifellos Geduld. Sie können sich denken, dass die Verbotene Stadt vor Touristen nur so wimmelt. Es war also schwierig, dieses Bild ohne Touristen zu machen, zumal der Herr im Rollstuhl auch von seiner Familie umgeben war, darunter sehr kleine Kinder. Ich stand außen an dem großen Tor, das Sie am rechten Bildrand sehen, und lehnte mich in der Hoffnung daran, ein Bild zu bekommen, auf dem die Familie nicht sichtbar wäre. Sonst sähe es nur wie eine Aufnahme mit Touristen aus. Einige Familienmitglieder liefen immer wieder nach links aus dem Bild heraus, also blieb ich einfach dran (und übte mich genau in der Geduld, die uns Fotografen so schwerfällt). Und siehe da – für ein oder zwei Augenblicke waren alle links aus dem Bild heraus, und schon konnte ich das hier gezeigte Bild machen.

Das Rezept für diesen Bildtyp

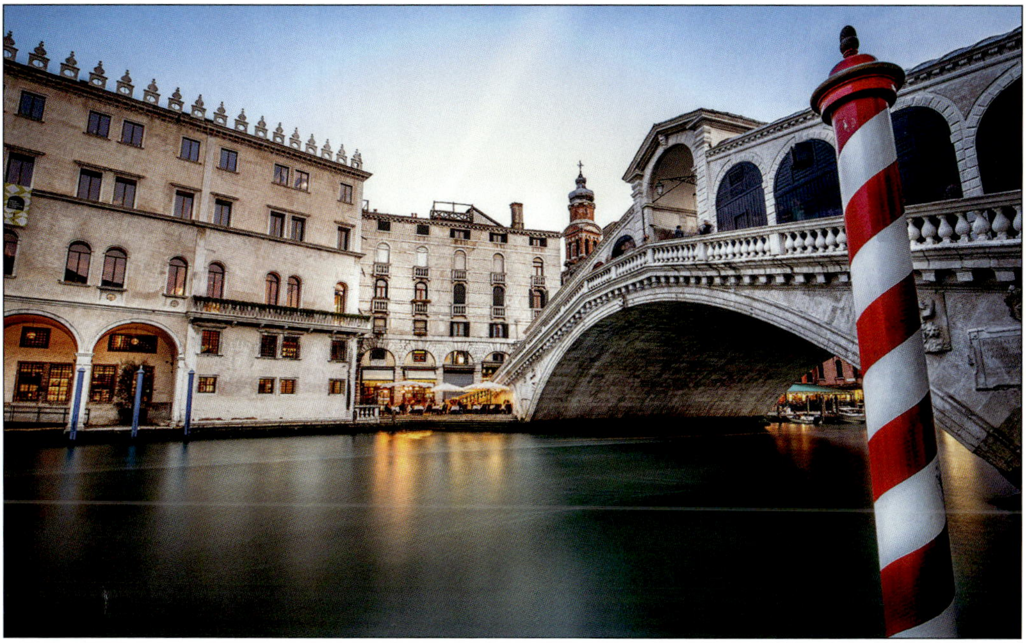

Merkmale dieses Bildtyps: Ein klassisches Reisefoto mit glattem Wasser im Kanal, leuchtenden Farben und viel Struktur. Ein insgesamt minimalistisches Bild.

Location: Rialto-Brücke, Venedig, Italien

AUSRÜSTUNG: Vollformatkamera, 16–35-mm-Objektiv (f/4), Stativ und Auslöser

EINSTELLUNGEN: Blende f/9, ISO 100, 89 Sekunden (Sie haben richtig gelesen: 89 Sekunden!); Super-Weitwinkelaufnahme bei 16 mm

SCHLÜSSELTECHNIK: Diese Aufnahme lebt von dem glatten, seidigen Wasser im Kanal, erreicht durch eine echte Langzeitbelichtung mit einem ND-Filter mit 10 Blendenstufen (siehe Seite 115). Der Verschluss blieb trotz Tageslicht 89 Sekunden lang offen (auch wenn es praktischerweise schon spät am Tag war; zur Mittagszeit hätte ich für eine so lange Belichtung mehrere ND-Filter aufschrauben müssen, z. B. einen 10-Stufen- plus einen 3-Stufen-Filter). Durch diese Technik wurde der Bootsverkehr auf dem Kanal unsichtbar (es gab nicht nur charmante Gondeln, sondern auch Müllboote, Fähren und anderes). Der rot-weiße Pfosten auf der rechten Seite dient nicht nur als Vordergrundobjekt, das den Blick ins Bild lenkt, sondern setzt auch einen Farbakzent, der einen attraktiven Kontrast zu den anderen Farben der Szene bildet. Die Führungslinien im Bild lenken den Blick des Betrachters auf das Straßencafé in der Bildmitte, wobei die Brücke selbst so dominant im Bild ist, dass sie das eigentliche Motiv darstellt.

NACHBEARBEITUNG: Die Bildfarben sind sehr lebhaft. Um sie weiter hervorzuheben, erhöhte ich in Lightroom nicht nur den **Kontrast**, sondern drehte auch die **Dynamik** ein wenig auf. Ebenfalls verstärkte ich die **Struktur** und die **Klarheit** für glänzendes Wasser und schärfte das Bild zum Schluss.

Das Rezept für diesen Bildtyp

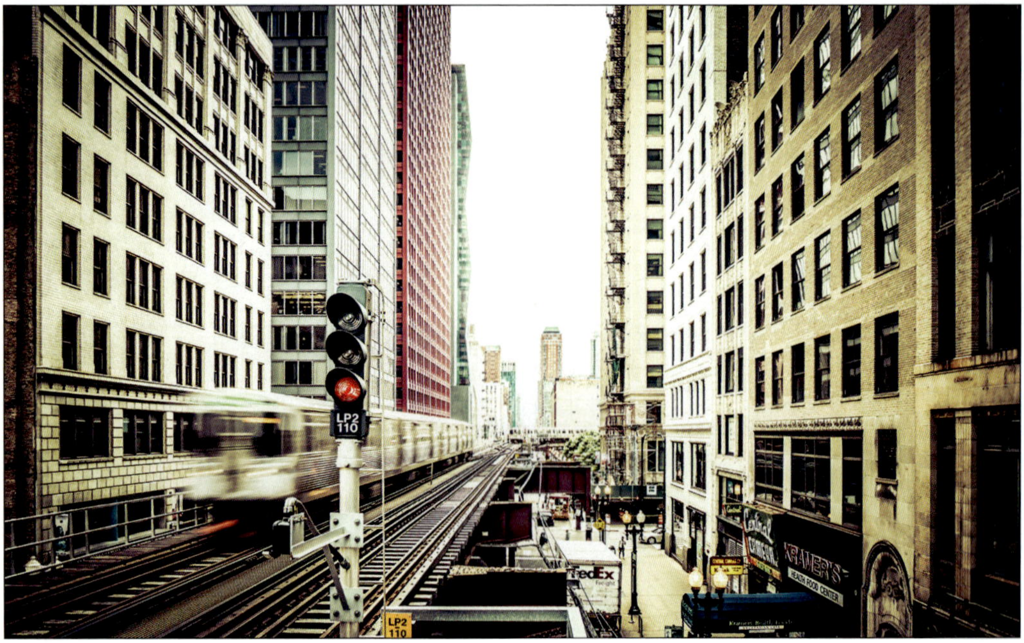

Merkmale dieses Bildtyps: Eine grobkörnige Stadtaufnahme mit einem Bewegungseffekt und einem in der Nachbearbeitung erstellten Farblook.

Location: Bahnsteig der Station Adams/Wabash »The L«, Chicago, Illinois, USA

AUSRÜSTUNG: Vollformatkamera, 24–240-mm-Objektiv bei 62 mm, Reisestativ mit Kabelauslöser

EINSTELLUNGEN: Blende f/22, ISO 100, 1/3 Sekunde

SCHLÜSSELTECHNIK: Die Zugbewegung und die Nachbearbeitung. Für die Bewegung ist eine Blende verantwortlich, die eine längere Belichtung ermöglicht (dank f/22), damit die Zugbewegung sichtbar wird. Zwischen den hohen Gebäudereihen auf beiden Seiten war es ziemlich schattig, sodass ich keinen ND-Filter nutzen musste und einfach eine hohe Blendenzahl wählen konnte. Dadurch konnte die Blende lange genug für eine gewisse Bewegungsunschärfe offen bleiben. Ich schwenkte nicht mit der Zugbewegung, sondern richtete die Kamera auf dem Stativ direkt auf die Gleise. Für das richtige Timing brauchte ich einige Versuche (die Züge sind recht schnell).

NACHBEARBEITUNG: Die Gebäude neigten sich stärker nach hinten, als mir lieb war. Also wandte ich zunächst ein Lightroom-Objektivprofil an und klickte dann im **Transformieren**-Bedienfeld auf **Upright – Auto**, um sie gerade zu richten (siehe Seite 225). Um einen Vintage-Look zu erzielen, nutzte ich das Kreativprofil **Vintage 04** (siehe Seite 223), erhöhte den **Betrag**-Regler auf 200 und verschob **WA – Temperatur** ein wenig in Richtung Gelb. Den **Kontrast** drehte ich ganz hoch, fügte eine dunkle Vignette um die Außenkanten, viel **Struktur** und **Klarheit** hinzu und verstärkte die **Lichter** ein wenig, um einen effektvoll überstrahlten Himmel zu bekommen. Mit dem **Gradationskurve**-Bedienfeld (siehe Seite 212) verstärkte ich den Kontrast weiter, indem ich im Einblendmenü **Punktkurve** die Option **Starker Kontrast** wählte, und schließlich führte ich eine Schärfung durch.

Das Rezept für diesen Bildtyp

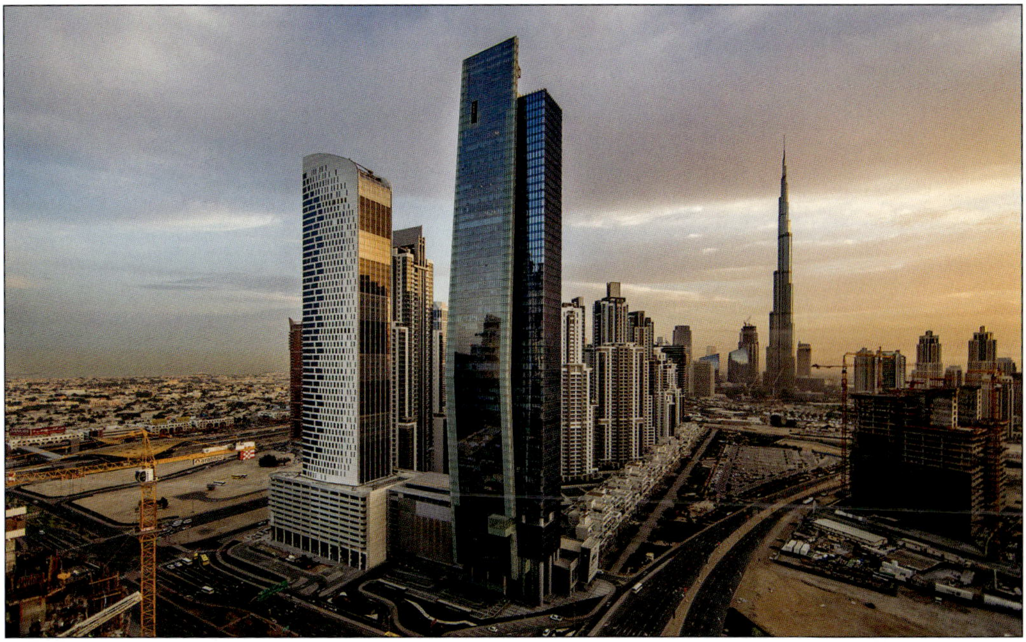

Merkmale dieses Bildtyps: Weitläufige Stadtlandschaft von einem hohen Standpunkt aus fotografiert, mit weichem Licht und farbigem Himmel.

Location: Oberoi Hotel, Dubai, Vereinigte Arabische Emirate

AUSRÜSTUNG: Vollformatkamera, aus der Hand fotografiert, 14-mm-Objektiv

EINSTELLUNGEN: Bei schlechten Lichtverhältnissen wählte ich eine Blende von f/3.5, ISO 800 (um eine ausreichend lange Belichtungszeit für eine scharfe Aufnahme zu erhalten), 1/800 Sekunde.

SCHLÜSSELTECHNIK: Hier ging es um die Zutrittsmöglichkeit. Ich wohnte im Oberoi Hotel und suchte nach einem geeigneten Fotostandort. Ich fand heraus, dass es auf dem Hoteldach eine Bar gab. Google Earth zeigte, dass man von dort einen tollen Blick auf das höchste Gebäude der Welt – den Burj Khalifa – hätte (hinten rechts zu sehen). Bevor ich ankam, schickte ich eine Nachricht an den Concierge des Hotels. Ich sei Fotograf, und ob es möglich sei, bei Sonnenaufgang von der Dachbar aus zu fotografieren. Man war gerne zu diesem Gefallen bereit, und ein Sicherheitsbeamter holte mich ab, schloss die Tür auf und ließ uns den Ort erkunden. Für dieses Bild stand ich auf einem Barhocker, um meine Kamera über das Sicherheitsglas der Bar halten zu können. Ich konnte die Kamera also nicht am Körper halten (weniger Stabilität) und wusste, dass ich sie deshalb – und weil ich wegen meiner starken Höhenangst zitterte – nicht ganz ruhig würde halten können, daher der hohe ISO-Wert.

NACHBEARBEITUNG: Wie üblich erhöhte ich in Lightroom den **Kontrast** und verstärkte auch den **Dunst-entfernen**-Wert, um die etwas dunstige Szene klarer zu bekommen (siehe Seite 212). Außerdem hellte ich mit dem **Pinsel** des Maskierungswerkzeugs die beiden im Gegenlicht liegenden Gebäude auf der linken Bildseite auf. Ich verstärkte **Struktur** und **Klarheit**, um die Details hervorzuheben, und zum Schluss schärfte ich das Bild natürlich noch.

Das Rezept für diesen Bildtyp

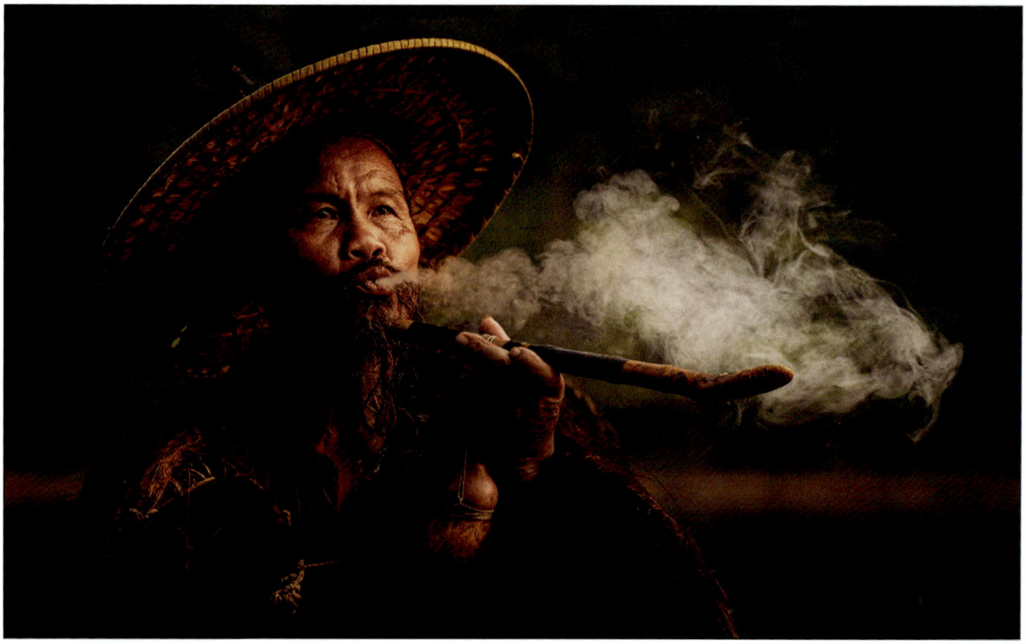

Merkmale dieses Bildtyps: Ein inszeniertes Umgebungsporträt mit einer vereinfachten Umgebung und einem unscharfen Hintergrund.

Location: Li-Fluss, China

AUSRÜSTUNG: Spiegellose Vollformatkamera, 24–240-mm-Objektiv

EINSTELLUNGEN: Blende f/6.3, −1,3 Belichtungskorrektur, ISO 400, Belichtungszeit 1/200 Sekunde, 140 mm

SCHLÜSSELTECHNIK: Erinnern Sie sich an Seite 191, auf der ich empfahl, ein Model zu engagieren? Dieser Herr war fast sein ganzes Leben lang Fischer, aber nachdem der Fluss abgefischt war, setzten er und seine Familie sich zur Ruhe und stehen nun für Fotografen Modell. Wir setzten uns mit einem in China ansässigen Fixer (siehe Seite 6) in Verbindung, um zu arrangieren, dass das Model für ein Shooting in der Morgendämmerung zur Verfügung stehen würde (sodass das natürliche Licht am frühen Morgen für eine dramatische Beleuchtung im Rembrandt-Stil sorgen würde), und übermittelten unserem Fixer alle Posingwünsche, damit er sie dem Model erläutern konnte. Das Licht ist weich und schmeichelhaft, weil diese Aufnahme direkt nach der Morgendämmerung und nicht im direkten Sonnenlicht entstand.

NACHBEARBEITUNG: Neben der üblichen Kontrastverstärkung war das Wichtigste ein wärmerer Weißabgleich. Dazu zog ich den **Temperatur**-Regler von Lightroom ein wenig Richtung Gelb. Ich verstärkte auch die **Struktur** und fügte ein wenig **Klarheit** hinzu, um den Rauch detaillierter darzustellen. Für die **Klarheit** verwendete ich das **Pinsel**-Werkzeug, indem ich nur über den Rauch selbst malte. Hätte ich sie auf das gesamte Bild angewandt, wäre auch der Hintergrund beeinflusst worden (auf unscharfem Hintergrund wirkt **Klarheit** künstlich). Außerdem habe ich die Ränder rund um das Bild abgedunkelt, um die Aufmerksamkeit stärker auf das Motiv zu lenken (siehe Seite 226).

Das Rezept für diesen Bildtyp

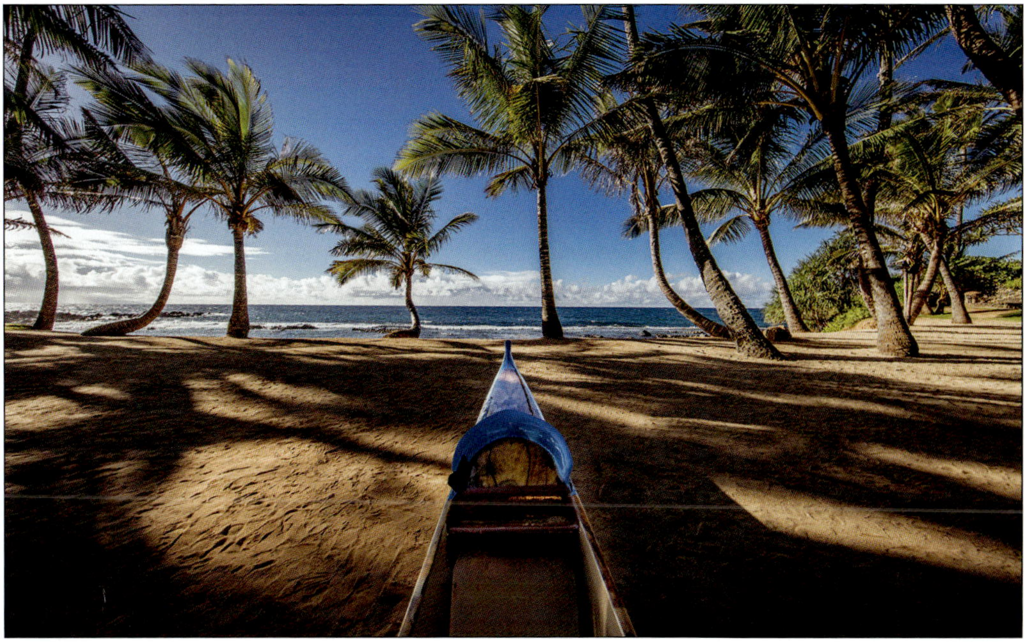

Merkmale dieses Bildtyps: Ein weitwinklig fotografiertes Urlaubsbild an einem hellen, sonnigen, tropischen Tag mit blauem Himmel.

Location: Mama's Fish House, Maui, Hawaii, USA

AUSRÜSTUNG: Vollformatkamera, aus der Hand fotografiert, 11–24-mm-f/4-Weitwinkelobjektiv (mein weitwinkligstes Objektiv), 11 mm

EINSTELLUNGEN: Blende f/7.1, ISO 100, Belichtungszeit 1/250 Sekunde. Die langen, weichen Schatten verraten, dass diese Aufnahme spät am Tag gemacht wurde, etwa eine Stunde vor Sonnenuntergang.

SCHLÜSSELTECHNIK: Vor allem zwei Aspekte der Komposition: Erstens die kompositorische Entscheidung, ein Ultraweitwinkel-Objektiv zu verwenden, um die Szene möglichst umfassend einzufangen, was ihr einen weiträumigen Charakter verleiht. Zweitens habe ich den Bug des Auslegerboots am Strand als Vordergrundelement verwendet, sodass der Blick in die Szene gelenkt wird. Die Szene wirkt trotz der vielen Palmen sehr einfach und klar. Im Grunde genommen sind nur der Bootsbug, die Palmen, der Strand und das Meer zu sehen. Auf dem Boden, an den Bildseiten oder am Strandsaum gibt es keine ablenkenden Objekte.

NACHBEARBEITUNG: Wie immer verstärkte ich den **Kontrast**. Dann säuberte ich mit Photoshops **Reparaturpinsel** das Boot von allen störenden Kratzern und Verschmutzungen. Ich fügte etwas **Struktur** und **Klarheit** hinzu, um die Spitze des Auslegerboots ein wenig glänzen zu lassen. Für einen blaueren Himmel verwendete ich die auf Seite 217 erläuterte Lightroom-Technik. Und zum Schluss schärfte ich das Bild noch.

Das Rezept für diesen Bildtyp

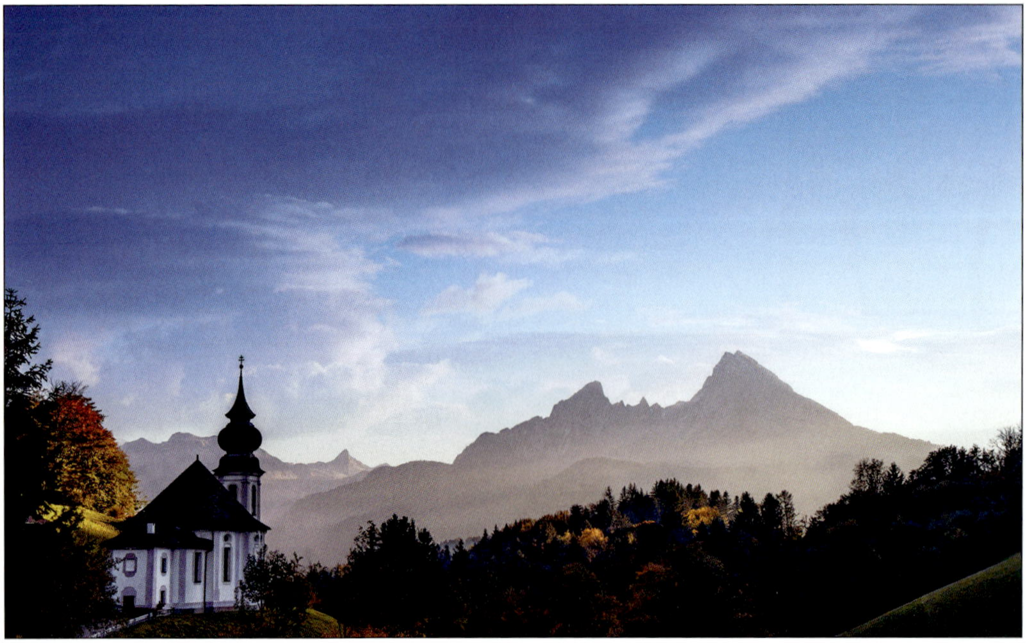

Merkmale dieses Bildtyps: Ein Urlaubsfoto mit Landschaftscharakter und weichem Licht, das Hauptmotiv liegt im Schatten und befindet sich am Bildrand.

Location: Wallfahrtskirche Maria Gern bei Berchtesgaden, Deutschland

AUSRÜSTUNG: Vollformatkamera, aus der Hand fotografiert, 24–105-mm-Objektiv

EINSTELLUNGEN: Ich habe auf 43 mm herausgezoomt, um eine Weitwinkelaufnahme zu fotografieren. Ganz herauszoomen wollte ich nicht, weil die Kirche dann zu klein gewirkt hätte. Blendenvorwahl, Blende 9, ISO 400, 1/1600 Sekunde.

SCHLÜSSELTECHNIK: Erstens ist die Location großartig – eine kleine, malerische Kirche in einer wunderschönen Berglandschaft. Die Schlüsseltechnik ist die Komposition. Die Kirche befindet sich seitlich im Bild. So bleibt sie zwar immer noch das Hauptmotiv, nimmt aber nicht die ganze Szene ein. Es handelt sich fast um eine Komposition mit negativem Raum, da der Blick direkt auf die Kirche gelenkt wird, obwohl sie nur einen kleinen Bildbereich füllt. Die Kirche und die Bäume im Vordergrund tragen außerdem dazu bei, den Blick ins Bild zu führen.

NACHBEARBEITUNG: Die Aufnahme ist recht dunstig, aber der atmosphärische Effekt verstärkt auch den Tiefeneindruck des Bilds. Deshalb habe ich den **Dunst-entfernen**-Regler von Lightroom (siehe Seite 212) nur sehr behutsam eingesetzt. Außerdem habe ich Kontrast, Struktur und einen Hauch von Klarheit hinzugefügt und das Bild zum Schluss noch ein wenig geschärft.

Das Rezept für diesen Bildtyp

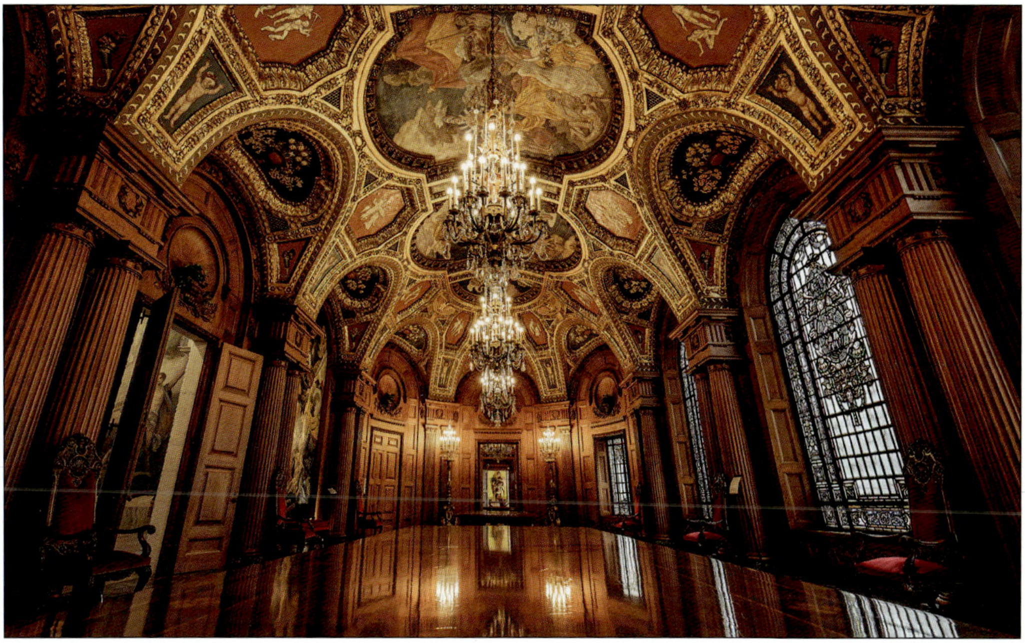

Merkmale dieses Bildtyps: Eine gotisch anmutende Innenaufnahme mit epischem Flair und vielen warmen Tönen.

Location: National Memorial and Headquarters, Chicago, Illinois, USA

AUSRÜSTUNG: Spiegellose Vollformatkamera, 16–35-mm-Objektiv, 16 mm

EINSTELLUNGEN: Blende 11, ISO 100, Belichtungszeit 1,6 Sekunden, Belichtungsreihe (siehe Seite 117) aus drei Aufnahmen (die in der Nachbearbeitung zu einer Aufnahme kombiniert werden).

SCHLÜSSELTECHNIK: Der epische Eindruck entstand durch ein Rezept, das ich bei meinen Reisefotografien oft einsetze: Ich nehme ein Superweitwinkelobjektiv und kippe es aus ganz tiefer Position nach oben, sodass die Decke im Bild sichtbar wird. Das verleiht dem Bild eine epische, überlebensgroße Wirkung (der Raum ist zwar ziemlich klein, wirkt aber dank dieser Technik viel größer). Um die spiegelnde Reflexion zu erhalten, habe ich die Kamera direkt auf das Tischende gestellt, auf ein Platypod Ultra montiert und ein wenig nach oben gekippt. Wenn man so nah an den Boden oder den Tisch herankommt, erfasst man eine Menge Spiegelungen. Dieser Tisch spiegelt in der Realität nicht annähernd so wie auf dem Bild (es handelt sich um einen schön polierten Holz-Esstisch), aber weil sich das Objektiv so nah am Tisch befindet, spiegelt er unglaublich stark.

NACHBEARBEITUNG: Kombinieren Sie zunächst die Aufnahmen zu einem einzigen HDR-Bild (siehe Seite 229). So können Sie alle Details des Innenraums einfangen, ohne die Glasfenster zu überstrahlen. Mit einem HDR-Bild wie diesem können Sie unter anderem die Schatten stark aufhellen (mit dem **Schatten**-Regler, ohne dass es zu starkem Rauschen kommt. Außerdem habe ich den **Kontrast** und die **Struktur** verstärkt, und der schöne Glanz kommt von der **Klarheit**. Natürlich habe ich die Bearbeitung wie immer mit einer Schärfung abgeschlossen.

Das Rezept für diesen Bildtyp

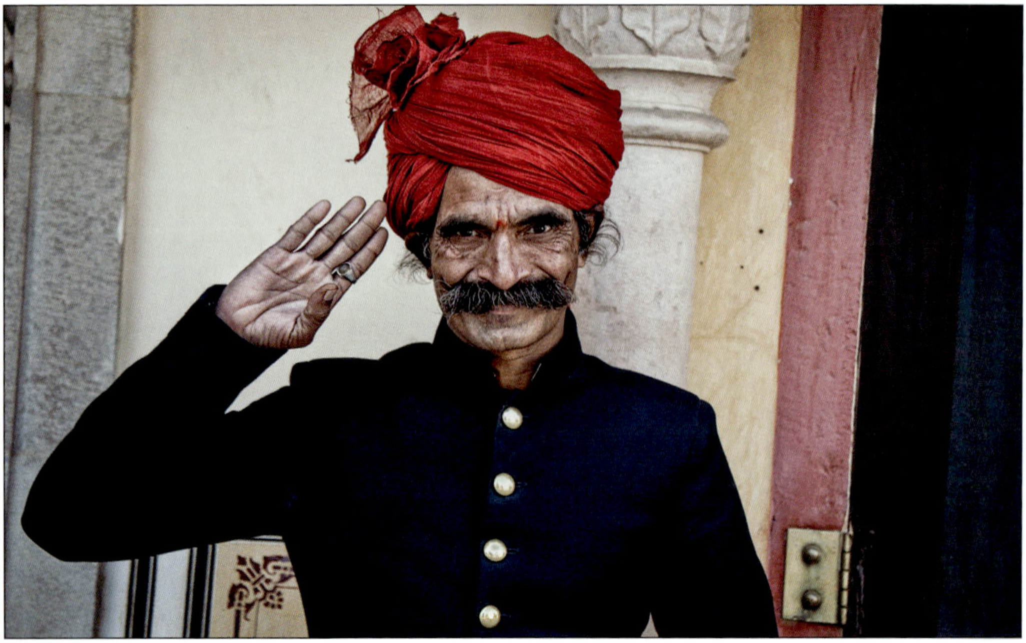

Merkmale dieses Bildtyps: Ein Porträt on location mit einer tollen Pose vor einem einfachen Hintergrund.

Location: Jaipur, Indien

AUSRÜSTUNG: Vollformatkamera, aus der Hand fotografiert, 28–300-mm-Objektiv (f/3.5–5.6)

EINSTELLUNGEN: Die Aufnahme entstand bei einer Stadttour. Ich zoomte auf 100 mm und wählte Blende f/5.6, damit der Hintergrund etwas unscharf wurde. ISO 200, 1/160 Sekunde (die Belichtungszeit war so lang, weil das Motiv nicht direkt in der Sonne steht).

SCHLÜSSELTECHNIK: Ich befand mich auf einem Rundgang, der mich in ein Gebäude führte. Draußen im Hof posierte dieser Herr gegen eine Gebühr für Fotografen in einem Kostüm. Bevor ich ein solches Angebot annehme (er verlangte etwa 1 $ für ein Posing an Ort und Stelle), schaue ich mich in der unmittelbaren Umgebung nach einem kontrastreicheren Hintergrund um, und als Erstes fragte ich ihn, ob er sich vor diesen Hintergrund stellen könne. Er war einverstanden und sehr geduldig. Diese Menschen sind Profis im Posieren und in der Regel sehr freundlich und gesprächig.

NACHBEARBEITUNG: Ich habe in Lightroom die üblichen Techniken angewandt – Kontrast hinzugefügt und so weiter –, aber wenn ich jemanden mit einem Gesicht voller Struktur und Charakter fotografiere, gebe ich mehr **Klarheit** hinzu als üblich. Das bringt alle Ecken und Kanten zum Vorschein und kann wirklich großartig wirken, und außerdem werden alle Bilddetails hervorgehoben. Wenn Sie viel Klarheit hinzufügen, wird das Bild möglicherweise dunkler, deshalb müssen Sie in der Regel den **Belichtung**-Regler ein wenig erhöhen, um es wieder aufzuhellen. Außerdem habe ich es stark scharfgezeichnet (siehe Seite 227).

Das Rezept für diesen Bildtyp

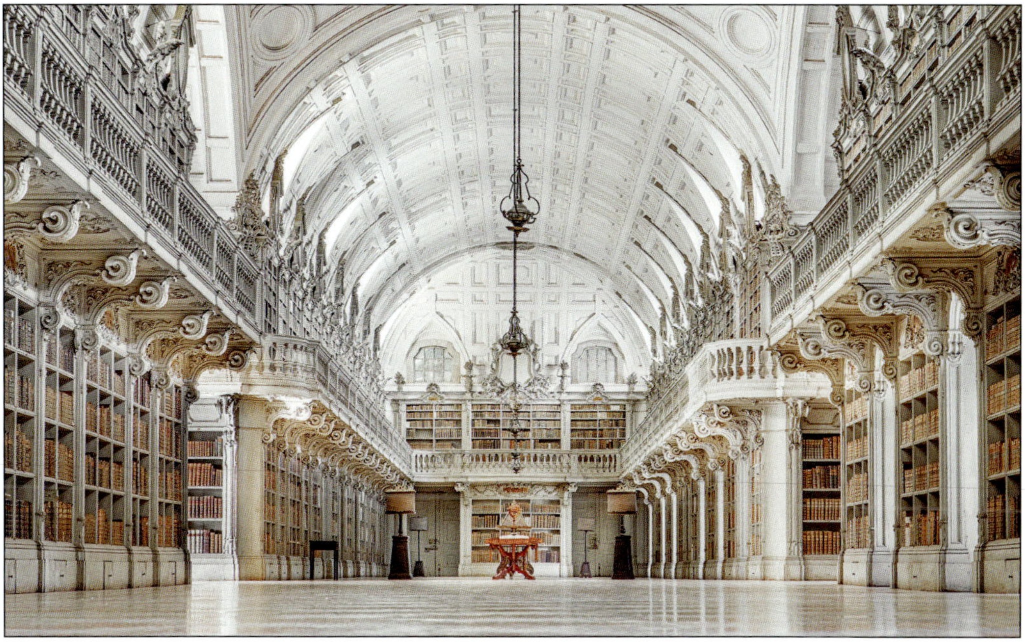

Merkmale dieses Bildtyps: Eine helle Innenaufnahme, aufgenommen bei einer öffentlichen Führung.

Location: Nationale Palastbibliothek, Mafra, Portugal

AUSRÜSTUNG: Vollformatkamera, 70–200-mm-Objektiv bei 70 mm, auf einem Platypod Ultra

EINSTELLUNGEN: Blende 4, ISO 400, Belichtungszeit 1/8 Sekunde, Belichtungsreihe (siehe Seite 117) wegen des Helligkeitsunterschieds im Raum – die Decke war sehr hell, während Teile des Bodens im Schatten lagen.

SCHLÜSSELTECHNIK: Wichtig ist, dass der Innenraum so groß und episch wirkt wie in Wirklichkeit. Dazu ging ich mit dem Superweitwinkelobjektiv sehr tief runter (siehe Seite 188). Die Aufnahme entstand bei der öffentlichen Führung. Am Ende der Halle befand sich eine kleine Galerie, aber man durfte die Halle nicht betreten (es gab Seile und Absperrungen und zwei Wachleute). Bei passender Gelegenheit ging ich an die Seile heran und stellte meine Kamera mit eingeschaltetem Selbstauslöser direkt darunter auf den Boden.

NACHBEARBEITUNG: Zunächst kombinierte ich in Lightroom die Bildserie zu einem einzigen HDR-Bild (siehe Seite 229). Danach ging es darum, die richtigen Farben zu treffen und das Mischlicht auszubalancieren. Der automatische Weißabgleich ließ die weiße Bibliothek etwas gelblich wirken, aber die im Schatten liegenden Teile hatten einen Blaustich. Ich zog also den **Temperatur**-Regler in Richtung Blau, bis die Innenräume wieder weiß wirkten, dann malte ich mit dem **Pinsel**-Werkzeug mit einem Gelbstich über die blauen Bereiche, bis sie weiß aussahen. Mit dem **Pinsel**-Werkzeug und einer **Belichtung** von 0,50 hellte ich einige Bereiche in den Schatten auf. Dann fügte ich ein wenig **Kontrast und Struktur** hinzu und zeichnete das Bild scharf.

Das Rezept für diesen Bildtyp

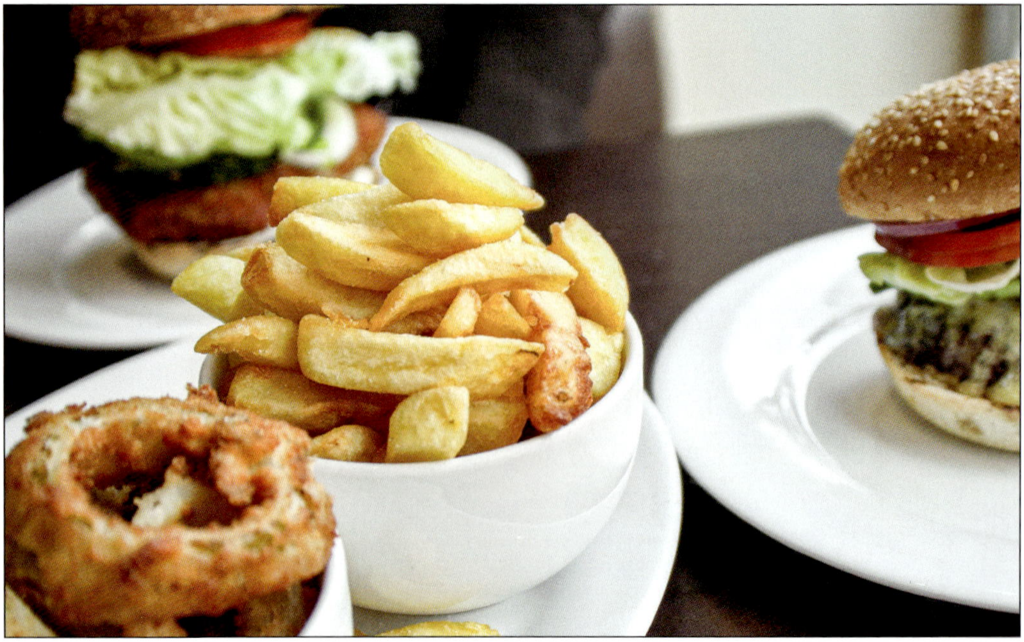

Merkmale dieses Bildtyps: Eine schöne, eng zugeschnittene Aufnahme von superleckeren Burgern, Pommes und Zwiebelringen.

Location: Gourmet Burger Kitchen (GBK), Oxford, England

AUSRÜSTUNG: Vollformatkamera, aus der Hand fotografiert, 28–300-mm-Objektiv

EINSTELLUNGEN: Das Bild wurde mit 28 mm fotografiert. Ich gehe gerne weiter zurück und zoome stärker ein, aber dazu war ich zu dicht am Tisch. Ich wählte Blende f/3.5, ISO 800, 1/1000 Sekunde. (Ich brauchte keine so kurze Belichtungszeit, also auch keinen so hohen ISO-Wert, aber ich glaube, die Größe und Saftigkeit der Burger hat mich vorübergehend beeinflusst. Jetzt wissen Sie's.)

SCHLÜSSELTECHNIK: Zwei Dinge sind wichtig: (1) Stellen Sie für eine gute Belichtung sicher, dass Sie entweder im Freien oder – wie in diesem Fall – direkt am Fenster sitzen, und (2) zeigen Sie nicht den ganzen Teller mit dem Essen, sondern gehen Sie ganz nah ran. Mit der kleinstmöglichen Blende treten Sie etwas vom Tisch zurück und zoomen stark ein, sodass der Hintergrund (und auch ein Teil des Vordergrunds) unscharf wird. Oft sieht man Aufnahmen von Lebensmitteln, bei denen man ganz nah herangeht und dann die Kamera ein wenig nach rechts oder links neigt, um ein dynamischeres Bild zu bekommen (das habe ich hier zwar nicht gemacht, aber es ist eine angesagte Technik).

NACHBEARBEITUNG: An diesem Bild gibt es eigentlich nicht viel auszusetzen, ich musste nur die Standardtechniken in Lightroom anwenden – Kontrast und Schärfe hinzufügen. Aber Sie müssen aufpassen, dass die Teller keinen Blaustich bekommen, vor allem wenn Sie in Innenräumen fotografieren. Meine hatten einen Blaustich, also habe ich den **Temperatur**-Regler nach rechts in Richtung Gelb gezogen, bis die Teller wieder weiß aussahen (siehe Seite 207).

Das Rezept für diesen Bildtyp

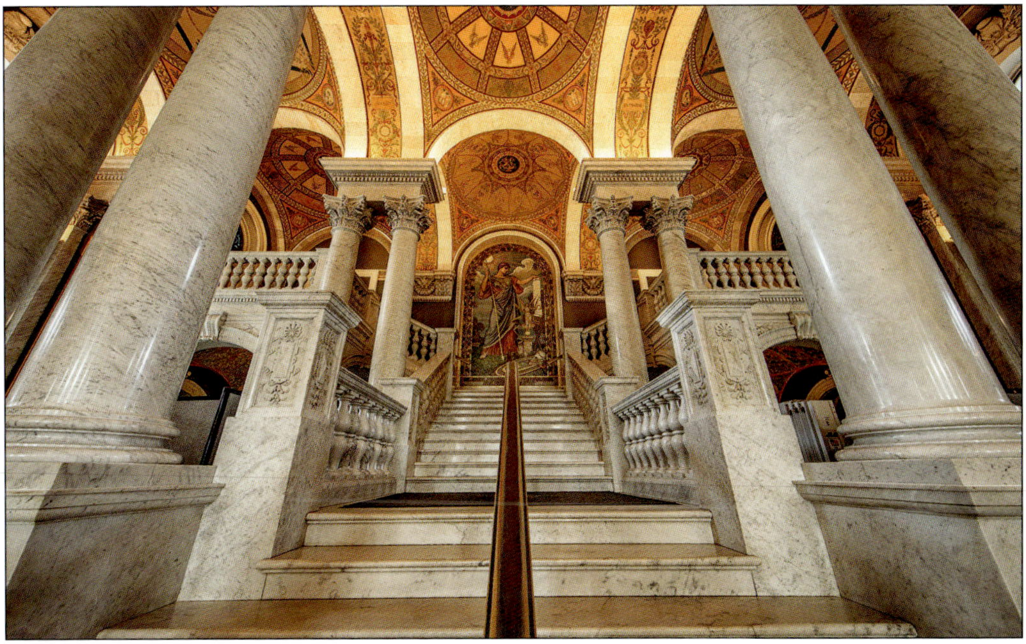

Merkmale dieses Bildtyps: Eine klassische Innenaufnahme mit weitem Blick vom Boden bis zur Decke mit vielen Details und Strukturen.

Location: Die Eingangshalle der Kongressbibliothek, Washington, DC

AUSRÜSTUNG: Vollformatkamera, 11–24-mm, f/4 bei 13 mm, Reisestativ und Kabelauslöser, um Verwacklungen zu vermeiden

EINSTELLUNGEN: Blende f/11, ISO 100, Belichtungszeit von 1/2 Sekunde, Belichtungsreihe (obwohl ich nicht sicher bin, ob das wirklich nötig war)

SCHLÜSSELTECHNIK: Zwei Dinge: (1) Zum einen die Symmetrie. Wir lieben symmetrische Bilder (siehe Seite 110), und ich habe darauf geachtet, meine Kamera von unten auf das Geländer zu richten, um sicherzugehen, dass das Bild wirklich zentriert ist (wenn die Symmetrie das eigentliche Motiv ist, müssen Sie es schaffen, exakt die Bildmitte zu treffen). Und (2) das Super-Weitwinkelobjektiv und der tiefe Aufnahmewinkel lassen einen Blick bis zu den attraktiven Details an der Decke zu, sodass man das Gefühl bekommt, wirklich dort zu sein.

NACHBEARBEITUNG: Nachdem ich die Belichtungsreihen in Lightroom zu einer einzigen Aufnahme kombiniert hatte (siehe Seite 229), fügte ich eine Menge Kontrast hinzu, zog den **Schatten**-Regler fast ganz nach rechts (das kann man bei HDR-Bildern machen, ohne viel Rauschen befürchten zu müssen – dies gehört zur HDR-Magie), dann fügte ich eine Menge **Struktur** hinzu und etwas **Klarheit**, um den Glanz zu verstärken. Der Weißabgleich ist nicht ganz exakt, sonst wären die Säulen grau. Stattdessen dachte ich, ein etwas wärmeres Bild würde besser aussehen. Deshalb schob ich den **Temperatur**-Regler ein wenig in Richtung Gelb. Nur ein bisschen. Und natürlich habe ich das Bild bis zum Gehtnichtmehr geschärft.

Das Rezept für diesen Bildtyp

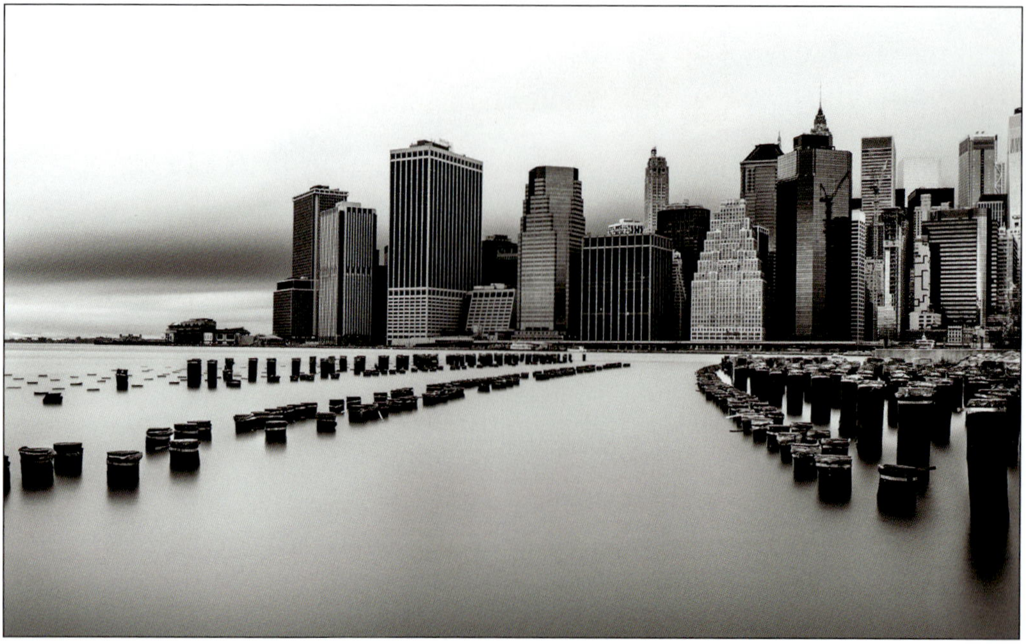

Merkmale dieses Bildtyps: Eine Stadtlandschaft mit weichem, seidigem Wasser und Führungslinien, die den Blick in das Bild lenken.

Location: Brooklyn Bridge Park, Pier 1 Palisade, Brooklyn, New York, USA

AUSRÜSTUNG: Vollformatkamera, 16–35-mm-Objektiv mit 35-mm-Zoom und Platypod Ultra, wobei die Spikes des Platypod Ultra auf den Felsen (außerhalb des Bildes) saßen. Ich habe einen ND-Filter mit 10 Blendenstufen auf das Objektiv geschraubt, um die Szene abzudunkeln und eine richtig lange Belichtung zu erzielen (siehe Seite 115).

EINSTELLUNGEN: Ich wollte eine Langzeitbelichtung mit hoher Schärfentiefe erreichen und wählte deshalb Blende f/16, ISO 100, 151 Sekunden (2,5 Minuten).

SCHLÜSSELTECHNIK: Der Standort ist ein wichtiger Faktor, und ich wählte ihn wegen der Pfähle, die ich sowohl als Vordergrundobjekt als auch als Führungslinien nutzen konnte, um den Blick in das Bild zu lenken. Eine weitere wichtige Technik ist die sehr lange Belichtung, die das übliche unruhige, uninteressante Wasser durch das glatte, seidige Wasser ersetzt, das hier dank des ND-Filters mit 10 Blendenstufen zu sehen ist. Als letzte wichtige Technik platzierte ich die Kamera tief unten auf den Felsen, direkt an der Wasserkante. Dieser tiefe Aufnahmewinkel macht wirklich einen großen Unterschied.

NACHBEARBEITUNG: In Lightroom habe ich das Bild zunächst mit einem der integrierten S/W-Kreativprofile (es gibt 17 zur Auswahl, siehe Seite 224) in Schwarz-Weiß umgewandelt. Danach fügte ich noch mehr **Kontrast** als üblich und viel **Struktur** hinzu, und natürlich **Klarheit**, um die Gebäude zum Glänzen zu bringen. Zum Schluss schärfte ich das Bild noch einmal stark.

Das Rezept für diesen Bildtyp

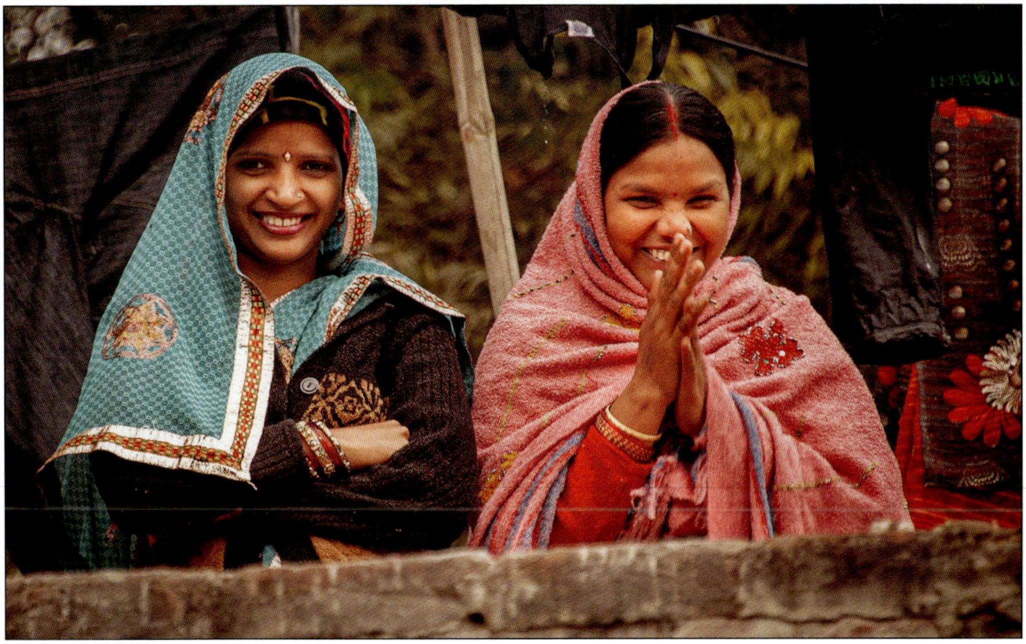

Merkmale dieses Bildtyps: Ein bei einer Tour fotografierter Schnappschuss, bei dem die Umgebung eine wichtige Rolle spielt. Deshalb habe ich weiter ausgezoomt als bei einem normalen Porträt.

Location: Agra, Uttar Pradesh, Indien

AUSRÜSTUNG: Vollformatkamera, aus der Hand fotografiert, 28–300-mm-Objektiv, 300 mm

EINSTELLUNGEN: f/5.6, ISO 200, Belichtungszeit 1/125 Sekunde

SCHLÜSSELTECHNIK: Neben der Umgebung vor allem ein freundliches Lächeln und die stillschweigende Frage (indem ich lächelnd die Kamera hochhielt): »Darf ich ein Foto von Ihnen machen?« Sie kicherten und nickten, und ich bekam dieses Foto. Ich habe nur dieses eine Bild gemacht, als wir auf unserer kleinen Tour vorbeikamen. Sie wuschen auf einem kleinen Dach Wäsche, sodass ich ihnen das Bild nicht zeigen konnte, aber ich bedankte mich bei ihnen und sie winkten und kicherten noch mehr, und es war wirklich ein sehr netter Moment. Mehr dazu (die komplette Technik »Lächeln, fotografieren und teilen«) finden Sie auf Seite 76.

NACHBEARBEITUNG: Bei Porträts füge ich nicht so viel Kontrast hinzu wie bei anderen Reiseaufnahmen, weil der Hautton der Fotografierten dann zu unnatürlich wirkt. Ich fügte ein kleines bisschen **Struktur** hinzu, ließ aber die **Klarheit** weg (sie sieht bei älteren Männern mit zerfurchter Haut gut aus, ist aber bei Porträts von Frauen und Kindern nicht sehr schmeichelhaft). Außerdem dunkelte ich mit dem **Pinsel**-Werkzeug die Bäume im Hintergrund ab, damit die beiden Frauen besser zur Geltung kamen, und versah die Ränder rund um das Bild mit einer **Vignettierung nach Freistellen** (siehe Seite 226). Natürlich schloss ich die Bildbearbeitung mit einer Schärfung ab, die aber wegen des weichen Bildcharakters nicht zu stark ausfiel.

Das Rezept für diesen Bildtyp

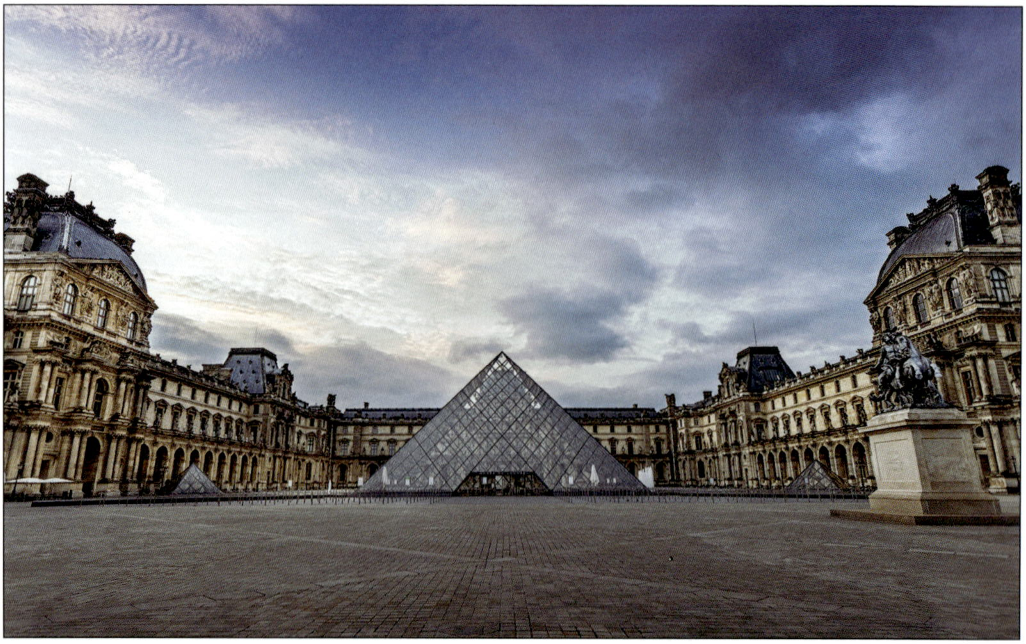

Merkmale dieses Bildtyps: Eine Weitwinkelaufnahme einer klassischen Sehenswürdigkeit, aber ohne störende Touristen.

Location: Louvre-Museum, Paris, Frankreich

AUSRÜSTUNG: Spiegellose Vollformatkamera, 16–35-mm-Objektiv bei 16 mm, Reisestativ

EINSTELLUNGEN: Blende f/11 (meine bevorzugte Blende, um möglichst das ganze Bild scharf zu stellen), ISO 100 und Belichtungszeit 1/125 Sekunde

SCHLÜSSELTECHNIK: Das Wichtigste war hier zweifellos, ein Bild ohne Touristen zu bekommen, und deshalb machte ich mich vor Sonnenaufgang bereit. Wenn man so früh aufsteht, ist man am Aufnahmeort so gut wie ganz alleine. Dieses Foto entstand kurz nach Sonnenaufgang und kurz bevor die Sonne so hoch stand, dass das Licht hart wurde (wie man sieht, streift das Sonnenlicht gerade die rechte Seite des Louvre). Die Horizontlinie ist wegen des sehr schönen Himmels niedrig angesetzt, damit ich ihn richtig in Szene setzen konnte (siehe Seite 98). Ich habe ein Superweitwinkelobjektiv bei 16 mm verwendet, um fast die gesamte Seitenansicht des Louvre aus diesem Winkel zu erfassen. Ich hätte noch weiter zurückgehen können, um die Türme an beiden Enden vollständig vor die Linse zu bekommen, aber dann hätte ich im Vordergrund ein wenig Gras zeigen müssen. Mir war aber der klare Look der Pflastersteine wichtiger.

NACHBEARBEITUNG: Der Himmel wirkte im Originalbild nicht so tief und blau, deshalb wandte ich in Lightroom einen Trick an, den ich oft benutze: Mit dem **Belichtung**-Regler dunkle ich das ganze Bild ab, bis der Himmel richtig schön aussieht, und dann ziehe ich den **Schatten**-Regler fast ganz nach rechts, um die Gebäudeschatten aufzuhellen. Das funktionierte wunderbar. Anschließend wandte ich eine Menge **Kontrast**, **Struktur** und **Klarheit** an und am Schluss natürlich eine starke Schärfung.

Das Rezept für diesen Bildtyp

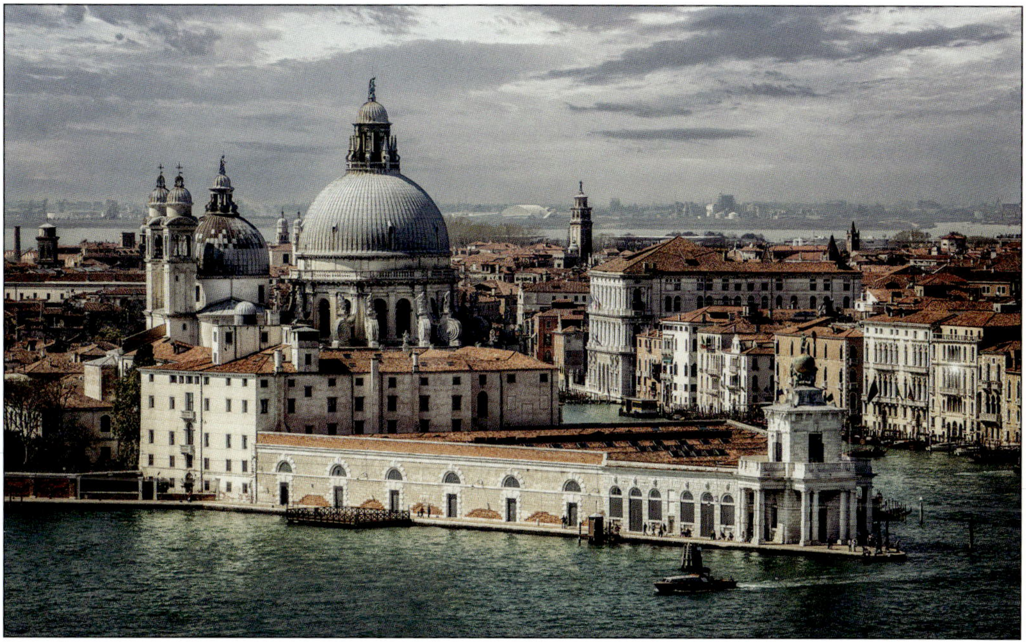

Merkmale dieses Bildtyps: Eine Stadtaufnahme, bei der ein einzelnes Gebäude im Mittelpunkt der Aufnahme steht.

Location: Die Spitze des Campanile (Glockenturm) von San Giorgio Maggiore, Venedig, Italien

AUSRÜSTUNG: Vollformatkamera, aus der Hand fotografiert, 70–200-mm-Objektiv (f/2.8) bei 150 mm

EINSTELLUNGEN: Blende f/2.8, ISO 100, Belichtungszeit 1/3200 Sekunde

SCHLÜSSELTECHNIK: Es gibt gleich zwei Schlüsseltechniken: (1) Der hohe Aufnahmewinkel ist maßgeblich für die Wirkung des Bildes. Es entstand von der Spitze eines Glockenturms auf einer kleinen Insel gegenüber dem Markusplatz in Venedig. Es ist dort nicht so überlaufen (anders als vor dem Hauptglockenturm von San Marco muss man hier kaum warten), und ich liebe die Aussicht. Von diesem hohen Punkt hat man einen selten schönen Blick auf das Museum Punta della Dogana (im Vordergrund) und die wunderbare Kuppel der Basilica di Santa Maria della Salute direkt dahinter, alles scheint zu einem einzigen Gebäude zusammenzufließen. Wichtig ist weiterhin (2) ein Teleobjektiv, das die Szene komprimiert und alles näher zusammenrücken lässt. Weitwinkelobjektive ermöglichen diese Komprimierung nicht. Obwohl das Bild wie eine Weitwinkelaufnahme wirkt, ist es tatsächlich mit 150 mm fotografiert.

NACHBEARBEITUNG: Die Lightroom-Standardtechniken, aber ich habe zusätzlich die auf der vorigen Seite erläuterte Technik zum Abdunkeln des Himmels verwendet, eine Menge **Kontrast, Struktur** und **Klarheit** hinzugefügt und dann in Photoshop mit dem **Korrekturpinsel** eine Pylonenreihe im Wasser direkt vor dem Gebäude entfernt. Das Bild wirkte vorher etwas überladen und durch die Retusche wurde die Aufnahme einfacher und damit stärker. Zum Schluss schärfte ich bis zum Anschlag.

Index

C

D

E

F

G

H

I

J

K

L

M

N

O

P

R

S

T

U

V

W

Z